시진핑 신시대의 한·중 정치경제 관계

초판 1쇄 인쇄 2017년 12월 15일
초판 1쇄 발행 2017년 12월 16일
지 은 이 왕쥔성(王俊生)·리톈궈(李天國)
옮 긴 이 김승일
발 행 인 김승일
디 자 인 조경미
펴 낸 곳 경지출판사
출판등록 제2015-000026호

판매 및 공급처 도서출판 징검다리
주소 경기도 파주시 산남로 85-8
Tel : 031-957-3890~1 **Fax** : 031-957-3889 **e-mail** : zinggumdari@hanmail.net

ISBN 979-11-88783-01-4 03300

시진핑 신시대의 한·중 정치경제 관계

왕쥔성(王俊生) · 리톈궈(李天國) 지음 | 김승일 옮김

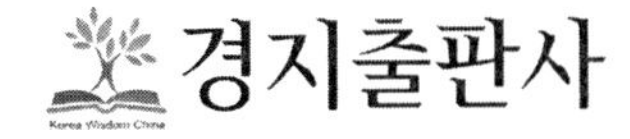

CONTENTS

머리말

필자가 왕쥔성(王俊生) 박사를 안 지는 이미 여러 해가 된다. 그동안 국제학술모임에 참석 하면서 학술 교류를 여러 번 가졌으며, 그가 쓴 『북한의 핵문제와 중국의 역할』이라는 책을 읽고서는 그의 독특한 견해와 사고방식이 매우 뚜렷한 보기 드문 젊은 한반도 문제 전문가라는 것을 깊게 느끼고 있었다. 그러한 왕쥔성 박사와 리톈궈(李天國) 박사가 함께 『박근혜 대통령의 정치경제학』이라는 역작을 펴냈다는 것은 꽤나 고무적인 일로 느껴진다. 이 책은 한국의 박 대통령이 집권한 이래의 대내외 정책을 객관적이고 체계적으로 분석했는데, 특히 박근혜 정부의 한중관계를 중점적으로 부각시키면서 전략적 차원에서 한중관계를 분석했다. 이 점이 이 책의 중요한 특징이라고 할 수 있다.

필자가 비록 한반도 문제를 20여 년 동안 연구했다고는 하지만, 솔직히 말해서 박 전 대통령 이래의 한국 정치의 변화 과정을 체계적으로 연구한 적이 없으므로, 왕쥔성 박사가 본인에게 이 책의 머리글을 써달라고 부탁했을 때, 머리글을 쓴다기보다는 많은 것을 배워야겠다는 생각에서 받아들였다고 할 수 있다. 가장 흥미로운 것은 왕쥔성 박사가 최근 몇 년 동안 이루어진 한중관계 발전의 동인(動因), 그리고 그러한 한중관계상에서 나타난 성과에 대해 그 의의를 깊이 있게 분석 연구했다는 점이다. 이 연구가 현재 중국내 학술계에서 한창 논의되고 있는 '북한 포기론'과 '북한 수호론'에 대해 분명하게 새로운 이론적 시각을 제공해주고 있다는 점은 높이 평가하지 않으면 안 된다고 본다. 왜냐하면 이런 논쟁의 배경에는 바로 한중관계에 대한 여러 시각이 존재하고 있기 때문이다. 동북아지역이라는 각도에서 볼 때, 한중관계의 발전은 중국과 한국에게 매우 중요한 전략적 의미를 지니고 있는데, 이는 향후 동북아시아의 정치적 판도를 바꾸어놓을 수 있는 열쇄라고 말할 수 있기 때문이다.

왕쥔성 박사는 이 책에서 한중 두 나라 정상의 상호 방문은 동북아지역에서 가장 중차대한 국제적 사건이며, 특히 시진핑 주석의 한국 방문은 "교착된 국면을 타개하기 위한 행보(破冰之旅)"로서 그 의미가 많은 것을 내포하고 있다고 밝혔다. 중국의 시각에서 볼 때, 한중관계의 발전은 동북아지역에 안정된 축을 제공할 수 있다는 점에서 매우 중요한 전략적 의미를 지니고 있다. 현재 많은 한국 학자들은 미국과 중국 사이에 끼어있는 한국이 두 마리 고래 사이에 끼어있는 새우처럼 아주 어려운 처지에 놓여있다고들 말하고 있다. 이는 어느 정도 일리 있는 견해라고 할 수도 있지만, 다른 각도에서 볼 때, 이 또한 한국의 선택이 아주 중차대한 전략적 가치가 있다는 것을 입증해 주는 말이기도 한 것이다. 심지어 현재 한국의 선택이 동북아의 판도를 바꾸고 있다고도 말할 수 있다. 이명박 대통령이 집정하던 시절, 한국정부는 분명 미국 쪽으로 치우치는 외교정책을 채택했다. 그 결과 동북아지역에는 미국, 일본, 한국 대 중국, 러시아, 북한이라는 새로운 냉전구조가 나타났다. 하지만 박 대통령의 중국과의 친화정책은 사실 이러한 냉전구조를 크게 약화시켰다. 한중관계의 발전은 사실 동북아지역에 하나의 안정된 축을 형성케 함으로써 동북아지역에 나타날 수 있는 냉전구조의 확대를 막았을 뿐만 아니라, 양국이 봉착한 동북아지역의 안보 압력을 상당한 정도로까지 완화시켰던 것이다.

근 몇 년 사이에 동북아지역은 지속적으로 불안정한 국면에 빠져있는데, 이러한 가운데서 한반도는 매우 중요한 역할을 하고 있다. 미국의 아시아태평양지역 전략으로의 복귀, 중일과 한일의 역사인식 문제와 영토분쟁 문제, 일본의 우경화와 군사 대국화 문제, 북한의 핵문제, 남중국해 여러 섬에 대한 주권 분쟁 등의 사안은 사실 모두 한반도의 정세와 밀접히 관련되어 있기 때문이다. 동북아 지역에서 이 같은 냉전구조가 다시 나타나게 된 데에는 여러 가지 원인이 존재할 수 있겠지만, 그 주요한 원인은 한반도라는 냉전의 유전자가 남아있기 때문이다. 좀 더 구체적으로 말한다면 북한의 2차 핵실험, 이명박 대통령의 집권, 그리고 천안함 사건과 연평도 포격사건 등 일련의 사건이 동북아지역의 기존 구조를 바꾸어놓았을 뿐만 아니라, 오늘날 동북아지역의 복잡한 국면을 조성케 했던 것이다. 이 같은 사건은 미일동맹과 한미동맹 시스템을 신속히 강화시켰으며, 2010년 미국은 이를 빌미로 삼아 아태 지역으로의 복귀를 선포했다. 미국의 이 전략적인 거동은 일본, 베트남, 필리핀 등 국가가 잇달아 역사문제, 영토문제를 들고 나오도록 자극하고 고무시켰다.

다시 말해 한반도의 나비효과는 동북아 지역에 세찬 비바람을 몰고 오게 했던 것이다. 동북아지역의 불안정한 정세는 분명 중국에 큰 압력을 가져다주고 있으며, 어떻게 이 같은 압력에서 벗어날 수 있겠느냐 하는 문제는 중국의 전략가들 앞에 놓인 하나의 중대한 과제가 되고 있는 것이다. 시진핑 주석의 "교착된 국면을 타개하기 위한 행보"는 이러한 과제를 해결하는데 있어서의 전략적 선택이라는 깊은 의미를 지니고 있다.

이러한 전략은 한반도라는 접속점을 정확하게 선택했고, 더욱 정확한 것은 한국을 선택했다는 점이다. 이는 국제정치 구조에서 한국의 위치가 매우 특수한 역할을 하도록 결정해 주었고, 심지어 한국의 정책적 선택이 새로운 냉전구조가 형성되는 것을 저지할 수 있느냐 없느냐 하는 문제와 관계가 될 뿐만 아니라, 동북아지역에서 안정된 구조를 구축할 수 있느냐 없느냐 하는 문제와 관련이 된다고 말할 수 있기 때문이다. 중국의 시각에서 볼 때, 중국과 북한의 전통적 친선을 강조하면서 이왕의 한반도 정책만 고집한다면, 전략적으로 어려운 형편에 처할 수 있다. 이 같은 정책은 미일, 한미 군사동맹시스템을 강화시킬 수 있을 뿐만 아니라, 북한의 핵개발로 인해 그들과 동맹관계에 있는 중국이 심각한 곤경에 빠질 수 있기 때문이다. 어찌 되었든 간에 이런 상황은 중국에 매우 불리한 것이다.

동북아지역에 대한 중국의 전략적 시각에서 볼 때, 이런 불리한 국면을 타개할 수 있는 전략적 접속점이 바로 한국이라는 것이다. 왕쥔성 박사가 한중관계의 발전을 무척 주목하는 의도가 이 같은 심층적인 전략적 구조를 설명하려는데 있다고 본인은 생각한다.

현재 국내의 일부 학자들은 한중관계의 발전이 중국과 북한의 관계에 영향을 미칠까봐 걱정하고 있는데, 이는 불필요한 걱정이라고 본다. 최근 중국의 한반도 정책은 북한의 핵개발을 반대한다는 신호를 분명히 보내는 등 북한을 억압하는 면이 있더라도, 중국의 국가이익이라는 각도에서 볼 때 이는 지극히 정상적인 전략적 조치라고 할 수 있다.

우리는 현재 중국의 북한에 대한 정책을 북한을 배척하는 정책이라고 단순하게 이해할 것이 아니라, 중국이 북한에게 만약 핵개발을 포기하면 발전할 수 있는 중요한 기회를 가질 수 있다는 점을 암시해 주는 것이라고 이해하는 것이 올바른 생각이라고 할 수 있다. 그리고 북한이 핵개발을 포기하고 경제를 적극적으로 발전시킨다면 한반도에 진정한 화해 분위기가 조성될 것이라 믿는다. 그때가 되면 중국과 한반도는 동북아지역의 평화, 그리고 안정과 발전을 지키는 주축으로 변화할 것이며, 오직 그렇게 되어야만이 전 방위적으로 윈-윈 할 수 있는 협력이 가능한 새로운 시대를 맞을 수 있게 되는 것이다.

왕쥔성 박사가 박 대통령의 대 중국정책을 평가한 것에서 볼 수 있는 것처럼, 한중관계는 한미동맹 문제와 북한문제 등 복잡한 배경이 있으므로, 그 발전이 순풍에 돛 단 듯이 순조로울 수는 없을 것이다. 하지만 한중 양국이 동북아지역의 안정을 수호하고 쌍방의 이익을 지킬 수 있는 정책을 원칙적으로 선택만 한다면 밝은 미래는 점쳐질 수가 있다. 그것은 한중 양국이 내적으로 불가분의 이익구조를 가지고 있기 때문이다. 예측이라는 각도에서 볼 때, 한반도 정세에 영향을 주는 교란 요인은 너무나 많다. 따라서 앞으로 어떤 상황으로 변화하고 발전하느냐 하는 것은 그야말로 누구도 예측할 수 없는 문제이다. 하지만 우리가 중국과 한반도의 이익구조를 확실히만 지켜낸다면, 한중 양국이 한반도 정세를 평화와 번영으로 이끌어 나갈 수 있다는 것은 확실하다고 하겠다. 왕쥔성 박사가 한층 더 분발하여, 멀지 않은 장래에 우리들에게 보다 훌륭한 연구 발상을 제공해 주기를 기대하면서 머리말을 가름하고자 한다.

진창이(金强一)

(진창이 교수는 연변대학교 동북아연구원 원장, 중국 교육부 중점 연구기지인 '북한 한국 연구센터' 센터장이다.)

들어가는 말

한국은 세계 11위의 경제대국이며, 소프트파워는 아시아 나아가 세계적으로도 으뜸이라 할 수 있다. 한국은 최근 몇 년 사이에 핵 안보 정상회의, G20 정상회담 등 중대한 국제행사를 주최하면서 국제적 위상이 날로 향상되고 있다.

박근혜 대통령은 대통령에 취임한 후 중국과의 관계 발전을 매우 중시했다. 그는 대외적으로 가장 먼저 중국에 특사를 파견했을 뿐만 아니라, 2013년 6월 27일 취임 후 동북아시아지역 국가 중 가장 빨리 중국을 방문했다. 이는 2차 세계대전 후 일본보다 중국을 먼저 방문한 최초의 한국 대통령이었다.

2016년 1월 북한이 4차 핵실험을 진행하는 바람에 한중 양국이 이와 관련된 정책에서 어느 정도 의견 차이가 있기는 했지만, 전반적으로 보면 한중관계는 현재 1992년 8월 양국이 국교를 수립한 이래 가장 좋은 시기라고 할 수 있다. 전략적 측면에서 말한다면, 한국이 위치해 있는 한반도는 동북아 지역의 정치적 중심에 있고, 한국은 또한 미국의 아시아 동맹국 중에서 미국과 가장 긴밀한 관계를 가지고 있는 국가이자 중국과 인문 및 역사적인 관계가 가장 긴밀한 국가라고 할 수 있다.

한중간의 무역관계는 긴밀할 뿐만 아니라 신속하게 발전하고 있다. 중국 관세청의 통계에 따르면, 2015년 한중 양국의 수출입 총액은 2,759억 달러이고, 중일간의 수출입 총액은 2,786억 달러로서, 양자의 차이는 27억 달러 밖에 안 된다. 만약 한중 자유무역협정이 순조롭게 실시된다면 한국은 중국의 2대 무역파트너로 부상할 수 있을 것이다.

한국은 인구도 적고 국토 면적도 작지만 국력과 정치적 지연(地緣)의 중요성에서는 오히려 대국이라 할 수 있다. 바로 이와 같은 중요성을 고려하여 2014년 7월 3일 시진핑 주석은 국가 주석에 취임한 이래 첫 방문 국가로서 한국을 선택하여 특별 방문했다. 그러므로 중국 대중들이 중시해야 하는 정도에서나 중국의 외교적 의미에서의 중요성에서 우리는 마땅히 한국을 주목하고 관심을 가져야만 하는 것이다. 바로 이 같은 원인으로 인해 본인과 동료인 리텐궈 박사는 중국인민대 학출판사의 편집자인 왕한샤(王晗霞) 박사와의 깊은 교류와 주도면밀한 기획을 거쳐 『박근혜 대통령의 정치경제학』 이라는 이 책을 완성하게 된 것이다. 이 책은 한국의 정치, 경제, 외교, 안보 등의 각도에서 박 대통령의 관련 정책을 깊이 있게 분석하고 해석했을 뿐만 아니라, 근원적으로 접근하여 정책의 배후에 가려진 역사적 배경과 국내외의 환경 등 각종 정책이 출범하게 된 원인을 분석했다. 그러므로 이 책은 박근혜 대통령을 접속점으로 하여 한국의 국내정책과 대외정책 배후에 가려진 정치경제학적인 법칙을 심도 있게 분석했다고 할 수 있다. 리텐궈 박사가 책의 앞부분인 1장에서 4장까지를 집필했고, 본인이 뒷부분인 5장에서 8장까지를 집필했다. 리텐궈 박사는 한국의 서울대학교에서 경제학 박사학위를 취득했고, 한국 국내의 정치 경제에 대해 깊이 있게 연구했다.

본인은 중국의 외교 전략과 동북아 안보라는 각도에서 한반도 문제를 분석했다. 중국 시장에 박근혜 대통령을 소개한 책이 몇 권 있기는 하지만, 우리는 이 책이 보다 전문적인 각도에서 독자들에게 박근혜 대통령 그리고 그의 국내외 정책을 해석할 수 있는 매개체가 될 수 있기를 기대한다.

물론 이 책은 중국인민대학출판사의 선견지명 때문에 출판될 수 있었다. 허야오민(賀耀敏) 전 인민대학출판사 사장(현재는 인민대학교 부총장)과 왕한샤 편집자의 기획이 없었더라면 이 책이 독자들과 만나지 못했을 것이다. 이밖에 특히 본인과 리텐궈 박사가 근무하고 있는 중국사회과학원 아태 및 글로벌 전략 연구원의 지도자들과 동료들에게도 고맙다는 인사를 전하고 싶다. 아태 및 글로벌 전략 연구원은 국내 싱크탱크 가운데서 한반도 문제를 연구하는 인재가 가장 많이 모인 곳 중의 하나로서 수십 명이나 되는 연구인원들이 한반도의 정치, 경제, 외교, 안보, 역사, 문화 등 분야에 대한 연구를 전문적으로 하고 있다. 연구원은 2015년 12월에 국가의 첫 첨단 싱크탱크 구축 시행 부처(도합 25곳)로 선정되기도 했다. 그러므로 훌륭한 연구 분위기와 학술 분위기는 이 책이 세상에 나올 수 있는 근본적 토양이 되었다고 할 수 있다. 특히 이 자리를 비러 리샹양(李向陽) 원장, 왕링구이(王靈桂) 당 서기, 한펑(韓鋒) 부원장, 리원(李文) 부원장의 장기간에 걸친 지원과 격려에 감사의 마음을 전한다. 푸광지(朴光姬) 과학연구처 처장과 쉬리핑(許利平) "중국 주변의 운명공동체" 혁신 프로젝트팀 수석 연구원도 많은 지원을 해주었다. 이 책의 일부 관점은 국내의 관련 매체에 발표한 적이 있는데, 이에 대해서도 재차 감사의 뜻을 표하는 바이다.

왕쥔성

제1장

현대 한국정치경제의 역사적 발자취에 대한 회고

제1장
현대 한국정치경제의 역사적 발자취에 대한 회고

박근혜 대통령(이후 '박 대통령'으로 지칭함)은 어릴 적부터 아버지 박정희 전 대통령(이후 '박 전 대통령'으로 지칭함)의 영향을 많이 받았다. 박 전 대통령이 대통령 직을 16년 동안 담임하는 동안 박 대통령 역시 청와대에 들어가 아버지와 함께 보냈다. 박 대통령은 어머니가 시해된 후 임시로 '영부인' 노릇을 한 적도 있어서 박 대통령의 정치 생애는 박 전 대통령 시절부터 시작되었다고 말할 수 있다. 그러므로 박 대통령의 국내 정치나 경제정책을 관찰하고 분석하려면 박 전 대통령 시절에 실시된 정책, 그리고 그러한 정책들이 박 대통령에게 미친 영향이 어떤 것이었는지에 대한 문제부터 접근해야만 한다고 본다.

제1절
박정희 전 대통령과 한각의 기적

2012년 12월 19일 대한민국 18대 대선에서 새누리당의 대통령 후보였던 박 대통령이 1,577만 여 표(득표율의 51.55%)를 얻어 18대 대통령에 당선되었다. 박 대통령은 한국이 1987년부터 국민투표 제도를 시행한 이래 대선에서 반수 이상의 지지율을 얻고 당선된 최초의 대통령이었다. 이밖에 박 대통령은 한국, 나아가 동북아 사상 최초로 국민투표를 통해 당선된 여성 대통령이며, 또한 한국에서 아버지와 딸 모두가 대통령이 된 유일한 사례이기도 했다.

박 대통령을 말하려면 그의 부친인 박 전 대통령을 언급하지 않을 수 없다. 박 전 대통령은 한국 역사상 집권 기간이 가장 긴 대통령이었다. 그는 한국의 5대, 6대, 7대, 8대, 9대 대통령으로서 재임 시간이 16년이나 되었다. 박 전 대통령은 한국 역사에서 논쟁이 가장 많은 대통령이라 말할 수 있다. 한편으로 그는 장기간 동안 독재정치를 시행했기 때문에 객관적으로 민주정치가 발전하는데 불리한 작용을 하게 했다. 그러나 다른 한편으로는 그의 재임기간에 '한강의 기적'을 이룩함으로 말미암아 오늘날의 한국을 건국한 '창조자'라고 불리고 있다. 박 대통령은 어릴 적부터 이러한 부친 박 전 대통령의 영향을 받으면서 성장했기 때문에 박 대통령의 모든 것을 이해하기 위해서는 먼저 박 전 대통령을 이해할 필요가 있는 것이다.

1. 한국인들의 기억 속에 남아 있는 박정희 전 대통령

박 대통령의 부친인 박 전 대통령은 한국 국민을 이끌고 장기간의 빈곤에서 벗어나게 하고 산업화를 기적적으로 이룩한 대통령이었다. 한국의 경제, 정치, 사회제도와 발전 모델은 그 당시 박 전 대통령 정부가 만들어놓은 토대 위에서 형성된 것이다. 그러므로 한국의 정치경제 제도가 발전함에 있어서 박 전 대통령의 영향은 한마디의 말로 표현할 수 없을 정도로 대단한 것이라고 말할 수 있다.

어린 시절 박 전 대통령의 가정은 형편이 어려웠었다. 그는 한국의 한 지방 초등학교에서 교직생활을 하다가 후에 중국으로 건너와 신경군관학교(新京軍官學校)[1]와 일본육군사관학교에서 공부를 했다.

일제가 한반도를 통치하던 시기 그는 일본군에 입대하여 복무하였다. 1945년 한반도가 광복을 맞은 후 한국의 육군본부 정보국에서 근무하다가 미국 오클라호마주의 육군포병학교에서 고등군사교육을 받았다. 귀국한 후 포병학교 교장으로 임명되었다가 제2군 부사령관으로 전보되었다. 1961년

---

1) 신경군관학교는 만주국 육군이 육군 장교를 양성하기 위해 만주국 수도 신경에 설치한 4년제 교육기관으로 1939년부터 1945년까지 존속했다. 정식 명칭은 '만주국 육군군관학교'이다. 학생은 만주계와 일본계 학생이 있었는데, 일본계에는 일본인 외에 일본이 점령한 한반도와 타이완 출신이 포함되었으나, 지리적으로 조선과 가까웠기 때문에 조선인 학생이 많았다.

박 전 대통령은 부패한 문민정부였던 장면 정부를 전복시키지 않으면 대한민국의 장래는 없다고 주장하면서 군사정변을 일으켰다. 1963년부터 1979년 사망할 때까지 그는 한국 대통령을 5회나 연임했다.

한편 박 전 대통령은 군사정변을 통해 정권을 장악했을 뿐만 아니라 오랫동안 독재정치를 실시했으며, 또한 집권기간이 한국의 역대 대통령 중에서 가장 길었다. 다른 한편 그가 집권하던 시절은 한국의 경제성장 속도가 가장 빠른 시기였는데, 한국이 가난한 농업국가로부터 점차 선진적인 산업국가로 발전하는 사례를 가장 생생하게 세계에 보여주었다. 비록 국내외로부터 그에 대한 부정적인 평가가 존재하고 있기는 하지만, 한국 경제와 사회 발전에 미친 그의 공헌을 부정할 수는 없는 것이다.

지난 몇 차례의 여론조사를 보면, 박 전 대통령에 대한 한국인들의 평가는 아주 높다는 것을 알 수 있다. 그가 선거에서 얻은 투표율도 한국의 기타 역사 인물들을 능가했을 뿐만 아니라 가장 높은 수치를 점하고 있음도 알 수 있다. 1999년 박 전 대통령은 미국 시사주간지 『타임』 지가 뽑은 "20세기 아시아에서 가장 영향력 있는 지도자 20인"에도 뽑혔다. 『타임』 지는 그의 부친인 박 전 대통령에 대해 "비록 독재적 경향이 있기는 했지만, 그의 지도 아래 한국은 경제 약소국으로부터 아시아의 산업 강국으로 발전하는데 매우 공헌이 컸다"고 평가했다. 2004년 한국의 유명한 여론 조사 기구인 한국갤럽이 주최한 한국인이 가장 좋아하는 대통령 1위에도 박 전 대통령이 꼽혔다. 이밖에 2001년 한국의 매체 『동아일보』가 펼친 "가장 자질 있는 대통령 투표 조사"에서도 박 전 대통령이 1위를 차지했다.

2. 박정희 정부 이전 한국의 정치와 경제 환경

제2차 세계대전 이후, 당시 양대 초강대국이었던 미국과 소련은 잇달아 북대서양조약기구와 바르샤바조약기구를 설립하면서 세계는 양대 진영이 대립하는 국면이 이루어졌다. 1962년 쿠바 미사일 위기가 지난 후 미국과 소련 관계가 크게 개선되기는 했지만, 세계의 패권을 주도하려는 두 나라의 다툼은 결코 쉽게 끝나지 않았을 뿐만 아니라 오히려 날로 치열해져 갔다.

제2차 세계대전 전에 식민지로 전락되었거나 반식민지로 전락되었던 국가들이 독립을 갓 취득하고, 국민경제시스템을 구축하는 걸음마를 떼고 있었다. 비록 이 같은 국가들이 정치적으로는 독립을 이룩했지만 오랫동안 외세의 침략과 약탈을 받아 국가경제가 아주 빈약했을 뿐만 아니라, 경제구조가 여전히 아주 낙후했기 때문에 경제성장 속도가 몹시 더디었다. 국제경제 중에서 개발도상국의 지위는 여전히 세계 패권주의의 간섭과 지배를 받아야 했기 때문에 민족경제를 발전시키는 것이 개발도상국이 시급히 완수해야 할 공통된 과업이었다.

1950년대의 한국은 한국의 초대 대통령 이승만의 독재통치 아래서 어려움에 처해 있었다. 한국 국내에서는 사회적 불만이 끊임없이 쌓여갔고, 그것은 점차 정국을 불안하게 만드는 주 요인으로 작용했다. 이승만 대통령이 집권하던 시절, 국민경제는 장기간 곤경에 빠지는 바람에 실업률이 지속적으로 늘어났으며, 더구나 정계에서는 각종 부정행위와 부패사건이 속출하면서, 결국 '4.19 혁명'이 발발해 이승만 정부를 무너뜨렸다. 그리고 장면(張勉)을 총리로 하는 제2공화국이 수립되었다. 그러나 정부의 경제정책이 국민경제를 급성장시키지 못한데서 서민들의 생활은 여전히 어려움에 처해있었다. 1960년대 초까지 한국 서민들은 변함없는 가난 속에서 힘든 나날을 보내었다. 당시는 농업 생산효율이 낮아 한국은 부득불 해마다 많은 미곡을 수입해야 했는데, 공급이 수요보다 적은 바람에 미곡가격은 끊임없이 올랐다. 거리에서는 실업자들을 아무 곳에서든 볼 수 있었다. 1960년의 경제성장률은 2.3% 밖에 되지 않아 전해보다도 1인당 소득이 오히려 하락했었다. 제조업에서 경공업이 주요 비중을 차지했으며, 중공업은 산업구조에서 차지하는 비중이 매우 낮았다. 미곡 등 생필품 공급이 부족한 바람에 인플레이션 율이 고공행진을 하면서 주민들의 예비 저축은 늘고 기업의 투자율은 급락했다.

3. 박정희 정부의 경제성장 전략

정부 주도의 시장경제 체제 국가였던 한국은 경제성장 과정에서 정부의 정책이 시장을 컨트롤하는데 아주 중요한 역할을 했다. 정부 주도의 시장경제 체제 하에서, 각종 경제자원을 시장을 통해 배분할 수도 있었지만, 정부는 정책이나 기획을 실시하는 것을 통해 자원 배분에 영향을 줌으로써 정부의 경제성장 목표를 달성할 수 있었다. 그리고 한국경제가 급성장할 수 있는 토대를 마련한 것도 박 전 대통령 시절이고, 경제가 명실상부한 급성장을 이룩한 것도 박 전 대통령 시절이었다.

1960년 한국의 1인당 국민 총생산은 82달러 밖에 안 되었고, 공산액은 당시 한국 총생산의 14% 가량을 차지했다. 빈곤에서 벗어나고 기아에서 벗어나는 것은 당시 한국이 봉착한 가장 큰 난제였다. 어린 시절 빈궁한 생활을 맛보았던 박 전 대통령은 빈곤에서 벗어나야겠다는 강렬한 욕망을 갖고 있었다. 박 전 대통령은 집권한 후 일련의 강력한 경제성장 정책을 시행하면서 당시의 국면을 변화시키려고 노력했다.

1) 경제개발 5개년 계획

박 전 대통령의 한국 경제개발 발상은 경제 개발 5개년 계획에서 가장 먼저 구현되었다. 그가 집권한 1962년부터 한국은 5년마다 한 번씩 경제 개발 5개년 계획을 정했다. 정부의 산업개발 계획과 경제개발 계획을 통하여 국민경제가 발전할 수 있는 좋은 환경을 마련해주었다. 한국정부의 경제 개발 5개년 계획은 1962년부터 1981년까지 4차례 시행됐고, 1982년부터는 경제사회 발전 5개년 계획으로 명칭을 바꾸었다.

제1차 경제개발 5개년 계획은 1962년부터 1966년 사이에 시행되었다. 제1차 경제 개발 5개년 계획부터 한국은 수출을 권장하며 대량의 외화를 벌어들여 한국의 국제수지 적자를 줄이고자 했다. 수출이 늘어남에 따라 박 전 대통령 정부는 수출이 경제성장에서 적극적인 작용을 한다는 점을 깊이 느꼈다. 수출을 통해 한국의 산업기술 수준이 점차 국제와 접목되게 되었고, 국제적으로 유행하는 선진적인 기업관리 이념과 생산 모식이 한국에 보급되었다. 대량의 수출은 한국의 산업기술을 발전시켰을 뿐만 아니라 대량의 유휴 사회 노동력을 받아들여 실업인구를 대폭 줄인데서 사회적 불만을 잠재우고 서민들의 기초생활을 보장해주었다. 수출을 통하여 한국의 자원은 효율적으로 배분되면서 산업구조가 점진적으로 조정되고 업그레이드되었다. 박 전 대통령 정부는 가일층 "수출 제일주의" 슬로건을 내걸고 원래 시행하던 수입으로 산업화를 대체하려던 전략을 수출로써 산업화를 선도하는 전략으로 전환했다. 제1차 경제개발 5개년 계획 내에 한국의 수출은 대폭 늘어났는데, 그 성장 폭이 500%에 달했다. 이 5년 동안 연 평균 경제 성장률이 8.5%에 달했을 뿐 아니라 산업구조에도 큰 변화가 생겼는데, 1차 산업 비율이 대폭 줄어들고 2차 산업 비율이 대폭 늘어났다.

제2차 5개년 계획부터 시작해 공산품 수출구조에 더욱 뚜렷한 변화가 일어났는데, 섬유, 화학, 석유, 전기 등의 산업분야가 한국의 중요한 주도형 수출산업으로 부상했다. 제2차 5개년 계획기간에는 연 평균 경제성장률이 거의 20%에 달했다. 두 차례의 경제개발 5개년 계획을 거쳐 한국의 경제 토대는 현저히 증강되면서, 외적 충격에 저항하는 능력이 뚜렷이 개선되었다. 특히 제3차 경제개발 5개년 계획기간에는 글로벌 석유위기가 발발하여 많은 선진국의 경제가 엄청난 영향을 받아 경기가 심각하게 침체되고 경제가 보편적으로 마이너스 성장률을 보였다. 하지만 한국의 경제는 도리어 중화학공업을 강력한 경제성장의 동력으로 삼아 석유 위기 속에서 여전히 고도성장을 실현했다. 5개년 경제개발 계획 기간에 한국의 연 평균 경제성장률은 10.9%에 달하여, 한국의 쾌속적인 경제성장은 세계의 주목을 받게 되었으며, 국내와 국외에서는 '한강의 기적'이라고 칭송했다. 한국은 박 전 대통령의 지도 하에서 세인이 주목하는 성장을 이룩해 냈다. 하지만 동시에 일부 경제적 폐단을 남기기도 했다. 박 전 대통령 정부가 대재벌을 대대적으로 지원한데서 국가경제의 부분적 분야는 대재벌이 장기간 독점하는 현상을 초래했다. 그에 비해 중소기업의 경쟁 환경은 도리어 날로 더욱 심각한 시련에 직면하게 되었다. 대재벌들은 성장과정에서 정부의 특혜 정책과 여러 가지 지원을 받으며 자본 운영의 효율을 등한시한데서 맹목적으로 여러 가지 사업을 벌이고 대출자본을 지나치게 받는 현상이 나타났다. 이는 국제 핫머니에 쉽게 이용당할 수 있는 기회를 마련해 주었고, 결국은 금융위기를 유발했다.

2) 새마을운동의 실시

새마을운동은 한국이 산업국가로 향하는 중요한 절차였고, 한국이 도시화 건설과 산업 구조를 업그레이드시키는 결정적인 개혁이었다. 경제개발 계획의 추진으로 인해 한국의 도시는 뚜렷한 발전을 가져오기는 했지만, 동시에 도시와 농촌 간의 소득격차를 넓혀놓기도 했다. 한국은 낙후한 농촌상황을 시급히 변화시킬 필요가 있었고, 농민들도 소득을 높이고 생활수준을 향상시켜 도시민들과의 소득 격차를 줄이기를 바랐다.

농촌 주민들의 생활수준을 향상시키고자 박 전 대통령은 전국 지방 장관회의에서, 지방 관리들에게 농촌 자조노력의 진작방안을 연구하라는 특별 지시를 내렸다. 박 전 대통령은『우리 민족의 나갈 길』이란 저서에서 "우리의 농민들은 조상대대로 낡은 농업 경작 방법과 관리 방법을 이어왔다. 우리는 반드시 현대적 관리 방법을 찾아내야 한다.…… 전반적으로 경제수준을 개선시키고 농업 소득을 늘리려면 주민들과 정부에서 농업협동조합운동을 벌일 필요가 있다.…… 농업 소득을 높이려면 농업을 다각적 경영 모식으로 전환할 필요가 있다……"[2)]라고 밝혔다.

박 전 대통령의 지시에 따라 1970년부터 정부는 전국의 33,267개 리(里)와 동(洞)에 시멘트를 무상 지원하고, 또한 각 리와 동에 자주성을 부여하여 개발 프로젝트를 스스로 결정하게 했다. 정부는 또 농민들을 격려하고자 개발 성과가 괜찮은 마을에 재차 시멘트와 철근을 무상 지원해주었다. 1972년 3월 박 전 대통령은 서울 지역과 경기도 지역의 마을들을 돌아보면서 끊임없이 새마을 건설을 독려했다. 1972년 박 전 대통령은 친히 '새마을 노래'를 작사 작곡했을 뿐만 아니라 방송을 통해 매일 아침 저녁 두 번씩 방송하면서 새마을운동의 중요성을 홍보하고, 전 사회가 여러 가지 방식으로 새마을운동에 참여하는 것을 격려했다. 1973년 박 전 대통령은 내무부에 새마을 담당관실을 설치하고, 전적으로 관련 사무를 관리하게 함과 동시에, 새마을운동을 보다 잘 추진하고자 새마을운동 중앙연수원을 설립하고 새마을운동 지도자를 양성했다. 이런 기구들이 열심히 일하는 가운데 1973년 이후 해마다 6,000여 명이 새마을운동 관련 양성 교육을 받았다. 후에는 도시의 대학교 교수, 정부 관리, 기업가 등 사회계층에서도 이런 기구의 양성교육을 받았다. 한국의 사회 각계는 방책을 내놓고 힘을 기여하는 등 여러 가지 형식으로 새마을운동에 참여했다. 새마을운동은 대대적으로 전개되었고, 그 내용은 점차 농촌지역을 벗어나 도시로 퍼져나갔다. 도시 새마을운동의 주요 내용은 법질서의 준수, 건전한 소비풍토 조성, 도시녹화, 뒷골목과 가로 정비, 시민의식의 개혁,

---

2) 박 전 대통령 『우리 민족의 나갈 길』, 동아출판사 1962년.

생활오물의 분리수거, 도시환경 개선 등이 포함되었다. 이밖에 전국적으로 서로 다른 분야에서 지역새마을운동, 공장새마을운동, 학교새마을운동, 부녀새마을운동, 청소년새마을운동 등 다양한 형식의 새마을운동이 일어났다. 여기서 알 수 있는 것처럼 새마을운동의 의의는 농촌 개발에만 국한되었던 것이 아니라, 한국 국민들에게 다 함께 고향을 건설하고 주거환경과 생활의 질을 개선하겠다는 이념상의 변화를 불러왔다.

박 전 대통령이 연설에서 언급했듯이, 새마을운동은 우리의 두 손과 근면에 의거하고, 자조와 협동정신에 의존하여 공동으로 빈곤에서 벗어나 아름다운 미래를 개척하기 위하여 제창한 것이다. 이러한 사회도덕과 문화수양 운동을 제창한 사람이 바로 박 전 대통령이었다. 그는 한민족의 진흥 정신을 환기시키는 것이 정부가 노력해야 하는 취지라고 생각하면서, 비록 처음에는 많은 어려움에 봉착하고 저항에 봉착할 수 있지만 한국 국민들이 그것을 극복할 수 있는 능력이 있다고 믿었다.

1980년 '새마을운동중앙회'의 설립은 새마을운동을 추진하는 주최가 정부로부터 민간으로 전환함을 의미했다. 새마을운동중앙회의 조직시스템은 중앙, 시와 도, 군, 읍 · 면 · 동과 마을 등 5개 등급으로 나눈 다음, 정부에서 계획을 제정하고 재정을 지원했으며, 양성과 홍보 등 구체적인 사무는 민간기구에서 맡았다. 새마을운동은 한국의 농촌 도로, 주택과 전기 등 인프라를 대폭 개선했을 뿐만 아니라, 다수확 작물을 보급하고 경작 방법과 기술을 개선하는 등의 노력을 통하여 농민들의 소득을 대폭 증대시켜주었다. 새마을운동은 농업협동조합의 발전을 촉진시켰을 뿐만 아니라, 한국 농촌의 낙후한 면모를 개혁시키고 농업 현대화의 발걸음을 가속화시켰다. 한국 새마을운동의 성공적 경험, 특히 새마을운동의 도시와 농촌을 전반적으로 계획하고 조화롭게 발전시킬 수 있는 효과와 지역의 균형발전 효과는 학술계와 국제사회의 폭 넓은 관심을 모았을 뿐 아니라, 충분한 인정과 긍정을 받았다. 한국의 새마을운동 경험을 배우고자 130여 개 나라에서 시찰단을 파견했다. 한국의 새마을운동에서 얻은 경험과 성과는 개발도상국에게 귀한중 모델을 제공했는데, 개발도상국에서 농업과 농촌경제를 발전시키고 농민소득을 늘리는 등의 문제를 해결하는데 유익한 계발을 주었다.

3) 권위주의 체제와 한국의 경제개발

박 전 대통령 정부의 강력한 집행력은 한국 경제가 고성장을 한 다른 한 가지 주요인이었다. 그러나 박 전 대통령이 시행한 지나친 권력 집중과 전횡이라는 권위주의는 밀접히 관련되어 있었다. 그리하여 이는 외부에서 박 전 대통령을 비평하는 주요 근거가 되었다. 1970년대 초 박 전 대통령은 정부 안팎에서 정권을 유지하기 어려운 난국에 직면하게 되었다.

1972년 10월 17일 박 전 대통령은 텔레비전과 라디오 생중계로 전국에 특별선언을 발표했다. 그는 특별선언에서 "나는 국민적 정당성을 대표하는 대통령으로서 나에게 부여된 역사적 사명에 충실하기 위해 부득이 정상적 방법이 아닌 비상조치로써 남북대화의 적극적인 전개와 주변 정세의 급변하는 사태에 대처하기 위한 우리 실정에 가장 알맞은 체제개혁을 단행하여야 하겠다는 결심을 하기에 이르렀다 ……" 고 밝혔다. 이어서 박 전 대통령은 헌법개정안 즉 '유신헌법'을 반포했다. '유신헌법'은 몇 가지 통례를 벗어난 조치를 포함하고 있었다. 유신체제 하에 대통령의 권력이 가일층 확대되었는데, 긴급 상황에서 국회를 해산할 수 있는 권한, 그리고 행정 입법 사법 등 분야에서 중요한 권력을 갖게 되었다. 게다가 신규 규정에 따라 대통령 직접선거를 간접선거로 전환시켰을 뿐만 아니라, 대통령은 임기 횟수의 제한을 받지 않고 연임할 수 있게 되었다. 이 같은 정치경제 체제 하에서 대통령은 권력의 중심에 서서 정부의 각료, 정계와 대기업 상호간의 관계를 조율하는 역할을 맡게 되었다. 이러한 상황을 도표 1-1을 통해 잘 알 수 있을 것이다.

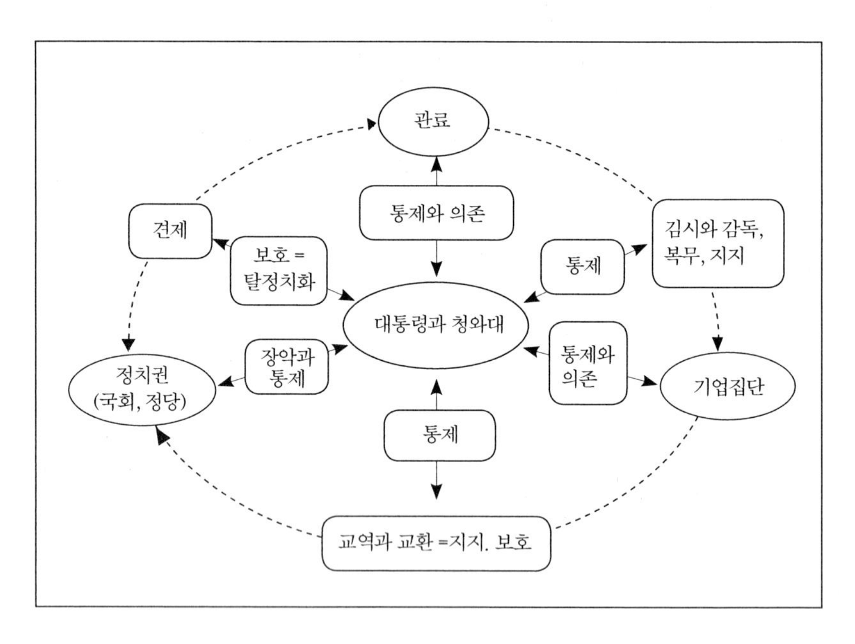

도표 1-1 : 한국 대통령과 정치권, 관료 및 기업그룹 간의 관계도
자료 출처 : 정덕구(政德龜), 『초과 성장과 분배-한국경제의 미래설계』, 북경, 중국인민대학출판부, 2008.

권위주의체제는 한편으로 정상적인 민주화 정치의 발전을 저애하기는 했지만, 다른 한편으로는 정부의 경제개발 계획과 산업정책의 순조로운 실행을 확실히 보장해주었다. 예를 들면, 박 전 대통령의 주요 공헌의 하나인 경부고속도로를 건설하는 문제에서, 한국의 많은 연구기구와 전문가들이 반대 의견을 내놓았지만, 그는 정계와 학술계의 강력한 반대에도 불구하고 이 프로젝트를 강하게 밀고 나갔고, 또한 큰 성공을 거둠으로서 후기 한국의 경제가 비약적으로 성장하는데 귀한중 토대를 마련해놓았다. 하지만 모든 권위주의가 반드시 고효율을 초래하고 강한 집행력을 초래하는 것은 아니라는 점을 설명할 필요가 있다. 박 전 대통령 전의 몇몇 지도자들이 집권하던 정부도 본질적으로는 모두 일종의 권위주의 정부에 속했다. 그러나 부패한 정치에 관료주의까지 성행한데서 그들은 성숙된 경제개발 계획을 내놓지 못했을 뿐더러 한국의 경제 고성장을 이끌지도 못했다.

박 전 대통령은 한편으로는 헌법을 개정하여 대통령의 권력을 끊임없이 강화하고, 다른 한편으로는 생산과 개혁을 서둘러 추진했다. 특히 정부 부처의 질서를 정돈하고 정부 관리들의 부패를 척결하는 일을 잊지 않았다.

앞에서 서술한 것처럼, 박 전 대통령이 갓 집권하던 시절 한국사회는 생필품 공급이 부족한데다 정부 각 부처에서는 부패가 성행하여 서민들의 생활이 무척 어려웠었다. 박 전 대통령은 전국에 12가지 숙청 대상을 선포했다. 그중 정부 관리들의 뇌물 수수, 행정 태만, 관료의 기풍, 원인 불명의 거액 재산 등은 박 전 대통령 정부가 엄하게 처벌하는 대상이나 내용에 속했다. 그가 집권한 2년 사이에 부패로 인해 처벌받은 관리는 만여 명에나 이르렀다. 박 전 대통령은 부패 척결에서 '연대책임제'를 실행했다. 즉 관리의 부정부패사건이 드러날 경우 당사자만 처리하는 것이 아니라,

해당 정부 부처나 정부 관리의 상급 기관, 그리고 규제 기구까지도 추궁을 받아야 했다. 박 전 대통령은 엄격한 감찰시스템을 수립하고자 감찰원과 감찰실을 신설하여 정부 관리들의 업무 수행 상황과 부패 행위를 감독했다. 박 전 대통령은 정부 각급 관리들이 청렴결백하고 공정하게 처사하는 기준에 도달해야 한다고 요구했을 뿐만 아니라 자신부터 이를 철저히 지켜나갔다. 그러므로 많은 학자들이 박 전 대통령의 전횡을 비평하면서도 그의 청렴한 기풍에 대해서는 지금까지도 의혹을 제기하지 않고 있는 것이다.

만약 박 전 대통령을 평가하려 한다면, 당시 한국의 주어진 사회적 단계와 역사적 배경을 떠나서 설명해서는 안 된다. 당시의 경제와 정치, 그리고 이데올로기를 이해해야 만이 비교적 공정하고 객관적인 평가를 내릴 수 있기 때문이다. 그러나 반대자들은 박 전 대통령이 한국 민주주의의 발전을 저애하고, 또한 자신을 국가 정치권력의 중심에 놓은 채 장기간에 걸쳐 강압적인 정치와 정책을 실행했다며 날카롭게 질책하고 있다. 이에 대해 박 전 대통령 지지자들은 도리어 그는 국가가 장기간 분단되어 있고, 정세가 혼란해 있던 상황에서 결단력 있고 실용성 있는 기풍을 통해 부 패 하 기 그지없던 한국 정계에 맞섰을 뿐 아니라, 각종 오명에도 불구하고 국가의 경제 개발을 위한 장기적인 전략을 연구하고 제정하여 한국을 공업이 발달한 국가로 이끈, 원대하면서도 탁월한 식견이 있는 지도자라고 평하고 있다. 우리는 박 전 대통령에 대한 그 어떤 편향적인 평론을 할 생각은 없다. 다만 일부 사실을 가지고 박 전 대통령이 그의 여식인 박 대통령에게 미친 그의 영향을 보다 자세히 알아보려는 것뿐이다.

제2절
박근혜 대통령에 대한 박정희 전 대통령의 영향

1979년 11월 21일, 27세의 박 대통령은 비통한 마음으로 어린 시절의 기억과 젊은 시절의 기억이 남아있는 청와대를 떠났다. 바로 한 달 전에 그의 부친 박 전 대통령이 시해되었기 때문이었다. 암상당하기 며칠 전 박 전 대통령은 부친 박 대통령으로부터 “몸과 이름은 사라져도 강물은 만고에 흐른다”라는 글씨를 써주었다. 이 시구는 중국 당조 때의 유명한 두보의 시 “희위육절구(戲爲六絶句)”에 나오는 “너희는 몸과 이름이 함께 사라지겠지만 영원한 강물은 만고에 흐르리라”에서 따온 내용이었다. 사실 박 전 대통령은 경제개혁을 추진할 때 순풍에 돛 단 듯이 순조롭지만은 않았다. 그가 제창한 많은 사회경제 정책은 야당과 각종 여론의 반대와

비평을 받아야 했다. 이 같은 정책 중에는 경부고속도로 건설, 한국과 일본의 외교관계 정상화, 포항제철 건설 등이 포함되어 있었다. 박 전 대통령은 정책 수행과정에서 받아야 했던 이런 압력들을 잘 알고 있었다. 박 대통령은 〈한국 포럼〉 에 아버지를 추모하여 쓴 한 편의 글 속에서 이렇게 밝혔다.

“아버님이 어떻게 사람들이 기꺼이 받아들일 수 있는 방법을 몰랐을

수 있을까요? 그 분도 뭇사람들의 비위를 맞출 수 있는 방식을 택할 수도 있었을 것입니다. 하지만 만약 이러한 비난이 싫어서 타협하는 태도를 취했다면 어떻게 오늘과 같은 번영이 있고, 나라가 이렇게 짧은 시간 내에 이렇듯 엄청난 성과를 거둘 수 있었을지 되묻고 싶습니다."[3]

박 전 대통령은 딸이 어릴 적부터 지나친 총애를 받는 것을 원하지 않았다. 그리하여 한 가족이 청와대의 대통령 저택에서 살기는 했지만, 그들은 아주 소박한 생활을 했다. 박 대통령이 어릴 적에 입은 바지는 박 전 대통령의 군복 바지를 고쳐 만든 것이었다.[4] 박 대통령은 어릴 적에 괜찮은 장난감마저 없었다. 학교에 다닐 때에도 집에서 청와대의 차를 이용하지 못하게 하여 그는 전차를 타고 학교를 오갔다. 학교에서도 다른 학생들처럼 수수한 도시락을 먹어서 누구도 그가 대통령의 딸인 줄을 몰랐을 정도라고 했다. 박 대통령은 독서하는 것을 좋아했다. 특히 전쟁을 소재로 한 역사소설을 즐겨 읽었는데, 영웅담 부분을 읽을 때면 무척 격앙되어 얼굴에 홍조를 띠기까지 했다고 한다. 그는 부모님의 가르침 아래 초등학교 때부터 매일 일기 쓰는 습관을 길렀다. 그는 일기에다 개선해야 할 점을 적으면서 하루 일과를 검토하고 자기반성을 했다. 그는 이미 바로잡은 나쁜 습관은 붉은 색 펜으로 지우곤 했는데, 지울 때마다 성취감을 맛보곤 했다고 술회하였다.[5]

---

3) 박근혜, 「조국이 평화적으로 통일되는 날 목 놓아 울며 아버님을 추모하리」 『한국포럼』 1997년 (1).

4) 박근혜, 『박근혜 자서전-절망은 나를 단련시키고 희망은 나를 움직인다』, 남경, 역림(譯林)출판사 2013년.

5) 박근혜, 위의 책.

박 전 대통령은 아내 육영수 여사가 사망한 후 일부 공식적인 외교 행사 때에는 영애 박 대통령에게 '영부인'의 지위를 대행하도록 하게 했다. 이런 일을 해온 박 대통령은 "퍼스트레이디로서의 삶은 누에고치에서 깨어나 나비가 되어 가는 일이었다"고 회고했다. 그는 전력을 다하여 부친 박 전 대통령의 정사를 보좌하였다. 박 대통령은 그런 부친을 아주 훌륭한 스승이었다고 말했다. 그는 아버지가 들려주시는 역사나 국방, 경제 등 분야의 지식이 자기에게 아주 큰 계발을 주었다고 했다. 아침마다 박 대통령은 그날 신문에 실린 뉴스나 시사평론을 박 전 대통령에게 읽어주었고, 국내의 일부 핫이슈를 가지고 그들 부녀는 토론을 벌이거나 의견을 교류했다고 했다.

부친 박 전 대통령의 영향으로 말미암아 박 대통령은 정부가 경제개발 과정에서 했던 중요한 역할을 인식하게 되었고, 한국의 정부주도형 경제개발의 특징을 터득하게 되었다. 박 전 대통령이 박 대통령을 데리고 각종 정무행사에 참가한 것도 그를 국가 차원의 정치외교를 이해시키려는 의도적인 생각에서였다. 박 전 대통령은 과학기술을 발전시키려는 욕망이 아주 강했다. 그는 박 대통령을 보고 "우리나라는 자원이 부족할 뿐만 아니라 자본도 부족하다. 그러므로 나라가 발전하려면 과학기술이 필요하다"고 말하곤 했다. 박 전 대통령은 늘 과학연구 단지를 찾아가 과학자들의 의견을 청취했다. 그는 박 대통령에게 방위산업의 중요성을 강조하면서, 방위산업과 중공업의 성장은 앞으로 한국의 국민경제가 성장하는데 중요한 산업적 지지를 줄 것이므로 공업화 개발을 한시도 늦춰서는 안 된다고 했다. 외부에서 자기의 경제정책에 대해 의혹을 갖자 박 전 대통령은 박 대통령에게 이렇게 말했다고 했다. "지도자라면 반드시 험난한 길을 개척할 줄 알아야 한다. 외부에서 질책한다고 해서 두려워하거나 움츠러들어서는 안 된다."[6] 박 대통령은 한 나라의 대통령으로서 짊어지고 있는 중차대한 역사적 책임감을 점차 알게 되었을 뿐 아니라, 대통령이라면 외부의 간섭에 두려워하지 말고 자신의 신념을 굳건히 지키며, 과감하게 개혁하고 개척하는 소한중 정신이 필요하다는 점을 터득하게 되었다. 박 전 대통령이 사망한 후 박 대통령은 아버지를 기리는 글에서 이렇게 밝혔다. "아버님이 남기신 가장 소한중 것은 민족적 자주와 자신감을 대표로 하는 정신적 혁명이었다."[7] 박 전 대통령의 영향으로 인해 박 대통령은 소박한 생활습관을 기를 수 있었으며, 또한 '영부인' 역할을 하면서 경제성장을 완수해야 한다는 것을 과업으로 생각하게 되었다.

6) 박근혜, 위의 책.
7) 박근혜, 「조국이 평화적으로 통일되는 날 목 놓아 울며 아버님을 추모하리」, 앞의 책.

제3절
박정희 전 대통령 시대 이후 변화무쌍했던 한국

특수한 가정환경과 성장 경력이 박 대통령에게 영향을 준 것은 긍정적인 면만이 아니었다. 박 전 대통령이 시해당한 후 한국 사회와 여론에서는 박 전 대통령을 비판하는 풍조가 일기 시작했다. 박 전 대통령을 비판하고 부정하는 일련의 사건은 박 대통령의 마음에 큰 타격을 주었다. 그로부터 박 대통령은 대중들의 시야에서 서서히 사라졌다. 박 대통령은 영남학원(영남대학교), 육영재단과 정수장학회 등에서 일하며 고등교육과 어린이복지와 관련된 사업에 참여했다. 박 대통령은 일기에서 이렇게 밝혔다. "권력은 칼이다. 권력이 클수록 그 칼은 더욱 예리하다 ……. 권력의 칼을 마구 휘둘러서 쌓이는 원망, 분노, 복수심 등은 되돌아와 그의 목을 조르게 된다."[8)]

1980년대 금융위기가 발생하기 전까지 한국은 정치경제 제도가 비교적 빨리 발전한 시기였다. 1980년 전두환이 군인의 신분을 이용하여 정치적 실권을 장악하면서 한국의 제11대, 제12대 대통령에 당선되었다. 전두환

---

8) 박 대통령 『박 대통령 일기』 상하이 역문출판사 2013년.

대통령은 집권 시절, 당시의 국제경제 환경의 변화와 국내경제 정세의 변화에 맞춰 과거에 제창하던 “경제 제일주의”라는 정책 목표를 “안정, 효율, 균형” 성장이라는 방침으로 변화시킴과 동시에 국민경제에 대한 중대한 조정을 행하였다.

1988년 노태우가 한국의 제13대 대통령에 당선되었다. 그가 집권하여 결정한 첫 번째 중대사는 헌법 개정이었다. 개정한 새 헌법은 국민들이 대통령을 직접 선거할 수 있다는 조항을 첨가하고, 대통령이 긴급조치를 취하여 국회를 해산할 수 있다는 조항을 없애버렸다. 노태우 대통령이 집권하던 기간에 한국은 1988년 서울 올림픽을 성공적으로 개최하면서 국제사회에서 한국의 이미지를 대폭 향상시켜 주었다. 또한 남북의 관계 개선에서도 큰 발전을 이루어냈다. 1991년 북한과 남한은 동시에 유엔에 가입하고, 1992년 한국과 중국은 국교를 정상화했다.

노태우 대통령이 헌법을 개정하는 바람에 대통령의 권력이 가일층 약화되기는 했지만 한국의 권위주의 체제를 본질적이고 근본적인 개혁을 하지는 못했다. 그리하여 여전히 정경유착이 심각했고 재벌들이 한국의 국민경제를 독점하고 있는데서 국민들의 불만은 끊임없이 늘어만 갔다. 1993년 김영삼이 한국 제14대 대통령에 당선되었다. 그는 군인이 통치하는 국면을 철저히 개혁시키고자 시민사회를 토대로 하는 시민민주정치 형식인 ‘문민정치’라는 구상을 내놓았다. 그는 기득권 그룹에 손을 대어 기강을 엄하게 하고, 군인사회의 비리를 바로잡으려고 전례 없는 정치개혁을 실시했다.

경제개혁에 있어서 김영삼 대통령은 전국적으로 금융실명제를 도입했고, 또한 국유기업을 개혁하여 국유기업의 사유화를 추진했는데, 제도를 개선하는 방식을 통하여 정치와 경제의 투명성을 보장하고자 했다. 김영삼 대통령이 채택한 정치개혁은 한국사상 유일무이한 사례라고 할 수 있을 정도였다. 그의 개혁은 국회에서 '공직자 윤리법 개정안'을 통과시키도록 했다. '공직자 윤리법'에 따르면, 대통령으로부터 국회의원에 이르기까지, 경찰서장 이상의 경찰관, 영관급 이상의 군인, 대학교 총장과 전국 4급 이상의 공무원은 재산을 등록해야 하는 대상이 됨과 동시에 한 달 내에 재산 등록을 끝내야 한다고 의무화시켰다. 그리하여 1,100여 명의 공직자가 재산등록을 해야 했을 뿐만 아니라 대중들에게 재산을 공개해야 했다.

"피 흘리지 않는 혁명"이라고 불린 정치개혁에서, 한국의 전두환 전 대통령과 노태우 전 대통령이 정치 비자금을 모으고 횡령한 사실이 드러나 검거되면서 전직 대통령 두 명이 죄수가 되는 한국 역사상 보기 드문 사례가 출현하기도 했다. 그러나 그러한 김영삼 대통령도 엄격한 정치경제제도 개혁을 시행하기는 했지만, 당파 간의 싸움까지는 억제시키지 못했으며, 정당의 부패 현상 역시 철저히 해결하지 못했다. 이밖에 외부에서 한국 경제의 중대한 병폐라고 보는 재벌의 다각적인 확장 현상 또한 규제하지 못한데서 후에 한국에서 금융위기가 발생되는 불씨를 남겨놓았다. 1997년 태국에서 촉발되어 후에 아시아 여러 나라에까지 미친 금융위기가 폭발하자 한국 국민들은 박 전 대통령 시절의 경제 고도성장을 그리워하기 시작했으며, 이 같은 기대를 차기 대통령에게 의탁했다. 국내외 경제가 불황인 상황에서 김대중이 한국 제15대 대통령에 당선되었다.

제4절
갑작스런 금융위기와 힘겨운 개혁 투쟁

1. 금융위기의 발생과 그 원인

태국의 금융위기는 한국 금융위기가 발생하는 전주곡이자 아시아 금융위기의 도화선이기도 했다. 1997년 전에 태국은 수출 능력이 하락하자 태국 정부는 국제수지 균형을 유지하고자 금리 상향조정 방안을 채택했다. 외화의 수요가 급증한 상황에서 태국이 태국 바트화의 평가절하 조치를 즉각적으로 취하지 않는 바람에 국제 환투기 세력이 바트화 매도 포지션을 취할 기회를 주어 태국의 외국환과 금융시장은 혼란에 빠졌다. 외환보유액이 부족하여 태국은 할 수 없이 고정환율제도를 포기하고 변동환율제도를 채택했다. 태국 자본시장에 대한 타격에서 목적을 달성한 국제 환투기 세력은 눈길을 필리핀, 인도네시아, 말레이시아, 중국 홍콩, 한국, 일본으로 돌렸다.

1997년 9월 첫째 주에 한국 주식시장의 외국자본이 빠져나가는 현상이 나타났다. 비록 자본 유동으로 말미암아 혼란이 생기지는 않았지만, 이 같은 투자자들로부터 힌트를 받은 외국 은행들이 한국 금융기구의 단기대출 연장을 거절하기 시작했다. 두 달이 지나자 국제투자자들의 자금이 한국의 시중은행의 계정에서 끊임없이 빠져나갔을 뿐만 아니라 그 규모도 지속적으로 늘어났다. 한국정부는 시중은행에 나타난 자금줄이 단절되는 위험을 막고자 한국의 중앙은행인 한국은행은 비상조치를 취하여 시중은행에 자금을 제공해주었다. 하지만 시중은행의 엄청난 자금 수요를 충족시킬 수가 없었다. 한국의 외환보유액은 이내 바닥이 드러났고, 환율이 흔들리기 시작했다. 1996년 12월까지 한화 대 달러 환율이 대체로 850 : 1 수준을 유지했지만, 1년 후에는 환율이 2000 : 1 수준으로까지 이르렀다. 한국 주식시장의 주가는 폭락했고 금리는 끊임없이 올라갔다. 국가의 외화보유액이 100억 달러도 되지 않았고 30개 대기업 중 7개 기업이 파산을 선고했다. 1997년 11월 김영삼 대통령은 국제통화기금에 긴급자금지원을 요청했다. 그러자 국제통화기금과 세계은행 등 국제금융기구에서는 550억 달러의 자금지원을 하기로 결정했다. 그러나 자금을 받는 대신에 한국은 반드시 국제통화기금이 내놓은 가혹한 조건을 받아들여야 했다. 그리하여 한국인들은 당시의 금융위기를 'IMF사태'라고 불렀다.

국제통화기금은 한국에게 반드시 단시일 내에 통화정책과 재정정책, 인플레이션율, 경상항목수지, 금융기구, 기업의 관리구조, 노동시장 등 분야에 대해 구조개혁을 철저히 해야 한다는 조건을 내놓았다. 예를 들면, "경상수지 적자는 반드시 국내총생산에서 차지하는 비례의 1%보다 낮아야 한다. 한국정부는 반드시 빚이 자산을 초월하는 은행을 하루빨리 파산시킴과 동시에 금융기구에 대한 감독과 관리를 강화하고, 시장에 대한 규제를 강화해야 한다. 한국정부는 무역을 한층 더 개방하고 자본계정을 개방하며, 무역구제제도와 수입면장제도를 취소하는 동시에, 외국

투자자들이 한국 채권시장에 들어오는 것을 허락해야 한다. 한국정부는 기업의 독립적인 감사 제도를 구축함과 동시에 기업 재무의 투명성을 강화해야 한다. 정부는 사업보험 제도 등 기타 조치를 통하여 금융기구의 리스크를 낮출 필요가 있다"는 등의 내용이 들어있었다.

금융위기가 발생한 원인에 관하여 당시 국내외 학계에서는 많은 서로 다른 견해를 내놓았다. 그 관점들을 종합하면 대체로 세 가지 견해로 좁힐 수가 있다. 금융위기가 발생하게 된 원인을 어떻게 심각하게 여기느냐 하는 정도에 따라 우리는 낙관론자, 종합론자, 비관론자로 나누었다. 낙관론자들은 한국 경제성장의 펀드멘탈에 많은 문제가 존재하지 않았으므로 금융위기는 단순한 외채 변제위기일 뿐이라고 보았다. 하지만 비관론자들은 한국이 다년간 이룩한 경제성과를 부정하면서, 이번 금융위기는 단순히 국제 환투기 세력의 투기행위에 의해 발생한 것이 아니라, 그 근원이 한국의 성장 모식에 있다고 보았다. 절충적인 견해도 있었다. 즉 종합론자들은 한국이 경제성장 과정에서 많은 문제가 누적되면서 한국의 장기적인 경제성장을 가로막는 고질병이 되기는 했지만, 동시에 특정적인 국제환경에서 발생하는 돌발성이나 우연성 역시 등한시해서는 안 된다고 보았다.

낙관론자들은 금융위기가 발생하게 된 원인이 외국의 투기행위와 금융규제의 허점에 있다는데 역점을 두었다. 그들의 이 같은 견해에 따르면, 금융위기는 일종의 외적 충격에 의해 초래된 것으로서 위기를 전염시킨 국가의 거시적 경제의 펀드멘탈과는 큰 관련이 없다는 것이었다. 비대칭 정보와 편승효과는 금융리스크의 일부 경미한 변화마저 국제 투자자들의 집단적 반응을 대량으로 일으킬 수 있다고 보았다. 태국은 한국과 마찬가지로 동아시아지역에서 경제 성장속도가 비교적 빠른 개발도상국으로서 태국 경제의 혼란스런 상황은 많은 국제 자본투자자들로 하여금 손쉽게 금융위기와 성장 수준이 비슷한 국가들을 연계시키도록 만들었다. 게다가 그들의 눈에는 이런 인접 국가들의 경제 역시 감당할 수 없을 정도로 취약해 보였다. 유행성감기와 같은 금융위기 가운데서 사람들의 기대와 도덕적 해이는 금융위기를 부채질하는 작용을 하여 기존의 균형을 쉽게 깨뜨리는 결과로 나타나 국가경제를 붕괴시킬 수 있다고 보았던 것이다.

낙관론자들은 이밖에 한국의 금융규제에도 일부 허점이 존재하고 있다고 지적했다. 한국 정부가 장기간 시중은행에 대해 보증을 섰으므로, 시중은행들은 채무 문제로 해외 기구에 차관을 신청할 생각을 별로 하지 않았다. 뿐만 아니라 시중은행들이 대차 자금을 사용할 때 투자 프로젝트의 리스크 정도에 그다지 신경을 쓰지도 않았다. 그들은 혹시 불찰이 생기더라도 정부 측에서 무조건 나서서 도와주리라고 알고 있었기 때문이었다. 심지어 외국의 금융기구마저도 한국의 시중은행은 정부의 비호 아래에 있어 심각한 적자가 나타나지 않을 것이라고 생각했다. 그리하여 시중은행의 대차 사항에 대해 엄격한 심사를 하지 않은데서 각종 리스크 프로젝트들도 모두 융자를 받을 수가 있었던 것이다.

비관론자들은 금융위기의 근원이 한국 경제성장의 모식과 경제체제에 있으며, 이번 금융위기는 한국 경제성장 모식의 실패를 의미한다고 보았다. 이들은 한국 경제성장의 모식을 논할 때면 정부 주도형 경제성장 모식에 예봉을 돌렸다.

비관론자들은 이렇게 생각했다. 정부가 산업 개발정책과 경제성장 계획을 기획할 때 인위적으로 시장 자원을 배분하고 산업에서 우선적으로 개발할 순서를 정했으며, 일부러 대재벌을 육성하는 등의 조치를 취해 시장의 공정경쟁을 방해했다고 했다. 또 정부가 주도 하는 바람에 국민경제에 정부 · 기업 · 은행 사이에 특이한 관계가 형성되었다면서, 재벌은 정부의 보호 아래서 성장했고, 은행은 재벌과 상호 연계되어 정부가 수립한 정치와 경제 목표를 달성하는 도구가 되었다고 했다. 그리하여 은행은 재벌들의 자금에 대한 감사 기능을 상실했고, 그로 인해 대재벌들은 맹목적으로 사업을 확장할 수가 있었는데, 이는 재벌들이 거액의 부채를 짊어지도록 만들었고, 은행 역시 마찬가지로 부실 부채로 인해 골머리를 앓아야 했다. 한국의 기업과 은행은 결국 거액의 부채로 인해 무너지고 말았다고 보았던 것이다.

크루그먼 프린스턴대학교 경제학과 교수와 같은 학자도 한국 등 아시아 신흥 산업국이 수십 년간 이룩한 경제적 성과를 부정하면서 다음과 같이 말했다. "한국 등 아시아 신흥 산업국이 급성장하게 된 원인은 정부의 자원 동원 능력에 의한 투입식 성장이다. 이 같은 성장은 효율적이지 못했기에 따라서 혁신적이지도 못하다. 그러므로 지속 불가능한 표면적인 번영에 불과한 성장이라 할 수 있다."

물론 크루그먼 교수가 1994년 이 같은 경제성장 모식에 대해 평한 것은 금융위기가 발생할 수 있음을 예측하여 한 말이 아니라, 세계 경제에서 차지하는 동아시아의 위치를 논하면서 한 말이었다.

한국에서 금융위기가 발생한지도 이미 10여년이 지났다. 한국은 1998년 경제성장률이 대폭 떨어졌다가 1999년부터 재차 9.5%라는 고성장을 회복했다. 게다가 이후의 경제성장 과정에서 경제성장 모식과 금융규제

방식을 끊임없이 개선해 갔다. 그러므로 한국 경제성장 모식을 완전히 부정하는 것은 적절치 않다고 본다. 어찌 되었든 간에 한국의 금융위기는 경제성장 성과를 지나치게 찬미하던 사람들의 입장을 또한 그 성장과정을 보다 이성적으로 평가하도록 바꾸어놓았다. 한국의 금융위기는 중국을 포괄한 개발도상국에게 경종을 울려주었는데, 이 같은 경험과 교훈은 특히 이후의 개발도상국에 참고할만한 유익한 교훈을 제공해주었다.

2. 금융위기 후, 작은 것을 희생하고 전체를 보전하기 위한 힘겨운 개혁 투쟁

한국정부는 금융위기를 극복하려고 거시적 경제조정 정책 개혁, 기업제도 개혁, 금융기관 개혁 등 전면적 개혁을 진행했다. 한국이 최우선적으로 해결해야 할 문제는 외환보유액을 늘려 한화의 환율을 안정시키는 일이었다. 외환보유액은 대부분 무역을 통해 얻었기에 김대중 정부는 긴축적 재정정책을 취했다. 금융위기가 발생하기 전까지 한국은 일반적으로 재정정책을 통하여 국내 경제성장 추세와 변화를 조정하지 않았다. 하지만 금유위기가 발생하는 과정에서 한국 금융기관이 엄청난 충격을 받은 데서 경제 조정기능을 효과적으로 발휘할 수 없게 되었다. 금융정책이 상대적으로 제한된 상황에서 김대중 정부가 우선 고려한 것이 긴축적 재정정책을 통하여 국내 수요를 조정하는 것이었다.

앞에서 서술했듯이, 한국정부가 비록 국제통화기금과 세계은행 등 국제금융기구로부터 자금을 얻어오기는 했지만, 국제통화기금에서 내놓은 일련의 요구를 만족시켜줘야 했다. 경제성장률을 3%에 도달시키고 또한 재정적자가 너무 많아서도 안 되었다. 그리하여 한국정부는 자금을 사용함에 있어서 반드시 신한중 태도를 유지해야 했다. 이 재정자금은 빚이 너무 많아 갚을 능력이 없는 시중은행과 기타 금융기관의 개혁에 사용되었다. 이번 금융위기를 거친 후 한국정부는 경솔하게 재정정책을 이용하지 않던 기존의 관례를 변화시켰고, 재정정책을 통하여 거시적 경제를 조정하는 방식을 보다 적극 채택하게 되었다.

이 같은 일변도 정책은 한국정부의 채무규모를 끊임없이 늘어나게 하면서, 정부의 재정 부담을 가중시켰다. 한마디로 말해서 확실한 재정정책은 한국의 국내 수요를 효과적으로 통제한데서 국제수지를 개선하고 외환보유액을 늘려주었다. 이와 동시에 재정정책의 부작용도 생겼다. 즉 한국 정부의 재정정책에 대한 의존도가 강해지면서 금융위기가 지나간 후 여러 해 동안 재정 적자가 늘어나는 현상이 생겼던 것이다.

김대중 정부는 확실한 재정정책을 채택하는 외에 긴축금융정책을 결합해서 시행했다. 김대중 정부가 채택한 긴축금융정책 중에서 가장 중요한 내용은 금리정책이었다. 외국자본을 끌어들이고 국내자본이 지나치게 흘러나가는 것을 막고자 한국 통화당국은 금리를 대폭 인상했다. 하지만 고금리 정책은 정부에서 기대한 것처럼 외국 자본이 한국으로 유입되도록 촉진하는 작용을 하지는 못했다. 고금리 정책은 한국 국내 주민들이 예금을 많이 하도록 유지하는 역할만 했을 뿐이었다.

한국 통화당국이 고금리 정책은 기업의 금융비용을 가중시킨 데서 많은 회사가 파산되거나 부도를 맞았다. 일부 사람들은 당시 고금리 정책이 한국기업의 파산 과정을 가속화시키고 한국사회의 실업인구를 늘리는 바람에 사회 불안정을 가중시켰다고 질책했다. 하지만 당시 한국의 경제환경에서 금융시장을 안정시키는 것은 무엇보다도 가장 중요한 목표였다. 그러므로 고금리 정책 외에는 다른 효과적인 방법이 없었기에 고금리라는 통화정책의 효과를 완전히 부정해서는 결코 안 될 것이다.

금리정책 외에 한국은 환율제도도 조정했다. 금융위기가 확산되는 과정에서 외환보유액이 부족하여 타깃존을 유지할 수 없는 상황이 되자 한국정부는 부득이 달러 페그제인 고정환율제를 변동환율제로 전환했다. 한국은 정책을 제정함에 있어서 더는 통화 공급량이나 타깃존에 의거하지 않고 물가안정목표제에만 의거하였다.

한국정부는 긴축금융정책을 실시한 후 투자 수요와 수입 수요가 하락하자 경상수지 흑자를 가일층 확대했다. 김대중 정부의 노력으로 1998년 중기에 이르면서 한국경제는 가장 위급한 시기에서 벗어나게 되었다. 그리하여 1998년 하반기부터 한국의 금융정책은 다시 완화정책으로 바뀌었고, 또한 이 기회를 이용해 산업구조 조정과 금융기관에 대한 개혁을 진행했다.

학계의 일부 사람들이 지적했듯이 한국 금융위기가 발생하게 된 원인이 국제 투자자들의 투기행위와 자체 금융 규제정책의 결함 외에도 대재벌들의 맹목적인 다각적 사업확장과 거액의 부채문제 역시 국제 투기세력에게 여러 가지 유리한 환경을 제공해 주었다. 1998년 김대중 대통령은 한국의 4대 그룹(재벌) 회장과 협상을 한 후, 기업 경영의 투명성 제고, 상호 담보제도 취소, 재무구조 개선, 핵심적 주력 산업개발에 대한 정력 집중, 중소기업과의 협력 강화, 주주와 경영자의 책임 강화 등의 기업의 개혁원칙을 확정했다. 이 원칙은 언약으로만 머물지 않고 개정한 기업 관련 법규에도 반영되었다. 예를 들면 기업의 맹목적인 확장을 제한한다거나 핵심적 주력산업을 확정하는 등의 사항은 '회사정리법', '증권거래법', '파산법' 등과 관련이 되었다. 이 같은 개혁 내용은 대기업의 핵심적 이익을 건드리는 결과로 나타났기 때문에 적지 않은 저항에 부딪치게 되어 집행하는데 많은 어려움을 겪어야 했음도 주지의 사실이다.

도표 1-1 재벌그룹에 관한 각기 다른 견해

분류	비판론	긍정론
형성 배경	h	기업가의 정신적 산물
경제력 집중에 관하여	h	h
다각화	h	다각화는 기업의 전략적 선택 h
모든 지배 구조	h	h

자료 출처: 정덕구 저, 김화림, 박승헌, 이천국 역, 『성장과 분배를 넘어서-한국경제의 미래 설계』 북경, 중국인민출판사, 2008.

1998년 4월부터 김대중 정부는 "금융-기업 구조조정 방안" 등 새로운 개혁정책을 연이어 출범시켜 기업개혁의 걸림돌을 끊임없이 제거했다. 아래 도표 1-2에서 볼 수 있듯이 30대 대기업 그룹 중 한보, 삼미, 진로, 기아, 해태, NEWCORE 등 6개 그룹이 파산해야 했다. 당시 한보그룹의 부실대출 규모가 한화 5.7조원에 달하는데다, 금융기관의 비리와 특혜 대출로 인해 대한민국

건국 이래 최대의 권력형 금융부정 및 특혜 대출 비리사건으로 밝혀졌다. 재벌그룹은 채무 담보를 통해 자회사와 뒤얽혀 있으므로 만약 자회사에 심각한 채무문제가 생기면 그룹 전체의 채무 위기를 유발할 수 있었다. 30대 재벌그룹의 채무 규모는 재정수입의 35.5%에 달하여 정부에서 이런 재벌그룹을 도와주는 데는 한계가 있었던 것이다.

도표 1-2 1997년 실질적으로 파산한 30대 기업그룹(재벌)의 재무 구조

	한보	삼미	진로	기아	해태	Newcore
실질적 파산 날짜 월/일	1/23	3/19	4/21	7/15	11/1	11/4
재벌그룹 순위	14	25	19	8	24	28
부채(한화 조원)	4.42	2.43	3.23	9.57	2.52	1.85
자산에서 차지하는 부채 지례	648%	3333%	4836%	522%	669%	1253%

주: 실질적 파산이라는 용어를 응용한 것은 진로그룹과 기아그룹에 대해 파산 연기 협의 날짜를 사용했기 때문이다.
자료 출처: (한국) 유승민,『재벌, 과연 위기의 주범인가? 위기 후 재벌정책의 평가와 과제』 서울, 비봉출판사, 2000년, 조성욱,『외환위기 이후 재벌구조 변화에 대한 실증분석 - 리스크 이전 및 주가수익률 동조화를 중심으로』, 한국개발연구원, 2002년 12월에서 재인용.

김대중 정부는 각 시중은행으로 하여금 부실기업을 평가하게 하고, 또한 적자가 심각한 기업을 합병, 매각하거나 파산시키라고 요구했다. 김대중 정부의 강력한 정책에 의해 한국 최대 재벌그룹의 하나인 대우그룹이 중점

조정 대상에 편입되었고, 결국 파산의 운명을 면할 수가 없었다. 1999년 대우그룹은 영업수익이 한화 90조원에 달해 한국의 대재벌 순위 2위를 차지했다. 한 때 한국경제를 주도하던 대우그룹의 파산은 한국 국민들에게 엄청난 타격을 주었다. 대우그룹은 '대마불사'의 신화를 깨뜨리면서, 김대중 정부의 재벌그룹에 대한 결단력 있는 파산 선고라는 조정안은 유명한 사건이 되어, 한국의 기업구조 개혁에 적극적이고 깊은 영향을 반추하게 했다.

1998년 김대중 정부는 한국의 5대 재벌이 행해온 부정당한 내부거래에 대해 조사를 진행했다. 재벌의 부정당한 내부거래에 대해 정부는 인정사정 보지 않고 처벌했는데, 최고 벌금액이 관련 거래액의 5%에 달했다. 김대중 정부가 1차적으로 행한 재벌그룹에 대한 부정당한 내부 거래 조사에 따르면, 5대 재벌의 80개 자회사와 자금 지원을 받은 35개 회사가 부정당한 거래를 했음이 밝혀졌다. 2차 조사와 3차 조사에서도 33개 자회사와 53개 자회사가 각기 부정당한 거래를 한 것이 드러나 각기 209억 원과 789억 원을 벌금으로 물게 했다.(참고 도표 1-3)

도표 1-3 재벌그룹의 부정당한 내부 거래에 대한 김대중 정부의 조사 및 정리 개혁조치

	자금 지원 자회사	자금 지원 받는 자회사	자금 지원 성질의 거래 규모	자금 지원 액	벌금
5대재벌에 대한 1차 조사 (1998.5–6)	80	35	40,263	2,244	722
5대 벌에 대한 2차 조사 (1998.6–7)	33	21	14,927	546	209
5대재벌에 대한 3차 조사 (1999.5–7)	53	38	123,327	2,500	789
6–30대 재벌 중 5대재벌(1999.10–12)	35	45	24,837	693	142
한국전력공사 등 9개 공기업(1999.3)	13	18	3,933	254	37

(단위: 개, 한화 억 원)

자료 출처: (한국) 신광식, 『재벌개혁의 정책과제와 방향』, 한국, 개발연구원, 2000. 조성욱, 「외환위기 이후 재벌구조 변화에 대한 실증분석 - 리스크 이전 및 주가수익률 동조화를 중심으로 -」, 한국개발연구원, 2002년 12월에서 재인용.

재벌그룹의 지나친 다각화 경영에 직면한 김대중 정부는 이런 기업에 대해 생산구조를 조정하고 산업을 교환하며 또한 자원을 통합시킬 것을 요구했다. 김대중 정부의 적극적인 주도에 의해 재벌그룹들은 주요 산업을 서로 교환하는 방안을 찾음으로써, 재벌그룹이 역량을 집중하여 각자의 핵심적 우위 산업을 개발하고, 또한 기업경영이 어려운 상황을 신속히 개선할 수 있게 되었다. 이밖에 재벌그룹 간의 내부거래와 불투명한 재무제도 역시 개혁의 대상이 되었다. 김대중 정부는 재무제표

의무제도를 개정하여, 공시와 재무 감사 등의 방식을 통해 재벌그룹의 재무 투명성을 제고시켰다. 동시에 김대중 정부는 재벌그룹들이 2003년 전에 기업의 부채비율을 대폭 낮추고, 또한 기업에 신규 채무보증을 서는 것을 금지하라고 요구했다. 정부의 노력으로 인해 재벌그룹의 부채비율은 대폭 하락했고, 재무구조도 뚜렷이 개선되었다.

한국의 재벌그룹은 일반적으로 가족적 관리 모델을 택하고 있어서 '재벌'이라고도 부른다. 재벌은 한국경제의 고도성장에서 중요한 지지 역할을 하였다. 하지만 동시에 많은 폐쇄적인 특징을 가지고 있어서, 내부의 관리구조가 비교적 취약하여 기업이 장기적으로 건강하고 안정하게 성장하는데 매우 불리했다. 김대중 정부는 기업 합병과 인수제도, 기업관리 제도를 개선하는 방법을 통하여 재벌그룹이 가지고 있는 기존의 낙후된 경영방식을 극복하고 현대의 기업제도를 도입하도록 촉구했다. 재벌그룹은 사외이사 제도, 주주 권한, 재무제도 등 면에서 큰 변화가 생겼는데, 이는 훗날 대기업이 국제화 경영을 하는데 양호한 토대를 마련해주었다. 도표 1-4는 변화된 재벌그룹의 경영 방식 비교표이다.

도표 1-4 외환위기 후 재벌그룹의 관리방식 변화 비교표

분 류	외환위기 전의 양적 추구	외환위기 전의 품질 추구
경영목표	추구 규모/ 성장	안정적인 성장 추구/ 기업 가치
의사결정기구	그룹	기업 개체
융자	대출 위주의 간접 융자	내부 융자 및 직접 융자
전략	다각화 규모 중시(판매/시장 점유율)	선택과 집중 M&A 중시 및 투자 수익률
관행 인사	회사 내 노동시장: 종신 고용/ 연공서열	회사 외부 노동시장: 해고//성과
기업 간 왕래	내부 거래	내부 거래 감소/외주

자료 출처: 정덕구 저, 김화림 · 박승헌 · 이천국 역, 『성장과 분배를 넘어서 - 한국경제의 미래설계』 북경, 중국인민출판사, 2008.

금융위기에서 하루속히 벗어나기 위해 김대중 정부는 재정정책, 통화정책, 기업분야의 개혁정책을 전반적으로 비교적 합리성 있게 조절함으로써 다른 아시아 국가들보다 금융위기에서 한층 빨리 벗어날 수 있었다. 한국은 아시아 금융위기가 발생한 국가 중에서 국제통화기금의 차관을 3년 앞당겨 반제한 첫 번째 국가였다. 2002년 한국의 외환보유액이 1,200억 달러에 달하여 전 세계에서 외환보유액이 네 번째로 많은 국가로 부상했으며, 스탠더드 앤드 푸어스, 피치, 무디스 등 3대 국제 신용등급 평가기관에서도 한국의 국제신용등급을 A급으로 업그레이드했다.

이번 아시아금융위기는 개발도상국이 성장과정에 주의해야 할 문제에 대해 여러 방면에서 경종을 울려주었다. 이런 문제는 정부 주도 하에서의 경제성장 방식, 기업의 융자제도와 금융기관의 대출정책을 포괄하고 있을 뿐만 아니라 자본수지 개방, 금융규제와 리스크 경보 제도, 변동환율제도와 국제 금융협력 등 문제의 중요성도 포괄하였다.

아시아 금융위기 후, 한국의 통화정책과 재정정책 등의 거시적 조정정책은 대폭 변화했다. 금융위기의 교훈을 알게 된 후부터 한국은 외환을 보유하는 일에 깊은 관심을 갖기 시작했다. 한국의 외환보유액 규모는 해마다 급증해 금융시장에 충분한 외환 유동성을 제공함으로써 금융질서를 안정시키고 국민경제를 발전시키는데 중요한 역할을 하게 되었다.

3. 금융위기 후 다시 살아난 한국경제

금융위기를 겪은 후, 한국은 많은 산업을 재조정한데서 적지 않은 재벌그룹이 지난날의 영광스러웠던 번영을 모두 잃고 말았다. 재벌그룹들은 금융위기의 교훈을 받아들여 국내 산업의 확장과 해외 투자 방면에서 한결 더 신중해졌다. 이는 한국경제에 대해서 볼 때 불행 중 다행이라 할 수 있었다. 국내외 여론이 한국의 경제성장에 대한 재벌그룹의 부정적 작용을 성토하는 바람에 재벌그룹의 투자 수요가 대폭 하락했다. 금융위기가 지난 후 한국의 거시적 경제는 신속히 회복되었지만, 금융위기 전의 비약적인 성장에 비하면 강력한 성장 원동력이 예전보다 훨씬 못했다. 도표1-5는 금융위기 후의 주요 거시적 경제지표 개선상황이다.

한국 재벌그룹은 부채 규모를 더욱 중시하면서 당좌비율, 자기자본수익률 등의 재무지표에 한층 더 주의를 기울이게 되었다. 재벌그룹들은 점차 경영이념과 투자이념을 전환시켜 갔는데, 제품의 부가가치 창출을 중시하고 기술 혁신과 개발을 권장하면서 기업의 국제적 핵심 경쟁력을 육성하는데 주력했다. 한국정부 역시 금융위기 전처럼 일부러 재벌그룹을 지원해줄 뜻이 없었으므로 대기업 그룹의 독점행위를 견제하고 중소기업의 성장을 한층 중시하기 시작했다. 재벌그룹도 여러 가지 기업제도를 새롭게 출범시켜 회사의 관리를 강화하고 경영자와 소유자 간의 이익균형을 조정했다. 출자총액 제한제도는 이 같은 배경 하에서 시작되었던 것이다.

출자총액 제한제도는 회사자금으로 다른 회사의 주식을 매입하여 보유할 수 있는 총액을 제한하는 제도를 말한다. 정부가 출자총액을 제한했던 것은 재벌그룹들이 기존 회사의 자금으로 또 다른 회사를 손쉽게 설립하거나, 혹은 타사를 인수함으로써 기존업체의 재무구조를 악화시키고 문어발식으로 기업을 확장하는 것을 방지하기 위해서였다. '공정거래법' 제10조에는 출자총액 제한 기업그룹에 속하는 회사가 소유하고 있는 다른 회사 주식의 출자총액이 자기회사 순자산액의 25%를 넘어서는 안 된다고 명시하였다. 이에 따라 자산규모 6조원 이상의 기업그룹 소속 계열사는 순 자산의 25%를 초과해 다른 회사에 출자하지 못하며, 한도 초과 지분에 대해서는 의결권 제한 명령이 내려졌고, 해당 기업은 명령을 받은 지 10일 이내에 의결권 제한대상 주식을 결정해 공정거래위원회에 통보해야 했다. 그러나 재무구조의 건실화를 유도하기 위해 결합 재무제표상의 부채비율이

100% 미만인 기업그룹은 출자총액 제한대상 기업그룹에서 제외되었다.[9)]

도표 1-5 금융위기 후 주요 거시적 경제지표 개선상황(단위: %, 억 달러)

분류	1996	1997	1998	1999	2000	2001	2002	2003
경제성장율	7.60	5.90	−5.50	11.30	8.90	4.50	7.40	2.90
민간 실질 소비증가율	7.60	4.10	−11.90	11.70	9.10	5.70	8.90	−0.50
설비투자 실질 증가율	9.60	−8.30	−39.30	35.30	32.80	−8.80	7.00	−0.90
건설투자 실질 증가율	7.30	2.50	−13.30	−3.30	−0.10	6.50	6.40	8.80
생산자물가 상승률	3.30	3.80	12.20	−2.10	2.00	−0.40	−0.30	2.20
소비자물가 상승률	4.90	4.40	7.50	0.80	2.30	4.10	2.80	3.50
경상수지	−238.31	−102.85	400.57	216.08	104.44	27.00	46.93	118.77
외환 보유액	332.37	204.05	520.41	740.55	961.98	1028.2	1214.1	1553.5

자료 출처: 한국 통계청

9) 2007년, 한국 정부는 출자총액제한제도를 대폭 완화하여 적용대상 기업집단을 자산 2조 원 이상으로 축소하고 출자한도도 기존의 순 자산 25%에서 40%로 상향 조정한 결과, 실효성이 약화되었다. 결국 2009년 3월 공정거래법 개정안에 따라 출자총액제한제도가 폐지되었고, 기업규제는 완화되었다.

이밖에 재벌그룹의 적대적인 인수 합병을 막고자 한국정부는 또 '차등의결권 제도', '포이즌 필 제도', '황금 낙하산 제도' 등 관련 제도를 도입했다. 차등의결권은 기업의 지배주주에게 보통주의 몇 배에 달하는 의결권을 주어 지배주주의 경영권 안정을 보장해주는 제도였다. 포이즌 필은 적대적 인수 합병의 시도가 있을 때 기존 주주들에게 시가보다 싼 가격에 지분을 매수할 수 있도록 권리를 부여해 적대적 인수합병 시도자의 지분확보를 어렵게 하여 경영권을 방어할 수 있도록 하는 제도였다. 포이즌 필을 실시하면 두 가지 효과를 거둘 수 있었다. 첫째는 적대적인 인수합병 시도자에게 위협을 조성할 수 있고, 둘째는 인수 합병 시도자의 회사 인수 합병 의욕을 떨어뜨릴 수가 있었다. 이밖에 '황금 낙하산'은 인수 대상 기업의 최고경영자가 인수로 인하여 임기 전에 사임하게 될 경우를 대비하여 거액의 퇴직금, 저가에 의한 주식 매입권(스톡옵션), 일정기간 동안의 보수와 보너스 등을 받을 권리를 사전에 고용계약에 기재하여 안정성을 확보하고 동시에 기업의 인수비용을 높이는 방법이었다. 이는 경영자의 신분을 보장하고 기업의 입장에서는 인수 합병 코스트를 높이는 효과가 있으므로 적대적 인수 합병을 방어하는 전략으로 활용되었다.

금융위기가 지난 후, 재벌그룹 외에 한국 시중은행의 경영구조에도 큰 변화가 생겼다. 시중은행은 더는 금융위기 이전처럼 자금 대차의 중점을 중공업 분야에 두지 않고, 국민들의 소비분야로 점차 방향을 바꾸었다. 이 변화는 사실 시중은행이 자금 배분에 있어서 더는 정부 주도의 방식을 취하지 않고, 주로 시장법칙을 따른다는 것을 의미했다.

재벌그룹은 시중은행의 신용대출 자금 비례가 상대적으로 줄어드는 바람에 융자 루트를 점차 자본시장으로 확장하여 융자구조의 다각화를 시도할 수밖에 없었다. 재벌그룹의 은행 대차 자금 비례가 줄어들면서 한쪽이 상승하면 한쪽이 하락하는 효과를 불러왔다. 시중은행의 신용대출 구조 중에 개인 대차 자금 비례가 늘어났을 뿐만 아니라 중소기업의 신용대출 비례도 신속히 늘어났다.

한국정부는 이번 개혁의 기회를 타 시중은행에 대한 구조조정을 철저히 진행했다. 많은 시중은행이 경영부실로 인해 파산되었고, 또한 적지 않은 중소형 시중은행이 자산 통합을 하거나 인수합병을 했다. 한마디로 말하면, 한국의 시중은행 숫자가 대폭 줄어들고 단일 은행의 자산 규모가 현저히 늘어났다. 이 같은 현상은 은행기관에만 나타난 것이 아니라 기타 비금융기관에도 이와 유사한 상황이 나타났다.

김대중 대통령이 대통령 직에서 물러난 후에도 한국정부는 은행 부실대출 정리 작업을 지속적으로 밀고 나갔다. 시중은행의 부실채권은 대손 상쇄, 매각, 담보 처리, 자산유동화 등의 방식을 통해 처리했다. 2001년부터 2008년 사이에 한국의 각종 시중은행에서 정리한 부실대출액은 185조원(한화)에 달했다. 이 기간 한국금융감독원은 시중은행의 부실대출 처리 진행상황을 감독했을 뿐만 아니라, 정책 자문과 함께 여러 가지 건설적 제안을 내놓았다. 도표 1-6은 한국 시중은행의 부실채권 처리 상황표이다.

도표 1-6 한국 시중은행의 부실채권 처리 상황 표 (단위 : 한화 조원)

분류	2001	2002	2003	2004	2005	2006	2007	2008	합계
대손 상쇄	11.6	7.8	11.2	12.8	5.9	3.7	3.0	4.4	60.4
매각	5.6	1.5	2.6	2.1	1.4	0.7	0.9	1.6	16.4
담보 처리	10.0	4.8	5.3	5.2	4.0	4.6	3.8	3.8	41.6
자산 유동화	10.9	0.2	2.2	3.4	3.3	2.1	1.7	1.3	25.0
기타	3.9	5.9	10.3	7.6	5.6	3.3	2.8	2.9	42.2
합계	42.0	20.1	31.7	31.1	20.1	14.4	12.1	14.0	185.6

주: 기타 항목은 출자전환, 신용대출 정상화, 기업 구조조정 투자회사에 매각 등 방식이 포괄된다.

데이터 출처: 『한국금융감독원 10년사: 1999-2008』, 한국금융감독원, 2009.

제2장

아시아 금융위기 발발 10년 후:
다시 찾아온 글로벌 금융위기

제2장
아시아 금융위기 발발 10년 후: 다시 찾아온 글로벌 금융위기

박 대통령이 대통령에 취임할 때 국내의 정치와 경제는 역사상 유례없는 변화를 겪고 있었다. 한편으로는 글로벌경제가 지속적으로 가일층 발전하고 있었고, 각국의 경제 의존도가 심화된 배경 하에서 발단한 2007년의 글로벌 금융위기가 한국의 경제성장에 중대한 영향을 끼치던 시기였다. 다른 한편으로는 이명박 정부가 기업에 대한 규제개혁과 금융기관 개혁을 연이어 시작함과 동시에 확대 통화정책과 적극 재정정책을 도입하던 시기였다. 한국 국내에 오랫동안 누적된 경제문제와 사회문제가 불거져 가던 시기였다. 이 모든 것은 박 대통령정부가 출범한 후 국내정치와 경제정책을 채택할 때 반드시 고려해야 할 요소였다.

제1절
글로벌 경제위기와 갈림길에 들어선 신흥경제체제[10)]

아시아금융위기 발발 10년 후, 전 세계가 재차 대규모의 금융 불안을 맞이했다. 다만 금융위기의 시발 국가가 아시아의 그 어느 개발도상국이 아니라, 세계 최대 경제대국이자 가장 중요한 엔진 역할을 하는 미국이라는 점이 달랐을 뿐이었다. 2007년 HSBC은행이 주택 담보 대출업무에서 거액의 손실을 봤다고 공포하면서부터 미국의 뉴센추리 파이낸셜(美國新世紀金融), 패니메이, 프레디맥, 시티뱅크, JP모건스, 메릴린치 등 유명한 글로벌 금융사들이 모두 유동성 부족을 나타내며 거액의 자산 손실을 보았다.

2008년 미국에서 네 번째로 큰 투자은행인 리먼브러더스가 인수 협상에 실패하자 결국 파산보호 신청을 하는 바람에 글로벌 투자자들의 경제성장에 대한 기대치를 무너뜨렸다. 파급 면에서나 영향 면에서 이번의 금융위기는 지난 금융위기 때 보다 훨씬 심각했다. 아메리카 대륙으로부터 유럽까지, 그리고 아시아 신흥공업국과 아프리카 개발도상국에 이르기까지

10) 본 절의 부분 내용을 "선진국의 양적 완화 로그아웃이 신흥경제국에 대한 스필오버 효과"(리텐귀, 궁츠 합저)라는 제목으로 『이론과 당대』 2014년 6월호에 발표한 적이 있다.

개방경제를 실시하는 거의 모든 국가가 영향을 받았던 것이다.

1. 신흥경제국의 굴기와 글로벌 경제 판도의 변화

국제금융위기가 기승을 부리는 국제환경에서 신흥경제국(신흥경제체)은 세계경제가 회복하는데 중요한 역할을 하였다. 1995년부터 2004년까지 글로벌 경제성장폭은 3.6%, 그중 선진국은 경제성장폭이 2.8%였지만, 신흥경제국과 개발도상국은 경제성장폭이 4.9%였다.[11] 글로벌 금융위기가 발생한 후인 2009년 선진국의 평균 경제성장폭이 -3.5%였지만, 신흥경제국과 개발도상국의 경제성장폭은 2.7%였다. 국제통화기금은 2018년 선진국의 경제성장폭이 2.5%에 이르겠지만, 신흥경제국과 개발도상국의 경제성장폭은 6.2%에 이를 것으로 예상했다. 이는 신흥국의 미래가 밝다는 것을 의미하는데, 도표 2-1은 박 대통령 집권 전의 글로벌적인 주요 경제성장률이다.

---

11) IMF, WorldEcono micOutlook, IMF, 2013.

도표 2-1 박 대통령 집권 전의 글로벌 경제성장률 (단위 : %)

분류	국가와 지역	2006	2007	2008	2009	2010	2011	2012
전통적 선진국	미국	2.67	1.77	−0.26	−2.80	2.53	1.60	2.32
	일본	1.69	2.19	−1.04	−5.53	4.65	−0.45	1.75
	영국	3.04	2.56	−0.33	−4.31	1.91	1.65	0.66
	프랑스	2.37	2.36	0.20	−2.94	1.97	2.08	0.33
	독일	3.71	3.27	1.05	−5.64	4.09	3.59	0.38
신흥 경제국	한국	5.18	5.46	2.83	0.71	6.50	3.68	2.29
	싱가포르	8.86	9.11	1.79	−0.60	15.24	6.06	2.50
	중국 홍콩	7.03	6.46	2.13	−2.46	6.77	4.79	1.55
브릭스	중국	12.68	14.16	9.63	9.21	10.45	9.30	7.65
	러시아	8.15	8.54	5.25	−7.82	4.50	4.26	3.44
	인도	9.26	9.80	3.89	8.48	10.26	6.64	5.08
	브라질	3.96	6.10	5.17	−0.33	7.53	2.73	1.03
	남아프리카 공화국	5.59	5.36	3.19	−1.54	3.04	3.21	2.22

자료 출처: 세계은행

사실 2003년부터 미국과 주요 선진국이 금리를 인하한 후 국제자본은 고 수익률을 노리고 신흥경제국으로 빠르게 흘러들어갔다. 따라서 국제금융위기로 인해 막혔던 국제 자본유동이 점차 회복되면서 활력을 되찾았다. 신흥경제국의 경제 고성장은 투자자들에게 고수익과 고 위험을 가져다 줄 수 있음을 의미했다. 특히 국제금융위기 후 선진국의 경제가 큰 타격을 입는 바람에 국제자본이 기회를 타 신흥경제국으로 밀려들어오기 시작했다. 이는 2010년 개발도상국이 받아들인 해외직접투자가 선진국을 초과한 사례를 통해서 알 수 있다. 한국의 경제성장률은 중국이나 인도 등 국가의 경제성장률에는 미치지 못했지만, 여전히 플러스성장을 유지했다.

과거에는 국제자본을 줄곧 선진국이 유치했다. 특히 아시아금융위기와 글로벌 금융위기가 발생할 무렵, 선진국으로 유입된 자본이 최대치를 나타냈다. 2000년과 2007년, 선진국이 유치한 국제직접투자는 각기 1.14조 달러와 1.31조 달러에 달했다.

그 당시 개발도상국이 받아들인 국제직접투자는 각기 2,715억 달러와 6,828억 달러 밖에 안 되어, 선진국보다 훨씬 적었다. 그러나 2010년 개발도상국이 받아들인 해외직접투자는 7,121억 달러, 선진국의 해외직접투자는 6,964억 달러 밖에 안 되어 처음으로 개발도상국이 선진국을 능가했다. 이 역사적인 전환은 2011년과 2012년까지 지속적으로 유지되었다. 2011년과 2012년 개발도상국이 받아들인 해외직접투자는 선진국보다 각기 114억 달러와 2,294억 달러가 많았다. 2010년부터 2012년까지의 상황으로 볼 때, 개발도상국이 받아들인 해외직접투자가 끊임없이 증가하면서 선진국과의 격차를 점점 늘려나갔다.

한국의 상황도 비슷했다. 해외자금이 대량으로 한국으로 유입된 데서 2010년 한국이 받아들인 해외직접투자는 1,355억 달러, 2013년에는 1,808.6억 달러에 달했던 것이다.

2. 선진국의 비정상적인 '양적완화정책'

금융위기가 경제에 가져다 준 엄청난 충격에서 하루빨리 벗어나고자 미국이 우선적으로 '양적완화정책'을 실시했다. 미국은 2008년 1차, 2차 '양적완화정책'을 통하여 각기 국채 1조 75억 달러와 주택저당증권(MBS) 6,000억 달러를 매입했고, 2012년 3차 '양적완화정책'(저금리정책)을 실시하고 대량의 주택저당증권을 매입했다.

미국 연방준비제도이사회는 기준금리를 제로 금리 수준까지 인하함과 동시에, 부동산 관련 업체의 채무와 주택저당증권을 매입하고, 국채를 매입하는 방식을 통하여 전반적인 경제 운영에서의 본원통화 공급을 늘렸다. 이 같은 '양적완화정책' 하에서 경제 중의 통화량이 끊임없이 확충됨에 따라 은행과 비금융기관은 유동성을 보장할 수 있게 되었다.

유럽연맹, 일본, 영국 등 지역과 국가의 은행도 '양적완화정책'을 실시하는 바람에 글로벌 유동성이 대폭 급증했다. 유럽의 중앙은행은 2010년 국채 2,088억 유로를 매입함과 동시에 유럽 각 은행에 자금 1조 유로를 제공하면서 채권 무제한 매입 계획을 내놓았다. 일본 은행 역시 통화 긴축에서 벗어나고자 국채와 회사채를 대량 매입했다. 2013년 일본 중앙은행은 무제한으로 자산을 매입할 수 있다거나, 인플레이션 목표를 2% 상향 조정하는 등 강력한 '양적완화정책'을 출범시켰다. 물론 일본 입장에서 말한다면 공채나 장기채권을 대량 매입하는 방법을 통해 본원통화 공급을 늘림으로서 국민경제의 수요를 자극하는 방법을 채택하는 방식은 처음이 아니었다. 이미 2000년 초에 일본은 이 같은 '양적완화정책'을 통해 일본의 금융기관에 활력을 주입시킨 적이 있었던 것이다.

'양적완화정책'은 글로벌 금융위기에 처해있던 선진국의 불경기에 일련의 영향을 일으켰다.

1) '양적완화정책'은 선진국의 부동산 업체, 금융기관의 유동성을 늘려줌으로써 금융시스템의 안정을 도모해주었다. '양적완화정책'은 미국 부동산 업체와 금융기관이 신용을 재구축하는데 도움을 주고 국민경제의 안정적인 운영을 보장해 주었으며 통화긴축이 만연되는 것을 방지했다. 2013년 선진국은 물가가 안정되고 실업률이 하락하는 등 뚜렷한 경기회복 현상이 나타났다. 미국의 실업률은 2012년의 8.1%에서 2013년의 7.4%로 하락했고, 국내총생산 증가율은 1.9%에 이르렀다. 그리고 영국의 경제성장폭은 1.4%, 일본의 경제성장폭은 1.6%에 달해 각각 전해보다 1.3%포인트와 0.2%포인트 증가했다. 미국의 소매판매 총액은 4.4% 증가해 연속 4년간 증가세를 보였고, 일본의 소매판매 총액은 1.0% 증가해 증가폭이 전해보다 0.8%포인트 하락했다. 물론 유동성 증가도 선진국의 증시를 끌어올리는데 한몫했다. 미국 다우존스의 산업평균지수는 2013년 최대치를 50번이나 기록했고, 연간 누적 상승폭은 26.5%였다. 그리고 독일 증시의 상승폭은 24.6%, 일본은 54.0%였다. 하지만 장기적인 양적완화가 통화승수를 대폭 하락시킨 데서 미국의 총 통화량이 이전처럼 본원통화가 증가함에 따라 상응할 만큼 대폭으로 증가되지는 못했다. 통화승수의 하락은 금융기관이 국민경제 중에서의 중개 기능이 크게 약화되었음을 의미했다.

2) '양적완화정책'은 신흥경제국의 자산시장 번영과 인플레이션을 촉진시켰다. 국내경제가 쇠퇴하는 것을 막아보려는 취지에서 실시한 '양적완화정책'은 국내경제에 영향을 미쳤을 뿐만 아니라, 전 세계에로 신속히 확산되었다. 특히 신흥경제국의 경제성장에 큰 영향을 미쳤다. 미국이 앞장서서 실시한 '양적완화정책'은 달러 가치가 큰 폭으로 떨어지게 하는 압력을 초래했다. 다른 국가들도 본위화폐가 달러보다 가치가 상승하여 수출에 영향을 줄까봐 잇따라 '양적완화정책'을 실시했다. 선진국의 유동성이 급팽창하고 금융기관의 기능이 하락하며 기준금리가 거의 제로가 되는 등의 요소는 선진국의 자본이 세계 각지에서 활로를 찾게 했고, 결국 한창 경기호황을 누리고 있는 신흥경제국으로 흘러들게 되었다.

해외자금의 대량 유입은 신흥경제국의 유동성을 급증시키고, 신흥시장의 자산 위험프리미엄을 줄이면서 주가와 부동산가격을 인상시켰다. 글로벌 금융위기 후 신흥시장의 채권지수는 2000년~2007년 사이의 평균 수준보다 200 베이시스 포인트 낮았다. 리스크의 착오적인 정가는 신흥경제국의 회사채와 국채의 번성을 초래했다. 지나치게 번성한 자산시장은 거품 생성을 촉진했다. 2013년 신흥경제국의 소비자가격지수는 5.8% 상승하여 상승폭이 0.5% 올랐다. 그러나 선진국의 소비자가격지수는 1.6% 밖에 상승하지 않아 동기대비 0.4% 하락했다.

국제금융협회의 보고에 따르면, 2014년 신흥경제국의 포트폴리오 순유입액이 928억 7200만 달러에 달했다. 7개 주요 신흥경제의 자본 유입 총액은 점차 감소세를 보였는바, 2013년에는 745억 달러였지만 2014년에는 728억 달러로 줄어들었다. 그중 외국인직접투자는 2012년의 450억 달러에서 2013년에는 426억 달러, 2014년에는 403억 달러로 줄어들어 하락폭이 각기

5.33%와 5.39%에 달했다. 7개 경제신흥국의 포트폴리오와 조합채무에 일부 파동이 나타나면서 신흥경제국 경제시스템의 불안정 요소로 작용하게 되었다. 2014년 30개 신흥경제국에 나타날 자본 유입총액의 증가상황이 다른 한 신흥경제국 간의 경제성장 전망도 각기 다르다는 것을 표명해주었다. 도표 2-2는 한국의 대외투자와 받아들인 외국투자의 추세이다.

도표 2-2는 한국 대외투자와 받아들인 외국투자 추세(단위: 억 달러)

	2008	2009	2010	2011	2012	2013	2014
대외투자	5,372	6,304	6,971	7,595	8,610	9,675	10,802
외국인직접투자	6,066	7,303	8,282	8,406	9,554	10,048	9,983
그중:증권투자	947	1,219	1,355	1,352	1,579	1,809	1,820
파생금융 상품투자	2,522	3,916	4,892	4,770	5,781	6,156	5,899
기타 투자	753	326	274	291	309	264	363
순수 국제 투자	1,844	1,842	1,762	1,993	1,885	1,819	1,901

자료 출처: 한국 통계청

3) '양적완화정책'은 통화가치 하락이라는 루트를 통하여 거래상대국과 국채를 보유하고 있는 국가의 자산가치에 영향을 준다. '양적완화정책'은 경제시스템 중의 내국 통화량을 늘리게 하여 내국의 통화가치를 떨어뜨리고

내국 제품의 수출을 촉진시킴으로써 거래상대국의 조건을 악화시키고 무역수지를 악화시킬 수가 있다. 인도, 인도네시아, 남아프리카공화국, 터키 등 국가의 경상수지 적자를 가중시킨 것 등이 그러한 사례이다. 대미환율의 평가절하는 국채보유국의 달러자산 가치를 절하시켰을 뿐 아니라, 국채를 대량 매입한 미국 연방준비제도이사회의 행위는 미국의 국채 가격을 올리고 국채 수익률을 떨어뜨렸다.

3. 선진국의 '양적완화정책' 종료가 신흥경제국에 미친 영향

다년간 '양적완화정책'을 실시하던 미국이 드디어 의도적으로 '양적완화정책'을 로그아웃한다고 밝혔다. 연방준비제도이사회의 양적 완화 종료방식에는 장기국채와 주택저당증권의 매달 매입량을 줄이는 것, 단기증권 보유량을 늘리는 것, 정기예금이라는 수단과 환매 등 방식을 이용해 금융시장의 유동자금을 회수하는 것, 기준금리를 인상하는 것, 각종 자산을 매각하여 대차 대조표의 정상화를 실현하는 것 등이 포함되었다. 미국 등 선진국의 '양적완화정책' 종료는 선진국 나아가 신흥경제국에 큰 영향을 미쳤는데, 신흥경제국이 봉착한 금융리스크는 광범위하고도 심각했다.

1) '양적완화정책'의 종료는 글로벌자본의 흐름을 바꾸어놓았다.

글로벌 금융시장의 가장 중요한 통화로서의 달러는 글로벌 자본시장에 영향을 주는 가장 중요한 변수이다. 신흥경제국은 대외무역이나 투자결산에서 달러에 대한 의존도가 아주 강했으므로 미국 '양적완화정책'의 종료는 일련의 연쇄반응을 일으키면서 글로벌경제가 회복하고 자본시장이 회복하는데 불확실성을 늘려주었다. '양적완화정책'을 종료할 경우 더는 자산 매입방식을 통하여 통화량을 늘리지 않아도 되므로 장기국채와 주택저당증권의 수요가 대폭 줄어들어 장기 실질금리를 진일보적으로 끌어올리게 되면서 미국 국채의 장기적인 수익률과 담보대출의 금리도 따라서 인상할 수 있었다.

미국이 양적완화정책을 종료함에 따라 글로벌 유동성이 긴축되었고, 게다가 미국경제가 회복되고 또한 달러 가치가 상승할 수 있다는 기대는 대량의 국제자본이 재차 미국으로 흘러들게 했다. 그리하여 '양적완화정책'의 종료는 한 때 신흥경제국에 대량 유입되었던 국제자본이 대량 이탈하는데 직접적인 영향을 주었다. 일단 국제자본이 신흥경제국에서 이익을 얻을 수 없다고 예상할 경우 경제가 가장 취약한 고리로부터 신속히 이탈하게 되었다. 미국 연방준비제도이사회에서 2013년 5월 '양적완화정책'을 종료한다고 처음으로 대외에 선포한 이후 국제자본은 이미 여러 가지 대비책을 세우고 있었다.

미래 세계경제의 정세와 외적 조건의 변화는 국제자본의 판단이나 기대치에 영향을 주었다. 2014년 초 미국 연방준비제도이사회에서 '양적완화정책'을 종료하는 절차를 밟기 시작했을 때, 국제자본시장은

2013년과 같은 강렬한 반응은 일어나지 않았다. 이는 국제자본시장의 반년여에 걸친 심리적 준비와 관련되는데, 시장을 동요시킬 수 있는 에너지가 이미 일부분 방출되었기 때문이었다. 2014년 1월 모건 스탠리의 신흥시장 지수가 6.6% 하락하자, 아르헨티나 페소 환율은 17.2%나 대폭 평가절하 됐고, 인도네시아 루피아 환율은 16.9%, 인도 루피, 브라질 레알, 남아공 랜드도 평가절하 폭이 각기 12.7%, 12.3%, 11.9%나 되었다. 단지 중국 위안, 한국 원, 사우디의 리얄만이 소폭 평가절하 하거나 변하지 않았을 뿐이었다. 인도네시아 루피아, 터키 리라, 남아공 랜드, 인도 루피는 각기 10.2%, 8.7%, 8.4%와 8.4% 평가절하 했다. 증시 면에서, 아르헨티나 증시 주가는 1월에 24% 하락했고, 터키와 브라질 증시의 주가는 하락폭이 8%가 넘었다. 무디스는 2013~2016년 신흥시장의 GDP 성장 누적 손실을 2.8%~3.1%로 예측했다. 국제금융협회는 2013년과 2014년에 신흥경제국을 이탈한 자본만 해도 1조 달러에 달한다고 밝혔다. 도표 2-1은 2007~2015년 사이 한국 원화 환율의 추이이다.

도표 2-1 2007~2015년 사이 한국 원화 환율의 추이

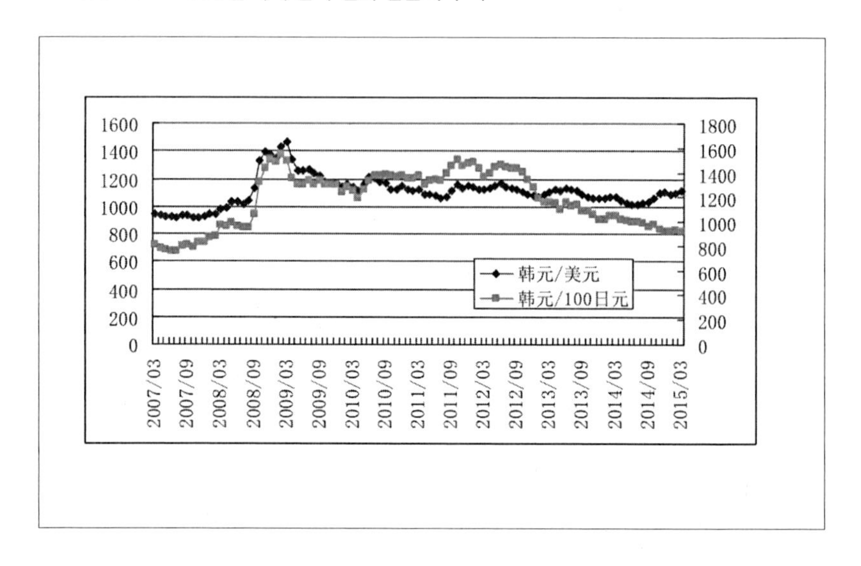

주: 데이터는 월 평균 환율
데이터 출처: 한국은행

2) '양적완화정책'의 종료는 신흥경제국의 통화긴축을 초래하여 자산가격의 거품을 파열시킬 수 있었다.

앞에서 서술했듯이, 선진국의 '양적완화정책'은 자산가격을 끊임없이 오르게 한데서 대다수 신흥경제국이 인플레이션에 봉착했고, 부동산과 자산시장에 대량의 거품을 조성시켰다. 선진국의 '양적완화정책' 종료는 글로벌 유동성을 긴축하게 했고, 신흥시장에서 대량의 자본 이탈은 자산가격에 직접적인 영향을 주어 부동산 가격과 주가가 대폭 하락할 위험에 직면하게 하면서 부동산시장과 자본시장에 엄청난 불안을 초래했다. 금융시장의 엄청난 불안은 전반적으로 국민경제에 더욱

파급되면서 일부 신흥경제국에 금융위기가 발생할 수도 있게 했다. 2013년 미국 연방준비제도이사회에서 '양적완화정책'을 종료할 의향을 밝힌 후, 인도네시아, 필리핀, 인도 등 국가의 주가가 폭락하는 등 신흥경제국의 증시는 강렬한 반응을 보였다. 투자자들이 잇달아 레버리지의 보유자금을 덤핑하는 바람에 신흥경제국의 주식과 채권펀드의 순유출이 250억 달러에나 달했다.

이밖에 통화량의 감소는 통화긴축을 유발하여 기업의 제품가격이 하락하고, 이익 면에서 손해를 보았으며 투자 수요가 줄어들면서 경제성장에 영향을 줄 수 있었다. 기업의 생산량 감소는 실업률 상승, 사회 소득 감소와 재무 감소를 유발하여 채권과 채무 관계에 변화를 줄 수 있었는데, 은행의 부실자산을 증가시키거나 심지어 은행을 도산시켜 새로운 소득 분배와 자원 배분을 조성할 수 있었다. '양적완화정책'을 종료할 수 있다는 예상은 선진국의 장기적으로 금리인상을 부추길 수 있고, 국제자본이 새로운 정세에 근거하여 포트폴리오를 새롭게 조정하게 만듦으로써 신흥경제국에 유입되었던 국제자본이 빠져나갈 수 있다는 압력에 봉착하게 했다. 특히 '취약 5개국'이라 불리는 인도, 인도네시아, 브라질, 터키, 남아프리카공화국 등 국가의 본위화폐는 대폭 평가절하하면서 수입인플레이션 압력이 가중되었다. 5개국 중앙은행은 경제가 쇠약한 상황에서 어쩔 수 없이 금리를 연속 인상하는 방법을 통해 대응할 수밖에 없었다.

한국 역시 글로벌 수요가 줄어드는 영향으로 말미암아 국내 소비와 투자수요가 대폭 하락하여 한국은행은 2010년부터 2011년 사이에 금리를 인상했다가 할수 없이 재차 금리를 인하할 수밖에 없었다. 2015년 4월 한국의 기준금리는 1.75%까지 하락했다. 도표 2-2는 한국은행의 금리 조정 추이이다.

도표 2-2 2007~2015년 한국은행의 금리 조정 추이

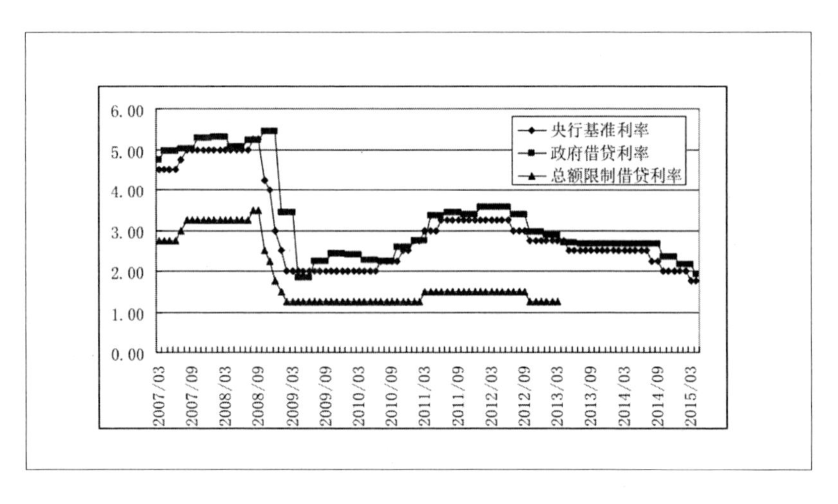

주: 정부의 대출금리는 재정 자금 부족을 미봉하고자 한국은행이 정부 측에 제공한 것이다. 총액대출 한도는 한국은행이 중소기업의 신용대출을 늘리고 지역 간의 균형 발전을 실행하기 위한 우대 정책 금리이다.
자료 출처: 한국은행

3) '양적완화정책'의 종료는 환율 절하를 유발하여 신흥경제국의 대외무역액을 감소시켰다.

자본 유실은 신흥경제국에 본위화폐의 가치 절하로 인한 수입품 가격 상승이라는 엄청난 압력을 가져다주었다. 이는 투자상품의 교역을 감소시켜

신흥경제국의 수출입에 가일층 영향을 줄 수 있었다. 신흥경제국 다수가 벌크상품을 순수출하고 원유를 순수입하는 국가들이다. 게다가 수출하는 벌크상품 가격은 낮은데 원유가격은 끊임없이 상승한데서 경상적자는 신흥경제국의 공동적인 폐단으로 되었다.

이밖에 신흥경제국이 대외부채 비중이 높고, 내수가 상대적으로 부족하여 대다수 국가는 대외 의존도가 꽤나 높았다. 벌크상품의 수요가 영향을 받아 곡물 등 농산물시장의 가격이 요동쳤고, 황금 등 귀금속 가격이 하락했다. 인도네시아, 인도, 브라질, 남아공, 터키 등 국가의 통화가치가 대폭 떨어졌다. 인도네시아, 터키, 우크라이나, 인도 국가는 본위화폐의 가치가 대폭 떨어지면서 경제가 가져다 줄 불안에 대처하고자 각국의 중앙은행이 외환보유고를 유용한데서 외화자금이 대량 유실되었다.

4) 신흥경제국의 정책적 대응

미국 연방준비제도이사회가 밝힌 것처럼 '양적완화정책'의 종료는 단계적으로 진행하는, 순서적이고 점진적인 과정이었다. 신흥경제국은 이 과정을 잘 활용하고자 계획적이고 구체적인 거시적 조정정책을 채택하여 '양적완화정책'의 종료로 인한 위험에 대처하려고 시도했다.

첫째, 신흥경제국은 거시적 경제 조정에 주의할 필요가 있었다. 선진국의 '양적완화정책'이 한때 글로벌자본의 대규모 유동을 초래했다면, '양적완화정책'의 종료 역시 화폐의 세계적인 유동방향을 바꿀 수 있었기 때문이었다. 선진국의 대규모적인 통화정책은 글로벌 경제와 금융에 영향을 줄 수 있었다. 신흥경제국이 안정적인 통화정책과 재정정책을 통하여 각종의 충격에 대응하고 국제금융정책으로 인한 자금 유출의 영향을 상쇄하려면 자국의 안정된 통화정책을 유지할 필요가 있었다. 신흥경제국은 자금 유출에 만반의 대비책을 세워야 했다.

신흥경제국은 선진국의 통화정책에 의해 통화량과 경제구조를 조정할 수밖에 없었다. 이는 두 말할 것도 없이 신흥경제국의 장단기 경제성장에 불확실성을 조성하여 경제의 거시적 조정에 어려움을 가져다주었다. 신흥경제국의 통화당국은 유동성 조절 도구를 통하여 주택담보 대출을 요구하면서 금리스왑 거래를 통하여 금리 리스크를 잘 관리할 수 있었다. 신흥경제국이 금융시장시스템을 지속적으로 개선하려면 기업이 리스크 예방시스템을 구축하는 동시에 재무리스크를 예측하고 경계해야 했다. 과학적인 리스크 회피 방법을 통하여 기업의 각종 리스크를 분산시켜 자금 리스크에 저항할 수 자체능력을 증강시켜야 했다. 확실한 대차대조표를 통하여 외부자금의 유동으로 인한 잠재적 손실을 통제할 필요가 있었다.

둘째, 신흥경제국은 국제자본에 대한 감독을 강화할 필요가 있었다. 국제자본 유동이 경계치를 넘을 때 단기자금에 대하여 자본수익세를 일시적으로 징수하는 등의 방법으로 국제 차익거래 자본의 운영비용을 인상하여 유동성을 줄일 수 있었다. 외채의 단기 금리 기간구조에 각별히 조심하여 단기자본의 지나친 유실로 인한 외환보유액의 부족과 본위화폐의 가치 인하, 인플레이션의 만연을 피해야 했다.

선진국의 '양적완화정책' 종료가 신흥경제국의 수출에 부정적인 영향을 초래할 경우 내수가 하락하여 경제성장에 영향을 줄 수 있기 때문에 주의력을 내수확대로 돌려야 했다. 대량의 외환보유액은 통화당국의 조정과 통제에 도움이 되었다.

향후에 신흥경제국은 잠재성장률이 하행하는 위험에 봉착할 수 있을 가능성이 있다. 세계은행에 따르면, 글로벌 잠재성장률은 상승세를 나타냈는데, 2000~2009년의 2.7%에서 2013년에는 2.9%로 상승했고, 2014년~2016년 사이에는 3%를 뛰어넘는 3.3%안팎으로 상승할 것으로 전망했다. 고소득 국가의 잠재성장률도 2010년의 저 성장률에서 벗어나 2013년에 1.6% 상승했고, 2016년에는 2.2%까지 상승할 것으로 전망했다. OECD국가의 잠재성장률 역시 상승세를 타고 있지만, 개발도상국은 오히려 하락세를 보이고 있다. 개발도상국은 2010년의 6.1%에서 2013년의 5.8%, 2016년에 이르러서는 5.5%까지 하락할 수 있을 것으로 예상됐다. 각 나라별로 보면, 멕시코를 제외한 주요 신흥국의 잠재성장률은 하락세를 보이고 있다. 2013년에 비해 하락폭이 큰 국가들로는 아르헨티나, 인도네시아, 중국 등인데, 각기 1%, 0.95%, 0.8% 가량 하락했다.

셋째, 신흥경제국은 국가와 국가 간의 정책적 협력을 강화하고 소통을 강화하여 함께 금융리스크를 적극 막을 필요가 있었다. 통화스와프 협정, 준비자산의 다각화, 지역 통화기금 등은 신흥경제국이 가일층 협력해야 할 영역이다. 동시에 국제 금융기구와의 협력을 강화하여 신용대출을 융통성 있게 처리할 수 있는 시스템을 구축함으로써 국제 시스템을 통해 금융리스크를 방비해야 한다. 글로벌 금융위기는 현존하는 국제규칙과 제도의 결함을 죄다 드러냈다. 이는 개발도상국이 국제적인 조율과 협력을 보다 강화할 필요가 있음을 말해주었다. 거시적 경제 정책상에서의 조율이 바로 그중의 한 가지 주요 내용이다. 글로벌 경제가 혼란에 처했던 2008년을 돌아보면, 6대 중앙은행이 조율 끝에 금리를 인하한다고 선포했을 뿐더러, G20은 적극재정을 진행한다고 공동 약속을 했다. 비록 세계 경제가 여전히 침체상태에 처해있었지만, 이 같은 협력은 글로벌 경제가 더욱 악화되는 것을 막는데 적극적인 효과를 일으켰다고 할 수 있다. 글로벌 금융 감독 역시 국제간 정책을 조율하는 내용으로 간주한데서 글로벌 금융시스템에 중요한 역할을 했다. 보다 효과적인 금융 감독을 기하여 설립한 금융안정위원회는 금융 자본의 유동을 감독하고 금융정보를 교류하며 거시적 정책을 조정하는데 적극적인 기여를 했다.

근본적으로 말하여 신흥경제국은 이번 기회를 이용하여 국가의 수출품 구조를 최적화하고 내수를 확대하며 산업구조를 격상할 필요가 있다. 기업의 기술 혁신과 제품 혁신을 격려하고 첨단기술 산업을 개발하여 본국 기업의 국제적 경쟁력을 증강해야 한다. 물론 양적완화정책의 종료가 단기 내에는 신흥경제국의 경제 성장에 악영향을 줄 수 있다. 하지만 장기적으로 볼 때 국제 투기성 자본 유출 역시 신흥경제국이 지나친 인플레이션과 자산가격 거품에서 벗어나는데 도움이 될 수 있다. 신흥경제국도 국제자본의 유동을 기회로 간주하여 국제 경제구조를 개선하고 거시적 조정을 강화하며 통화량을 잘 통제하여 본국의 장기적인 경제성장에 양호한 토대를 마련해줘야 한다.

제2절
이명박 정부의 성적표

1. 통화 확장정책과 재정정책의 운용

이명박 대통령이 집권을 시작한 2008년은 글로벌 금융위기가 한창 전 세계를 석권하던 때였다. 글로벌 금융위기가 기승을 부리는 환경에서 어떻게 경제성장을 유지하느냐 하는 것은 이명박 정부가 봉착한 심각한 시련이었다. 금융 정세를 안정시키고자 이명박 정부는 금리를 인하하고 채권을 발행하면서 금융시장의 유동성을 확장했다. 이밖에 정부는 외환보유액을 유용하여 시중은행에 조달하는 것으로서 외화의 효과적인 공급을 확보해주었다. 이명박 정부가 미국 측과 체결한 통화스와프, 그리고 10년 간 비축한 충분한 외환보유액은 금융기관의 외환 유동성을 보장하는데 적극적인 작용을 해 주었다.

한국은 아시아 금융위기가 지난 후 비록 외채와 외환 유동성에 대한 감독과 관리를 강화하기는 했지만, 이번 글로벌 금융위기를 거치면서 여전히 많은 문제가 존재하고 있다는 것이 드러났다. 그리하여 금융위원회는 금융회사의 외환 안정성과 감독을 강화하는데 관한 방안을 발표하여 외화자산과 부채 기한이 불일치한 문제를 줄이고 외환 리스크를 막으려 했다. 도표 2-3은 아시아 금융위기와 글로벌 금융위기 때 한국의 외채 규모와 구조 비교이다.

도표 2-3 두 차례 금융위기 때 한국의 외채 규모와 구조 비교 표(단위: 100만 달러)

년도	외채		정부 채무		한국은행 채무	
	단기	장기	단기	장기	단기	장기
1996	70,274	74,561	0	6,089	61	105
1997	58,371	103,249	0	11,176	92	11,162
1998	35,970	115,586	90.0	19,617	889	16,999
1999	38,478	101,334	0	23,478	1,787	6,943
2000	43,797	91,412	0	22,430	1,690	5,985
2008	148,967	166,977	1.6	24,849	18,272	8,852
2009	148,687	195,921	1.0	34,190	11,727	21,342
2010	136,453	219,458	242.1	50,458	10,294	18,443
2011	139,765	260,269	475.6	59,838	8,907	14,164
2012	127,964	280,964	3.4	60,819	14,924	21,217

데이터 출처: 한국은행

내수를 끌어올리고자 이명박 정부는 연속해서 세 차례나 재정예산을 추가했고 재정지출을 늘렸다. 아울러 여러 가지 형식의 고용촉진방안을 출범시켜 구직자들이 보다 원활하게 취직 할 수 있도록 인도했다. 특히는 젊은 층, 그리고 여성들과 고령자들에게 더욱 다양한 취직 서비스를 제공했고 또한 창업을 격려했다. 이명박 정부는 한편으로는 재정지출을 늘리고 다른 한편으로는 감세정책을 채택하여 소득세 세율, 기업 법인세, 소비세를 낮추었다. 재정지출이 늘어남에 따라 재정 적자 규모도 늘어나 2009년 국가 채무 비례는 30%를 초과했다. 한국이 다양한 방식으로 적극재정을 실시할 수 있었던 데에는 충족한 재정이 구비되어 있었던 덕분이었다. 한국은 강력한 재정 부양책을 통하여 지나친 경기 감퇴를 막았을 뿐만 아니라 2009년에는 플러스 경제성장을 이룩했다. 도표 2-4는 최근 연간 한국의 GDP 구성 요소가 경제성장에 대한 기여도이다.

도표 2-4 최근 연간 한국 GDP 구성 요소가 경제성장에 대한 기여도(단위: %)

	2007	2008	2009	2010	2011	2012	2013	2014
민간 소비	2.70	0.70	0.10	2.30	1.50	1.00	1.00	0.90
정부 소비	0.80	0.70	0.80	0.60	0.30	0.50	0.50	0.40
개발 투자	0.30	−0.50	0.60	−0.60	−0.50	−0.60	0.80	0.20
설비 투자	0.90	0.00	−0.70	2.00	0.40	0.00	−0.10	0.50
수출	4.00	2.00	0.20	5.60	7.40	2.20	2.20	1.10
수입	3.20	0.90	−2.90	6.60	6.70	0.90	0.60	0.50

데이터 출처: 한국은행

위의 도표를 통해 알 수 있다 시피, 금융위기 전 민간 소비와 수출입무역은 한국의 경제성장에 기여도가 꽤나 높아 거시적 경제를 이끄는 중요한 요소로 작용했다. 하지만 2008년부터 이 요소는 경제성장에서의 기여도가 뚜렷이 떨어졌다. 2007년 GDP에 대한 민간 소비의 기여도가 2.7%였지만 2008년에는 0.7%로 떨어졌다. 심지어 2014년에도 0.9% 밖에 안 되었다. 수출 변화 역시 아주 뚜렷했는데, 2007년의 4%였지만 2008년에는 2% 밖에 안 되었으며, 2014년에는 1.10%까지 떨어졌다.

2. 기업 규제 개혁

10년 전 김대중 정부는 심혈을 기울여 대기업의 개혁방안을 설계하여 대기업의 무분별한 투자와 문어발식 확장을 제한했다. 그리고 10년 후, 대기업이 직면한 개발 환경은 큰 변화를 가져왔다. 세계적으로 다국적 회사의 경쟁이 날로 치열해지고, 많은 신흥경제국의 신흥 기업그룹이 갑자기 등장하면서 국제 업종의 선도적 지위가 수시로 흔들릴 수 있었다.

이명박 정부는 더는 많은 규제를 통해 대기업의 발전을 제한할 것이 아니라 기업의 생존에 보다 유리한 환경을 마련해주어야 한다고 여겼다. 현대건설 사장으로 지낸 적이 있는 이명박 대통령은 대기업에 대한 규제가 기업 발전에 걸림돌이 된다고 생각했다. 게다가 그 동안 중소기업이 정책적으로 대기업보다 더 많은 혜택을 보고 있는 터라 적지 않은 사람들이 대기업에 대한 규제정책을 취소해 달라고 제청했다. 그리하여 이명박은 집권한 후 기업의 적극성을 향상시킬 수 있는 여러 가지 정책을 채택했을 뿐만 아니라 대기업에 대한 여러 가지 규제를 완화하는 작업에 착수했다. 그중에는 금융위기가 지난 후 대기업이 다각화 확장을 목적으로 출자하는 총액을 규제하는 제도도 들어 있었다. 이명박 정부는 대기업의 경영규모를 지나치게 규제하는 것은 대기업의 자율적 경영에 불리할 뿐만 아니라, 기업의 인수합병의 벽을 인위적으로 높이는 방법은 신흥 산업의 발전에 불리하며, 다국적 기업과 경쟁하는데 많은 불리한 영향을 받는다고 여겼다. 동시에 이명박 정부는 대기업 공시제도를 도입하여 매 분기마다 공시를 통하여 관련자들이 대기업의 자금운영 구조를 제때에 알게 함으로써 대기업의 재무를 감독하는데 편리를 도모해주었다.

이명박 정부는 대기업에 대한 규제를 완화함과 동시에 중소기업에 대한 일부 지원책도 강구했다. 이명박 정부는 주식회사 설립 시의 자본금에 관한 규정을 완화하여 적은 자본을 가지고도 회사를 설립할 수 있게 했다. 또한 정부는 중소기업 설립 허가절차를 대폭 간소화하고 창업 초기 중소기업의 세금을 일부 감면해주었다.

이명박은 집권한 후 중소기업에 대한 지원책도 강화했다. 이명박 정부가 신설한 한국정책금융공사는 다양한 신용대출 방법을 강구하여 중소기업에 자본금을 대주었다. 정부는 단기자금을 융통하기 어려워하는 중소기업에 지급해 주는 것 외에 10조원 규모의 증권시장 안정기금을 발행했다. 이명박 정부는 2년 사이에 산업은행과 기업은행을 통하여 중소기업에 중기 사용자금 76조원을 대주었다.

3. 금융기관의 구조조정 조치

이밖에 이명박 정부가 취한 기업 규제 완화 조치에는 금융기관과 산업기관 간의 상호 결합도 포함되었다. 이전의 규정에 따르면, 금융기관과 일반 지주회사는 반드시 금산분리제도를 지켜야 한다. 즉 금융지주회사는 일반지주회사의 소유를 금하고, 일반지주회사 역시 금융자회사나 금융손자회사를 지배하지 못한다. 이 규정은 금융기관과 대기업 간에 지나친 결합을 방지하고, 금융자본이 비시장화의 방식을 통하여 대기업과 자금거래가 생기는 것을 방지하며, 또한 은행과 기업 간에 "정실 대출"이나 "기업의 과잉 대출"을 방지하기 위해서이다. 은행과 대기업 간의 각종 이해관계 그리고 상호 의존하는 상태와 보증하는 상태는 부정경쟁을 초래하고, 기타 기업의 이익을 해치웠으며, 심지어 금융 리스크를 조장하여 금융위기를 일으키는 주요인이 되기도 했다. 도표 2-5는 시중은행의 부실채권 잔액과 부실채권 비례표이다.

시중은행의 부실채권 잔액과 부실채권 비례

분류	1999	2000	2001	2002	2003	2004	2005	2006	2007	2008	2009	2010
부실채권	61.0	42.1	18.8	15.1	18.7	13.9	9.7	7.8	7.7	14.7	16.0	24.8
비례	12.9	8.0	3.4	2.3	2.6	1.9	1.2	0.8	0.7	1.1	1.2	1.9

주: 매년 연말 데이터를 기준으로 했다.
데이터 출처: 윤창현, 『한국금융산업 발전사』, 한국금융연구원, 2014년

위의 도표에서 밝히다 시피, 아시아 금융위기가 지난 후인 1999년, 한국 시중은행의 부실채권 비례는 12.9%, 금액은 61조원에 달했지만, 그 후부터는 하락세를 보였다. 2000년 부실채권 비례는 8%, 부실채권 관련 금액은 42조 1억 원으로 줄어들었다. 2007년 글로벌 금융위기가 발생하기 전까지 부실채권과 관련된 금액과 그 비례는 각기 7조 7억 원과 0.7%로 나란히 최저치를 기록했다. 그러나 새로운 금융위기가 발발하면서 이 지표는 재차 상승하기 시작해 2010년에 이르러서는 부실채권 금액이 24조 8억 원, 비례가 1.9%로 상승했다.

그러나 금융기관이 그룹화로 발전함에 따라 금융기업 역시 이윤 원천을 확장하려고 산업자본의 협력을 통하여 자본경영 효율을 최적화하는 등 새로운 경영 방식을 끊임없이 탐구했다. 특히 글로벌 금융위기가 만연되는 상황에서 금융기관의 리스크가 대폭 향상될 것은 뻔한 일인지라 금융기관의 발전에 더욱 유리한 정책적 환경을 마련해줄 필요가 있었다. 그리하여 이명박 정부는 법적으로 비금융 지주회사가 소유하고 있는 비금융자회사를 인가하려고 금융지주회사법 개정 작업을 추진했다. 비록 일반지주회사도 보험사를 소유할 수 있다고 규정하지는 않았지만, 실질적으로는 이 방향으로 발걸음 내딛었다. 은행법을 개정한 후 산업자본이 소유하고 있는 은행지주회사의 주식이 4%에서 9%로 늘어났다.

4. 논란을 불러일으킨 미국쇠고기 수입정책

2008년 4월 18일, 한국과 미국이 협상한 미국쇠고기수입 타결 사건은 한국 국민들의 강렬한 반발을 불러일으켰다. 이 사건은 2003년 12월 미국에서 광우병이 발생한 이래 금지하던 미국쇠고기수입을 재개한데서 기인되었다. 2008년 5월 5일에 공개한 합의문에는 대다수 국민들이 우려하던 광우병 요소가 협상 내용에 포괄되지 않았다. 한국의 각계 국민들은 양국 정부가 체결한 협정이 미국산 쇠고기에 재차 광우병이 나타날 수 있는 가능성을 충분히 고려하지 않은데서 불합격 쇠고기를 수입할 위험성이 있다고 여겼다.

2008년 5월, 한국 국민들은 인터넷을 통해 이명박 대통령 탄핵 운동을 벌였는데, 득표수가 삽시에 100만을 돌파했다. 비록 한국 농림수산식품부와 보건복지가족부가 미국산 쇠고기 안정성 관련 설명회를 열었지만, 많은 국민들은 그 말을 믿지 않았다. 2008년 5월, 이명박 정부의 미국쇠고기수입 협상 타결에 반대하여 한국 학생들과 시민들은 촛불시위를 벌였다. 촛불시위는 100여 일 간 지속되었고, 논란의 초점은 미국쇠고기수입 문제로부터 교육 문제, 공기업 민영화 문제, 대운하 건설 문제 등 기타 사회적 문제와 경제적 문제에로 점차 확산되었다. 비공식적인 통계에 따르면, 두 달 사이에 수백에서 수십만이 촛불집회에 참여했다.

2008년 6월 10일, 한성수 총리를 비롯한 내각은, 쇠고기 파동의 책임을 진다며 이명박 대통령에게 총사퇴 사의를 표명했다. 비록 이명박 대통령은 그 사퇴는 받아들이지 않았지만, 내각에 대해 정부 장관 세 명을 교체하는 등 내각에 대한 부분적 조정을 진행했다. 한국 경제연구원의 보고에 따르면, 미국쇠고기수입 반대 촛불집회로 인한 직접적 경제 피해는 6685억 원,

국가가 입은 피해는 1조 923억 원에 달했다.[12)]

이번 한국과 미국의 쇠고기수입 사건은 한국의 농산물 가격 지지 제도, 대외무역에서의 수입품 검역 제도, 한국과 미국의 경제무역 관계, 정부와 국민 간의 소통과 상호 신임 등 문제와 관련되었다. 예컨대, 한국 농림수산식품부가 반포한 공고 제2008-45호 내용에 따르면, 미국 내에서 추가로 광우병이 발생할 경우 미국 측은 즉시 역학조사를 실시하고 조사결과를 한국 정부에 통보해야 한다. 만약 역학조사결과 미국의 광우병 위험에 대한 국제수역사무국(OIE)의 '광우병 위험통제국' 지위에 반하는 상황일 경우에는 한국 정부는 미국 정부와 협상하고 미국산 쇠고기의 수입을 중단할 수 있다.

이상의 내용에서 알 수 있다 시피, 한국 정부가 미국쇠고기 수입을 중단할 수 있는 기준은 본국의 검역기관의 조사결과가 아니라 국제수역사무국의 조사결과에 의존해야 했다. 사실 세계 무역기구도 이와 유사한 사건에 대해 판정을 내린 적이 있었다. 즉 세계 무역기구의 회원국은 어느 정도의 국제 기준이나 지침 기준을 토대로 하여 더욱 높은 동식물검역 기준을 취할 수 있다. 그러므로 미국 쇠고기를 수입하는 문제에서 이명박 정부는 한국의 검역 권리를 잘 활용하지 못했을 뿐더러, 정부와 국민 간의 소통을 제대로 하지 못했다고 할 수 있다. 미국쇠고기 수입 협상을 타결한 후 이명박 정부는 2008년 7월 8일부터 쇠고기와 쌀의 원산지 표시 제도를 실시함과 아울러 돼지고기, 닭고기, 김치 등에도 이 제도를 적용했다.

---

12) 조경엽 · 송원근 · 정연호 · 김필헌 저 『촛불시위의 사회적 비용』, 한국경제연구원 2008년.

5. 4대강 정비사업

이명박 대통령은 취임한 후 한반도 대운하 건설을 국가 중점 프로젝트로 정하고, 또한 2008년 12월 "4대강 정비 사업" 계획을 발표했다. 4대강은 한강, 낙동강, 금강, 영산강을 가리킨다. 한국 정부는 2008년부터 2012년까지 4대강 정비 사업에 22조원의 예산을 투입하여 4대강과 섬진강 그리고 지류에 보 16개, 댐 5개, 저수지 96개를 만들려 했다. 정비 사업의 주요 목적은 하천의 저수량을 대폭 늘려서 하천 생태계를 복원한다는 것을 주된 목적으로 하고, 그 밖에 노후 제방 보강, 중소 규모 댐 및 홍수 조절지 건설, 하천 주변 자전거길 조성 등을 부수적으로 진행하는 것이었다. 하지만 2010년 3월 26일, 여론조사 전문기관인 '리얼미터'가 4대강 정비 사업 관련 국민의 찬반 여론조사에 따르면, 49.9%의 응답자가 반대하고 36.7% 응답자만 찬성했다.[13)]

한나라당의 견해에 따르면, 4대강 사업은 "백년대계를 위한 대업"이고, "녹색선진국으로 진입하는 지름길이며, 홍수 예방, 수질 개선, 일자리 창출 등에 이로운 경제사업으로서 한국의 상징으로 될 수 있었다.[14)] 하천 주변의 시설을 보호할 뿐만 아니라 하천의 생태계를 개선할 수 있어서 보기에는 그럴듯한 계획이었다. 그런데 어찌하여 많은 국민들이 반대했을까?

주로 다음과 같은 이유 때문에 반대했다.

---

13) "4대강 반대 여론 여전히 우세", 뉴스앤뉴스 2010년 3월 26일.
14) 한나라당 "4대강 사업 반대하는 야당 반박" 연합뉴스, 2009년 11월 11일.

첫째, 4대강 정비 사업은 막대한 예산이 들어간다. 그러므로 이 같이 엄청난 프로젝트는 반복적인 논증과 세밀한 검토를 거친 후 실행 여부를 결정해야 한다. 하지만 한나라당은 타당성을 철저하게 검토하지 않고 짧은 몇 달 동안 검토하고는 총망히 공사를 시작했다. 둘째, 정부가 의견 일치를 얻지 못한 상황에서 4대강 사업과 관련이 없는 예산금을 지나치게 유용하여 4대강 정비 사업을 홍보하는데 쏟아 부었다. 셋째, 4대강 정비 사업이 특정 대기업 건설사의 이익과 밀접히 관련되어 있다는 의혹이 있었다. 넷째, 4대강 정비 사업은 하천 생태계를 회복할 수 없을 뿐더러 생태 균형을 파괴할 수 있었다. 다섯째, 4대강 정비 사업은 일자리 창출에 효과가 별로 없다. 통계에 따르면, 2009년 실업자가 90만 명에 달하여 사상 최고치를 기록했다.

2013년 1월, 한국 감사원은 "4대강 사업 주요 시설물 품질과 수질 관리 실태"에 대한 감사 결과에서 4대강 사업이 총체적 부실을 안고 있다고 발표했다. 예컨대, 설계부실로 총 16개 보 중 11개 보의 내구성이 부족하고, 불합리한 수질관리로 수질악화가 우려되는 한편 비효율적인 준설계획으로 향후 과다한 유지관리비용 소요 예상되는 등이다.[15] 4대강조사평가위원회의 조사 평가에 따르면, 4대강 사업 공사와 수질 오염과 직접적인 인과 관계가 있다. 보 건설과 준설 작업으로 하여 물 흐름이 느려지면서 수질이 악화되었다. 낙동강에 녹조가 발생한 원인 역시 보 건설과 물 흐름이 느려지면서 생긴 것으로 추정했다.

---

15) 이한승, "4대강 감사 설계부터 관리까지 부실", 연합뉴스, 2013년 1월 17일.

4대강 정비 사업을 추진한 최초의 목적은 홍수를 예방하고 수질을 개선하려는데 있었다. 4대강 유역은 관련 국토면적이 넓어 국민들의 생활환경과 밀접히 연관되어 있었다. 그러므로 필요한 하천 정비를 하는 과정에서 환경 문제를 보다 신중하게 대해야 했다. 게다가 정부가 4대강 사업과 관련이 없는 예산을 투입한데서 이명박 정부의 재정 부담은 가중되었다.

6. 이명박 정부의 정책에 대한 평가

이명박 정부의 집권 상황을 돌아볼 때, 정책을 채택함에 있어서 실용주의를 취한 것이 특징이라 할 수 있다. 특히 처음부터 거시적 경제 성장을 첫 번째 과업으로 삼고 추진했다. 정부의 행정 효율을 향상하고자 이명박 정부 역시 많은 부처를 간소화했다. 이명박 대통령이 내놓은 공약을 747 목표라고 개괄할 수 있다. 즉 7년 사이에 일인당 국민소득을 4만 달러로 올리고, 경제성장폭을 7% 수준으로 끌어올리는 것이었다. 하지만 글로벌 금융위기가 발발하면서 이명박 정부는 너무 높게 잡은 경제성장 목표를 이룰 수 없게 되었다. 나중에 정부는 주요 정력을 글로벌 금융위기가 한국에 미치는 부정적 영향을 최소화하겠느냐 하는데 두게 되었다.

이명박 정부는 글로벌 금융위기에 빠른 대응을 보여줬다 할 수 있다. 이명박 정부는 재정정책, 통화정책, 지역 개발 정책, 기업 구조조정 등 방식을 통하여 금융위기로 인한 한국 경제의 충격을 최소화하려 했다. 이명박 정부가 실시한 많은 경제정책은 대선 때의 공약이 아니라 대부분

이번 금융위기를 해결하는 과제를 에워싸고 전개되었다. 정부의 1년여의 거시적 경제 조정정책을 통하여 한국의 금융시장은 안정을 되찾았다. 글로벌 금융위기 기간에 경제가 크게 쇠퇴하지 않은 원인은 한편으로 이명박 정부의 거시적 조정 덕분이었고, 다른 한편으로는 아시아 금융위기 시기 한국 정부의 부차적인 것을 버려서 중요한 것을 지키는 식의 경제 구조조정을 한 덕분이었다. 아시아 금융위기 이후 한국 금융기관의 유동성 지표가 대폭 개선되었을 뿐 아니라 위기 대처 능력도 강화되었다.

이명박 정부의 대기업과 중소기업에 취한 규제 완화 정책은 대기업 고위층 경영자 출신으로서의 이명박과 무관하지 않다. 출자총액 제한 폐지, 녹색산업 개발 추진, 기업 세율 인하 등 정책은 기업의 경영환경을 개선하는데 도움을 주었고 어려운 경쟁 시기를 넘기는데 도움을 주었다. 하지만 예산을 비효율적으로 사용하는 등 일부 문제도 나타났다.

한국의 외채 규모는 여전히 컸고 외채 기간구조도 불합리했다. 특히 단기 외채 비례가 비교적 높았다. 게다가 금융기관의 재무구조 역시 문제가 적지 않아 외환 유동성 결핍이라는 우환이 존재했다. 이밖에 적극통화정책 역시 한국 가계부채비율을 인상시키는 주요인으로 작용했다. 그리고 한국 사회에 장기간 존재한 문제를 근본적으로 해결하지 못했고, 정부가 재정정책을 사용하는 부분에서도 지나치게 관여하고 자극하는 일면이 있었다. 결국 국가의 채무는 세수 등 방식을 통해 국민들에게 부가되었고, 차기 정부인 박근혜 정부의 재정 부담을 가중시켰다. 이명박 정부가 원래 계획한 공기업 구조조정과 공공기관 구조조정은 글로벌 금융위기, 이명박 정부에 대한 국민들의 지지도 하락 등 원인으로 하여 제대로 실행할 수 없었다.

이명박 정부는 정책을 채택함에 있어서 실용성에 치한중데서 강력한 집행력이 있었다. 이명박 대통령의 추진력, 반대의견에 아랑곳 하지 않는 담력과 식견, 그리고 리더십은 인정해야 한다. 하지만 많은 정책이 단기 효과만 고려하고 또한 성과만 중시한데서, 전반적이고 체계적으로 고려하는 면에서 미흡한 측면이 있었다.

제3절
한국 경제의 약점 [16)]

2013년 2월 24일, 이명박 대통령이 공식 퇴임했다. 이명박 대통령은 집권하는 동안 글로벌 금융위기 등 원인으로 인해 대통령 경선 때 한 공약을 제대로 이행하지 못했다. 그리고 이명박 대통령이 퇴임할 때의 한국은 글로벌 금융위기의 영향이 철저히 가셔지지 않고, 유럽의 채무 위기가 한국에 미치는 영향이 예상보다 심각한 등 국내외적으로 여전히 많은 문제에 봉착해 있었다. 한국은 사회적 갈등이 첨예했는데, 이명박 대통령이 이 문제를 강경하게 처리하는 과정에서 적지 않은 문제가 불거졌다.

한국은 1970년 이후 전반 경제와 사회가 천지개벽의 변화를 가져왔다. 가장 전통적인 농업국가로부터 선진적인 공업국가로 전환하면서 비약적인 경제성장을 이룩했다. 이 비약적인 발전과정에서 다양한 가치관과 시대적 이념을 가진 몇 세대 사람들이 같은 시대에 생활하게 되었고, 이는 사회적 갈등을 조성하는 근원으로 되었다. 1960년대 초까지 한국은 여전히 저소득

---

16) 李天國, 〈朴槿惠經濟學的實施背景及其啓示〉 《東北亞學刊》 2014年 第5期.

국가였고, 90% 이상의 국민이 농업에 종사했지만, 짧은 30년 사이에 공업화 생산이 경제 구조에서 중요한 위치를 차지하게 되면서 농업사회가 도시화사회로 전환하게 되었다. 국민들의 사회적 지위와 사회적 격차에 큰 변화가 생기는 바람에 부유층과 빈곤층의 모순이 격화되면서 사회적인 증오와 불만이 쌓였다.

한국은 점차 경쟁이 치열한 사회로 전환되어 갔다. 경쟁은 한국의 경제와 사회가 발전하는데 있어서 하나의 일상적인 형태로 굳어졌다. 급격한 사회변화 속에서 한국사회는 한가하게 발전이 가져다 준 혜택을 누릴 시간이 없었고, 억눌린 정서는 분출구를 찾아야 했다. 한국의 경제성장 원동력이 저하되는데다 국제시장에서의 대기업 경쟁이 심화되고 중소기업의 경영 환경이 악화되면서 고용창출 압력이 증가되었다.

한국 경제의 불경기는 수출의 급락에서 비롯되었다. 글로벌 수요가 둔화하고 수출력이 떨어지면서 한국 경제 시스템의 불확실성이 증가되었으며, 소비와 투자 등 국내 수요도 위축되었다. 2012년 한국 경제의 연 평균 성장률이 2% 밖에 안 되었다.

경제성장세가 느려지면서 많은 구조적 모순이 불거지기 시작했다. 이 같은 구조적 모순은 한국 경제가 가일층 발전하는데 걸림돌이 되었다.[17)]

---

17) Shin, Gi-wook and Joon Nak Choi. Paradox or Paradigm: Making Sense of Korean Globalization. In The Globalization of Korea, edited by Yunsik Chang. Routledge. 2008. pp.10-11.

현재 한국 경제가 봉착한 구조적 모순[18]은 주로 다음과 같은 몇 가지가 있다.

첫째, 수출이 경제성장에 대한 기여가 지속적으로 줄어들고 있다는 점이다. 비록 한국의 수출액이 줄곧 늘어나기는 했지만, 국내 소비가 부진하면서 경제의 급성장을 이끌 수 없어 성장세가 둔화되었다.[19] 경제성장에 대한 수출의 기여가 2010년에 -1.4%, 2014년에는 0.5% 밖에 안 되었다. 한때 한국 경장성장에 엄청난 기여를 한 수출 분야가 큰 충격을 받는 바람에 수출은 한국 경제성장의 주요 과제로 부상했다. 이밖에 글로벌 금융위기가 발생할 때 한국 경제성장에 대한 소비의 기여는 2007년의 3.5%에서 2009년의 0.9%로 하락했다. 최근 연간 소비의 기여가 소폭 오르기는 했지만, 여전히 2%를 초과하지 못하고 있으며, 2013년에는 1.4% 밖에 안 되었다. 경제성장에 대한 고정자본형성 기여는 2008년과 2012년에 각기 -0.3%와 -0.1%로 마이너스였으며, 2013년에도 1.3% 밖에 안 되었다.

둘째, 저축과 투자의 관계 문제이다. 기업의 저축률이 2001~2002년과 2008년~2010년 사이 두 번이나 대폭 인상했다. 그에 비해 한국의 실물투자는 크게 부족하다. 가계 면에서는 기업과 정반대이다. 가계부채는 대폭 늘고, 저축률은 오히려 줄어들었다. 이는 기업이 누적 자금이 가계 쪽으로 다시 흘러들어오지 않았다는 것을 말해준다. 근 10년래 한국의 가계부채 규모가

---

18) Jongkyu Park, Structural Problems in Korean Economy: Wageless Growth and Paradox of Corporate Thrift, KIF Report, 2013. pp.4

19) Dong Chul Cho,The Republic of Korea's Economy in the Swirl of Global Crisis, Asian Development Bank Institute, ADBI Working Paper Series,No.147, 2009. pp.17-18.

급속도로 늘어났는데, 2002년 가계 신용대출액은 464조원, 2005년에는 500조원, 2012년에는 963조 79억 원, 2013년 4분기에는 1021조 34억 원에 달했다. 가계부채가 1인당 가처분소득에서 차지하는 비례는 2002년의 113.7%에서 2008년의 125.2%, 2010년의 131%로 상승했으며, 2013년에는 137%를 뛰어넘어, 이미 연속 9년 동안 상승했다.

한국 국내총생산과 가계 실질소득 간의 괴리 현상이 비교적 두드러지다. 근 10년래, 가계 실질소득 증가율은 국내총생산 성장률보다 현저히 낮았다. 국내총생산 성장률이 지나치게 낮은 상황에서 한국의 가계 실질소득은 거의 침체되다 시피 했다.

한국의 가계는 고액의 부채로 하여 자산가격과 이율변동 리스크에 봉착하여 유동성 리스크가 늘어났다. 물론 가계부채가 크게 늘어난 데는 한국은행이 벌인 저금리 신용대출 경쟁과도 밀접히 연관되어 있다. 가계부채의 증가는 은행 대차대조표상의 신용대출을 늘려주었을 뿐만 아니라, 금융기관의 예대비율에도 영향을 주었으며, 심지어 금융기관의 유동성 리스크와도 관련되었다. 비록 현재 한국의 가계부채가 꽤나 높기는 하지만 한국의 경제 금융 분야에 큰 리스크가 존재한다고 단정하기는 어렵다. 하지만 가계저축이 지속적으로 하락하고 기업 저축이 늘어나는 현상은 이미 감사기관의 중시를 불러일으켰다. 가계의 고액의 부채는 국민의 소비 변화 그리고 국내 경제의 안정과 관련되기 때문이다. 도표 2-3은 한국 가계 신용대출관련 지표 변화 추이 그래프이다.

가계와 기업 간의 소득양극화 그리고 경제성장에 따른 고용창출 능력이 떨어지면서 가계 가처분소득 증가폭이 가계 소비 증가폭보다 줄어들었다. 한국의 근로소득 배분율은 1996년 이래 줄곧 하락세를 보이었는데, 2012년에는 59.7%까지 떨어졌다. 이밖에 1990년대 한국은 전국적으로 4대 보험 시스템을 구축하면서 가계 세수 부담이 늘어났다. 게다가 2000년 이후 내수 둔화 현상을 타개하려고 통화당국이 저금리 정책을 실시하자 예비적 저축이 줄어들면서 가계 예금 이자 소득이 크게 줄어들었다. 도표 2-3에서 밝히다 시피, 2003년 4분기 한국 가계의 은행 예금 증가율이 14.29%였지만 2004년 4분기에는 8.89%로 하락했고, 2013년 4분기에는 2.96% 밖에 안 되었다. 가계의 비은행 금융기관 예금도 대폭 하락, 2003년 4분기의 24.2%에서 2013년의 6.99%로 하락했다.

셋째, 제조업이 해외로 이전하면서 고용창출 능력이 하락했다. 1990년 이후, 한국은 임금이 대폭 상승했는데 1988년부터 1993년 사이 연 평균 상승률이 20%에 달했다. 게다가 원화가 평가절상하자 한국의 기업들이 생산원가를 줄이고 국제 경쟁력을 유지하고자 해외에 대거 투자했다. 2007년부터 2013년 사이 연 평균 해외투자가 230억 달러에 달했지만, 국내 투자는 대폭 감축되었다. 노동집약형 산업이 해외로의 대거 이전으로 하여 일자리창출 능력이 박약하던 IT산업이 한국 경제를 선도하는 산업으로 부상하게 되면서 한국 경제의 고용창출 능력이 큰 영향을 받았다. 설상가상으로 글로벌 금융위기가 발생하자 임시직과 비정규직 비례가 늘어나는 바람에 한국의 취업난이 가중되었다.[20] 이 같은 고용시장의 불경기 역시 가계 소득과 가계 부채에 영향을 주었다.

넷째, 청년실업률이 고공행진을 하면서 빈 일자리와 과잉이 병존하는 구조적 실업 국면이 나타났다.[21] 최근 몇 년 사이에도 한국의 청년 실업률은 지속 상승했다. 2013년 3분기, 청년 취업자 수가 380.5만 명, 취업률이 39.8%에 달하기는 했지만 2009년에 비하면 취업자 수가 13.4만 명이 줄어들어 취업률이 0.3% 하락했다.[22] 지난 세기 90년대 이래 한국은 대학교 설립제도를 개혁한데서 대학교 입학률이 1990년의 33%에서 2000년의 68%, 2010년의 80%로 상승했다.[23] 대학 졸업생이 급증하는 상황에서, 고용시장이 취업의 수요에 적응하지 못하여 정규직 일자리가 대폭 줄어드는 바람에 비정규직 일자리가 대량 늘어났다.[24] 게다가 양성교육이 산업 구조조정보다 뒤떨어져, 일자리가 남아도는 산업과 취업 희망자 수가 넘쳐나는 산업이 병존하는 구조적 실업현상이 나타났다. 청년실업문제는 실업자 개인의 소득에 영향을 주었을 뿐 아니라, 미취업 시간이 지나치게 길어지고

---

20) Bark Taeho, The Changing Global and Korean Economies[C], In South Korea and the Global Economy in Transition,edited by Byongwon Bahk and Gi-Wook Shin, the Walter H. Shorenstein Asia-Pacific Research Center, 2012.

21) 난귀센, 리톈귀 "자녀 교육이 한국 여성 취업에 미친 영향에 대한 실증 연구", 〈인구와 경제〉 2014년 1호.

22) OECD 국가들 중에서 한국의 청년 취업률이 OECD 평균치 (2012년의 평균치가 50.9%) 보다 현저히 낮다. 게다가 줄곧 하락세를 보이고 있다.

23) 런쩐, "이 몇 해 사이 청년 취업 상황 및 앞으로의 대책[R]", 任鎭, 近些年青年就業現狀及未來對策[R], 〈금융 정보 주간〉 2014년 2호.

24) Jongkyu Park, Structural Problems in Korean Economy: Wageless Growth and Paradox of Corporate Thrift, KIF Report,2013

유휴노동력이 과잉하면서 국가의 생산성 성장률이 하락했다.

한국 경제를 이끌던 강력한 경제성장점이 점차 쇠약해지면서 본래의 도약식(赶超型) 성장전략은 더 이상 한국 경제를 주도하여 새로운 비약을 이룩할 수 없게 되었고, 따라서 한국의 경제효율과 경제 활력이 끊임없이 하락하게 되었다. 경제체제 내부의 구조적 모순과 사회적 문제는 한국 경제가 결정적인 갈림길에 들어서 있다는 것을 말해주고 있다.

제3장

박근혜 정부의 국내경제 개혁방안 :
바람을 맞받아치며 파도를 헤쳐 나가다

제3장
박근혜 정부의 국내경제 개혁방안 : 바람을 맞받아치며 파도를 헤쳐 나가다 [25]

복잡다단한 국내 정치경제 환경 속에서 출범한 박근혜 정부는 국정 기획과 국정 목표를 잇달아 내놓았을 뿐만 아니라, 경제 혁신 3년 계획을 내놓았다. 본 부분에서는 주요하게 박근혜 정부가 출범한 후 내놓은 이 같은 정치 경제 정책을 분석하면서, 실제 상황에 근거하여 예비평가를 하려 한다.

---

25) 본 장의 3절과 4절의 부분적 내용은 "박근혜 경제학의 실시 배경 그리고 계시"라는 제목으로 〈동북아 학간〉 2014년 5호에 발표한 적이 있다.

제1절
대통령 선거에서의 진보와 보수의 패권 대결

1. 박근혜와 문제인의 선거공약 비교

2012년 12월 19일, 18대 한국 대선 후보가 총 7명이었다. 박근혜의 강력한 적수였던 민주통합당의 문재인 후보가 1469만 여 표(득표율 48.02%)를 얻었고, 무소속 강지원 후보가 5만 여 표(득표율 0.17%), 무소속 김순자 후보가 4만 여 표(득표율 0.15%), 무소속 김소연 후보가 1만 여 표(득표율 0.05%), 무소속 박종선 후보가 1만 여 표(득표율 0.04%)를 얻었다. 16대 대선 투표율은 70.8%, 17대 대통령 투표율은 63.0%였지만 18대 대선 투표율은 75.8%로 16대와 17대에 비해 투표율이 뚜렷이 올라갔다.

도표 3-1 역대 대통령 선거 투표율

임기	선거 연도	투표율	당선자	득표율	소속 정당	제2후보	득표율
제2대	1952	88.10%	이승만	0.746	자유당	조봉암	11.40%
제3대	1956	94.40%	이승만	0.7	자유당	조봉암	30%
제5대	1963	85%	박정희	0.466	민주 공화당	윤보선	45.10%
제6대	1967	83.60%	박정희	0.514	민주 공화당	윤보선	40.90%
제7대	1971	83.60%	박정희	0.532	민주 공화당	김대중	45.20%
제13대	1987	89.20%	노태우	0.366	민주 정의당	김영삼	28.00%
제14대	1992	81.90%	김영삼	0.42	민주 자유당	김대중	33.80%
제15대	1997	80.70%	김대중	0.403	신정치 국민회의	이회창	38.70%
제16대	2002	70.80%	노무현	0.489	새천년 민주당	이회창	46.60%
제17대	2007	63.00%	이명박	0.487	한나라당	정동영	26.10%
제18대	2012	75.80%	박근혜	0.516	새누리당	문재인	48.00%

데이터 출처: 한국 중앙선거관리위원회

이번 대선 역시 "보수"와 "진보" 두 정당 간의 패권 싸움을 연출했다. 대선 후보 득표율로 볼 때 박근혜와 문재인 후보가 기타 후보들보다 훨씬 높았다. 기타 4명 후보[26]들의 득표율은 평균 0.2%에도 못 미쳤다. 박근혜 후보는 공정성 높이는 경제 민주화, 한국형 복지체계 구축, 창조경제를 통한 성장 동력 확보와 일자리 창출, 한반도 신뢰프로세스 정착, 정치혁신을 통한 신뢰회복과 미래형 창조정부 구현, 일자리를 늘리고 지키고 질을 올리는 '늘 · 지 · 오' 정책 추진, 농어촌 활력소와 중소중견기업 육성, 꿈과 끼를 마음껏 키우는 행복교육, 맞춤형 보육과 일 가정 양립, 안전하고 지속가능한 사회 등 10대 공약을 내놓았다.

문재인 후보는 일자리 혁명으로 일하는 사람이 행복한 세상, 사람이 먼저인 따뜻한 복지국가, 경제민주화로 함께 잘사는 세상, 새로운 정치로 정의롭고 공평한 세상, 평화와 공존으로 안정과 번영의 대한민국, 평화적 외교 정책 등 5대 공약을 내놓았다. 대선 후보들은 각자가 선거공약을 발표하는 외에 중앙선거방송토론위원회 규정과 "공직선거법" 제82조, "정당법" 제39조의 규정에 따라 2012년 12월 4일, 12월 10일, 12월 16일 정치 경제 외교 복지 고용 환경 사회 교육 등 테마를 가지고 TV 토론에 참석했다. 1차 TV 토론에서는 박근혜, 문재인, 이정희 후보는 정치 외교 안보와 통일 문제를 가지고 토론을 벌였다. 2차 TV 토론은 이정희 후보가 경선에서 물러나는 바람에 박근혜와 문재인 후보만 참석해 사회 교육 과학 문화 여성 문제를 가지고 토론을 벌였다. 후보들은 TV 토론을 하는 과정에서 국민들이 묻는 물음에 답해야 할 뿐 아니라, 토론회 주최 측이 정한 여러 가지 테마를 가지고 열띤 설전을 벌여야 했다.

---

26) 이정희 후보는 경선 도중에 물러났음.

도표 3-3 박근혜와 문재인 선거공약 비교

박근혜	같은 정책	문재인
1.기회 균등 위원회 설치 2.정기국회 대통령 연설 정례화 3.정치 선거제도 개선	1.책임총리제 도입 2.분권형(4년 중임제) 개헌 검토 3.기초단체장 의원 정당공천제 폐지 4.국민 참여경선 확대	1.대선 투표 제도 개선 2.국회의원 감축 3.국정감사 상설화
	남북관계, 외교 및 국방	
1.국가 안보실 신설 2.한미동맹 방위역량 강화 3.북한 인권법 제정 4.서울-평양 남북협력사무소 설치 5. 제주 해군기지 건설 지속 추진	1.남북 정상회담 개최 2.이산가족 상봉 재개 3.확고한 NLL 유지 4.전시작전권 전환 준비 5.남북 철도 연결	1.6자회담 재개 2.군 복무 시간 3개월 단축 3.금강산 관광 재개 4.정전협정을 평화협정으로 대체 5.제주 해군기지 건설 잠시 중지
	경제 민주화	
1.일정규모 이상 금융계열사, 중간 금융지주회사 산하로 편입 의무화 2.소비자보호기금 설립 3.소비자 피해규제 명령제 도입	1. 부당내부거래 및 일감 몰아주기 규제 강화 2. 대형유통업체 골목상권 진입 규제 3. 대기업 총수 일가 사면권 제한 4. 정규직 비정규직 차별해소 5. 정년연장 신규순환출자 금지 금산분리 강화 6. 금융회사 대주주 적격성 심사 확대 7.정벌적 손해방제 도입 집단 소송제도 도입	1.순환출자 금지 2.출자총액 제한제도 부활 3.지주회사 규제 강화 4.금리 상한선 인하 5.중소상공부 신설 6.한미 FTA 조항 재협상

	의료 및 복지	
1.4대 중증질환 100% 국가부담 2.어르신 임플란트 건강보험 적용 3.한부모 가정 자녀양육 지원금 인상	1. 0 ~ 5 세 무상보육 2.필수예방접종 확대 3.국공립 어린이집 확충 4.공공 임대주택 확충 5.노인 장기요양보험 대상자 확대	1.의료비 100만원 본인부담 상한제 시행 2.무상급식, 무상보육, 무상의료, 반값등록금, 국공립 보육시설 확충 3.기초노령연금 2017년까지 2배 인상 및 소득 하위 80%까지 대상자 확대 4.청년과 퇴직자간 세대 융합형 창업 및 일자리 창출 지원 5.공공산후조리원을 설치하여 출산비용 절감
	교육과 사회	
1.선행학습 유발 시험 원천 금지 2.방치 초등학생 야간 돌봄 서비스 도입 3.특별관찰관 상설 특검제 도입	1.대학 반값등록금 실현 2.고교생 무상교육 3.검찰 경찰 수사권 조정	1. 특기 적성 외 사교육 금지 2. 자사고와 일부를 제외한 외고 중심 특목고 폐지 3. 고위공직자 비리수사처 신설 4. 대검 중수부 수사 기능 폐지

자료 출처: 박근혜와 문재인 공약 비교, Newsis 뉴스, 2012년 12월 10일.

박근혜와 문재인 대선후보의 공약에서 알 수 있다 시피 두 사람 모두 갓난애로부터 고령자에 이르기까지의 복지정책을 내놓았다.

예컨대, 0 ~ 5 세 무상보육 실시, 국공립 어린이집 확충, 공공 임대주택 확충, 노인 장기요양보험 대상자 확대 등 의료 및 복지 정책과 고교생 무상교육, 대학 반값등록금 실현 등 교육과 사회 분야의 정책 면에서 모두 이 같은 이념을 구현했다. 물론 두 대선후보는 구체적으로 시행하는 방법에서 많은 다른 점이 있다. 예컨대 지원 수준을 가계 소득 수준의 격차에 따라 다른 기준을 채택하느냐, 지원 정책에 있어서 현금 지원 방식을 채택하느냐 아니면 서비스 제공 방식을 채택하느냐, 지원 주기를 어떻게 정하느냐 등등이었다. 게다가 특히 중요한 점은 이 같은 정책을 시행하자면 엄청난 재정자금이 소요되므로 정부의 재정자금을 어떻게 해결하며, 그 방안이 실행 가능성이 있느냐 하는 것 역시 고려해야 할 과제였다. 한 마디로, 박근혜 후보는 상대적이고 중점적인 복지정책을 강조했다면, 문재인 후보는 일반적인 복지방식을 강조하면서 정부의 조정 수단에 더 많이 의존했다.

경제민주화 분야에서, 두 후보 모두 부당내부거래 제지, 대기업 사리 도모 규제, 소비자 권익 수호, 금융기관 구조조정 등 정책을 내놓았다. 상대적으로 문재인은 대기업을 보다 엄하게 규제하여 기득권 계층이 특권을 독점하는 현상을 타개해야 한다고 주장했다. 또한 그는 한국과 미국이 체결한 자유무역협정도 재협상 내용에 포괄시켰다. 비록 박근혜도 대기업의 세력을 약화시켜야 한다고는 했지만 청산의 방식으로 대기업을 대처해야 한다고 주장하지는 않았다. 이는 또한 대기업에 대한 규제를 끊임없이 완화한 이명박의 정책과도 큰 차이가 있었다.

박근혜는 국민 복지를 우선시하면서 대기업과 중소기업이 조화로운 발전을 이룩하기를 바랐다. 그리고 대기업을 규제함에 있어서 시장 법칙과 함께 기업의 자주성과 자율성을 보다 강조했다. 남북관계, 외교와 국방 분야에서, 두 후보 모두 주변 국가와의 경제와 외교 관계를 강화해야 한다고 밝혔다. 문재인 후보의 6자회담 재개, 금강산 관광 재개라는 주장은 "진보" 진영의 일관적인 발상과 일치했다. 문재인은 북한과 적극 접촉하고 대화하면서 평화적 시스템을 구축해야 하며, 한반도 비핵화라는 평화적인 구상을 내놓았다. 그는 이명박 대통령 집권 시절 중단했던 북한과의 경제협력과 교류 프로젝트를 재개하겠다고 약속했다.

박근혜 후보의 주장은 "보수" 진영의 비교적 강경한 원칙을 구현한 것이었다. 그는 한편으로는 한미 동맹의 방위역량을 강화하여 군사안보를 강화하며, 다른 한편으로는 서울-평양 남북협력사무소를 설치하여 남북대화를 추진해야 한다고 주장했다. 박근혜는 북한과 맺은 모든 공식적인 협의를 지키겠다고 약속했다. 여기에는 박정희 대통령 시절 북한과 체결한 남북 "공동성명", 노무현 대통령 시절 체결한 "남북관계 발전과 평화번영을 위한 선언"도 포괄되었다. 뿐만 아니라 남북 대화의 물꼬를 틔워 교류와 협력을 강화해야 한다고 밝혔다. 박근혜 역시 한미관계와 한중관계의 조화로운 발전을 언급했다. 한 마디로, 남북의 정책에 있어서 박근혜는 문재인보다 군사적 안보를 강조했으며, 또한 북한과 협력함에 있어서 반드시 일부 선결조건이 따라야 한다고 밝혔다.

대선 투표 결과를 보면, 유권자들의 지역적 경향이 아주 뚜렷했다. 이는 장기간 존재하고 있는 한국의 지역 간 정견의 차이를 반영했다. 한국의 호남지역 즉 전라남도, 전라북도와 광주광역시 등 지역의 유권자들은 다수가 문재인 후보를 지지했다. 문재인은 전라남도, 전라북도와 광주광역시 등 지역의 득표율이 86.25%, 89.28%, 91.97%에 이르렀다. 이와 비슷하게 박근혜 후보는 영남지역 즉 경상북도와 경상남도, 대구광역시의 득표율이 80.82%, 63.12%와 80.14%에 이르렀다.

도표 3-3 한국 18대 대선 후보 지역별 득표율

도와 시	후보 투표율(득표율)						
	새누리당	민주통합당	무소속	무소속	무소속	무소속	합계
	박근혜	문재인	박종선	김소연	강지원	김순자	
전국 합계	15773128	14692632	12854	16687	53303	46017	30594621
	(51.55)	(48.02)	(0.04)	(0.05)	(0.17)	(0.15)	
서울 특별시	3024572	3227639	3559	3793	11829	5307	6276699
	(48.18)	(51.42)	(0.05)	(0.06)	(0.18)	(0.08)	
부산 광역시	1324159	882511	555	913	2878	2389	2213405
	(59.82)	(39.87)	(0.02)	(0.04)	(0.13)	(0.10)	
대구 광역시	1267789	309034	366	624	2043	1984	1581840
	(80.14)	(19.53)	(0.02)	(0.03)	(0.12)	(0.12)	
인천 광역시	852600	794213	508	1005	2730	1910	1652966
	(51.58)	(48.04)	(0.03)	(0.06)	(0.16)	(0.11)	
광주 광역시	69574	823737	268	333	1113	561	895586
	(7.76)	(91.97)	(0.02)	(0.03)	(0.12)	(0.06)	
대전 광역시	450576	448310	271	461	1291	969	901878
	(49.95)	(49.70)	(0.03)	(0.05)	(0.14)	(0.10)	

울산광역시	413977	275451	210	434	898	1463	692433
	(59.78)	(39.78)	(0.03)	(0.06)	(0.12)	(0.21)	
세종 특별자치시	33587	30787	31	38	99	155	64697
	(51.91)	(47.58)	(0.04)	(0.05)	(0.15)	(0.23)	
경기도	3528915	3442084	1997	3674	12577	7476	6996723
	(50.43)	(49.19)	(0.02)	(0.05)	(0.17)	(0.10)	
강원도	562876	340870	356	524	1514	2114	908254
	(61.97)	(37.53)	(0.03)	(0.05)	(0.16)	(0.23)	
충청 북도	518442	398907	410	542	1511	2241	922053
	(56.22)	(43.26)	(0.04)	(0.05)	(0.16)	(0.24)	
충청 남도	658928	497630	516	688	1976	3198	1162936
	(56.66)	(42.79)	(0.04)	(0.05)	(0.16)	(0.27)	
전라 북도	150315	980322	480	702	3066	1690	1136575
	(13.22)	(86.25)	(0.04)	(0.06)	(0.26)	(0.14)	
전라 남도	116296	1038347	732	759	4338	2487	1162959
	(10.00)	(89.28)	(0.06)	(0.06)	(0.37)	(0.21)	
경상 북도	1375164	316659	810	873	2119	5886	1701511
	(80.82)	(18.61)	(0.04)	(0.05)	(0.12)	(0.34)	
경상 남도	1259174	724896	1637	1084	2654	5326	1994771
	(63.12)	(36.33)	(0.08)	(0.05)	(0.13)	(0.26)	
제주 특별자치도	166184	161235	148	240	667	861	329335
	(50.46)	(48.95)	(0.04)	(0.07)	(0.20)	(0.26)	

주 : 괄호 안의 숫자는 득표율임.

데이터 출처 : 대한민국 중앙선거관리위원회

이밖에 유권자들의 연령 구조 특징도 아주 뚜렷했다. 20~40세 유권자들은 다수가 문재인 후보를 뽑았는데, 20여세, 30여세, 40여세 유권자들의 득표율이 각기 65.8%, 66.5%와55.6%에 이르렀다. 박근혜 후보의 지지층은 대부분 50세 이상의 유권자들이었다. 50여세와 60세 이상의 유권자들 가운데서 62.5%와 72.3%가 박근혜 후보를 뽑았다.

2. 박근혜가 대선에서 승리하게 된 원인

앞에서 언급했듯이, 국제경제 환경 차원에서 고려하든 한국의 국내 경제사회 발전 차원에서 고려하든 한국 국민들은 선출된 정부가 한국 경제를 회복하고 생활을 개선하며 정부 혁신을 진행하기를 바랐다. 박근혜의 대통령 당선은 사실 미래의 한국 정치, 경제와 사회에 대한 한국 국민들의 기대를 반영한 것이라 할 수 있다. 민주당 문재인 후보는 한국 국민들이 바라는 시대정신과 이미지를 구현하지 못했기에 대선에서 실패했다고 할 수 있다.

많은 한국 정계 인사들과 매체들이 문재인이 내놓은 공약을 꽤나 높이 평가했다. 심지어 일부 사람들은 박근혜의 공약보다 더욱 건설적이고 창의적이라고 평가했다. 그러나 민주당은 때때로 집권당이 제정한 정책을 부정하면서 정치적 적수를 자주 공격했다. 예컨대, 민주당이 한국과 미국이 체결한 FTA 정책을 재협상해야 한다고 언명한 사례와 같은 것이다. 민주당은 끊임없이 다른 정당과 통합하거나 정견이 크게 다른 무소속인사들을 끌어들여 자기 역량을 강화했다. 하지만 민주당은 국민들이 진정 필요로 하는 것이 무엇인지, 한국이 어떠한 발전의 길을 택해야 하는지 등 과제를 제대로 검토하지 않았다.

이번 대선에 유명한 기업가이자 컴퓨터 바이러스 전문가인 안철수가 대선 후보들의 유력한 경쟁상대로 등장했다. 안철수는 세계에서 컴퓨터 바이러스 백신을 가장 일찍 발명한 4명 중 한 사람으로서 한국의 젊은 층에 인기가 아주 높아 2012년 대선 때 유력 후보로 거론되기도 했다. 정치 이념상에서 안철수는 많은 독특한 견해가 있었다. 그는 빈부격차가 심한 한국 사회를 여러 번 지적하면서 한국 사회가 앞장서서 경제의 심각한 변혁을 진행할 필요가 있다고 호소했다. 민주당은 안철수 후보를 끌어들인 다음 그의 새로운 철학과 이념이 문재인 후보가 당선되는데 결정적인 역할을 할 수 있기를 바랐다. 후에 안철수 후보가 경선을 포기하고 문재인 측과 손잡기는 했지만, 오히려 안철수 후보를 지지하던 유권자들이 박근혜 후보에게로 돌아서는 바람에, 그들이 기대한 것처럼 득표율이 대폭 늘어나지 않았다.

한국 정당정치의 한 가지 특징이 정당의 수량이 많을 뿐더러, 정당 구성원들이 선거 수요에 의해 정당이나 당수를 언제든지 바꿀 수 있다는 점이다. 이 같은 "철새 정당"이나 "철새 정치인"은 대선에서 승리하는데 큰 변수가 되었다. 한국의 정당은 설립된 후 줄곧 변동이 잦았고, 많은 정당이 몇 년도 되지 않아 사라지곤 하는데 이는 국민들의 지지가 박약한 한국 정당의 특징과 관련되어 있다. 한국의 정당들이 선거를 전후하여 빈번하게 해체하거나 통합하는 현상은 정당에 대한 국민들의 믿음을 어느 정도 흔들고 있다. 국민들이 바라는 것은 민생에 관심갖고 사회와 생활 복지를 개선하며 쾌적한 교육 환경을 보장해주는 정부이지, 기회를 타 교묘한 수단으로 사리사욕이나 취하고 갖은 방법을 다하여 득표율이나 높이려고 애쓰는 정당이 아니다. 그리하여 고소득의 기업가들이 박근혜를 지지했을 뿐만 아니라 많은 저소득층의 유권자들도 박근혜에게 투표를 했다.

제2절
박근혜 정부의 국정 비전 및 국정 목표[27)]

2013년 2월 박근혜 정부의 대통령직인수위원회는 이번 정부의 국정 비전 및 국정 목표를 발표했다. 박근혜 정부는 국가의 기본 성장 기조를 기존의 총량적 성장과 일방적이고 분리적인 발전 모델로부터 지속 가능한 발전을 이룩할 수 있는, 경제와 사회가 융합된 발전 모델로 전환한다고 밝혔다. 박근혜 정부가 내놓은 국가 발전 패러다임은 주로 국정 운영 중심, 경제성장 모델, 사회발전 패러다임, 정부 집권 방식 등 네 가지 내용을 포괄하고 있다.

박근혜 정부는 국가중심 발전모델에서 벗어난, 국민 개개인의 행복과 국가발전의 선순환을 지향한다고 분명히 밝혔다. 경제 성장 모델을, 선진국 추격 형에서 세계시장 선도 형으로, 투입중심 양적성장(경제성장률)에서 생산성중심의 질적 성장(고용률)으로, 수출 제조업 대기업 중심의 불균형 성장에서 내수 · 서비스업 · 중소기업의 균형성장으로, 원칙이 무너진 자본주의에서 원칙이 바로선 자본주의로 전환하는 네 가지 부분으로

27) 본 절의 내용은 대통령직인수위원회에서 발표한 "박근혜 정부 국정 비전 및 국정 목표"를 토대로 했다. 원문에 충실하고자 국정목표 내용을 별로 수정하지 않았다.

이루어졌다. 사회발전 패러다임은, 단선적인 인과관계(성장-〉복지)에서 순환단계의 인식 (성장〈- 〉복지)으로, 물리적 자본의 중시(사회기반시설)에서 사회적 자본의 중시(신뢰공동체)에로, 안전 불감증에서 안전제일로 전환하는 세 가지 부분으로 이루어졌다. 정부 운영방식은, 정부가 주도하고 민간이 순응하는 방식에서 민간과 합치하고 소통하는 방식으로, 정책을 집행하는 중심에서 정책을 평가하는 중심으로, 부처 간 칸막이 방식에서 부처 간 협력의 방식으로 전환하는 세 가지 부분으로 이루어졌다.

이상의 국정 운영 기조에 근거하여 박근혜 정부는 ▲일자리 중심의 창조경제 ▲맞춤형 고용·복지 ▲창의교육과 문화가 있는 삶 ▲안전과 통합의 사회 ▲행복한 통일시대의 기반구축이라는 5대 국정목표를 내놓았다.

박근혜 정부는 또 매개의 국정목표를 달성하기 위한 구체적인 조치를 내놓았다.

▲첫째, "일자리 중심 창조경제"는 자본투입 중심의 추격 형 전략에서 벗어나 과학기술과 인적자본을 바탕으로 생산성을 획기적으로 높이고자 하는 세계시장 선도형 성장전략으로 "새 정부는 창조경제를 통해 모든 분야에 상상력과 창의성을 접목시키고 산업간 융합을 촉진함으로써 새로운 부가가치와 일자리를 창출해 나가는데 정책적 역량을 집중할 것"이라고 강조하고 "성장의 온기가 골고루 퍼지고 공정한 경쟁질서가 확고히 자리 잡을 수 있도록 원칙이 바로선 시장경제 질서를 확립할 것"이라고 밝혔다.

▲둘째, 맞춤형 고용·복지를 구현할 것이다. 출산에서 노령 층이 될 때까지 생애주기별 다양한 복지수요에 능동적으로 대응하면서도, "국민들이 근로를 통해 자립할 수 있도록 유도하고 지원하는 한편, 고용과 복지가 긴밀히 연계되는 맞춤형 통합서비스를 제공할 것"이라고 밝혔다.

▲셋째, 창의교육과 문화가 있는 삶 구현이다. 학생들이 입시준비 교육 위주에서 벗어나 꿈과 끼를 키우고 창의력을 높일 수 있도록 학교교육을 정상화하고, "국민들이 삶 속에서 자연스럽게 문화를 누릴 수 있도록 하여 정신적인 풍요로움을 느낄 수 있도록 노력하겠다"고 밝혔다.

▲ 넷째, 안전과 통합의 사회를 만들어 나간다는 것이다. 4대악 등 범죄와 각종 재해 재난으로부터 국민들의 생명과 재산을 효과적으로 보호하여 안심하고 생업에 종사할 수 있도록 노력하고 "학벌이 아닌 능력만으로도 성공할 수 있는 사회를 만들고, 세대간, 지역 간, 이념 간 갈등이 없는 대통합 사회를 만들어서 신뢰의 사회적 자본을 축적해 나가겠다고" 밝혔다.

▲다섯째, 행복한 통일시대의 기반 구축이다. 국민행복은 튼튼한 안보와 한반도의 항구적 평화 없이는 지속될 수 없으므로, "확고한 국방태세를 확립하고 우방국과의 협력을 통해 튼튼한 안보체계를 구축하는 한편, 한반도 신뢰프로세스를 가동하여 행복한 통일로 가는 기반을 구축해 나가겠다."고 밝히며 "신뢰외교를 통해 지구촌 행복에 기여하는 책임 있는 모범국가로 발전해 나갈 것"임을 강조했다. 아울러 "국정비전과 5대 국정목표를 효과적으로 달성하려면 무엇보다 국민들로부터 신뢰받는

정부가 되어야 한다."며 "새 정부는 개방과 공유, 협력을 통해 국민과 소통하면서 정책추진역량을 극대화하는 한편, 청렴하고 깨끗한 정부가 되어 국민적 신뢰를 얻어나갈 것"이라고 밝혔다.

제3절
박근혜 정부의 3년 경제개혁 처방

국정 비전 및 국정 목표를 정한 토대 위에서 2014년 박근혜 대통령은 경제혁신 3년 계획을 발표하고, 아울러 2014년 7월 24일 400억 달러를 투자했다고 밝혔다. 박근혜 경제정책을 근혜노믹스(GH-nomics)라고도 칭하는데, 그 원칙의 핵심은 바로 선 자본주의, 공정한 시장경제, 맞춤형 복지를 통한 사회 약자 층 배려, 과학기술과 IT 개발, 창조경제 추진이다.

한국이 지난 세기 70, 80년대 눈부신 경제성장을 이룩할 수 있은 것은 경제개발 5개년 계획 덕분이다. 이 두 가지 계획을 비교해보면, 경제개발 5개년 계획은 한국 경제가 급성장한 시기 정부가 주도가 되어 산업 자원 배치를 계획했다면, 박근혜 정부의 경제혁신 3년 계획은 사기업을 주체로 하고, 정부는 기업이 혁신하고 활력을 찾을 수 있는 양호한 환경을 마련해주는 역할만 하는 것이었다. 경제개발 5개년 계획은 박근혜의 선친 박정희 전 대통령이 재임하던 시절인 1962년부터 시작하여 1997년까지 총

7차례 실행되었다.[28] 경제개발 5개년 계획을 실시한데서 한국은 빈곤에서 벗어나 농업국가에서 공업화 국가로 전환하고 "한강 기적"을 실현할 수 있었다. 박근혜의 정책이 선친의 정책과 다른 점이 있다면 강력한 성장 드라이브 정책 대신 '비정상의 정상화'를 통한 경제체질 개선, 수출 활성화 대신 내수와 수출의 균형 등을 강조한 점이다. 또한 중공업 등 제조업 기반의 과거 정책 무게중심이 정보통신기술(ICT)을 기반으로 한 창조경제로 옮겨간 것도 달라진 점이다.

도표 3-4 박정희 경제개발 5개년 계획과 박근혜 경제혁신 3년 계획 비교

	경제개발 5개년 계획	경제혁신 3년 계획
시간	1962~1986	2014~2018년 2월
경제현황	저소득 국가에서 해탈	신경제성장
정책 목표	경제성장 우선시 정책	경제체제 개선
전략	수출 주도	내수와 수출 균형
중점 산업	중화학공업 등 제조업 육성	정보통신기술
계획	사회 전 분야의 발전을 위한 정부 주도의 재원투자 계획	민간의 창의성과 역동성을 높이기 위한 정부의 지원계획

자료 출처: (한국) 경제개발 5년 계획, 경제혁신 3년 계획으로 부활하나? 연합뉴스 2014년 1월 6일.

28) 박정희 대통령 시절 경제개발 계획은 1962-1981년까지 4차례 실시, 1982년 후부터 "경제개발 계획을 경제 사회 발전 5개년 계획"이라고 개칭하여 3차례 실시했다.

이번의 경제혁신 계획을 "744"계획이라고 귀결시킬 수 있다. 즉 2017년까지 고용비율 70%, 4% 잠재성장률, 국민소득 4만 달러를 달성하는 것이다. 한국의 3대 핵심전략은 ▲우리 사회에 만연한 비정상적 관행을 정상화하는 개혁을 통해 기초가 튼튼한 경제를 만들기 ▲창조경제를 통해 역동적인 혁신경제를 만들기 ▲내수를 활성화해 내수와 수출이 균형 있는 경제 만들기이다.

첫째, 공공기관의 기능을 조정하고 "과도한 복지" 현상을 종결한다. 정부는 공공기관의 경영 정보를 대외에 상세히 공개하고 국민들과 여론의 감독을 받아들이며 공공부문의 데이터 공개 범위를 늘리기로 결정했다. 원칙적으로 국가 안전과 경영 비밀을 제외한 모든 정보를 공개 범위에 넣었다. 경영부문의 공개 범위와 정도는 사기업의 기준에 따르며, 공공기관의 경영정보 공개 시스템을 개선하는 것이었다.[29] 공공기관의 데이터와 정보 공개는 일정한 순서에 따라 그 범위를 해마다 점차 늘렸다. 2013년 공공기관의 보유 데이터와 정보는 7,392종에 개방 비율이 15.2%였지만 2016년에 이르러 4,436종에 개발 비율이 60%에 이르렀다.

---

29) 한국의 정부 공공정보 공개는 2001년부터 시작되었다. 당시 김대중 정부는 전자정부특별위원회를 설치, 정보통신 기술을 잘 활용하여 최소의 비용으로 최고의 서비스를 생산하는 효율적인 정부를 만들려는 취지에서 만들어졌다. 그 당시는 정부와 국민과의 관계에서 정부가 국민에게 일방향으로 서비스를 제공하여 정부 "1.0"이라고 했다. 2009년 이후 정부 "2.0" 시기에 들어섰는데, 정부 중심이 아니라 국민 중심, 민주성, 제한된 공개, 양방향 제공 등의 특징을 가졌다. 이번에 정부가 추진한 "3.0"은 공공정보의 개방 공유와 부처 간의 소통 협력을 통해 국민 맞춤형 서비스를 제공하면서 소통 루트와 방식이 더욱 다양해졌으며, 1억 가지 이상의 정부 의공공정보가 가일층 공개되었다.

한국 공공기관의 부채 규모가 2012년에 493조원에 달했는데, 이는 2008년의 1.7배, 국가 부채 규모의 1.1배나 되어 공공기관의 부채 총량을 제한할 필요가 있었다. 신용등급 변화, 공사채[30] 이율 인상 등도 공공기관의 지불 능력에 영향을 미쳤다. 이번에 정부가 공공기관을 주요 관리 대상 범위에 넣고 중장기 재무관리계획 및 부채 등 재무상황에 따라 부채비율 상한선을 정하고 공사채 총규모를 엄하게 통제 감독하는 것은 공공기관의 재무건전성을 보장하려는데 있었다. 공공기관과 사기업이 암암리에 조작하는 현상을 근절하고자 정부조달물자와 납품입찰 과정을 전문적인 기구에서 엄하게 감독하게 했다. 특히 공공기관의 관원이 은퇴한 후 관련 사기업에 임직하는 현상을 엄금했다.

2017년에 이르러 공공기관의 부채비율을 2013년의 239%에서 200%로 줄임과 아울러 원스트라이크 아웃제(one strike-out)를 도입했다. 즉 공공기관에서 입찰비리가 발생하면 해당 비리 자를 기준으로 단위 계약업무를 2년간 조달청에 위탁하기로 했다. 정부는 국내총생산에서 차지하는 국가채무 비율을 2013년의 36.2%에서 2017년의 35.6%로 줄이기로 했다.

30) 대한주택공사 한국도로공사 등이 발행하는 공채로서 주택건설의 촉진, 도로의 개설 보수 유지 등의 경비에 충당하기 위하여 발행되는 공사채는 국채에 준하는 채권이다.

둘째, 창조경제혁신센터를 설치하고 기업 혁신을 지원한다.

한국에 이미 많은 창업 지원 기구[31]가 있다. 하지만 각종 기구와 프로젝트 간의 소통이 부족하여 정책 효과가 부진하다. 게다가 지방은 여전히 서울보다 창업 환경이 차해 환경을 개설할 필요가 있다. 박근혜 정부는 2015년까지 전국 17개 광역시와 도에 창조경제혁신센터 설치를 마무리했다. 창조경제혁신센터는 창의적 지역 인재, 창업 벤처기업, 대학 연구기관, 지자체 등 지역의 창조경제 역량을 연계해 지역 내 창조경제 생태계를 만들어가는 공간이다. 창조경제혁신센터의 특징은 정부와 지방자치단체, 대기업이 손을 잡고 창조경제혁신센터에서 혁신 모델을 만든다는 점이다. 특히 창업 벤처기업의 아이디어를 구체화하고 사업 모델 및 상품개발, 판로개척 등을 지원하는 대기업의 역할이 중요하다. 2014년 상반기, 박근혜 정부는 대전과 대구 등지에 창조경제혁신센터를 설치한데 이어 점차 전국의 여러 시와 도에 보급했다. 정부는 2017년까지 국내 총생산에서 차지하는 연구개발 투자 비중을 2013년의 4.4%에서 5.5%로 늘리고, 벤처투자는 2013년의 1조 4천억 원에서 3조원으로 늘린다. 정부는 자유무역협정(FTA) 시장 규모를 세계 GDP 대비 55%(2013년)에서 오는 2017년까지 70%로 끌어올린다.

31) 현재 한국 각 부처에 설치한 창업지원 기구들로는, 산업통상자원부 산하의 첨단산업단지와 디자인센터, 미래창조과학부 산하의 미래글로벌창업지원센터, 문화체육관광부 산하의 민족문화연구실, 특허청 산하의 지식재산권센터 등이 있다.

도표 3-5 한국 2014년부터 2017년까지 창업 벤처 생태계 조성에 4조원 재정 지원

프로그램	주요 내역	자금 지원 규모
① 창업자 1만 3천명 발굴		소계 1조 598억 원
창업 기초 교육	초 · 중 · 고교 비즈쿨(Biz-cool) 프로그램 확대	300억 원
창업 계획	우수 창업아이디어 시제품 제작	1500억 원
	청년 창업 엔젤투자펀드 출자 확대 등	4600억 원
	여성벤처펀드 조성	300억 원
	벤처포코리아(Venture for Korea)	180억 원
창업 인프라	"창업 선도 대학" 확대, 대학교 창업 교육 지원	2818억 원
	창업보육센터 확대	900억 원
② 창조경제 선도기업 육성		소계 2조 2000억 원
기술유망기업	기술유망기업에 연구개발(R&D) 자금 등	9500억 원
가젤형 기업	마케팅, 자금 등 패키지 형태로 지원	1조 1900억 원
한국형 요즈마펀드 조성 (Yozma Fund)	해외상장을 목표로 해외에 투자하는 벤처기업에 투자 매칭	600억 원
③ 재창업 지원		소계 7730억원
재창업 자금	평가 후 재창업에 자금 지원	2230억 원
채무 조정	기업 채무 조정	5500억 원
합계		40328억 원

주: 가젤형 기업은 고용인원이 3년 연속 20% 이상 성장한 기업을 말한다.
자료 출처: 한국 각 부처에서 합동 발표한 "경제혁신 3년 계획" 담화문 참고자료 2014년 2월 25일.

청년 창업 엔젤투자펀드는 리스크가 높아 융자가 어려운 문제가 보편적으로 존재하고 있다. 청년창업과 엔젤투자의 융자 난을 해결하고자 박근혜 정부는 청년창업과 엔젤투자를 지원하는 펀드를 정부재정 4600억 원, 민간 3000억 원 등 매칭 방식으로 2017년까지 총 7600억 원을 조성할 계획이다. 이 펀드는 청년창업매칭펀드와 엔젤투자매칭펀드 두 가지로 나뉜다. 청년창업펀드 지원 주요 대상은 회사 임원진이 청년들로 조성된 창업기업이다.[32] 엔젤투자매칭펀드 투자대상은 창업 3년 이내 중소기업이나 창업 7년 이내 매출액 15억 원 이하 중소기업이다.

셋째, 가계부채 총량을 통제하고 서민들의 금융지원을 강화하며 가계소비 규제를 완화한다. 박근혜 정부는 가계부채 총량을 줄이도록 인도하여 가처분소득 대비 가계부채 비율을 5% 인하하며, 부동산담보 거액대출 총량을 줄이고 제2금융권[33]에 대한 감독을 강화하여 가계부채 총량의 연착륙을 유도할 계획이다. 또한 가계부채 구조 조정을 추진하고자 주택금융공사 국민주택기금 부동산담보증권 공급을 늘린다.

정부는 부채 상환 능력이 약한 서민층에 여러 가지 정책 지원을 통해 부채 상환 부담을 덜어준다. 국민행복기금 등 서민금융 지원을 지속 제공하고,

---

32) 청년창업기업은 창업 이후 3년 이내의 중소 벤처기업으로 대표이사가 만 39세 이하이거나 만 29세 이하, 임직원 비율이 50% 이상인 기업을 말한다.

33) 중국의 "비은행 금융기구"와 비슷하다. 제도상 제2금융은 자금의 중개기능을 주로 할 뿐 요구불예금을 취급할 수 없기 때문에 예금통화의 공급에 따르는 신용창조를 할 수 없다. 현재 한국은 증권회사, 종합금융회사, 투자신탁회사, 보험회사, 상호저축은행 등이 포함된다. 은행은 간접금융인데 비해 제2금융은 자금이 공급자로부터 수요자에 직접 융통되는 직접금융인 경우가 많다.

서민금융지원센터를 통하여 금융소비를 주체로 하는 금융지원시스템을 구축한다. 한국은행이 영세자영업자와 중소기업에 금융중개지원대출을 지원하여 채무 비율을 조정한다.

박근혜 정부는 가계소비 규제를 완화하고 변동금리가 가계소비에 주는 영향을 줄이고자 "8.25 가계부채 관리방안"(家庭負債結构調整促進方案)을 발표했다. 정부는 공공기금의 부동산담보증권을 매입하여 담보증권의 유통을 활성화하며, 각종 우대정책을 통하여 가계부채 상황 구조인 변동금리 일시상환에서 고정금리 분할상환 방식으로 변경했다.

넷째, 공공기관의 인턴제도를 개선하고 유연근무 제도를 개선하는 것을 통하여 청년과 여성 고용을 늘리었다.

박근혜 정부는 청년 고용을 확대하고자 선취업 후진학을 격려했다. 특목고 졸업생 취업비율이 2009년의 18.4%에서 2013년의 40.9%로 상승하기는 했지만, 여전히 많은 졸업생들이 대학에 진학하기를 원하고 있다. 한국직업개발연구원에 따르면, 43.8% 졸업생들이 학업과 취업을 동시에 원하고 있다. 청년취업을 늘리고 직장생활과 학업 두 마리 토끼를 잡을 수 있는 제도를 병행하기 위해 회사와 학교에 격려제도를 구축했으며, 기업과 학교에 직장생활과 공부를 병행할 수 있는 제도를 시행하기 위해 직업교육 및 훈련제도를 개선하고 기업의 수요를 제때에 반영했다. 공공기관을 중심으로 하여 고등학교 졸업생들에게 적합한 일자리를 창출했으며 일자리, 승진 및 임금 제도를 통하여 제도적 보장을 해주었다. 청년인턴제의 다양화를 시행하고자 인턴 유형을 체험형 인턴과 채용형 인턴으로 나누었으며, 공공기관의 인턴제도를 개선했다. 평생교육 단과대학을 개설하여 샐러리맨들에게 편입하거나 입학할 기회를 주었으며,

특정 전공을 설치하면서 학습제도를 끊임없이 개선했다.

취업여성들이 출산휴가 · 육아휴직으로 인해 부당하게 해고당하는 것을 막고자 박근혜 정부는 "산전 산후 여성이 휴업한 기간과 그 후 30일 동안은 해고하지 못 한다"고 되어있는 현행법을 90일로 확대하며, 육아기 근로시간 단축 등 탄력근로를 활성화하고 맞춤형 보육 등 취업모 친화적 보육환경을 조성해 나가기로 했다. 2014년부터 국 공립 어린이집, 사회복지 법인 어린이집 등 여러 가지 형식의 공공시설을 설치하기 시작했다.

종업원들이 임신 · 수유기 · 학습과 훈련 · 은퇴, 질병 등 기간에 전일제근무를 탄력근무제로 전환하여 수유기 여성들의 급여를 인상해주는 등 법적으로 탄력근무제를 하는 종업원들의 권익을 보장해주었다.

제4절
박근혜 정부의 국내 정치경제 정책에 대한 평가

2013년, 한국 1인당 국내총생산은 2만 3837달러에 달했고, 국민들의 환경 복지 문화생활 등에 대한 요구가 날로 높아지면서 전 사회 각 계층의 고품질 생활 요구를 만족시켜 사회적 공감대를 형성한다는 것은 결코 쉬운 일이 아니었다. 이러려면 거시적 경제정책을 제정함에 있어서 구체적인 시행방법을 고려함과 아울러 집행의 효율성과 유연성도 고려해야 했다.

첫째, 박근혜의 정치경제학은 사회복지 개선에 더욱 중시하면서 중소기업과 소외계층에 보다 많은 발전의 기회를 부여했다.

한 가지 경제정책을 채택함에 있어서 그 개체적 영향만 고려할 것이 아니라 기타 경제정책과의 배합과 상호 작용을 반드시 고려해야 한다. 때로는 각기 다른 경제정책 간에 갈등이나 충돌이 생겨 여러 가지 부작용을 일으킬 수 있기 때문이다. 그러므로 경제정책을 채택할 때 전반을 고려한 발상과 그 프레임이 특히 중요하다.

박근혜의 정치경제학은 대기업이 국민경제의 각종 자원을 독점하는 국면을 개선하고 중소기업의 경영 환경과 경쟁 환경을 적극 조성해주어 중소기업의 이익을 보장하고 중소기업의 이익을 대기업이 점유하는 것을 확실히 막으려고 시도했다. 경제 주체의 공정한 경쟁 환경은 대기업과 중소기업의 공동발전에 유조하고 경제시스템 내의 자금 순환과 사용을 촉진하여 거시적 경제에 활력을 부여할 수 있었다. 뿐더러 재정정책에 의한 내수 확대를 통하여 소프트웨어 · 보건 · 교육 · 관광 · 금융 등 서비스업을 추진하고 환경에너지 관련 산업을 격려할 수 있었다. 한국이 IT강국으로 거듭나려면 소프트웨어 혁신을 추진하고 산업 부가 가치를 향상시킬 필요가 있었다. 게다가 보건 교육 관광 금융 분야도 IT기술의 도움을 통해 새로운 경쟁력을 갖춰야 했다.

박근혜 정치경제학의 경제민주화 여성 고용 사회보장 창조경제 등등 내용은 긍정하고 칭찬할 가치가 있다. 박근혜 경제 정책은 인간이 일생에서 가장 민감한 일부 시절에 충격을 받을 수 있는, 생애주기별 취약성을 고려해 유형별 맞춤 서비스를 제공하고 있다. 정책은 인간의 출생 전후, 학교로부터 직장생활을 시작하기까지의 과도기, 직장생활을 하다 은퇴하기까지의 과도기에 치중하면서 포용적이고 지속 가능한 사회 경제 발전을 이룩하려 시도하고 있다. 이에 비해 교육과 부동산 등 분야의 정책이 박약한 문제점도 존재하고 있다.

둘째, 박근혜 정치경제학은 대화로 사회문제와 경제문제를 해결하는데 역점을 두고 있다.

김대중 정부 이래 장기간 실행한 신자유주의 경제정책은 소득 양극화와 빈곤층 확대 등 문제를 남겨놓았다. 박근혜 정부가 일부 노동정책을 발표하기는 했지만, 아직 고용률에 뚜렷한 변화가 생기지 않았으며, 고용률

70% 달성 목표와는 큰 격차를 두고 있다. 한국노동연구원에 따르면, 70% 고용률 목표를 달성하려면 2017년까지 238만 개의 일자리를 새로 창출하고 연 평균 47만 6천명을 고용해야 한다. 전반 세계경제가 불경기인 현재 상황에서 이 목표를 달성하는 것은 결코 쉬운 일이 아니다. 이밖에 새로 증가된 취업률은 노인층에 집중되고 청년취업률은 하락세를 보이고 있다. 한국 사회 고용률은 경제성장률과 여전히 큰 차이를 유지하고 있다. 정부 측이 밝힌 실업률은 3.1%로 하락했지만, 실질실업률은 여전히 11.5%에 실질실업자가 320만 명에 달한다. 전국적인 노동조합 총파업이 여러 차례 발생한데서 일부 사람들은 노사관계가 더욱 악화되었다고 말하고 있다. 어찌 되었던 간에 이 같은 미해결 문제는 박근혜 정부를 곤혹스럽게 하면서 정책 입안자들의 지혜를 끊임없이 검증하고 있다.

셋째, 정책이 경제를 창도할 수 있느냐 여부는 경제가 성장 할 수 있는 새로운 동력을 조성할 수 있느냐에 달려 있다고 할 수 있다. 한국 정부는 이번 거시적 경제정책에서 시장체제의 기능에 치중하면서 가능한 기업의 자주성과 자율성에 손해를 주지 않고 세제혜택이라는 방법을 통하여 기업이 자기 현금 비축을 가지고 임금이나 주식 배당금을 지불하게 함으로써 가계소득과 가계 구매력을 향상시키려 했다. 또한 부동산 대출정책처럼 지역 간의 차이를 고려하여 각기 다른 주택담보대출 비율과 총부채상환비율을 도입했다. 이는 어느 정도 가계부채 규모를 줄이고 가계 가처분소득을 늘리는데 도움이 되었다. 하지만 재정정책을 활용할 때 구조조정에 치중하고 자금 유동의 선순환을 보장하여 자본투자효율을 제고했다.

이밖에 이 같은 재정정책은 지출승수가 비교적 작아서 경제에 대한 파급효과가 제한되어 있었다. 그리하여 한국은행의 통화정책을 부수적으로 채택할 필요가 있었다.

넷째, 공공기관의 개혁을 강력하게 진행하기는 했지만, 자본을 효과적으로 감독하고 관리할 수 있는 방안이 미흡하다.

공공기관의 개혁은 박근혜 정치경제학의 핵심 내용의 하나이다. 다년간 한국 정계에서, 많은 정계 인사들이 은퇴 후 공공기관이나 금융기관 등 고급 서비스업의 임원으로 되는 것이 하나의 관행처럼 되었다. 이런 인사들은 공공기관에서 장기간 고봉에 많은 혜택을 누리고 있어서 객관적으로 교육 보건 금융 등 서비스업의 경영과 관리 원가를 늘려주었을 뿐 아니라 이런 기관들이 지속적으로 개혁하고 혁신하는데 걸림돌로 작용했다. 그리하여 박근혜 정부는 개혁조치를 내놓자 일부에서 의혹과 함께 반대의 목소리가 흘러나왔다. 예컨대, 이렇게 짧은 시간에 큰 성과를 거둘 수 있는가 하는 목소리였다. 개혁 조치는 국회와 공공기관 등 각 부문의 협력이 필요했을 뿐 아니라, 많은 관련 분야의 구조조정과 관계되었으므로 기득권층의 거센 반발에 부딪칠 수 있었다.

박근혜 대통령이 공공기관의 저효율과 관행을 타파한다고 선언하기는 했지만, 여전히 개혁조치를 세분화하고 공공기관의 자본을 효과적으로 감독하고 관리할 수 있는 방안을 분명히 할 필요가 있었다. 그리하여 기획재정부 장관이 공공기관의 과다부채, 방만 관리와 과잉복지시대(파티)는 끝났다고 발표하기는 했지만, 공공기관의 물밑거래를 확실히 근절할 수 있느냐는 여전히 숙제로 남아있다. 국회예산정책처가 발간한 『공공기관 출자회사 운영실태 평가』 보고서는 박근혜 정부가 공공기관 개혁을 추진하는 과정에서 드러난 일부 문제점을 지적했다. 예컨대, 한국도로공사는 부산-울산 고속도로, 서울-춘천 고속도로, 제2경인고속도로, 서울 북부 고속도로 등 이미 민영화된 고속도로 정비 작업에 여전히 개입하고 있을 뿐더러 아무런 제지도 받지 않고 있다. 이밖에 이명박 정부 시절 출범한 공공기관 자회사와 출자회사 정돈 방안도 가일층 세분화할 필요가 있다.

다섯째, 정책을 시행함에 있어서 우선순위와 경중완급을 명확히 하며 또한 총괄적으로 기획하고 안배해야 한다.

박근혜 정치경제학은 다양한 정책 내용으로 이루어졌다. 그러므로 가장 주목할 점이 바로 재정 지원력이다. 한국 정부는 재정력이 제한되어 있어서 개혁 목표를 달성하려면 부대적인 재정자금 확보 방안을 상세히 제정할 필요가 있다. 특히 한국은 건강보험 자금과 국민연금 자금이 충족하지 않기에 가능하게 세수를 늘리는 방법을 채택할 수도 있다. 게다가 경제정책은 고용노동부, 보건복지부, 기획재정부 등 정부의 각 부처와 관련되므로 부처 간 이익 협조에서 마찰이 생길 수도 있다. 그러므로 전반적인 구조 하에서 각 부처 간의 분업과 직책을 분명히 할 필요가 있다. 필요시에는 부처를 신설하고 총괄적으로 관리하고 감독해야 한다.

제4장

박근혜 정부의 대외 경제정책

제4장
박근혜 정부의 대외 경제정책

완벽한 시장경제제도를 갖추고 있는 한국이지만 국내 시장 규모가 작아 경제성장에서 해외시장 의존도가 아주 높다. 한국은 세계 7대 수출국이자 7대 수입국이며, 세계에서 최초로 유럽과 미국이라는 2대 경제체와 자유무역협정을 체결한 국가이기도 하다. 박근혜 정부의 대외경제정책은 박근혜 정치경제학의 주요 조성 부분이라 할 수 있다. 중국경제에 대한 한국경제의 의존도가 높아지고, 한중이 자유무역협정을 체결한 후 한국경제에 미치는 엄청난 영향을 고려하여 본 장에서는 한중 자유무역협정 협상 진행 과정과 한국에 미치는 영향을 치중하여 고찰하려 한다.

제1절
박근혜 정부의 신무역정책

세계 지역경제협력이라는 조류 속에서 박근혜 정부는 본국의 해외시장을 확보하고자 지역경제협력기구에 적극 가입했을 뿐 아니라, 45개 국가와 무역편리화 협정을 체결했다. 2015년 4월까지 한국은 · 칠레 · 싱가포르 EFTA · 아세안 · 인도 · 유럽연맹 · 페루 · 미국 · 터키 · 호주 · 캐나다 등 국가와 자유무역협정을 체결, 또한 발효했다. 한국은 콜롬비아 · 중국 · 뉴질랜드 베트남 등 국가들과도 자유무역협정 협상을 끝내고 합의를 체결했다.

한국이 한창 담판하고 있는 자유무역협정으로는 한중일 자유무역협정과 역내 포괄적 경제 동반자 협정(RCEP)이 있으며, 담판을 준비하고 있거나 담판을 재개한 국가와 지역으로는 인도네시아 · 일본 · 멕시코 걸프협력회의 · 남미공동시장 · 이스라엘 · 중남미 5개국 말레이시아 등이다. 도표 4-1을 보라.

도표 4-1 한국이 참여한 자유무역협정 상황

	대상	상황	비고
발효	칠레	발효 날짜 (2004.4.1)	첫 번째 자유무역협정
	싱가포르	발효 날짜 (2006.3.2)	
	EFTA	발효 날짜 (2006.9.1)	유럽자유무역연합은 스위스 노르웨이 아이슬란드 리히텐슈타인공국 등 국가로 조성
	아세안	발효 날짜 (2007.6.1)	한국의 2대 무역 파트너
	인도	발효 날짜 (2010.1.1)	
	유럽연맹	발효 날짜 (2011.7.1)	
	페루	발효 날짜 (2011.8.1)	
	미국	발효 날짜 (2012.3.15)	
	터키	발효 날짜 (2013.5.1)	기본 협정 및 상품무역협정
	호주	발효 날짜 (2014.12.12)	
	캐나다	체결 날짜 (2015.1.1)	
협정 체결	콜롬비아	체결 날짜 (2013.2.21)	
	터키	체결 날짜 (2015.2.26)	서비스 및 투자 협정
	중국	체결 날짜 (2015.2.25)	최대 무역 파트너
	뉴질랜드	체결 날짜 (2015.3.23)	
	베트남	체결 날짜 (2015.3.28)	한국의 네 번째로 큰 투자 대상국

협상 중	한중일	제7차 협상 (2015. 4)	동북아 경제 단일화 진행 과정
	RCEP	제7차 협상 (2015.2)	역내 포괄적 경제동반자 협정, 동아시아 경제 단일화 진행 과정
협상 재개	인도네시아	제7차 협상 (2014.2)	아세안 회원국 중 최대 무역 파트너
	일본	제9차 협상 (2012)	네 번째로 큰 무역 파트너
	멕시코	제2차 협상 (2008.6)	
	GCC	제3차 협상 (2009.7)	걸프협력회의는 사우디 쿠웨이트 아랍에미리트 카타르 바레인 및 오만 등 국가로 조성
담판 준비 혹은 공통 검토	MERCOSUR	정부 간 검토 (2007.10)	남미공동시장은 브라질 아르헨티나 우루과이 베네수엘라 등 국가로 조성
	이스라엘	공통 검토 (2010.8)	
	중남미 5개국	공통 검토 (2011.4)	파나마 코스타리카 온두라스 에콰도르 과테말라
	말레이시아	시행가능성 검토 (2012.12	한국-아시안 자유무역지대 업그레이드 버전

자료 출처: 한국산업통상부

한국 정부가 추진한 자유무역정책은 한국의 대외무역액을 늘려주고 한국 기업의 국제 경쟁력을 향상시켜주었으며, 무역산업구조에도 큰 변화를 가져다주면서 국내 생산과 일자리를 늘려주었다. 김영귀 등의 연구에 따르면, 2014년까지 한국 경제에 기여가 가장 큰 자유무역협정은 한국과 유럽연맹의 자유무역협정으로서 경제성장률에 대한 기여가 0.897%에 달했다. 다음은 아세안과 칠레로서 각기 0.426%와 0.11%였다. 도표 4-1을 보라. 이밖에 FTA로 인한 수입액 증가도 경제성장에 적극적인 영향을 주었다. 그중 한국-칠레 자유무역협정으로 인한 수입의 경제성장 기여도가 가장 높아 0.08%에 달했으며, 다음은 아세안과 유럽연맹으로서 각기 0.07%와 0.05%였다.

도표 4-1 한국이 체결한 자유무역협정의 경제성장 효과 (단위: %)

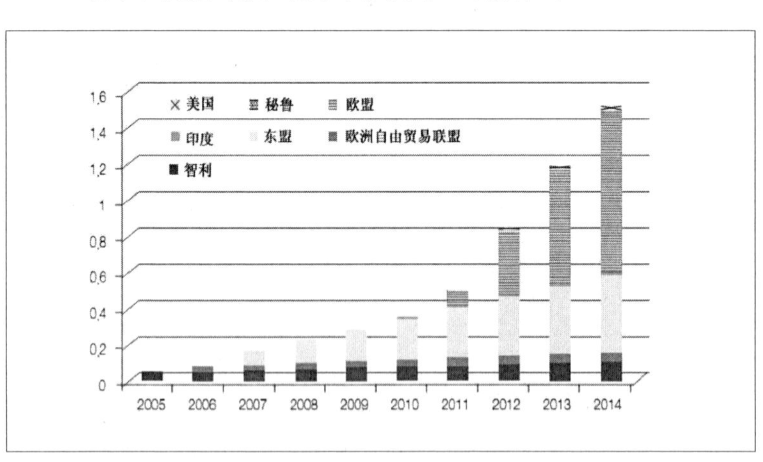

자료 출처:(한국) 김영귀 등 "한국 FTA의 10년 평가와 향후 정책 방향", 한국대외경제연구원, 2014년.

세계적인 범위에서의 메가 자유무역협정 논의가 한창 확산되고 있는데, 미국과 유럽연맹 간의자유무역협정, 미국 주도의 환태평양경제동반자협정(TPP), 중국 주도의 역내포괄적경제동반자협정(RCEP)은 중국과 한국, 일본, 아세안 10개국, 호주, 뉴질랜드, 인도 등 16개국이 협상을 진행하고 있다.

박근혜 대통령은 취임한 후 글로벌 경제 정세와 신지역주의의 발전 환경에 좇아 새로운 환경 변화에 적극 대응하여 한국의 새로운 무역정책을 제정했다. 새로운 무역정책의 로드맵은 기존의 개방형 무역정책의 기본 원칙을 바탕으로 하여 정부와 기업 간의 정보 공유와 교류 플랫폼 구축을 강조하고 산업과 무역의 실질적 연계를 강화하여 "창조경제"를 창도하는 박근혜 정치경제학의 로드맵에 합치했다. 이 같은 무역정책은 기존의 자유무역협상을 골자로 하는 정책과는 뚜렷이 구별된다. 기존의 무역정책은 자유무역지대를 설치하는데 중시를 돌리기는 했지만 기업의 자유무역협정 활용률을 등한시한데서 기업의 해외시장 확대에 큰 도움을 주지 못했다.

정부가 추진한 자유무역협정은 이따금 기업의 실질 수요와 적지 않은 차이가 있어서 기업의 수요와 무역정책이 어느 정도 어긋나는 현상이 존재했다. 한국과 미국이 체결한 자유무역협정은 일찍 2007년에 협상을 끝내기는 했지만 한국내의 지지도가 이상적이 되지 못하고, 심지어 허다한 질의와 반대의 목소리로 하여 5년 후에야 효과를 볼 수 있었던 것처럼 말이다. 그리하여 박근혜 정부가, 무역정책의 키포인트를 우선 국내산업의 실질 수요에 두었을 뿐더러, 국내 관련 분야의 자원을 통합하고 재배치해서야 국내 정계와 산업계의 합의점을 충분히 이루어낼 수 있었다. 박근혜 정부가 추진한 신무역정책의 주체 역시 기존의 정부 주도에서 정부와 기업이 협력하는 방법이었다. 박근혜 정부의 신무역정책은 단순히 자유무역지역의 윤축 역할을 더는 강조하지 않고 신지역주의 정책을 도입하여 지역경제 통합을 강조하고 그 중심축의 역할을 발휘하게 했다. 윤축의 효과는 자유무역협정에서 구현되었지만, 중심축의 기능은 도리어 지역경제 단일화와 지역경제 기구를 구축하는 것을 기반으로 발휘되었다. 박근혜 정부의 무역 상대국 역시 선진경제국에서 신흥경제국으로 전환하고, 신흥경제국에 적합한 무역 협력 패턴을 개발했다. 2015년 2월에 체결한 한국-터키 자유무역협정, 2015년 3월에 체결한 한국-베트남 자유무역협정, 2015년 6월에 체결한 중국-한국 자유무역협정, 한창 진행 중인 RCEP 등이 이 같은 정책의 변화를 말해주고 있다.

박근혜 정부가 적극 추진하고 있는 서비스협정(TISA)과 정보기술협정(ITA) 협상은 기업의 해외투자와 무역에 제도적 보장을 가일층 제공하게 될 것이다. 이밖에 박근혜 정부는 신흥국 공동발전 프로그램(ECP)을 마련하여 통합적인 지원 시스템을 구축하고 신흥경제국 발전 센터를 설치하여 신규 사업을 지속 연구하고 개발하게 된다. 도표 4-2는 달라질 통상한국의 모습이이다.

도표 4-2 달라질 통상한국의 모습

	2013	2017	2023
FTA 네트워크 규모			
FTA 시장규모(GDP 비중)	56%	77%	88%
FTA 시장규모(인구 비중)	41%	62%	70%
FTA 무역규모	35%	69%	85%
FTA 활용			
FTA 수출 활용률*	70%	79%	85%
중소 · 중견기업 수출 비중	33%	40%	45%
수출 중소기업 수	8만개	10만개	12만개
무역 투자 확대			
총무역(달러)	1조	1조 4000억	1조 7000억
총수출(달러)	5600억	7100억	9000억
서비스 수출(달러)	1100억	1800억	2300억
기술 수출 비중(달러)	40억	80억	100억
FDI 도입 규모(억 달)	135	145	160
수출 다변화 지수 (상위 30개 국 수출 비중)	87.6%	83.5%	80%

주: FTA 활용률은 한미 FTA 활용률을 기준으로 했음
자료 출처: 한국산업통상자원부가 2013년 6월 13일에 발표한 "새 정부의 신 통상 로드맵" 인용

박근혜 대통령의 중동 순방은 "제1차 중동 붐"을 일으켰다. 2015년 박근혜 대통령은 쿠웨이트, 사우디아라비아, UAE, 카타르 4개국을 순방했다. 방문 기간에 한국은 중동 4개국과 에너지, 건설 등 전통 분야에서의 협력을 강화하고, 보건의료 정보통신기술 식품 인터넷 안전 등 고부가가치 분야에서의 협력을 확대한다는 합의를 이끌어냈다. 도표 4-3은 "제2 중동 붐" 기대 효과이다.

도표 4-3 "제2 중동 붐" 기대 효과

	2015년	2017년
할랄식품 수출	8억 달러	12억 달러
해외 진출 인력	5000명 (2014년)	1만 명
해외 건설, 플랜트 수주 규모	700억 달러	800억 달러
외국인 직접 투자 유치	200억 달러	300억 달러

자료 출처: 한국 기획재정부
"5년 만에 다시 꺼낸 '제2 중동 붐' 카드", 〈세계일보〉 2015년 3월 19일

박근혜 정부는 중동에서의 대형 플랜트 등 리스크가 높은 투자개발형 사업에 대해 5조원의 정책금융 자금을 추가로 지원하기로 했다. 박근혜 정부가 추진하는 중동 무역 정책은 해외공사건설도 포함하고 있는데, 대통령 중동 순방에 따른 후속조치로 ▲할랄식품 사업단 설치 및 할랄식품 전용단지 조성 ▲원자로 수출관련 중동국가와의 공동연구 추진 ▲2분기에

전문직 청년인력 해외진출 태스크포스(TF) 구성 및 방안 마련 등을 추진하기로 했다. 한국 정부의 발표에 따르면, 박근혜 대통령이 중동 순방을 할 때 한국 기업은 9억 600만 달러의 수출 수주 계약을 맺었다.

제2절
한중 양국의 자유무역[34)]

1. 한중 경제무역자유화의 내적 동인

한중 양국은 1992년 수교한 후 경제 교류가 날로 밀접해졌다. 쌍무무역액만 보더라도 1992년의 50여 억 달러에서 2012년의 2,564억 2천만 달러로 늘어났다. 이 20년 간 한중 쌍무무역은 연 평균 21.72% 증가해 증가폭이 50배를 초과했다. 2013년 1월부터 11월까지 한중 쌍무무역액이 2,502억 9천만 달러에 달했다. 그중 중국 대한국 수입액이 1,661억 9천만 달러로 전년 동기대비 4.5% 증가했고, 대한국 수출이 841억 달러로 전년 동기대비 9% 증가했다. 현재 중국은 한국의 최대 무역 파트너, 최대 수출 목적지, 최대 수입국으로 부상했고, 한국은 중국의 3대 무역파트너로 부상했다. 중국은 한국으로부터 주로 전기 기계제품, 광학 의료기기, 화학 공업제품을 수입, 수입총액의 70% 가량을 차지한다. 중국은 한국에 주로

34) 이 절의 부분적 내용을 "한중 자유무역협정 담판의 동인, 영향 및 전망"이라는 제목으로 〈중국민족〉 (한글 판) 2014년 2-4호에 연재한 적이 있다.

농산물, 방직물, 원자재, 가구, 완구 등 노동집약형 제품을 수출하고 있다. 직접투자 면에서, 중국은 2011년에만 실질 유치 한국 직접투자가 25억 5,100만 달러에 달했고, 2013년까지 한국직접투자 누적 총액이 500억 달러를 초과했다. 중국은 이미 한국의 가장 중요한 직접투자 대상국으로 부상했고, 한국은 중국의 3대 외국인 직접투자국으로 부상했다.

비록 양국 간의 쌍무무역이 급속도로 늘어나기는 했지만 중국은 장기간 대한국 무역에서 역조를 지속하고 있을 뿐 아니라 확대 추세를 보이고 있다. 1992년 한중 수교 초기, 중국 대한국 무역 역조는 2억 2천만 달러 밖에 안 되었지만 10년 후인 2002년 무역 역조가 130억 7천만 달러에 달했고, 2012년에는 600억 달러를 초과했다. 국제시장에서 장기간의 무역 역조는 일국 경제가 건전하게 발전하는데 여러 가지 불리한 영향을 초래할 수 있다.

그러하다면 한중무역 역조는 어떻게 생겨났는가?

첫째, 한국 대중국 투자가 중국 대한국 화물의 수입을 초래했다. 한국 기업의 대규모 투자는 생산에서든 소비에서든 한국 제품의 수요를 증가시켰다. 특히 지적할 것은 중국의 수입 구조 중에서 가공무역이 큰 비중을 차지하고 있다는 점이다. 2012년, 한중무역에서 가공무역이 차지하는 비중은 50.7%, 전반 세계 무역에서 차지하는 비중보다 17.1%나 높았다. 한국 제조기업이 중국에 투자하여 제품을 생산하고, 또한 생산 과정에서 대부분 원자재와 부품을 한국에서 수입했다. 하지만 생산 후의 완성품 대부분을 한국으로 역수출하는 것이 아니라 기타 국가로 수출했다.

이런 상태가 계속되다보니 중국 대한국 수입은 지속적으로 늘어났지만, 대한국 수출은 상응하게 늘어나지 않으므로 하여 대량의 무역 역조를 초래하게 되었다.

둘째, 이 밖의 주요인은 한중 양국이 산업 분업 시스템 중에서 처한 위치가 다름으로 하여 중국 수입 구조는 한국과 상호 보완관계를 형성하게 되었다. 전반적으로, 중국의 비교 우위는 농산물, 경방직제품 등 노동집약형 제품에 있다. 그러므로 대한국 수출품은 대부분 중국 염가 노동력을 구현하는 노동집약형 제품이다. 그러나 한국이 중국에 수출하는 제품은 대부분 전자부품, 광학기기와 의료기기, 자동차 부품, 전기제품 등 자본 집약형과 기술 집약형 제품이다. 중국이 비록 양적으로는 우위를 차지하고 있지만 저부가가치와 단순기술을 내포하고 있는 제품이어서 충격을 쉽게 받을 수 있을뿐더러, 총금액이 수출 총량과 일치하지 않다. 때문에 이 같은 산업 간 무역 주도의 무역 패턴은 자칫하면 무역수지 불균형을 초래할 수 있다.

셋째, 한국 정부가 장기간 주도하고 있는 무역 보호주의 정책 때문이다. 한국은 국내 농산물 경영자들의 이익을 보호하고자 농업 임업 목축업 부업 어업 등 자원형(資源型) 제품과 노동 집약형 제품에 관세 장벽과 비관세장벽이라는 정책을 취하고 있다. 중국이 우위를 가지고 있는 농산물, 이를테면 콩, 참깨 등에 관세 할당 제도를 적용하고 있고, 관세 할당 외의 농산물은 고액의 관세를 지불해야 한다. 이밖에 한국이 설정한 농산물 추출 검사 비율 및 기술 장벽은 중국의 한국 수출에 영향을 주고 있다.

한중무역의 불균형은 일련의 무역 마찰과 분쟁을 야기했다. 대표적인 사례가 바로 2000년에 발생한 마늘과 휴대폰 사건이다. 한국 정부가 국내

마늘 농가들의 이익을 보호하려고 중국산 마늘의 관세를 30%에서 315%로 10배 넘게 올렸다. 이에 중국은 한국산 휴대폰과 폴리에틸렌의 수입을 정면 중단하며 응수했다. 이와 유사한 사건은 2000년의 배추김치 풍파이다. 이 같은 상호 간의 무역보복은 한중 간의 무역 마찰을 끊임없이 일어나게 했다. 한중 양국은 무역 의존도가 높으므로 무역 문제를 타당하게 해결하는 것은 국내 경제를 발전시키는데 있어서 아주 중요하다. 이 같은 무역 분쟁을 해결할 수 있는 중요한 수단이 바로 한중 양국이 달성한 자유무역협정이다.

한중 자유무역협정은 양국 간의 관세 장벽과 비관세 장벽을 제거하는데 유조할 뿐만 아니라 빈발하는 무역 마찰과 무역 분쟁을 해소하는데도 유조하며, 양국이 국제 경제 시스템 중에서의 지위를 향상하고 지역경제협력에서 주도권을 장악하는데 있어서도 유조하다.

2. 한중 자유무역협정

2004년 11월 아시아태평양경제협력체(APEC) 정상회담에서 한중 양국의 정상은 자유무역협정을 위한 민간 공동연구 추진에 합의하고, 2005년에 공식 가동했다. 그 후 한중 양국은 선후하여 5차례나 정부, 산업과 기업, 학자들이 참석한 자유무역협정 공동 연구모임을 가졌고, 결과 자유무역협정 체결이 양국에 모두 이롭다는 의견 합의를 보았다. 한중 자유무역협정 연구에서 무역 자유화 분야, 양국 산업에 미치는 영향, 민감한 제품에 대한 처리, 협정 협상 형식 등등을 충분히 협상했다. 비록 한중 자유무역협정 관련 협상이 치열하기는 했지만 한중 양측은 실질적인 협상 단계에 들어섰다.

그러다 한국이 2010년과 2011년에 각기 유럽연맹과 미국과 자유무역협정을 체결한 후에야 한중 자유무역협정 협상을 재개했다. 2012년 5월 한중 양국은 1차 자유무역협정 협상을 개시하고, 무역협상위원회를 설치함과 아울러 양측 수석대표가 공동의장을 맡았다. 1단계 협상은 2012년 5월에 개시되어 2013년 9월에 종료되었다. 1단계 협상에서는 주요하게 자유무역의 패턴을 협상하고, 또한 민감한 산업(품목)을 보호한 데 관해 협상했다. 예컨대, 농산물 등 분야에 대해서는 여러 가지 대안을 고려했고, 제품 서비스 투자 등 부분의 자유화에 합의했다.

한중 양국이 추진한 자유무역지대는 가장 근본적인 화물무역을 포함하고 있을 뿐 아니라 서비스 지식 재산권 무역구제 투명성 환경 등 분야와도 관련되어 있었다. 양측은 상품을 일반 품목, 민감 품목, 초민감 품목 등 분류 방식과 자유화 율에 합의했다. 자유화 율은 상품 분야의 품목 수 기준과 수입액 기준 두 가지 기준과 관련되었다. 상품 분야의 자유화 율은 자유무역지대에서 교역하는 상품에서 관세철폐가 차지하는 비율을 가리킨다. 한중 자유무역지대에서의 상품 품목 수 기준 자유화 율은 90%, 수입액 기준 자유화 율은 85%에 달했다. 이는 한중 자유무역협정의 자유화 정도가 높다는 것을 말해준다.

2단계 협상 중에서, 한중 양측은 포괄적인 방식을 취하고 전면적인 협상을 진행했다. 1단계 협상 과정에서 토론한 개방 범위를 토대로 하여 여러 가지 제품의 개방 정도를 진일보 구체적으로 협상했다. 양측은 제품의 관세 양허표를 상호 교환하는 내용을 중점적으로 협상함과 아울러 역외가공 제품에 자유무역협정 특혜를 적용하느냐 등 문제도 협상했다. 이는 중국 기업이 개성공단에 투자하고 생산하는 등 일련의 문제와 관련되었다. 한중 양국이 발표한 "공동성명"에 따르면, 한중 양국은 우선 민감 품목 보호를 위하여 협상을 2단계로 나누어 진행한다. 1단계 협상에선 상품, 서비스, 투자 등 분야별로 협상지침을 합의하고 2단계 협상에선 이 합의된 지침에 기초해 전면 협상을 진행하는 방식이다. 상품분야 협상은 양국의 민감성을 반영하기 위해 일반 품목군과 민감 품목군을 설치하고 민감 품목군은 다시 일반민감 품목과 초민감 품목으로 나눠 장기관세철폐, 부분감축, 양허 제외 등의 방식으로 보호하기로 했다. 아울러 서비스 분야는 세계무역기구(WTO) 협정보다 높은 수준의 자유화를, 투자분야는 양국이 이미 체결한 여타 투자협정을 고려하면서 양자 투자흐름과 관련된 사항이 적절히 다루어지도록 규정했다.

2015년 2월 한중 양측은 10년이라는 기나긴 협상을 끝내고 한중 자유무역협정에 가서명했다. 한중 자유무역협정은 여러 가지 화물 개방과 관련될 뿐만 아니라 서비스와 투자 분야의 개방폭도 아주 커서 지금까지 체결한 최고 수준의 자유무역협정이다.

한중 자유무역협정에 따르면, 상품의 품목별에 따라 단계적으로 관세를 철폐하고, 철폐폭도 상품의 품목에 따라 다르다. 중국이 당장 관세를 철폐한 상품 품목은 1,649개로 전체 교역 상품의 20.1%를 자치한다. 그리고 한국은 6,108개로 전체 교역의 49.9%를 차지한다. 10년 내에 한중 양국이 관세를 철폐하는 상품 품목이 각기 5,846개와 9,690개에 달하고, 관련 수입액이 각기 1,105억 달러와 623억 달러에 달하게 된다. 20년 내에 한중 양국이 관세를 철폐한 상품 품목이 각기 90.7%와 92.2%에 달하고, 관련 수입액이 각기 1,417억 달러와 736억 달러에 달하게 된다.

농산물 분야에서, 20년 내에 한국은 상품 품목 수 기준 자유화 율이 70%,

수입액 기준 자유화 율이 40%에 달하게 된다. 중국은 농산물 분야 개방 폭이 비교적 큰데, 상품 품목 수 기준 자유화 율은 92.8%, 수입액 기준 자유화 율은 55.8%에 달하게 된다. 공산품 분야에서, 20년 내에 한국의 두 가지 자유화 율은 각기 90.2%와 93.5%에 달하고, 중국은 90.2%와 85.1%에 달하게 된다.

제3절
한중 자유무역 협정

1. 한중 자유무역협정이 가져다 준 영향

한중 자유무역지대가 조성되면 한중 양국에 적극적인 영향을 일으키게 된다. 첫째, 한국은 자유무역지대를 통해 중국의 광활한 소비시장의 혜택을 볼 수 있고, 자유무역지대에 보다 완벽한 생산 시스템을 구축할 수 있어서 한국 국내 내수를 촉진하고 시장이 작아 소비 수요가 적던 국면을 타개할 수 있다. 중국은 한국의 자본과 기술을 보다 활용하여 산업을 업그레이드하고 산업 분업시스템을 개선할 수 있어서 경제성장 패턴을 전환하고 경제개혁의 발걸음을 다그치는데 유조하다. 한국의 우위산업 이를테면, 전자정보 가전제품 첨단 제조업 자동차 운송장비 금융 화학공업 기계장비 등 분야의 제품을 더욱 저렴한 가격으로 중국 소비시장과 생산시장에 들여올 수 있다. 예컨대, 현재 중국은 대한국 자동차 관세가 25% 수준이지만, 8~10% 수준으로 인하할 경우 한국산 자동차 가격이 대폭 내려가 중국시장에서 한국산 차 판매량이 늘어나게 될 것이다.

물론 중국의 우위산업도 급성장할 것이다. 예컨대, 한국 농업은 생산

조건 등 여러 가지 요소로 인해 제약을 받고 있어서 대량의 농산물을 수입에 의존하고 있으며, 최근 연간에는 상승세를 보이고 있다. 2000년, 한국은 중국과의 농산물 무역 역조가 13.16억 달러, 2011년에는 20.9억 달러에 달했다. 한국은 화훼상품, 양곡제품, 담배를 소량 수출하며 무역수지 흑자를 올리는 것 외에 기타 제품은 거의 다 수입에 의존하고 있다. 2011년 한국 농산물 가운데서 관세율이 25%가 넘는 농산물 세목이 총 세목의 38.3%를 차지했다. 하지만 중국은 8.6% 밖에 안 되었다. 즉 한국은 3분의 1의 농산물에 높은 관세를 적용하고 있다. 그에 비하면 중국 농산물 관세가 아주 낮다. 무역이 가중되면, 중국의 농산물 평균 관세는 11.7%이지만 한국의 평균 관세는 93.3%에 달하게 된다.

자유무역지대의 조성은 한중 양측의 농산물 관세 수준을 대폭 인하하고 농산물시장 진입 조건을 더욱 완화시켰다. 중국 기업이 농산물을 한국에 수출할 때 세금을 면제 받거나 대폭 감면을 받기 대문에 중국 농산물이 한국 시장에 대량 들어가는데 도움이 되고, 또한 중국 농산물의 산업화 발전을 가속화하는데 도움이 된다. 그러므로 한중 자유무역지대가 조성되면 중국의 수산물, 채소, 과일 등 노동 집약형 농산물 수출도 이에 상응하여 늘어나게 될 것이다. 그리고 한국은 음료, 김 등 기술 집약형 농산물과 자본 집약형 농산물 수출이 늘어날 것이다.

둘째, 한중 자유무역지대는 일본에 자극을 주어 최근 연간 신봉한 우익화 정책이 야기한 후과를 반성하게 할 수 있다. 한중 자유무역지대가 조성되면 한중 양국 간의 화물, 서비스 및 기타 분야의 무역과 협력을 대대적으로 촉진할 뿐 아니라, 자유무역지대 이외의 지역에 무역 이전 효과를 일으킬 수 있다. 현재 한국 수출품 20% 이상을 중국에 판매하고 있다. 한중 자유무역협정을 체결한 후 중국은 더욱 넓은 시장을 한국 기업에 개방하게 되고, 그러면 일본 기업은 아주 불리한 경쟁 환경에 봉착하게 된다. 이는 아시아 지역에서의 일본의 경제적 위치를 진일보 약화시켜, 경제 정치 안보 군사적으로 기타 분야보다 더욱 쉽게 주변화 될 수 있어 무역에 대거 의존해 경제성장을 추진하는 정책에 불리하게 작용하면서 아베의 경제학이 더욱 큰 저애를 받을 수 있다. 한중 자유무역지대가 조성되면 일본은 부득불 환태평양경제동반자협정의 가치를 재차 고려하지 않을 수 없고, 자국의 대외경제정책과 외교 정책을 반성하지 않을 수 없게 된다

셋째, 한중 자유무역지대의 협력은 경제적 차원 뿐 아니라 양국의 정치 안보 문화 등 기타 분야에서 진일보 협력하고 교류하며 양호한 지역협력 분위기를 조성하는데도 유조하다. 동아시아 지역 내 무역투자가 확대됨에 따라 한중 자유무역지대는 이 지역의 국제 분업을 지속 발전시키고 동아시아 무역투자 플랫폼을 촉성시켜 아시아태평양 지역의 역내포괄적경제동반자협정을 형성하고 발전시키는데 촉진 역할을 하게 될 것이다. 이는 한반도의 평화와 안정 그리고 발전에 진일보 도움이 될 것이다. 이 지역의 경제 번영은 북한 등 국가가 경제를 가일층 개혁하고 지역 생산 시스템에 가입하여 경제성장을 이룩하도록 하는데 도움이 될 것이다.

2. 한중 자유무역지대의 비전

한중 자유무역협정에 관한 문제에서, 이와 관련된 기타 중요한

프로세스는 한중일 자유무역협정 협상, 중일 자유무역협정 협상, 한중 자유무역협정 협상이라 할 수 있다. 동북아 지역의 핵심 국가로서의 중국 한국 일본은 다년간 줄곧 무역 자유화와 지역경제 통합을 적극 추진하고 있다. 한중일 자유무역지대를 조성하려면 물론 3개국 모두 지역경제 통합에 참여할 뜻이 있느냐를 고려해야 한다. 하지만 3개국은 조항을 구체적으로 협상하고 자유화 정도를 협상할 때는 상호 양보를 해야 일치된 합의를 얻을 수 있다. 지금까지 보면, 앞에서 언급한 몇 가지 자유무역협정 협상 중에서 한중 자유무역협정 협상이 가장 순조롭게 진행되었다고 할 수 있다. 댜오위다오 분쟁과 일본의 정치적 우익화 세력의 역사교과서 왜곡, 평화헌법 개정, 가치관 외교, 아베 신사참배 등 사건으로 하여 중일관계가 중일외교 정상화 이래 최저점에 처해있어서 일본이 참여한 자유무역협상은 교착 상태에 빠졌다. 그러나 한중 양국은 무역 자유화 협력에 적극 참여한데서 협상이 치밀하고도 순조롭게 진척되었다. 2015년 한중 양국은 쌍무무역 총액 3000억 달러를 달성했다.

총체적으로 볼 때 한중 양국은 엄청난 협력 잠재력과 공간이 있어서 한중 자유무역협정은 전망이 아주 밝다고 하겠다. 한중 자유무역지대는 양국 경제성장의 새로운 성장점과 원동력이 될 뿐만 아니라 한중 자유무역협정은 한중일 자유무역협정, 한중일과 아세안 간의 "10+3" 협정, 중국 한국 일본 호주 뉴질랜드 인도와 아세안 10개국 협력 시스템인 역내포괄적경제동반자협정 아태자유무역지대(FTAAP)를 창설하는데 기반을 마련해주었다.

특히 한국 국내의 강대한 보호무역 세력이 시시각각 기회를 틈타 정부의 대외무역정책을 공격하여 관련 산업의 지지를 얻고 더욱 많은 정치적

자본을 얻게 했다. 이런 요소는 한국 정부가 자유무역협정을 추진하는데 어느 정도 걸림돌이 되었다. 우리는 한미 자유무역협정 협상 과정을 돌이켜보자. 비록 한미 자유무역협정 협상이 2007년에 개시되었지만 야당과 사회 이익집단의 반대로 인하여 협정을 타결하고 발효하는데 5년이라는 시간이 걸렸다. 야당과 반대 단체는 협정을 폐지하고 재협상을 요구했다. 소극적이고 편파적인 언론보도 역시 한중 경제 관계가 한층 발전하는데 역효과가 날 수 있다.

중국과 한국은 전반적인 정세와 미래 지향적인 차원에서 호혜상생이라는 전제 하에서 교란과 장애 요소를 극복하고 소통과 협력을 강화하면서 단계적으로 점차 무역자유화를 추진해야 한다. 한중 기업계의 적극적인 참여와 민간 교류 역시 한중 자유무역지대를 하루속히 조성하고 지속적으로 발전시키는데 도움이 될 것이다.

제5장

박근혜 정부가 봉착했던 복잡하고 힘든 외교안보환경

제5장
박근혜 정부가 봉착했던 복잡하고 힘든 외교안보환경[35]

박 대통령이 집정한 이래의 '정치경제학'을 분석하려면 그의 외교안보정책을 분석하지 않으면 안 된다. 사실상 박 대통령이 집정한 이래 가장 세인의 주목을 끄는 정책은 바로 그의 외교에서 나타나고 있기 때문이다. 이로 인해 박 대통령은 '외교대통령'이라는 명성을 얻었다. 박 대통령의 외교안보정책을 제대로 이해하려면 먼저 그가 취임할 당시의 외교안보환경과 그가 직면했던 가장 중요한 도전에 대해 분석해야 할 것이다. 분열상태에 처해 있는 중등국가이며, 동북아지역에서 상대적으로 작은 나라라는 점, 그러면서 동북아의 중심 위치에 놓여 있다는 지정학적인 특징으로 인해 한국이 직면해 있는 외교안보환경은 동북아의 안보환경과 한반도의 정세변화로 인해 한국은 발전하는데 많은 제약을 심각하게 받아왔다.

---

35) 제5장과 제8장은 북한에서 제4차 핵실험을 하기 전에 집필이 완성되었다. 하기에 해당 분석과 관점은 중요하게 당시의 정세로부터 기인된 것이다.

제1절
냉전 후 한반도 안보환경의 전반적 특징

1. 냉전 후 동북아 안보환경의 변화 발전 및 한반도 안보환경의 기본 구조

냉전 후 동북아의 안보환경은 전체적으로 볼 때 한층 더 복잡한 현상이 나타났다. 후 냉전시기의 동북아의 안보문제는 국제관계에서 가장 복잡하고 민감한 문제로서 전 세계적으로 전략적 의의가 가장 큰 문제의 하나였다.[36] 동북아는 지정학적으로 볼 때 중국, 러시아, 일본, 한국, 북한, 몽골 등 6개국을 포함하고 있다.

지정학적으로 볼 때 미국은 비록 동북아에 속해 있지 않지만 동북아 안보환경의 발전에서 중요한 영향력을 가지고 있다. 그러한 배경에는 첫째, 미국의 군대가 주로 아시아의 동북아지역에 위치한 일본과 한국에 주둔해 있다는 점이다. 한국에서의 전시지휘권도 사실상 미국의 손에 쥐여져

36) 楊魯慧, 〈在東北亞大國關係中, 第三方因素及地區安全共同治理〉, 《東北亞論壇》, 2012年 第4號, 21쪽.

있다. 이러한 동맹적 관계를 통해서 미국은 사실상 일본과 한국의 부분적인 주권을 향유하고 있다고 해도 과언이 아님을 알 수 있다. 둘째, 미국은 이 지구상에서 상당한 영향력을 가지고 있다는 점이다. 이러한 미국의 영향력은 일본과 한국만 상대로 하는 것이 아니라, 북한에서 가장 얻고 싶어 하고 실현하고 싶어 하는 '정권에 대한 안보 보장'과 '국제적 고립에서 벗어나 근본적인 경제상황을 개혁하고 싶어 하는 염원'은 오직 미국만이 해결해 줄 수 있기 때문이다. 미국까지 포함해서 2013년 세계 국방비 지출 15위에 드는 국가에는 동북아의 5개 국가가 점하고 있는데, 이들 나라에는 미국, 중국, 러시아, 일본, 한국 등이 포함되어 있다.[37] 이러한 사실은 이 지역에서 몽골과 북한을 제외하고는 모든 나라의 국방비 지출이 모두 세계에서 앞자리를 차지한다는 말로 대변될 수 있는 것이다. 동북아 각국의 국방비 지출 총액은 세계 국방비 지출의 58%를 차지하는데, 그중에서 미국이 37%, 중국이 11%, 러시아가 5%, 일본이 2.8%, 한국이 1.9%를 점하고 있다. GDP의 비례로 따져보더라도 미국, 러시아, 한국은 모두 세계의 평균 비례보다 높다. 거액의 국방비 지출은 동북아가 이미 세계안보의 중심지가 되었다는 것을 보여주는 것이며, 동북아 여러 나라가 모두 안보를 고도로 중시하고 있다는 것을 여실히 반영하고 있는 것이다.

미국이 아시아로 회귀하여 다시 평형전략을 펼치는 것은 지구 차원의 안보환경에 대해 중대한 영향을 미치고 있다. 2011년 미국 부통령은 67년 만에 처음으로 몽골을 방문했다. 몽골도 공개적으로 미국을 '제3의

37) 스톡홀름국제평화연구소 홈페이지에서 유관 자료를 참조. http://www.sipri.org/googlemaps/milex_top_15_exp_map.html

이웃나라'라고 칭했다. 미국은 또 일본과 한국과의 맹우관계도 강화하였다. 일본은 공개적으로 미국과 함께 '댜오위다오(釣魚島) 빼앗기'를 목적으로 한 군사연습을 펼쳤다. 한국과의 군사연습은 2011년에 처음으로 중국 근해인 황해에서 거행되었는데, 미국의 항공모함 워싱턴호도 처음으로 이 군사연습에 참가하였다. 미국과 한국의 연합 군사연습의 전략의도와 추세는 이미 명백하게 한반도의 범위를 벗어난 것이었다. 중국과 일본의 영토분쟁에서 미국은 일본의 국유화가 이번 분규의 근원이라는 것을 무시하면서 중국과 합심하여 정세를 통제하고 문제를 해결하려고 하지 않았다. 오바마 대통령은 2014년 4월에 일본을 방문할 때 공개적으로 댜오위다오를 《미일안보조약》에 넣어 사용하였다. 미국 대통령으로서 오바마는 처음으로 이 같은 태도를 표시하였는데, 이는 일본 우익세력을 묵인하고 지지 격려하는 식으로 비쳐졌다. 중국과 일본의 댜오위다오 분쟁은 현재까지도 그 출구를 찾지 못하고 있다. 이 지역의 비전통적 안보 요소도 계속하여 발효되고 있다. 다음과 같은 중국과 연관이 있는 실례들을 찾아볼 수 있다.

2010년 9월 일본은 중국의 어선 '민진어 5179호'가 해당 해역에서 '불법작업'을 했다는 미명하에 그 배의 선장을 체포하였다. 2013년 5월 16명의 중국어민을 태운 '요보어 25222 호'인 요녕성 어선이 북한 군대들에게 구속되었다. 2014년 10월 10일 한국 해경은 중국 '노영어 50987호' 어선이 작업을 할 때 총을 쏘아 선장이 목숨을 잃는 사태를 조성하였다. 이러한 어업분쟁은 더 이상 비전통적 안보영역에만 국한되는 것이 아니라 해당 국가들의 민족 주의를 부추겨 정치와 안보 문제에 휘말리게 할 가능성이 있다. 어업분규 외에도 이 지역의 불법 입경, 인구 밀매 등 월경범죄도 조짐을 보이고 있으며, 점차 만연되어 가는 추세이다.

이외에도 이 지역의 안보환경에 영향을 미치는 원인으로 역사적인 요인을 들 수 있다. 2012년 12월 아베 신조가 일본 총리로 재임한 후 역사문제에서 갑자기 우경화 경향을 보이기 시작했다. 2013년 3월 12일 아베 신조는 국회 중의원예산위원회를 향해 제2차 세계대전 후 원동국제군사법정에서 일본의 전범들에 대한 심판결과에 대하여 의문을 제기하였다.

아베 신조는 역사문제를 담론할 때 7월 7일이라는 이 민감한 시점[38]에 대해 해당 피해 국가들에 대해 사과를 하지 않았을 뿐만 아니라, 자기 나라의 역사에 대하여 "자부심을 가진다"고 역설하였다. 7월 30일 일본 부총리 아소 다로는 일본은 제2차 세계대전이 폭발하기 전의 독일 나치정부의 방법을 모방할 필요가 있다고 암시하였다. 그리하여 일본은 '저도 모르게' 헌법을 수정하고자 하여 세계를 놀라게 했다. 이러한 아베정부의 착오적인 역사관은 중일 양국의 댜오위다오 분쟁을 더욱 막다른 골목에 몰아넣었을 뿐만 아니라, 양국 간의 역사적인 원한을 더욱 깊어지게 하였고 민심이 대립되게 만들었다. 중일 양국 간의 관계는 그야말로 출구를 찾을 수 없는 지경에 이르게 되었고, 한일 양국 간의 관계도 엄청난 타격을 입게 되었다.

박 대통령은 2013년 5월에 미국을 방문했을 때 다시 한 번 역사문제에 대한 일본정부의 입장을 비판하면서, 그들의 태도는 한일관계 발전에서 심각한 장애가 된다고 지적하였다. 당시 박 대통령은 이렇게 말하였다.

"지난 8년 동안 한일관계는 아주 실망적이었다. 쌍방은 아무런 진전도

---

38) 1937년 7월 7일 일본은 중국에 대한 침략전쟁을 전면적으로 시작하였다.

없었다. 일본은 지난날의 상처자국을 다시 건드려 염증이 더 심해지게 만들었다. 한국에 대해서만이 아니라 다른 아시아 인국에 대해서도 마찬가지였다."[39]

이러한 비판에서 알 수 있듯이 일본과 한국의 영토분쟁, 일본과 러시아의 영토분쟁, 중국과 미국의 경쟁, 러시아와 미국의 경쟁은 동북아의 안보환경이 매우 심각한 사태에 처해 있음을 잘 알 수 있다. 한반도의 안보환경은 바로 이러한 지역 환경 속에서 계속적으로 불안한 상황으로 변해 갔던 것이다.

구조상에서 볼 때, 냉전 후의 한반도 안보 정세는 주로 3가지 요소를 가지고 있는데, 그러한 요소란 '남북관계', '중 · 미와 남북관계', '중국과 미국의 관계'이다. 이 3가지 요소를 둘러싸고 있는 핵심은 '북한과 미국의 관계'이다. 즉 미국의 요구에 따라 '북한에서 핵을 포기하든가' 아니면 '북한의 요구에 따라 미국의 북한에 대한 위협을 중단하는가' 하는 문제이다.

북한에서는 자기들 나라의 안보 위협은 주로 미국으로부터 온다고 주장하고 있다. 그렇기 때문에 그들은 자기들이 핵을 포기하는 전제는 바로 '미국이 북한에 대한 위협을 중단하는 것'이라고 강조하고 있다. 하지만 미국은 줄곧 소위 '북한 위협론'을 들고 나와 한일동맹을 공고히 하고 동북아지역의 군사배치를 강화하고 있다. 이러한 구조적 모순으로 인해 냉전 후 한반도의 안보 환경은 전반적으로 긴장된 국면을 유지하고 있는 것이다. 하지만 북한과 미국을 포함하여 동북아 각국의 그 어느 나라도

---

39) 〈미국은 아베가 역사문제에 대한 입장에서 신중할 수 있도록 압력을 가해야 한다〉, 《동방조간신문》 2013년 5월 9일 자.

진정으로 전쟁이 발발하는 것을 바라지는 않는다. 그러면서도 여러 가지 모순이 오랫동안 누적되고 심화되어 옴에 따라 해당 국가들에서는 모두 자기 나라의 전략목표를 실현하기 위해, 한반도의 안보위기 상황에서 점점 더 상대방을 압박하고자 악착같이 경쟁하고 있는 것이다. 이러한 상황 하에서 위기의 강도와 진도는 점차적으로 증가되고 있고, 나아가 전쟁의 위험도 날로 커져가고 있는 것이다.

2. 1993년의 제1차 한반도 안보위기

1991년 미국의 정찰위성은 북한 영변의 핵개발기지에서 수상한 움직임을 포착하자 북한에서 이미 핵무기를 연구 제작할 수 있는 시설을 갖추고 있다고 판단하였다. 그리하여 북한은 이미 "핵 확산 금지조약"을 체결한 국가라고 하면서 핵에 대한 조사를 실행해야 한다고 국제사회에 제의하였다.[40] 북한은 미국과의 치열한 외교투쟁을 거쳐 결국 1991년 9월에 미국이 한국에 배치한 전술핵무기를 철회할 것을 선포하고, 미국이 한국에 두고 있는 군사기지를 북한이 시찰하는 것을 허용하는 조건으로 미국의 검사를 받아들이기로 하였다.

1993년 2월에 이르기까지 국제 원자력기구에서는 북한에 대하여 6차례의 비정기적인 핵 검사를 진행하였는데, 북한의 핵 기술이 저급 단계에

---

40) 1985년 12월 북한은 소련의 압력아래 "핵 확산 금지조약"에 서명하였다.

머물러 있다는 결론을 내리게 되었다. 미국은 이러한 결론에 대해 이의를 제기하였다. 그들은 북한이 국제원자력기구에게 사실 그대로 신고하지 않았다고 하면서 북한에서 신고하지 않은 두 개의 핵 시설에 대해 보충하여 검사할 것을 요구하였다. 이것이 바로 '특별검사'였다.

북한에서는 이 요구를 맹렬히 거부하였다. 미국에서는 북한에 대해 압력을 가하기 위해 그해 3월 한국과 합작하여 그전에 이미 잠시 정지하기로 결정하였던 합동 군사훈련을 재개하였다. 북한에서는 3월 12일에 유엔 안전보장이사회와 '핵 확산 금지조약'에 서명한 나라들에게 서한을 보내 정식으로 '핵무기 확산 금지조약'을 탈퇴한다고 통보하였다. 그 후 미국은 급거 병력을 이동시키면서 북한에 대해 위협을 가했지만 북한은 조금도 굽히려들지 않았다. 냉전 후 한반도의 제1차 안보위기가 폭발했던 것이다. 당시 미국과 북한은 전쟁의 변두리에 이르렀다고 해도 과언이 아니었다.

미국의 카터 전 대통령은 1994년 6월 클린턴의 부탁을 받고 평양으로 가서 김일성을 만나보고 이러한 긴장관계를 완화할 수 있도록 조정역할을 하였다. 김일성은 심사숙고 후 카터의 건의를 받아들이고 북한의 핵시설을 동결할 것이며 유엔의 감독을 받아들일 것이며, 남북회담을 진행하기로 결정하였다. 하지만 카터를 만난 후 얼마 안 되어 김일성이 갑자기 세상을 뜨는 바람에 계획 중에 있던 남북한 정상회담이 무산되도 말았다. 그 후 김정일이 북한의 최고지도자가 되었지만 4개월간의 담판을 거쳐 1994년 10월 21일 양국은 제네바에서 핵문제에 관한 '제네바합의'를 이끌어냈다. 이렇게 되어 제1차 한반도의 안보 위기는 완화되었던 것이다.

3. 2002년의 제2차 한반도 안보위기

북한과 미국이 '제네바합의'를 달성한 후 얼마 안 되어 거행된 미국의 중간선거에서 미국 공화당은 하원을 통제하게 되었다. 공화당은 민주당 클린턴 대통령의 북한에 대한 정책에 대해 깊은 불만을 갖고 있었기에 하원의 의석이 많은 점을 이용하여 정부에 압력을 가하였다. 즉 '제네바합의'를 이행할 때 정부가 아무 일도 할 수 없게 만들었던 것이다.

이로 인해 클린턴정부는 2003년 이전에 북한에다 경수로를 제공하겠다고 했던 약속을 지킬 수 없게 되었다. 또한 그들은 1997년부터 해마다 북한에 50만 톤의 중유를 제공하겠다고 했던 약속도 무기한으로 뒤로 미뤄지게 있었다. 그밖에 평양에 연락처를 설립하겠다고 했던 약속도 시종 실행할 기미를 보이지 않았다. 북한에서는 미국이 '제네바합의'를 이행하지 않은데 대해 항의하기 위하여 원자로와 연료봉을 봉인하여 보관하겠다고 했던 약속을 더는 지키지 않겠다고 선포하였다. 동시에 북한은 1998년에 인공위성을 발사하여 자신들의 의지를 증명해 보였다.

미국은 북한과 여러 차례 협상을 거친 후 북한에 대한 정책을 다시 검토하기로 하고 북한에 대한 '접촉과 확대 정책'을 확립하였다. 한반도의 안보환경은 그로부터 잠시 동안이긴 하지만 허니문의 시간을 맞게 되었다. 이러한 사실은 미국과 북한간의 관계가 어떠한 이해관계를 갖는가에 따라서 냉전 후 한반도의 안보환경이 결정된다는 것을 다시 한 번 보여주었던 것이다.

1995년 5월 미국 대통령 특사 윌리엄 페리가 평양을 방문하여 의논 조정을 거친 후 북한에 대한 미국의 정책을 통보하였다. 즉 미국은 북한이 철저하게 핵무기와 미사일에 대한 개발을 포기하면, 북한에 대한 경제적 제재를 완전히 풀어줄 것이고, 두 나라 사이의 관계정상화를 실현할 수 있도록 할 것이며, 대량의 경제적 지원을 제공할 것이라고 하였다. 그에 대한 호응으로 북한에서는 미국이 얼마나 제재를 완화할 것인가를 보면서 장거리 미사일 발사를 일시적으로 중지하겠다고 약속하였다. 1999년 9월 북한과 미국은 미사일문제에 대한 협의를 체결하였다. 협의에 따라 미국은 북한에 대한 경제적인 제재를 풀어주었다. 2000년 북한은 남북정상회담을 통하여 북한과 미국의 관계정상화를 실현케 하는 돌출적 계기를 가져오게 되었다. 북한과 미국은 그 어떤 형식의 공포주의 활동도 철저히 반대한다고 표하면서 적당한 조치를 취해 근본적으로 두 나라의 관계를 개선해 나가자고 합의하였다. 그해에 북한 국방위원회 제1부위원장과 미국 국무장관 올브라이트는 상호방문을 통해 관계개선의 의지를 세상에 내보기도 하였다.

그러나 미국과 북한의 허니문은 눈 깜빡 할 사이에 지나가버렸다. 부시가 대통령에 당선되어 백악관에 입주하게 되면서부터 미국과 북한의 관계 및 한반도의 정세는 다시 한 번 안보 위기를 맞게 되었던 것이다.

부시 대통령은 2001년 1월에 백악관에 입주한 후, 북한과 미국의 제네바합의를 한 장의 폐지로 만들었다. 그는 제네바합의를 체결하기 전에 북한에서 벌써 한두 개의 원자탄을 만들 수 있는 방사성 재료 플루토늄을 축출해낸 것이 아닌가 하고 의심하면서 국제원자력기구에서 다시 검증할 것을 요구하였다. 북한에서는 이를 강력하게 반대하여 나섰고 양국 간의 대화는 곧 중단되었다.

2002년 1월 부시 대통령은 '연두교서'에서 북한을 세 개의 '악의 축' 중 하나로 규정하였고, 이어서 "먼저 공격하여 적을 제압한다"는 정책을 공포하였다. 그리 하여 북한의 우려를 더욱 가중시켰다.

동시에 미국 정보부문에서는 북한의 비밀 핵 계획과 국제시장에서 핵기술과 설비를 구입한 증거를 발견했다고 공포하였다. 2002년 10월 미국에서는 아태지역 사무를 주관하는 부 국무장관 캘리를 특사로 북한에 파견하여 북한의 위약에 대한 책임을 추궁하도록 하였다.

이 기간 동안 캘리는 북한에서 우라늄농축 원심분리기를 수입한 증거를 꺼내들었다. 당시 북한의 부 외무상 강석주는 먼저 그 사실을 부인하다가 후에는 화법을 바꾸어 확실히 그런 일이 있고 우라늄 농축 개발계획을 추진하고 있는 중이라고 인정하였다.[41] 또한 미국이 만약 쌍방이 평화조약을 체결하는 세 가지 조건을 동의해 준다면 핵 계획을 포기할 것이라고 선언하였다.[42] 미국은 이것을 있을 수 없는 협박이라고 질책하였다.

미국이 주도하는 한반도 '에너지원 개발조직(KEDO)'은 2002년 12월부터 북한에 중유를 수송하는 작업을 중단하기로 결정하였다. 그러자 12월 22일 북한은 핵시설에 붙였던 봉인을 뜯을 것이라고 선포하였고, 국제원자력기구의 감시 장비를 뜯어버렸으며, 그동안 이를 감독하던 주재원들을 축출시켰다. 또한 2003년 1월 10일에는 성명을 발표하여

---

41) Richard Boucher, State Department Spokesman, "North Korean Nuclear Program," October 16, 2002. 2002년 10월, 미국에서는 북한이 비밀리에 우라늄 농축 개발계획을 가지고 있다고 선포하였다. 이 문제에서 미국과 북한은 오늘까지도 여전히 자기들의 주장을 고집하고 있어 그 누구도 진위를 판단할 수 없다. 하지만 반드시 명확히 해야 할 것은 미국에서 "북한이 비밀리에 우라늄 농축 개발계획을 가지고 있다"고 선포한 성명의 배경이다. 당시 한반도 남북 화해 합작 진행과정은 더욱 높은 기점에서 새롭게 가동되고 있었다. 일본은 그해 안으로 북한과 외교관계를 건립하고 고이즈미 총리가 평양에 대해 역사적인 방문을 하기로 결정하였다.

42) 강석주는 다음과 같은 세 가지 조건을 제기하였다. 1. 미국은 북한을 공격하지 않는다. 2. 북한과 상호 불가침 평화조약을 체결한다. 3. 북한 현재의 경제체제를 승인한다.

정식으로 '핵무기 확산 금지조약'에서 퇴출한다고 선포하였다. 그 후 미국에서는 한국에 병력을 파견하여 한주일 동안 실전 개념을 주입한 대규모의 연합군사연습을 진행하였다. 이에 북한에서도 그에 못지않은 군사를 동원하여 대처하였다. 제2차 한반도 안보위기가 폭발했던 것이다. 이에 중국에서는 위기관리에 참가하게 되었고, 위기 완화의 방식으로 3자회담과 6자회담을 열도록 주도하여 어느 정도 위기는 완화되어 갔다.

제2절
이명박 정부시기 :
북한과 미국의 관계가 일촉즉발의 위기에 놓이다

북한은 2006년 10월 3일에 처음으로 핵실험을 진행하였다. 그 후 미국과 한국 그리고 북한은 핵을 포기하는 문제에서 입장 차이가 작아지기는커녕 점점 더 커져만 갔다. 이러한 배경 하에서 한국에서는 김대중과 노무현 정부의 '햇볕정책'을 비판하는 목소리가 점점 더 커져갔다. 2008년 2월 이명박 정부는 정치무대에 올라서자마자 전임 대통령들의 '햇볕정책'을 뒤엎어버리고 강경하게 대응하는 새로운 정책을 내놓았다.

국제적인 합작에서 이명박 정부는 더욱 미국과 한국의 협조관계에 의존하려고 하였고, 비6자회담에서는 한중협조관계에 의존하려고 하였다. 2009년 4월 14일 북한은 영원히 6자회담에서 퇴출한다고 선포하였다. 그 후 한반도의 정세는 새로운 긴장과 악성순환 상태에 들어가게 되었다. 이명박 정부가 집정하던 시기를 돌이켜보면, 북한은 2009년 10월과 2013년 2월에 두 차례나 핵실험을 진행하였다. 또한 2010년 3월과 11월에는 천안함사건과 연평도사건이 발생하면서 한반도의 정세는 더욱 악화되어 갔다.

1. 천안함 사건과 연평도 사건

천안함 사건은 2010년 3월 26일 밤에 일어났다. 104명의 해군을 싣고 순시하고 있던 천안함이 갑자기 바다에 침몰된 것이다. 이 사건으로 인해 46명의 해군이 목숨을 잃었다. 5월 20일 한국에서 주도하여 구성한 다국적 전문가로 만들어진 군민합동조사단은 북한 잠수정의 공격으로 천안함이 침몰되었다고 결론을 내렸다. 24일 이명박 대통령은 국민들에게 북한은 반드시 천안함 사건에 대해 사과해야 한다고 말하면서, 북한 선박이 한국 해역에 들어와 운항하는 것은 반드시 금지되어야 한다고 국제사회에 요구했다. 아울러 한국과 북한의 교류를 중지하고 한국인의 북한 방문을 또한 금지하며, 북한에 대한 새로운 투자를 허용하지 않는다고 발표하였다.

또한 개성공단을 제외한 모든 남북무역을 중단한다고 선포하였다. 이것이 바로 남북 쌍방이 줄곧 논쟁하고 있는 '5.24 제재조치'였다. 이날 북한에서는 이명박의 연설은 그야말로 "비열하기로 짝이 없는 기만극"이며 "천안함 사건은 북한과 아무런 상관이 없다"고 반박하였다. 25일 북한에서는 한국에 대한 8가지 대항 조치를 선포하였는데, 그 중에는 전면적으로 남북관계를 동결하고 남북간의 상호불가침협의를 폐지하며, 남북합작을 전면으로 중지한다는 내용이 포함되었다.

북한의 연평도포격사건(혹은 연평도사건이라고도 함)은 북한군의 연중 정례 군사연습 중에 수십 발의 폭탄을 발사했던 것이다. 북한의 폭격이 시작되자 한국에서도 즉시 80발의 폭탄을 발사하였다. 북한에서 발사한 폭탄은 총 170발이었는데, 그중 60발이 연평도를 명중하였다. 연평도 사람들은 즉시 방공호로 들어가 포격을 피했다. 한국에서는 연평도에 해군과 공군을 파견하여 순시를 시작했다. 이번의 포격사건으로 인해 연평도에서는 많은 사람들이 부상당하거나 목숨을 잃었는데, 그중 사상자는 2명의 한국 사병과 2명의 당지 노동자가 포함되었고, 부상자로는 중상자 3명을 포함한 13명의 군인 및 20여명의 민간인이 포함되어 있었다. 11월 24일 주한미국사령관은 한국과 미국은 11월 28일에서 12월 1일 사이에 황해에서 연합군사훈련을 한다고 선포하였다. 이번의 군사훈련에는 미국 항공모함 '조지 워싱턴 호'도 참가하였다. 한반도에서 또다시 일촉즉발의 안보 위기가 발생하게 되었던 것이다.

천안함 사건이 북한에서 획책한 것인지 아닌지는 아직도 국제사회에서 정확한 결론을 내리지 못하고 있지만, 그 배경과 동기, 그리고 그 원인에 대해서 보다 구체적인 증거를 탐색해 내지 못하고 있는 상황이다.

연평도 포격사건에 대해서도 외부에서는 북한의 진정한 획책동기를 정확하게 판단하지 못하고 있는데, 조금이라도 신중하지 않으면 전쟁으로 이어질 수 있는 이 같은 엄청난 사건을 획책한 북한 입장에서 보면, 그들은 반드시 국내외 정세에 대해 치밀하게 분석하여 뒷탈이 없을 것이라고 단정한 후 결행한 일일 것이라고 하는 주장은 의심할 나위가 없다고 보고 있다. 그 결책의 동기와 원인은 물론 여러 방면에서 풀이할 수 있다. 필자는 대체적으로 아래와 같은 몇 가지 원인을 꼽아보려고 한다. 첫째, 그 직접적인 도화선은 바로 북한에 대해 강경정책을 시사하고 있는 이명박 정부에 대해 이 지역에 대한 강력한 군사력을 배치하고 한미연합 군사훈련에 경종을 울리고자 했다는 점이다. 둘째, 지역형세에 대한 북한의 전략적 판단과 관계가 있다고 본다. 북한에서는 2010년 이래 한반도정세를 둘러싸고 중미관계와 중조(북한)관계가 강화되었다고 믿었던 것 같다. 즉 그들의 관계가 더욱 근접되어 있었기에 포격사건을 도발해도 중국에서 공개적으로 질책하지 않을 것이며, 오히려 중국의 여론이 자기들을 동정할 것이라고 예상했을 것이라고 본다. 셋째, 북한 자체의 위기상황을 떠넘기려는 의도도 있다고 보아야 할 것이다.

당시 북한은 2009년 말부터 실시한 화폐개혁이 실패한 후 북한에서는 백성들의 불만정서가 부단히 커지고 있었다. 천안함 사건이 있은 후 미국, 일본, 한국의 제재가 더욱 단호해지게 되었기 때문에 국내의 사정이 더욱 어려워졌던 것이다. 따라서 북한은 긴장된 정세를 조성하여 국내 백성들의 시선을 다른 곳에 돌리려고 했었을 가능성이 높다고 보여 진다. 넷째, "무력으로 대화를 추진하자"는 계산도 작용했을 것이다. 북한 내의 빈곤 상황 및 미국과 한국으로부터 오는 압력이 가중됨에 따라 북한에서는 이러한 도발을 통하여 국제사회에 대해 자기들은 더 이상 미국과 한국의 계속되는 제재를 받고 있는데, 이를 당해내기가 어렵다는 자신들의 고충을 대외적으로 선포했다고 보는 것이다. 그렇기 때문에 빠른 시일 내에 대화석상으로 돌아가 대화를 통해 북한에 대한 압력을 완화시키려는 목적이 작용했을 것이라고 보는 것이다. 다섯째, 정권교체의 필요성에 발을 맞추려는 원인도 작용했던 것 같다.

역사적으로 볼 때 김정일은 1983년에 이미 북한의 2호 인물로 등극하였었다. 그와 함께 북한 정보부에서는 당시 대통령이었던 전두환을 암살하려는 미얀마 수도 근교에 있는 양곤국립묘지에 참배하는 전두환 대통령 일행을 피습한 '양곤폭탄테러'를 획책하였었는데, 이로 비추어 볼 때 연평도 사건도 북한에서는 정권교체를 원활히 하기 위해 일부러 획책한 도발 사건이라고 의심하지 않을 수 없는 것이다. 즉 군대내부에서 김정은의 위치를 확고히 수립하려는 목적이 작용했을 가능성이 크다고 보는 것이다. 이번의 사건을 통하여 김정은의 군사지휘능력을 보여주고 북한 내의 민심을 한 곳으로 모아 북한의 세습체제를 공고히 하려 했던 것으로 보는 것이다. 여섯째, 한국 국내의 정치에 영향을 미치게 하고자 했던 것이다. 포격사건이 있은 후 북한에서는 이명박 대통령의 이름을 짚어가면서 공격하였는데, 그것은 2012년의 한국 총선을 염두에 두었다고 볼 수 있다. 북한에서는 이 번 사건이 북한에 대한 이명박 정부의 강경정책은 착오적인 것으로서 앞으로의 한국 선거에 좋지 않은 영향을 끼칠 것이라는 증거를 보여주려고 했을 수도 있는 것이다.

연평도 사건과 천안함 사건은 북한에 대한 이명박 정부의 강경정책이 완전히 실패하였음을 증명해 주는 동시에 김대중과 노무현 시대의 '햇볕정책'이 이명박 정부에 의해 완전히 말살되었다는 점을 증명해 주었던 것이다.

2. 김정일 사망 후 일촉즉발의 상황에 놓였던 한반도 정세

2011년 말 김정일이 서거했다는 소식이 공포되던 그날 이명박 정부는 이른바 '북한의 체제변화'라는 명목으로 국가안보회의와 국무회의를 긴급히 소집하였다. 한국 연합참모본부에서는 전군 비상경비상태에 들어간다고 선포하였다. 이명박 정부에서는 더구나 북한에서 2010년에 발생했던 천안함 사건과 연평도사건에 대해 사과를 하지 않고 있다는 것을 빌미로 김정일에 대한 조문마저 보내지 않기로 결정하였다.

북한 입장에서 김정일의 사망은 한국과의 관계에서 우선 동일한 민족의 내부관계에 속하는 문제였다. 북한에서는 한국정부에서 김정일의 서거에 조문을 보낼지 안 보낼지의 문제에 대해 특별히 신경을 쓰고 있었다. 이명박 정부는 김정일이 북한과 한국의 관계를 개선하기 위하여 노력했다는 점에 대해 근본적으로 전혀 고려하려 하지 않았다. 특히 두 차례에 걸친 양국 정상회담을 위해 이룩한 역사적인 공헌을 염두에 두지 않았고, 김정일에 대한 북한인민들의 깊은 감정을 고려하려고 하지 않았던 것이다.

이명박 정부는 그렇게 양국 국민들의 감정을 회복시킬 수 있는 소한중 기회를 놓쳐버리고 만 것이다. 따라서 한국에 대한 북한의 적대 감정은 더욱 골이 깊어지게 되었다. 2011년 12월 30일 김정은은 북한 최고 영도자의 신분으로 국방위원회를 통하여 "이명박 정부가 저지른 천고의 죄에 대한 원칙 입장"이라는 문건을 발포하였다. 이 글에서 김정은은 "북한은 영원히 이명박 반역도당과 내왕을 하지 않을 것"이라고 천명하였다.

김정일이 서거한 후, 한국의 보수정책과 봉쇄된 북한의 문호 때문에 한국은 부득불 북한 내부의 정황에 대하여 맹목적으로 억측하게 되었는데 어떤 내용들은 근본적으로 사리에 맞지 않았다. 이를테면 "북한은 이제 곧 대대적인 혼란에 직면하게 될 것이다", "북한 내부의 권력다툼이 격화되고 있다" 는 등의 추측들이 한국의 《중앙일보》,《동아일보》,《연합뉴스》 등에 공공연히 게제된 것이다. 매체의 오보와 정부의 보수화정책은 서로 추진 역할을 하게 되어 있었다. 한국은 북한으로부터 오는 위협을 극대화시켰다. 이에 대한 반응으로 이명박 정부는 2012년 4월 19일 한국 국방과학연구소를 시찰할 때 "한국은 북한의 그 어느 지역도 타격할 수 있는 정밀도가 높고 위력이 강한 무기, 사무실 창문을 통해서도 북한의 수뇌부를 공격할 수 있는 무기를 가지고 있어야 한다"고 언급하였는데, 그러한 어조는 지극히 도발적이었다. 4월 20일 이명박 대통령은 또 "현재 북쪽은 빵을 필요로 할 뿐만 아니라 개인의 자유와 인권을 필요로 한다"고 말했다. 북한과 한국의 관계가 극히 대립적인 상황 하에서 화살을 북한의 내부 문제까지 건드렸던 것이다.

북한에서는 이에 대한 보복으로 한국에 대해 즉시 특별행동을 취할 것이라고 선포하였다. 아울러 이전에는 표하지 않던 구체적인 시간과 효과까지도 언급하였다. 즉 "일단 특별행동을 개시하면 3~4분 혹은 더욱 짧은 시간 안에 전에 없던 특이한 수단과 북한식의 방법으로 번개처럼 쥐새끼 무리들과 모든 도발거점을 초토화 시킬 것이다"라고 했다.[43)]

이 일이 있기 전까지 북한은 여러 차례나 이명박 대통령의 형상이 쥐를 닮았다고 풍자하곤 했던 것이다. 이로 미루어 볼 때 위에서 언급한 '쥐새끼 무리'란 바로 이명박 대통령과 그의 정책을 지지하는 정치가들을 가리킨 것이었음을 알 수 있을 것이다.

또한 이 통보에서는 처음으로《동아일보》, (한국방송공사, 문화방송, 연합뉴스YTN) 등의 매체에 대해서도 보복할 것이라고 언급하였다. 이로부터 우리는 북한에서 말한 '도발거점'이 한반도에서의 발언권을 장악하고 북한을 추악하게 표현하는 주체가 되고 있는 한국의 언론매체가 도발 거점이라고 지칭한 것이며 이들에 대해 극도의 불만을 품고 있었음을 알 수 있는 것이다.

---

43) 〈북한군부 측에서 이명박 정부에 특별행동을 개시하겠다는 통보를 발포〉, 《신화넷》, 2012년 4월 23일.

2012년 8월 20일부터 31일 사이에 미국과 남한이 진행한 을지군사훈련(UFG)에 대비하여 김정은은 8월 18일 북한의 서남전선 최남단지역의 도서방어부대를 시찰 하면서 "모든 부대는 전투진지로 들어가 결전상태에 임해야 한다"고 명령하였다. 8월 25일 김정은은 공개연설을 통하여 다음과 같이 말하였다. 즉 "이미 전군에 명령을 하달하였듯이 일단 적들이 우리나라의 신성한 영토나 해역을 한 발자국이라도 침범하면 즉시 섬멸할 수 있도록 전면적으로 반격을 개시해야 한다"고 했다.

이것은 김정은이 처음으로 공개적인 장소에서 한국에 경고한 말이었다.[44] 한국에서는 이 것을 빌미로 계속하여 연평도사건이래 "선 대응, 후 보고"라는 군사적 조치를 취하였다. 8월 29일, 《국방개혁기본계획(2012~2030)》에서는 원래의 북한에 대한 '저지'를 '적극적인 저지'로 변경하였다. 또한 전략상에서 방어능력을 향상시킴으로서 북한에서 말하는 '도발'에 대처하고 한국 군대의 공격성 전투능력을 제고시켜야 한다는 전제하에서 북한의 모든 도발을 근본적으로 봉쇄해야 한다고 하였다.

한국은 이전의 방어적 개념에서의 군사건설을 비상시기에는 즉시 공격할 수 있는 군사체제로 바뀌어야 한다고 작전 개념을 조정하였다. 북한에 대한 한국의 군사정책은 방어로부터 점차 공격으로 넘어갔던 것이다. 이러한 상황은 북한과 한국의 관계를 다시 긴장상태가 되도록 했고, 심지어는 돌발사건에 대해 통제할 수 있는 능력을 잃어 더욱 큰 위험을 불러올 수 있을 가능성까지 갖게 하였던 것이다.

---

44) 2012년 8월 25일은 김정일이 '선군혁명'을 시작한지 52주년이 되는 기념일이었다.

한국의 이러한 의도는 어쩌면 한국과 미국의 동맹을 강화하여 북한에 대해 무력적 위협과 제재를 강화함으로써 최종적으로는 북한을 굴복시켜 붕괴케 하려는 책략일 수도 있었겠지만, 내면적으로는 여전히 이명박 정부의 북한에 대한 정책이 깔려 있었다고 보지 않을 수 없는 것이다.

북한은 김대중 정부와 노무현 정부에서 실시하던 '햇볕정책'의 배경 하에서도 2006년 10월 핵 실험을 감행하였다. 이를 보면서 한국 내에서는 북한에 대해 강경책을 실시해야 한다는 민의적 기초가 존재하고 있었기 때문에, 이것은 이명박 대통령이 정권을 잡을 수 있는 중요한 배경이었다. 이명박 정부는 한국의 경제능력과 문화 소프트파워의 발전에 따라 '전 지구적인 한국(Global Korea)'이라는 개념을 제시하였다.

이명박 정부는 미국과 한국의 동맹관계를 빌어 한국이 동북아의 대국으로부터 세계에 영향력을 과시할 수 있는 대국으로 되고자 하였던 것이다. 북한의 위협을 과대 포장하고 미국과 한국의 동맹을 강화하는 것은 이러한 목적을 달성하는데 있어서 중요한 받침돌이 되었다. 그러나 사실상 천안함사건이나 연평도사건 이후, 북한에 대한 한국의 강경책은 출로가 보이지를 않았다. 이러한 강경책에 대해 한국 내에서도 대 북한 강경책에 대해 재고해야 한다는 목소리와 비판하는 목소리가 들려오기 시작했다. 심지어는 반대의 목소리까지 들려왔던 것이다. 하지만 이명박 정부는 일부러 강경책의 정확성을 증명하기 위해 계속해서 강경책을 고집해 갔다.

3. 긴장 속의 한국과 주변국 관계

이명박 정부시기에는 북한과의 관계가 긴장 속에 있었을 뿐만 아니라, 주변 대국들과의 관계도 어느 정도 긴장 국면이 초래된 상태에 있었다.

이명박 정부시기 한국은 미국과의 협조에 의지하고 일본과 우호적으로 지내는 것을 보조로 하여 북한을 압박하고자 했다. 동시에 미국의 영향을 빌어 동북아지역에서 더욱 큰 역할을 하려고 했다. 하지만 그러한 계획은 오히려 한반도의 안보 환경을 악화시켰고, 중국이 한반도에서 추구하려던 전략목표인 '한반도의 평화와 안정'도 반대방향으로 나아가게 되었다. 따라서 불가피하게 중국과의 관계도 차츰 식어지게 되었다. 한일 역사문제와 독도분쟁으로 인해 일본과의 우호적인 관계도 이명박 정부의 '일방적 소망'으로 될 수밖에 없었다. 또한 이 시기 중국과 러시아의 전략적 합작관계도 강화되어 한국은 사실상 세 개의 강국에 포위 된 난처한 국면에 처하게 되었으며, 미국이 동북아 안보전략에서 부정적인 효과를 일으키는 것을 고스란히 받아야 하는 배역을 맡을 수밖에 없었다. 이러한 국면은 이미 한국이 받아들일 수 있는 능력을 넘어서는 것이었다. 한국의 국가 안보이익 차원에서 볼 때, 세 개의 강대한 이웃국가와 관계를 악화시키는 것은 정부에게 커다란 지정학적인 안보위협을 가져다주는 것이었다. 이런 식으로 나아간다면 한국은 장차 중국, 일본, 러시아, 북한 등 네 개 국에게 밀접하게 포위한 동북아 긴장 지역의 중심에 서게 될 수밖에 없었다.

외교적 유산을 계승한다는 차원에서 살펴 볼 때, 북한과의 관계나 주변 대국들과의 관계에서 이명박 정부가 남겨놓은 '외교적 채무'는 '외교적으로 얻을 수 있는 이익'보다 훨씬 많은 것이라고 할 수 있다.

이러한 정치배경 하에서 박 대통령은 2012년 12월에 한국 제18대 대통령으로 당선되었다. 한국 외교안보 환경의 악화는 박 대통령으로 하여금 취임 후 한국 외교안보전략을 조정하지 않으면 안 되는 상황에 처하게 만들었다.

박 대통령의 총선과정과 그의 취임연설 중에서 대외정책에 대한 태도 및 오늘까지 보여준 박 대통령의 외교 안보정책으로 볼 때, 그의 외교적 풍격은 선명한 흔적을 남기고 있는데, 이러한 박 대통령 자신의 색채를 띠고 있는 외교 행보는 한국의 전통적 보수파들과도 커다란 차이를 보이는 것이었다.

제3절
박근혜 정부의 외교안보에 대한 도전과 외교적 특징

1. 외교안보상에서 마주친 정세에 대한 박근혜 정부의 도전

냉전 후, 한반도 안보환경의 총체적인 특징 및 이명박 정부의 외교 유산으로 볼 때, 박 대통령이 취임하던 시기는 외교안보 문제에서는 도전이 기회보다 훨씬 더 많았다. 그 중에서 특별히 두 가지 도전은 박 대통령이 취임한 후 시급히 해결해야 할 문제였다.

그중 하나는 어떻게 북한을 압박하면서도 그들과의 관계를 개선하는가 하는 문제였다. 다시 말하면 남북관계를 통제할 수 있으면서도 한국 국가안보를 이상적인 방향으로 발전시킬 수 있겠는가 하는 것은 박 대통령이 마주해야할 첫 번째 도전이었다. 선군정치를 부르짖는 북한은 3차례의 핵실험을 단행하여 상대적으로 한국과 군사력이 비대칭적이었던 상황을 위협적인 우위를 점하게 되었다. 그리하여 한국의 국가안보는 부득불 북한 핵무기의 위협에 직면하게 되었다. 이러한 상황 하에서 어떻게 북한에 대해 실질적으로 위협을 가할 수 있는 수단을 확보해야 하는가 하는 문제는 박 대통령이 풀어야 할 난제였다.

김대중 정부와 노무현 정부의 '햇볕정책'은 비록 북한과의 관계를 개선하였지만 북한에 대해 그 어떠한 실질적인 위협을 주지 못했다는 사실은 변론할 필요가 없는 엄연한 사실이었다. 천안함 사건과 연평도사건이 발생한 후, 이명박 정부는 비록 강경한 정책을 통하여 북한에 실질적인 위협을 가하기는 했지만 북한과의 관계를 최대한으로 악화시켰고 오히려 극도의 갈등만을 부추기는 결과가 되었다. 이는 한국의 국가안보에 아무런 이익을 가져다 주지 못했다.

한국의 안보에 대한 북한의 정책 및 그들이 핵을 소유하려는 입장의 본질을 따져볼 때, 한반도에서의 냉전구조는 복잡한 역사적 요소와 현실적인 요소가 밀접하게 관련되어 있음을 알 수 있다. 따라서 한반도 안보환경의 방향 및 북한의 핵 포기 문제는 한국 혼자서 통제할 수 있는 일이 아닌 것이다. 이 문제에서 한국이 할 수 있는 일은 극히 제한되어 있기 때문에 여러 가지 객관적 요소가 제약하고 있는 일정한 한도 내에서 뛰어난 외교수단을 통해 제한적이고 이성적으로 최대한의 국가이익을 추구해야 하는 것이다. 구체적으로 말하자면 북한이 핵을 보유하고 있는 상황에서 최대의 피해 국가는 바로 한국이므로 한국은 북한에 대해 실질적으로 위협을 가할 수 있는 능력이 있음을 보여주어, 북한이 어떠한 상황에서 잘못 판단하고 한국에 대해 공격을 개시하는 상황을 피할 수 있어야 하는 것이다. 동시에 한국은 자체적 능력을 제고시키는 것이 제한되어 있기 때문에, 부득불 북한과의 관계를 개선하는 방법을 통해 점차적으로 한반도의 안보환경을 통제할 수 있는 방향으로 발전하도록 이끌어 나가 북한의 반발이 너무 커서 안보 면에서 손실을 입는 상황을 피할 수 있도록 노력하지 않으면 안 되는 것이다. 따라서 박근혜 정부는 북한이 위협 받을 수 있는 능력을 보존하고 동시에 북한과의 관계 개선을 계속 추진해 가야 하는 두 가지 방면에서의 노력이 한시라도 게을리 해서는 안 되는 것이다. 그렇기 때문에 이를 위해서는 탁월한 정치외교적 예술이 필요한 것이다.

다음으로 부딪치게 되는 문제는 어떻게 미국과의 동맹관계를 강화 발전시키면서 중국과 한국의 전략적 동반자 관계를 충실하게 발전시켜 나가는가 하는 것이었다. 한국의 외교안보관계에서 중국과 미국 간의 관계는 가장 중요한 변수로 등장하게 되었다. 한국의 역사를 거슬러 올라가 보면 미국이 한국을 구해주었다고 해도 과언이 아님을 알 수 있다. 또한 북한이 남한에 가하고 있는 실질적인 안보위협을 마주하고 있는 상황에서 한미동맹은 한국이 안보 면에서 자신감을 갖게 하는 근본적인 내원이 되고 있다. 그렇기 때문에 역대의 한국 정부는 미국과의 외교안보관계를 오직 강화하는 데만 신경을 쓸 뿐 절대로 약화시키려고 하지 않았다. 이와 동시에 한국은 중국이 궐기하면서 국력이 증가함에 따라 중국과의 외교안보관계도 다른 나라가 대체할 수 없이 중요함을 느끼게 되었다. 모종의 관계 즉 외교안보상에서 중국의 지지가 없다면 한국이 한반도에서 추구하는 평화안정 및 평화통일 등의 의제는 그 어떤 실질적인 진전도 있을 수 없다고 느끼게 된 것이다.

최근 몇 년 동안 중국과 미국의 패권 다툼은 이 두 나라의 경쟁을 더욱 가열시키고 있다. 이는 결국 한국으로 하여금 "어느 편에 설 것인가?" 하는 난처한 문제를 가져다주었고, 동시에 이러한 상황은 중국과 미국 사이에서 유지해오던 이른바 '평행외교'가 점점 난도를 더해가고 있는 것이다. 물론 아주 오랜 기간 동안 미국은 세계적인 범위에서 볼 때, 중국을 능가할 수 있는 가능성을 계속 유지해 갈 것이지만, 두 나라의 실력을 대비하는 일부 관건적인 수치 및 중국의 주변지역, 중국의 굴기와 미국이 수호하려는 세계 제1의 영향력은 점점 더 부딪칠 가능성이 높아져 갈 것이다. 중국인민대학 국제관계연구원 천젠(陳健) 원장은 이 문제에 대하여 이렇게 말했다.

"2012년부터 2024년까지는 중미관계에서 가장 위험한 10년이 될 것이다. 만약 관계를 잘 처리하지 못한다면 중국과 미국은 마찰이 끊이지 않을 것이고, 심지어는 무장 충돌이 발생할 수도 있을 것이다. 쌍방은 전략상에서 서로 의심만 커질 것이고, 전략적 조치도 상대방을 가상의 적으로 삼아 진행될 것이다. 작은 나라들의 도발은 중국과 미국을 군사충돌에 몰아넣을 수도 있다."

전 미국 국무장관이었던 키신저도 이렇게 지적했다.

"만약 중국과 미국의 정책 층에서 과단한 조치를 취하여 현재의 추세가 계속적으로 진전되어 가는 것을 제지하지 않는다면, 두 나라의 적대 관계는 곧바로 두 나라 관계의 구조적인 모순을 따라서 부단히 강화될 것이다. 즉 제1차 세계대전 전의 독일과 영국의 관계처럼 우호적이던 데서 나중에는 적대적으로 되는 결과에 이르게 될 것이다."

물론 객관적으로 볼 때 중국과 미국 사이에 군사충돌이 발생할 가능성은 크지 않다. 하지만 상술한 관점은 중미관계에서 경쟁이 지속적으로 증가되고 있다는 점은 명확히 시사하고 있다는 점이다. 한국과 아시아

동맹국들 간의 동반자관계를 강화하는 것은 미국과 중국의 경쟁이 중국을 압박하는 가장 중요한 수단임을 말해준다. 특히 미일간의 동맹관계와 한미간의 동맹관계 강화는 그러한 의미를 더욱 직접적으로 띠게 될 것이다.

그렇기 때문에 박 대통령이 중국과 미국이라는 이 두 경쟁구도의 중심에서 있는 한국을 어떻게 미국과의 동맹관계를 더 한층 높이 끌어올리고, 다른 한편으로 중국과의 전략적 동반자관계를 어떻게 더욱 충실하게 하는가 하는 것은 커다란 시험이 되지 않을 수 없는 것이다.

이외에도 박 대통령은 외교안보문제에서 다른 방면에서 오는 도전에도 직면해 있다. 이를테면 주권과 역사문제 상에서 어떻게 일본과 타협하지 않는 입장을 견지할 것인가 하는 문제이다. 동시에 이른바 '북한의 위협'에 대해 그들이 감히 발동할 수 없도록 역량을 제고 시키고 관리해야 하는 차원에서 어떻게 일본과의 관계를 개선하여 보다 확고한 안보태세를 갖추는가 하는 문제도 역시 박 대통령이 해결하지 않으면 안 되는 커다란 시험이 될 것이다.

다시 말해서 한국과 일본 사이에 역사적으로 존재해온 문제와 독도에 대한 주권분쟁이 비록 한국 국민들의 민심을 끌어 모으는데 커다란 장애가 되고 있기는 하지만, 일본과 북한에 대한 정보 공유와 안보관계를 강화하는 방법을 통해 북한에게 위협을 가해야 한다는 입장에서 볼 때, 박근혜 정부는 시종 '표류상태'에 있는 한일관계를 그저 방임한 채 두지 말고 반드시 이를 해결할 수 있는 외교 책략을 정하여 점차적으로 일본과의 관계를 회복해 나가야 할 책임도 있는 것이다.

2. 박근혜 정부 외교안보의 특징 : '정치대통령' 과 '외교대통령'

박 대통령은 2013년 2월 25일 한국 대통령으로 취임한 후 2년이 넘는 사이에 외교안보문제에서 선명한 흔적을 남겼다. 박 대통령의 개인 경력으로 볼 때 침착하고 진중하며 사려가 깊은 것은 성격상 전형적인 특징이다. 사실상 많은 사람들은 박 대통령을 '얼음공주'라고 부르는데 이것은 그가 늘 감정을 깊이 감추고 엄숙한 표정을 지으며, 쉽사리 웃음을 드러내지 않기 때문이다. 《박근혜 일기》 에는 이런 내용이 있다.

> "부모님이 비명에 돌아가시고 여러 가지 수모를 겪을 대로 다 겪은 여자의 얼굴에 어찌 웃음이 어릴 수 있겠는가? 더구나 정계에 발을 들여놓은 후 매번 정당이 위기에 처할 때마다 소임을 맡았는데 무슨 기분으로 웃고 떠들 수 있겠는가 말이다."

박 대통령은 비록 웃기를 좋아하지는 않았지만 여러 해 동안의 정치생애에서 그가 외부세계에 남긴 인상은 대부분 온화한 미소를 띤 모습이었다. 박 대통령이 가슴을 열고 크게 웃는 것을 본 사람은 아마 없을지도 모른다. 이에 대해 《박근혜일기》 에서 그는 다음과 같이 해석하였다.

> "나의 웃음은 갖은 상해를 다 받은 여인의 웃음으로서, 사람들에게 편안하고 따듯한 느낌을 주기도 하겠지만, 동시에 사람들을 매우 슬프게 할 수도 있을 것이다."

이렇게 갖은 고난을 겪고 난 후의 미소와 여유로움은 사람들에게 더욱 신중하고 믿음직한 느낌을 주게 된다. 여러 번이나 어려움을 겪은 가정환경과 풍부한 정치경력은 박 대통령의 사려 깊은 성숙함과 균형을 좋아하는 개인적인 매력을 형성시켜주는 것이다. 이러한 특징은 박 대통령의 외교 안보정책 면에서 훌륭하게 체현되고 있다.

2015년 초에 진행된 한국 갤럽의 '여론조사'에 의하면 박 대통령의 지지율이 이미 30%나 떨어졌는데 이것은 그가 취임한 이래 제일 낮은 수치였다.

취임해서 2년 사이에 지지율이 30%나 떨어졌다는 것은 박 대통령의 집정생애에서 큰 경종이 아닐 수 없는 것이다. 하지만 그러한 국면이 초래되게 된 중요한 원인은 결코 외교안보 면에 있었던 것이 아니라, 국내의 많은 문제들을 처리하면서 국민들의 기대에 도달하지 못했기 때문이다. 특히 '세월호'로의 침몰 사고로 근 300여 명의 학생들이 차디찬 바다에서 희생된 문제와 그 후에 밝혀진 효율성 낮은 구원과정, 부패가 만연되어 온 해운사 및 해운정책기구에 대한 민중들의 불만이 이런 결과를 가져오게 했던 것이다. 또 그 후 발생한 '총리 난산' 사태는 반대파들이 박 대통령의 인재 등용 면에서 사고가 부족했다는 공격의 빌미를 제공해주었다. '세월호'사건이 발생한지 얼마 되지 않아 당시 정홍원 국무총리는 사직을 통해 "국민들에게 사죄하겠다"고 하였다.

그 후 박 대통령은 3명의 총리 후보자를 내놓았지만 그들 세 사람 모두 부패문제 때문에 임명을 포기해야 했다. 그 후 근 두 달여 동안 총리의 자리는 비게 되었고, 박 대통령은 결국 정홍원 총리를 만류하여 사직하지 말 것을 권유하게 되면서 겨우 그 곤경에서 벗어날 수 있었다. 그러다가

2014년 11월 말 《세계일보》 는 청와대를 배후 조정을 하고 있는 정윤회가 정치에 간섭했다는 사실을 증명하는 해당 문건을 세상에 공개하여 큰 물의를 일으켰다. 청와대는 조사도 하지 않고 독단적으로 그것을 '뒤골목소식'이라고 일축하면서 사법수단을 통해 이 문제를 해결하려고 하였다. 하지만 사건은 뜻밖에도 끝없이 커져 나갔다. 심지어는 박 대통령의 친동생까지 검찰의 조사를 받지 않으면 안 되게 되었다. 이 같은 몇 가지 국내 문제는 박 대통령의 지지율을 떨어뜨리는데 결정적인 작용을 했던 것이다. 이와는 반대로 한국 국민들은 박 대통령의 외교안보에 대해 매우 높은 만족도를 보여주었다. 한국 국민들은 박 대통령에게 '정치 대통령', '외교 대통령'이라는 칭호를 달아주었다. 종합적으로 볼 때, 외교안보 면에서 박 대통령의 특징은 다음과 같이 몇 가지로 나누어 볼 수 있다.

첫째, 대국들과의 평형성을 중시하였다는 점이다, 박 대통령이 대통령 총선기간에 보여준 것처럼 "미국과의 관계를 '전략동맹관계'로 심화시키고 발전시키는 동시에 중국과의 관계를 '전략합작동반' 수준으로 승화시키겠다"는 것이었다. 박 대통령은 계속하여 미국과의 동맹관계를 공고히 하는 것을 중시하였다. 그렇기 때문에 그는 취임하자마자 첫 방문 국가로서 미국을 택했던 것이었다. 그와 동시에 중국에 대해서도 우호적인 정책을 실시하였다. 그는 2013년 11월에 있은 한중방공식별구역에 대한 모순을 처리하는 문제 상에서나, 2014년 초에 있은 중국 하얼빈 기차역에다 안중근 의사의 기념관을 설치 개방하여 침략사를 왜곡하려는 일본에 대해 반대한다는 태도를 취하는데 있어서도 한중 양국의 우호적 관계는 매우 인상적이었다.

박대통령에 대해 중국인이 제일 익숙하고 호감을 갖는 것은 일본에 대한 외교에서 원칙을 견지하는 강인한 그의 태도 때문이었다. 사람이 신뢰가 없으면 바로 설 수 없듯이 나라도 신뢰가 없으면 바로 설 수 없는 것이다. 비록 역사에 의해 전진의 발걸음을 멈출 수는 없는 것이지만 반드시 인류는 역사에 대해 성실해야 하고 경외하는 감정을 지녀야 한다. 오직 이렇게 해야만 미래를 향해 더욱 훌륭하게 나아갈 수 있는 것이다. 이것은 인류가 부단히 진보할 수 있는 중요한 원천이기도 한 것이다.

역사를 존중하는 민족이라야만 진정으로 세상 사람들의 존중을 받을 수 있다. 중국은 역사가 유구한 문명국으로서 특히 역사적인 입장을 중시한다. 이 점은 역사가 상대적으로 짧은 미국이 현실이익을 중시하는 것과는 선명한 구별이 된다. 상대적으로 비교해 볼 때 적지 않은 중소형 국가들에서 역사문제를 대할 때, 현실이익을 우선으로 하는 방침을 취하기 때문에 원칙성이 강하지 못하다. 아베 신조가 다시 일본 총리로 당선된 후 역사문제를 대하는 문제에서 시종 잘못된 입장을 견지해 오고 있다.

박 대통령은 이에 비해 정의적인 역사관을 견지하는 태도를 극명하게 보여주고 있는데, 이 점을 중국인들이 충분히 인정하고 있는 것이다. 중국과 한국의 관계가 우호적인 방향으로 나아가고 있었기에 2014년부터 한중 양국은 관광교류에서만 천만 명 이상의 규모를 돌파해 왔다. 따라서 양국은 서로 상대를 가장 큰 관광자원 국가와 관광목적지 국가로 꼽고 있다. 오늘에 이르기까지 박 대통령은 이명박 정부 시기 미국 한쪽에만 치우쳐 중국과의 외교관계가 퇴보하던 국면을 훌륭하게 완화시켜 중국과의 관계가 신속한 발전을 가져오게 했던 것이다.

한국과 러시아의 관계발전도 비교적 순조로웠다. 박 대통령 취임 후인

2013년 9월에 진행한 20개 국(G20) 정상회담에서 러시아 푸틴 대통령과 처음으로 만나게 되었다. 그해 11월 푸틴은 한국을 방문하였는데 이것은 박 대통령이 취임한 후 처음으로 한국을 방문한 대국의 대통령이었다.[45] 양국의 영도자들은 6자회담, 한반도 및 동북아지역의 평화와 안정, 양국 간의 실질적인 합작계획과 인문교류 등 몇 가지 중요한 주제에 대해 심도 있게 논의하였다. 중국과 러시아 양국의 한국에 대한 정치적인 호감을 통하여 한국은 동북아지역에 대한 외교에서 더욱 큰 융통성을 얻게 되었던 것이다.

둘째, 한국에서 제일 중요한 외교의제인 북한관계에서 박 대통령은 남다른 안목으로 '제3의 길'이라는 명제를 내놓았는데, 그 실질적인 것은 이명박 정부 시기의 '강경정책'과도 다르고 김대중과 노무현 정부 시기의 '햇볕정책'과도 다른 것이었다. 즉 박 대통령은 한미동맹을 공고히 한다는 전제하에서 북한에 대해 실질적인 위협을 줄 수 있는 능력을 강화시킴과 동시에 북한과의 화해 또한 진전될 수 있도록 추진해 나가겠다는 것이었다.

김대중, 노무현과 이명박 정부시기 북한에 대한 한국의 전략적 공통점은 모두 '극단적으로 나가는 것'이었다. 즉 '부드럽지 않으면 강경한 것'이었다. 이는 그동안의 결과가 증명하다 시피 이 두 가지 방법은 모두 일정한 한계성을 가지고 있었다. 그러나 박근혜 정부가 취한 '제3의 길'은 '압력+대화'라는 복선외교였다. 이러한 외교방침은 '강한 것과 유연한 것'을 잘 조화시키는 특징을 가지는 것이었다. 다시 말하면 '강경한 것 같으면서도

45) 그 전에는 우간다, 모잠비크, 뉴질랜드, 필리핀, 핀란드 등 나라의 영도자들이 한국을 방문하였다.

유연하고, 유연한 것 같으면서도 속에 강경함이 내포되어 있는 것'이었다. 결과 '강경함에서는 더욱 강경함을 보였고, 유연함에서는 더욱 유연함을 과시할 수 있었던 것'이었다. 따라서 외교 전략을 펼침에 있어서 크게 융통성을 발휘할 수 있었던 것인데, 이는 한반도 정세의 객관적인 특징에 더욱 부합되는 노선이었다고 평할 수 있는 것이다.

2013년 5월과 6월 박 대통령은 미국과 중국을 방문할 때 '제3의 길'에 대한 구상을 내놓아 오바마 대통령과 시진핑(習近平) 주석의 대폭적인 지지를 이끌어냈다. 박 대통령은 집정하여 반년도 채 되지 않는 시간 안에 북한에 대한 새로운 정책을 구사하여 동시에 중미 양국의 지지를 얻게 되었던 것이다. 이 점은 그전의 어느 대통령도 하지 못했던 장거였다. 이런 의미에서 북한에 대한 박 대통령의 정책은 성공했다고 말할 수 있다.

셋째, 박 대통령은 온화한 태도와 교양 있는 행동거지, 그리고 침착하고 신한중 동양적인 미를 갖추고 있는 한국의 첫 여성 대통령이다. 그러한 점에서 박 대통령은 사람들을 감동시킬 수 있는 선천적인 장점을 가지고 있다고 할 수 있다. 하지만 박 대통령이 그 뛰어난 기질이나 출한중 외모를 가지고 근근이 상대방을 감동시킨다고 생각한다면 그것은 틀린 생각이다.

박 대통령을 만나본 적지 않은 사람들은 그의 부드럽고 상냥하며 단정하고 장한중 여성적인 매력에 감격해 하는 한편, 그의 과단성 있는 결단력에 더욱 큰 감동을 받게 된다고 모두 입을 모은다. 외모가 단정하고 아름다운 것은 박 대통령이 가지고 있는 장점의 빙산의 일각에 지나지 않는다. 그에게는 일을 처리함에 있어서 남성적인 매력과 강력한 집행력이 있다. 후자는 아마도 그의 풍부하고 순탄치 않았던 인생경력과 관계가 있을 것이라고 보고 있다.

박 대통령이 외교안보에서 보여준 지식 형 여성으로서의 섬세한 일면은 그가 외교수단을 선택함에 있어서 '신뢰'를 기본으로 강조하고 있는 데서도 잘 보여준다. 그는 다른 나라의 많은 영도자들과는 달리 외교안보에서 현실문제를 강조하는 것을 우선으로 하면서도 '신뢰 건설'을 외교구호로써 많이 내세우고 있다. 즉 박 대통령은 '신뢰 건설'을 밑바탕으로 하면서 다른 현실문제에 대한 해결을 추진한다는 것이다.

무정부적인 국제사회에서 국가 간의 신뢰는 확실히 이루어지기가 힘들다. 그중에서도 특히 동북아지역 여러 나라 간의 '신뢰'는 다른 지역들에 비해 엄한중 상태라 하겠다. 이 문제는 이미 이 지역의 외교안보합작이라는 문제에서 중요한 장애물이 되고 있다. 미국 · 일본 · 한국과 북한 간에는 여전히 외교관계가 성립되지 않고 있다. 중국과 일본도 역사적인 영토분쟁의 영향으로 인해 심각한 '적대적 의향'이 존재하고 있다. 일본과 한국은 비록 모두 미국과 동맹관계를 맺고 있지만, 역사 문제와 영토분쟁으로 인해 두 나라의 관계는 걸핏하면 악화일로로 치닫게 된다. 중국과 한국은 미국요소와 북한요소로 인해 서로 상대방에 대하여 '전략적인 적수'로 생각할 수 있는 오해가 수시로 생겨날 수 있는 여지가 존재하고 있다. 그렇기 때문에 박 대통령은 외교안보문제에서 "신뢰를 갖도록 해야 한다"는 중요성을 특별히 강조하곤 하였던 것이다. 그는 북한에 대한 정책을 '한반도 신뢰프로세스'라고 정의하였고 처음으로 중국을 방문한 것을 '신뢰를 위한 여행'이라고 명명하였다. 중국을 방문하는 기간에 그는 여러 차례나 "먼저 친구가 되고 후에 사업을 하자"는 것과 같은 자신의 명확한 관점을 제기하면서 외교활동을 벌여나갔다.

넷째, 국제와 지역의 플랫폼을 중시하는 것을 통해 한국의 영향력을 제고시키려고 노력하였다. 박 대통령은 취임 이후 국제무대에 자주 얼굴을 내비쳤다. 특히 다변외교 플랫폼에 자주 나타났다. 그야말로 국제적인 무대에 얼굴을 보일 수 있는 기회가 있다면 그 어떤 기회도 놓치지 않았다 해도 과언이 아닐 것이다. 2014년 9월에 있은 국제연합총회, 10월에 있은 아시아 · 유럽 정상회의, 11월에 있은 APEC지도자 비공식회의와 G20정상회담 등에 모두 그의 자신감 넘치고 우아한 모습을 보였다. 싱가포르 리콴유(李光耀) 총리가 2015년 3월 23일 서거하자 한국의 청와대는 그날로 박 대통령이 3월 29일 싱가포르 국립대학에서 열리는 리콴유 총리의 국장에 참가할 것이라고 공개적으로 공표하였다. 이것은 리콴유 총리가 서거한 후 국제사회에서 국가 영도자 중 제일 처음 그의 국장에 참가하겠다고 공개적으로 태도를 표시한 것이었다.

이외에도 박 대통령은 '동북아평화합작구상'을 제기하여 한국이 동북아지역에서 더욱 중요한 역할을 하고 싶어 하는 의중을 보여주었다. 박 대통령은 2013년 5월 8일 미국 국회에서 연설할 때, 정식으로 '동북아 평화 합작 구상'을 추진할 것을 제기하였는데, 그것이 바로 '서울프로세스'였다.

그 구상은 한국 · 중국 · 미국 등 회담 참가국들이 기후변화, 반테러와 원자력안보 등 비정치 영역의제에서 대화를 진행하자는 제의였다. 환경과 같은 비정치적 사항으로부터 북한의 핵과 같은 안보문제에 이르기까지 대화 수준을 제고해 가면서 종국에는 동북아의 평화와 합작을 실현하자는 것이었다. 박 대통령이 이 구상을 제기한 배경에는 '아시아 패러독스', 즉 "동북아 지역은 상호 경제적인 의존은 심화되고 있는 반면 역사문제나 영토문제로 인해 역내 정치안보 분야에서는 오히려 갈등이 늘어나고 있다"고 지적하면서 "이를 극복하기 위해서는 역내 국가 간 소통과 대화를 통해 신뢰를 쌓아가는 게 가장 중요하다"고 강조했던 것이다.

박 대통령은 어떻게 하면 '아시아 패러독스'를 극복하고 "아시아지역에서 새로운 질서를 형성케 할 수 있는지"에 대한 의제를 제기하였다. 한국은 규모 상에서 보면 중등국가에 지나지 않지만, 경제 총량이나 소프트파워 등 방면에서는 세계의 앞자리에 꼽힐 수 있는 '세계적인 대국'임에 틀림없다.

이 점은 한국의 역대 대통령들이 일관되게 국제적 영향력과 지역적 영향력을 충분하게 발휘할 수 있게 노력해온 것과 갈라놓을 수 없다. 어떻게 하면 한국은 자기들이 소속된 동북아지역에서 더욱 중요한 역을 감당할 수 있겠는가 하는 문제는 역대 한국정부에서 모두 십분 중시했던 과제로서 역대 대통령들이 모두 이에 대한 방안을 제기하곤 하였다. 1989년 10월 노태우 대통령은 제45차 유엔총회에서 한 발언에서 '동북아평화협의회'의 설립을 제기하였고, 그때부터 한국에서는 동북아 다변안보시스템 설립 구상을 준비해왔다. 1998년 김대중 대통령은 취임하자마자 '4자회담'을 병행한 '6자회담'에 대한 구상을 제기하여 여러 나라의 주목을 받았다.

노무현 정부는 '평화와 번영 정책' 중에서 지역 다변화 합작시스템을 설립하는 프로세스를 추진하였다. 북한의 핵문제를 둘러싸고 진행되는 6자회담에 참가하는 국가들 중에서 한국은 제일 처음으로 6자회담을 장기적으로 체제화 하는 것에 대한 의향을 공개적으로 표명하였다.[46] 한국정부의 이러한 적극적인 태도의 배후에는 거대한 민심이 뒷받침하고

---

46) 스위안화(石源華), 〈6자회담의 체제화 : 동북아 안보합작의 노력방향〉, 《국제관찰》, 2005년 제2호, 19쪽.

있었기 때문이었다. 한국의 민의조사에서 보여준 바에 의하면 80%이상의 한국 학자들과 국민들이 동북아지역의 다변화 안보체제의 설립을 찬성하였는데, 이를 통해 보더라도 한국인들의 기대가 컸다는 것을 알 수 있는 것이다.[47]

47) 이정남(李正男), 〈중국이 동북아안보영역에서의 위치에 대한 한국의 인식〉, 《현대국제관계》, 2011년 제11호, 57쪽.

제6장

박근혜 정부는 어떻게 북한을 '제3의 길'로 들어서게 했는가?

제6장
박근혜 정부는 어떻게 북한을 '제3의 길'로 들어서게 했는가?

북한과의 관계는 한국으로 말하면 생사존망에 관계되는 민족 차원의 문제이고 대외관계에서 중요한 문제이다. 그리하여 한국의 역대 정부 마다 북한에 대한 정책은 언제나 가장 중요한 외교안보정책으로 분류하여 특별히 배려했다. 북한에 대한 정책의 효과가 어떠한가 하는 것은 역대 대통령들의 외교안보정책의 효과가 어떠한가를 가늠하는 가장 중요한 표준이 되었다. 전임대통령들과 비교해볼 때 박 대통령은 취임 후 개성적 특징들이 선명하게 보이는 북한에 대한 정책을 내놓았는데 이것이 바로 세인들의 주목을 이끈 '제3의 길'이었다.

제1절
냉전 후 북한정책에 대한 한국의 두 갈래 길

냉전 후 오늘에 이르기까지 북한에 대한 한국의 정책은 김영삼 정부의 "민족공동체 3단계 통일방안", 김대중 정부의 '햇볕정책', 노무현 정부의 '평화번영정책' 및 이명박 정부의 '비핵, 개방, 3천'[48] 등 4단계의 시기[49]를 겪어왔다.

김영삼 대통령은 냉전 후 새로운 국내외 환경에 근거하여 남북자주통일이라는 전제 하에서 주변대국들과의 균형적인 역할을 중시하면서 북쪽을 받아들이는 방법으로 한반도의 통일을 이룩해서는 안 된다고 강조하였다. 총체적으로 볼 때 이 시기에 와서 소련이 해체되고 동유럽혁명으로 인해 국제환경에 커다란 불확실성이 존재하게 되었으며, 이어서 김일성이 서거하였다. 그리하여 한국에서는 빠르면 1년 안에 늦으면 3년 안에 북한이

---

48) 2007년 2월 8일 외신기자클럽 초청 기자회견에서 "김정일 위원장이 핵을 포기하고, 개방을 택하는 대결단을 내린다면, 국제사회도 상응하는 결단을 내릴 수 있을 것"이라면서 "한국이 미국, 일본, 중국, 러시아 등과 협력한다면 10년 내 북한의 국민소득 3천 달러 달성이 가능하다"며 이른바 '비핵 · 개방 · 3천 구상'을 제시했다

49) 宣善文〈냉전 후 북한에 대한 한국의 정책을 논함(論冷戰後韓國的對朝政策)〉,《青島大學碩士學位論文》(2009)

전면적으로 붕괴될 것이라고 내다보았다. 그렇기 때문에 이 시기 북한에 대한 한국의 정책은 탐색하는 단계에 있었을 뿐 실질적인 조치는 없었다. 북한의 핵문제가 침체상태에 처해 진전이 없게 되고 북한이 계속 미국과 직접 대화를 하려고 하는 배경 하에서 김영삼 정부는 북한에 대한 정책에서 실질적인 효과를 보지 못했다.

1998년 2월 김대중 대통령이 취임하였다. 이것은 한국의 정당사에서 처음으로 야당이 집권하게 된 획기적인 일이었다. 4월 3일 김대중 대통령은 연설에서 이솝우화 중 하나인 "강풍과 햇볕의 이야기"를 인용하였다. 그는 이 이야기로 북한에 대한 자신의 정책이야말로 '햇볕정책'이라고 비유하였다. 2003년 2월 김대중 대통령과 한 정당에 소속되어 있던 노무현이 대통령으로 취임하게 되었다.

노무현 대통령은 북한에 대한 '평화번영정책'을 제기하면서 김대중의 '햇볕정책'을 계승하였다. 2008년 2월 한나라당의 이명박이 대통령으로 취임하였다. 한나라당은 10년간의 야당생활을 한 후 다시 집정하게 된 것이다. 이명박 대통령은 취임한 후 '비핵, 개방, 3천'이라는 북한에 대한 강경정책을 실시하였다. 그 후 이명박은 또 '공존공영정책'을 제기하면서 '한반도의 새 평화구상' '대 양보 방안'을 제기하였는데, 그 핵심은 모두 '비핵, 개방, 3천'이라는 정책을 벗어나지는 않았다.[50] 이는 바로 김대중 대통령과 노무현 대통령의 북한에 대한 정책을 뒤엎어버리려는 것이었다.

김대중과 노무현 정부시기, 남북관계는 대폭적인 개선을 가져왔다.

---

50) 馬云鵬, 〈이명박 정부가 북한에 대한 정책을 전변시킨 원인 및 그 영향(李明博政府對朝政策轉變的原因及其影響)〉, 《上海交通大學 碩士學位 論文》 (2011)

2000년과 2007년에 거행한 남북정상회담은 여러 방면에서 모두 새로운 단계에 올라서게 하였다. 민간교류도 점차적으로 증가하였고 경제 합작도 발 빠른 발전을 가져왔으며 상호간의 적의도 선명하게 감소되었다. 하지만 북한이 2006년에 핵실험을 하면서 '햇볕정책'은 난처한 국면에 빠지게 되었다. 이러한 국면은 이명박이 대통령선거에서 승리할 수 있은 중요한 배경이 되기도 하였다. 이명박은 강경책을 이용하여 북한의 행위를 변화시키려고 계획하였다.

북한은 전면적으로 한국과의 관계를 중단하는 배경 하에서 직접적으로 미국과 여러 차례 회담을 진행하였을 뿐만 아니라, 2009년 5월 25일과 2013년 2월 12일에 핵실험을 거행하였고, 그 후 또 두 차례에 걸쳐 이른바 '위성발사'를 감행하였다. 2010년에는 천안함 침몰사건과 연평도 폭격사건을 일으켰다. 북한에 대한 이명박 정부의 정책도 막다른 골목에 이르게 되었다. 이것이 바로 박 대통령이 북한에 대한 정책은 반드시 '제3의 길'을 걸어야 한다고 제기한 근본 원인이었던 것이다.

김대중, 노무현 정부의 북한에 대한 정책과 이명박 정부의 북한에 대한 정책은 북한의 핵개발을 저지하고 한국의 안보를 지키며 한반도통일을 추구하는 면에서의 전략적 목표는 같은 것이었다. 그러나 실질적인 정책 실행과정에서는 '두 갈래 길'로 나뉘지게 되었는데, 그렇게 되게 된 원인은 아래와 같은 몇 가지 방면에서 나타났다.

첫째는 북한 핵문제의 실질을 어떻게 보는가 하는 문제였다. 김대중 정부와 노무현 정부는 북한 핵문제는 북한이 협상조건을 높이기 위한 수단에 지나지 않는다고 보았다. 그리하여 협상을 통해 양자의 타협점을 찾고 나중에 북한에서 핵을 포기할 것을 설득하면 된다고 믿었던 것이다.

하지만 이명박 정부는 북한의 핵 항목은 그들의 전략적 목표라고 인정하였다. 그러므로 경제이익에서 양보를 하고 안보에서 협상을 한다고 하여 그들이 핵을 포기할 것이라고 믿어서는 안 된다고 생각했던 것이다.

둘째는 북한에 대하여 압력을 가하거나 상호 존중해 준다는 전제하에서, 쌍방의 정권을 인정하는 방식으로 통일하는가, 아니면 가치관의 우월성을 전제로 한쪽이 다른 한쪽을 받아들이는 방법으로 통일을 실현하는가 하는 문제였다.

김대중과 노무현 정부는 전자를 선택하였고 이명박은 후자를 선택하였다. 수용정책의 실제는 북한과 한국은 대등한 위치에 놓여 있다는 것이었다. 따라서 평등한 대화와 교류를 통하여 점차적으로 협상통일을 실현시키자는 것이었다. 강압정책의 실질은 자유민주의 한국에서 "독재적이고 낙후한 북한"을 수용해야 한다는 것이었다. 이 정책의 내면에는 가치관의 우월성이 존재하고 있었던 것이다.

셋째는 정치와 경제를 분리하는가, 아니면 정치와 경제를 연결시키는가 하는 문제였다. 김대중 정부와 노무현 정부는 정치와 경제를 분리하는 원칙으로 북한에서 이른바 '핵 위기'를 조성하고 6자회담을 중지한 상황하에서도 반드시 남북관계의 소통과 경제 합작을 계속하여야 한다는 것이었다. 하지만 이명박 정부는 북한의 핵문제를 해결하지 못하면 다른 대화나 합작은 당연히 정지되어야 한다고 인정했다. 이것은 실질상에서 쌍방이 제일 해결하기 힘든 부분을 합작의 돌파구로 삼은 것인데, 이는 결국 양국의 합작을 실로 요원하게 되게 했던 것이다.

넷째는 민족감정을 우선적 위치에 놓는 것을 견지할 것인지, 아니면 실리주의 외교를 견지하는가 하는 문제였다. 김대중 정부와 노무현 정부는 민족감정을 우선적 위치에 놓는다는 원칙을 견지하였다. 따라서 북한에 대한 무조건적인 원조가 '호혜호리'의 범주를 훨씬 넘어서게 되었다. 하지만 이명박 정부는 '실리주의 외교'를 견지하면서 원조 · 투자와 경제 합작에서 정치와 안보이익 혹은 경제이익에서의 보답을 바랐다. 이명박은 취임 초기 심지어 통일부를 외교통상부 아래로 합병시켜 양국 관계의 특수성을 회피하는 문제까지 고려했다.

다섯째, 대국들과의 관계를 어떻게 처리하는가 하는 문제였다. 김대중 정부와 노무현 정부는 한반도의 '당사자 자주' 원칙을 강조하면서 국제적 합작은 이 원칙에 따라야 한다고 인정하였다. 그들은 북한과의 관계라는 기초 위에서 미국과 한국의 동맹관계를 조화롭게 하고 발휘시켜야 한다고 생각하였다. 하지만 이명박 정부는 '당사자 자주' 원칙을 포기하고 한국과 미국의 동맹관계를 강화하면서 미국의 도움 아래 북한과의 관계를 처리하려고 구상하였다. 한국과 미국의 동맹관계, 그리고 기타 대국들과의 관계를 처리함에 있어서 김대중 정부와 노무현 정부는 비교적 균형적인 대국관계를 신봉하였지만, 이명박 정부는 미국과 한국의 동맹관계에만 중시하고 다른 나라들과의 관계는 보조적인 관계로 좌시하였다.

제2절
박근혜 정부의 대북정책에 영향을 미친 요인

북한에 대한 박근혜 정부의 정책은 아래 몇 가지 요인의 영향을 받았다.

첫째, 한국 자신의 요소와 박 대통령의 개인적인 경향이 작용하였다. 한국 자신의 요소에는 국내 정당정치의 힘겨루기와 여론의 영향 등이 포함된다. 박 대통령이 소속되어 있는 한나라당은 보수진영에 속하는데 북한에 대하여 일관적으로 강경정책을 신봉해왔다. 박 대통령은 비록 한국의 대통령으로 선출되었지만 자기가 소속된 정당의 각도로부터만 출발할 수는 없었다.

대통합을 실현하는 대통령으로 되려는 것은 박 대통령이 반복적으로 천명한 목표이기도 하였다. 박 대통령은 비록 한국의 대통령으로 당선되기는 하였지만 반대당도 48%의 투표수를 얻었기에 차이가 크지 않았다. 북한에 대한 정책은 사실 두 후보자의 제일 중요한 의견 차이였다. 대통합을 이루려는 박 대통령은 북한에 대한 반대당의 정책에 대하여 고려하지 않을 수 없었다. 2012년 대통령선거 당시 야당 후보인 문재인(Moon Jae-in) 의 몸에서는 노무현 대통령과 비슷한 색채가 짙게 풍기고 있었다.

선거과정에서 그는 자기는 '보통사람'들을 대표하는 온건파라고 역설하면서 '접촉 정치'를 통하여 북한과의 평화를 실현하겠다고 말했다. 즉 "내가 꿈꾸는 국가는 상호간 믿음과 합작을 기초로 하여 북한과의 평화와 공동발전을 실현할 것이다"라고 하였다.[51)]

2013년 2월 12일에 북한이 제3차 핵실험을 감행한 후, 한국 국내에서는 북한의 '비이성주의'에 대한 여론이 더욱 커져나갔고, 냉전 후 북한에 대한 정책이 완전히 실패했다는 목소리도 더욱 높아졌다. 이러한 국면은 박 대통령으로 하여금 급히 북한에 대한 지난날의 정책에서 벗어나 '제3의 길'을 찾게 하였던 것이다.

북한에 대한 수용은 개인의 정책경향과도 밀접한 관계가 있었는데, 이를 이해하려면 부친 박정희 대통령의 집정시대로까지 거슬러 올라가 살펴보아야 한다. 박 대통령은 박정희 전 대통령의 맏딸로서 영부인이 암살당한 후 사실 '영부인'의 역할을 대행하였다. 그래서 북한에 대한 박정희 정부의 정책도 박 대통령에게 영향을 미치지 않을 수 없었던 것이다. 북한에 대한 박정희 정부의 정책은 이승만 전 대통령의 무력으로 "북에 진출하여 통일을 이루겠다는 정책"과는 달랐다. 박정희 전 대통령은 취임한 후, "경제발전 우선주의"라는 정책을 내놓으면서 무력으로 통일하는 것은 하나의 보조적인 수단에 불과하다고 말했다. 이 정책의 핵심은 경제발전에 대한 경쟁을 통해 실력으로 북한을 능가하여 통일을 이룩해야 한다고 주장했던 것이다. 당시의 냉전 배경과 쌍방 간의 관계로

---

51) "갑자기 나타나 세인을 깜짝 놀라게 하다. 문재인이 대선에 참가할 것을 선포", 《조선일보(중문넷)》 2012년 6월 18일.

인해 고도로 긴장된 상황 아래에서 박정희 전 대통령은 비밀리에 북한에 특사를 파견하여 대화를 시도하였다. 쌍방의 노력 아래 1972년에 북한에서 《남북공동성명》을 발표하여 처음으로 국가통일을 실현하기 위한 원칙적 협의를 달성하였는데, 이것이 바로 "자주, 평화, 민족의 대단결"이었다. 쌍방은 공존하는 현실을 인정하고 서로 상대방을 문제해결의 대상으로 삼았으며, 남북관계에서 나타나는 수많은 곤란한 점을 해결해보려고 시도하였던 것이다.

둘째, 북한이라는 요소였다. 북한에 대한 한국의 정책은 한국에 대한 북한의 정책 및 북한과 한국 관계의 영향을 떠날 수 없고, 종종 그로 인해 직접적인 영향을 받아야 했다. 2012년 대선과정에서 북한의 매체는 북한당국의 태도를 표명하기를 "야당 후보인 문재인이 승리하기를 바란다"면서 여러 차례나 박 대통령을 천성적인 '독재자'라고 맹렬하게 공격하였고, 그가 북남대결에서 악명이 높다고 비난하였다. 그들은 또 박 대통령이 '변화'와 '혁신'이라는 미명으로 자신을 화려하게 포장하고 나서지만, 파쇼적이고 통일을 반대하며 독재를 일삼는 혈통적인 본색은 가릴 수 없다[52]고 비난하였다. 하지만 김정은은 박근혜 후보가 대통령으로

52) 박 대통령은 2002년 5월 한국 미래연합 창당 준비위원회 위원장의 신분으로 평양을 방문하여 김정일과 만났다. 북한에서 박 대통령을 비난한 것은 처음이 아니다. 2006년 1월 북한 매체에서는 당시 한나라당 대표로 있는 박 대통령이 북한 인권문제를 제기한다는 이유로 그를 "독재자의 후예로서 도무지 은혜를 모르며, 우리의 분노를 자아내고 감히 우리를 모독하고 있다"고 질책하였다. 하지만 박근혜 정부가 정권을 잡은 후, 북한정부는 박 대통령을 비난하지 않았다. "북한의 《노동신문》에서 박 대통령이 독재적 본색을 개선하지 못한다고 맹렬히 비난하다"를 참조. 《조선일보 (중문넷) 》 2012년 2월 29일. 인터넷 출처 : http://cn.chosun.com/site/data/

당선된 후인 2013년 정월 초하루(元旦) 신년사에서 "조국통일은 민족사상 가장 절박한 과제로서 더 이상 뒤로 미룰 수 없다", "통일을 실현하려면 가장 중요한 것은 양국 간의 대치상태를 해소하는 것이다", "북한과 한국의 공동선언을 존중하고 이행하는 것은 북남관계를 개선하고 보다 빨리 통일을 이룩하는 근본적인 전제이다"[53]라고 천명하였다. 이 신년사에는 박 대통령에 대한 비판이 한마디도 언급되지 않았다. 이로 볼 때 북한에서는 쌍방의 관계 개선을 위하여 분위기를 조성하려고 했던 것 같았다. 북한에서 제3차 핵실험을 감행한 후 박 대통령이 강경한 태도를 표하였지만, 한국에 대한 북한의 비난은 이명박 정부를 향한 것이었다. 사실 핵실험은 2월 12일에 감행되었고 박 대통령은 2월 25일에 취임선서를 했던 것이다.

북한의 이러한 태도는 분명 이명박 정부와 박근혜 정부 사이에 경계선을 그어주고 새로운 정부와의 관계를 개선하겠다는 여지를 남기려 한 것으로 풀이 되었다. 박 대통령의 북한행도 주목하지 않을 수 없는 중요한 요소였다. 박 대통령은 줄곧 '애국애족'을 언명하였는데 이는 북한에 대해 두터운 감정을 가지고 있다는 것을 보여주는 것이다. 2002년 5월 평양에 가서 김정일을 만나본 일은 그의 정치생애에 적지 않은 무게를 더해주었다.

박 대통령은 지금까지도 대통령에 취임하기 전에 평양을 방문하고 북한 최고지도자의 접견을 받은 한국 대통령이었다. 당시 회담에서 김정일은 박근혜 특사로부터 이산가족상봉장소를 설립하자는 것과 같은 건의들을

html_dir/2012/02/29/20120229000004.html

53) 〈김정은의 신년사〉에 대해 한국 매체들은 '북한과 한국의 대치국면을 해소하자'는 것으로 풀이하고 있다. 《인민넷》 2013년 1월 2일.

청취하였다. 그 후 박근혜 특사는 김정일의 동의한다는 말에 근거하여 북한과 한국의 전문가들로 구성된 조사단을 이끌고 매우 민감한 구역인 판문점 남북한군사분계선을 넘어 한국으로 돌아왔다. 이러한 배경에 대해 박근혜 특사는 아주 감격해 하면서 김정일의 '특별한 관심'을 느끼게 되었다고 말했다. 그는 방문기간 내내 "코끝이 시큰해지며 뜨거운 눈물이 앞을 가렸다"고 여러 차례 이야기 하였다.

셋째, 대국들의 영향, 특히 중국과 미국의 영향이 컸다. 지정학적 위치 등의 요소로 인해 중국은 자고이래 한반도의 일에 비교적 큰 영향력을 행사하고 있었다. 한국(일본과 함께)은 미국의 동아시아 동맹체제의 핵심이다. 북한에서 요구하는 안보보장과 국제환경의 근본적인 개선은 미국의 참여가 있어야만 비로소 만족감을 얻을 수 있는 것이다. 이러한 상황은 한반도 정세에서 미국의 영향력을 더욱 강화시켜 갔다.

나라의 이익에 대한 각도에서 분석해볼 때 한반도의 적당한 긴장정세는 동아시아와 아태지역에 대한 광범위한 전략배치에 유리했다. 그중 미국과 한국, 미국과 일본의 동맹을 강화하고 중국과 러시아 양국에 대비한 동북아의 경찰적인 존재감을 강화하는 문제도 포함된다. 따라서 미국은 줄곧 한반도의 긴장상태를 이용하여 모종 상황이 나타나면 주도적으로 이 지역들에서 긴장상태를 조성시키는 것이다. 이러한 사실은 목전의 한반도 정세에 미치는 미국의 영향력을 증명해 주는 것이었다. 지난 시기를 돌이켜보면 중미관계의 객관적인 경쟁 특징 및 양국 사이에 존재하는 심각한 적대 감정, 그리고 전략상에서의 서로에 대한 추측은 한반도 문제에서 양국의 전술과 정책이 서로 마주하기 어려운 국면을 초래하고 있는 것이다. 이것은 지난 10여 년간 6자회담의 다변관리구조 아래에서도 북한이 여전히 성공적으로 핵을 보유할 수 있게 된 중요한 요소가 되었던 것이다. 현재 중국과 미국은 모두 북한과의 대화를 통하여 해당문제들을 해결하자고 주장하고 있다. 북한정책에 대한 중국의 제일 큰 특징은 바로 연속성이라고 할 수 있다. 시진핑 총서기를 수반으로는 하는 중국의 새 영도집단은 2012년 말에 정치무대에 올라선 후 계속 대화와 외교수단을 통하여 한반도의 안정과 비핵화의 전략목표를 실현하자고 노력하고 있다. 하지만 미국은 냉전 후 북한에 대한 전후 연관성이 있고 통일적인 정책이 부족하였다. 오바마 정부는 북한에 대하여 '전략적 인내 정책'[54]을 실시하였는데, 그 실질적인 것은 기다림과 관망이었다. 힐러리의 뒤를 이은 국무장관 케리는 2004년 대통령 경선에서 "북한의 완전한 비핵화를 실현시키기 위해 북한과 직접 대화 하겠다"[55]고 천명한 바 있었다.

2011년에 케리는 또한 《로스앤젤레스 타임즈》 에다 대고 "미국의 입장에서 북한과 직접 담화를 하는 것은 제일 좋은 선택이다"[56]라고 재차 천명하였다.

2013년 3월 뉴욕에서 거행된 국제회의에서 케리는 6자회담의 북한 수석대표를 직접 만나보았다. 케리는 참의원에서 일할 때 언론에 비교적 자유스러웠는데, 그렇다고 그가 국무장관을 맡은 후에도 그렇게

---

54) 劉俊波, 〈전략적인 인내로부터 본 오바마의 대 북한 정책〉, 《국제문제연구》 2010, 第6호, 58쪽.

55) "한국 매체 : 미국 새 국무장관이 북한과 직접 대화할 듯", 《인민넷》 2012년 12월 24일. 참조 : http://world.people.com.cn/n/2012/1224/c1002-19992047.html

56) John Kerry, U.S. and North Korea: The land of lousy options, Los Angeles Times, June 26, 2011.

자유스럽게 언론을 대할 수 있는지는 추측할 수 없는 일이다. 하지만 미국 국무장관의 개인적인 경향은 확실히 미국의 외교정책에 커다란 영향을 일으킬 수 있었다. 현재 미국과 북한이 직접적인 대화를 할 수 있는 환경은 2012년에 북한이 일방적으로 《2.29협의》를 파기하고 2013년에 제3차 핵실험을 진행하였으며, 2014년 하반기에 미국의 '소니 픽처스'에서 영화 《김정은을 암살하다(영문명 《The Interview》)를 제작 방영하고, 2015년에 오바마가 북한이 나중에는 붕괴하고 말 것이라고 발표한 데서 대대적으로 악화되었다. 하지만 나라의 이익에 대한 필요성 및 지난날의 행동 등을 보면, 미국은 여전히 북한과 공개적이거나 비밀리에 직접적인 대화를 할 수 있는 가능성을 모색할 것으로 추측된다. 또한 모든 여론이 보여주는 바와 같이 미국은 "탐색적인 접촉만 원할 뿐 진정한 문제 해결은 원하지 않는 것"이지만, 계속적으로 뉴욕경로와 유럽경로 등을 통해 북한과의 직접적인 대화를 시도할 수도 있는 것이다. 국제 매체들의 보고에 의하면 2014년 하반기에 미국은 비밀리에 중앙정보국 요원들을 포함한 대표단을 파견하여 북한을 방문하고 북한 고급관원들과 직접 만났다고 한다.

넷째, 동북아지역의 안보 현황 역시 북한에 대한 박 대통령의 정책에 영향을 미쳤다. 한국은 지정학적 면에서 동북아의 중심위치에 처해 있다. 그래서 그들이 전통적으로 벌여나가고 있는 '4강 외교' 즉 미국 관계, 중국 관계, 러시아 관계, 일본 관계도 이들에 둘러싸여져 펼쳐지게 되는 것이다. 따라서 동북아지역의 안보환경과 한국의 국가운명은 긴밀하게 연계되어 있기에, 자연히 북한에 대한 그들의 정책에 비교적 큰 영향을 미치게 되는 것이다. 위에서 말한 것처럼 이러한 영향을 받아야 하는 동북아지역의 여러 나라는 모두 안보에 대한 요구를 제기하게 된다. 왜냐하면 안보 면에서 이 지역의 곤경이 다른 지역보다 훨씬 더 크기 때문이다. 이러한 국면을 조성하게 된 원인에는 여러 가지가 있다. 이를테면 이 지역들에는 중국, 미국, 일본, 러시아 등 나라들이 서로 마주하고 있고, 이들의 경쟁 또한 비교적 치열하다. 이 지역의 무정부상태는 다른 지역들에 비해 돌출적이다. 이 지역의 일부 나라들 간에는 효과적인 소통이 원활하지 못하거나 심지어는 부족하기까지 하다(이를테면 미국 · 일본 · 한국과 북한은 여전히 외교관계를 맺지 않고 있다). 미국과 일본은 자기들의 총체적인 전략배치와 국가의 정치적 필요성에 위해 일부러 이 지역의 안정 환경을 적당하게 조성하기도 한다.

이상의 요소들을 종합해보면 이 지역에 있는 여러 나라 간의 합작 추진과 공통된 인식을 달성하는 데 필요한 기본적인 신뢰가 부족하다는 것을 알 수 있다. 한마디로 말해서 서로에 대한 신뢰가 부족하기에 동북아지역의 분쟁은 끊임없이 일어나는 것이고, 따라서 '안보 곤경'에서 헤어 나오지 못하고 있는 것이다. 특히 남북한 간에 신뢰가 존재하고 있지 않음으로써 두 나라 정부는 언제나 극단적인 방법으로 마찰을 빚을 가능성이 있어, 한반도는 '동방의 발칸'처럼 아시아의 '화약고'가 되고 있는 것이다.

이러한 남북관계의 발전을 위한 난관을 타개하기 위해 박근혜 정부는 '한반도 신뢰프로세스' 방침을 제시하고 한반도 평화체제의 확립을 촉진시키려고 노력하고 있는 것이다.

제3절

'제3의 길' 의 내용과 특징

박 대통령의 북한에 대한 정책 발표는 2011년에 미국《외교사무》 잡지에 발표한〈새로운 한반도를 향해〉에 집중적으로 천명되었다. 박 대통령은 이 글에서 북한에 대한 '햇볕정책'과 '강경정책'에 대하여 비판하였다. 즉 "역대의 한국정부는 강건 정책과 유화 정책 등 두 가지를 기조로 하여 이를 왕복하면서 북한에 대한 정책을 제정하였기에 근본적인 변화를 가져오지 못하였다. 따라서 한국은 마땅히 북한에 대한 정책을 새롭게 제정하여야 할 것이다"라고 말했던 것이다.

박 대통령은 또 이전의 "검은 것이 아니면 흰 것" 이라거나 "안무(按撫, 사정을 살펴 어루만지는 것 - 역자 주)하지 않으면 대항한다는 방식"을 타파해야 한다고 하면서, 반드시「제3의 길」[57] 로 나아가야 한다고 주장하였다. 동시에 박 대통령은 한국과 북한 간의 신뢰를 쌓고 한반도의 지속적인 평화를 유지하는 것은 아시아 안보발전과정에서 가장 긴박하고

57) Park Geun-hye, A New Kind of Korea : Building Trust Between Seoul and Pyongyang, Foreign Affairs;Sep/Oct2011, Vol. 90 Issue 5, p13

중요한 임무 중의 하나라고 인정하였다. 박 대통령은 공개적으로 김대중 정부나 노무현 정부 시기의「제3의 길」을 지지하지는 않았지만 부정하지도 않았다. 하지만 이명박의 강경한 외교방침과는 경계선을 가르려는 의도를 아주 명백하게 보여주었다. 오늘에 이르기까지 북한에 대한 박 대통령 정책, 이른바「제3의 길」은 아래와 같은 특징을 가지고 있다.

우선 북한에서 핵을 포기하게 하고 한국의 안보를 유지한다는 문제에서, 박 대통령은 이명박 정부의 보수정책을 계승하였다. 하지만 북한의 핵을 어떻게 보는가 하는 문제의 본질에서는 김대중 정부와 노무현 정부의 주장을 견지하였다. 다시 말하면 "이원화제도"의 새로운 외교 수단을 취하였던 것이다. 박 대통령은 이렇게 언명하였다. 즉 "북한의 핵문제에 대하여 나는 절대 용인할 수 없다. 우리는 앞으로 억제력을 강화하여 북한의 핵무기와 유도탄이 무용지물이 되도록 해야 한다", "천안함사건과 연평도사건이 재발하는 것은 절대로 허용할 수 없다. 앞으로 더욱 힘을 길러 북한으로 하여금 핵을 포기토록 해야 할 것이다"[58]라고 하였다.

이로부터 추측해볼 때, 다시 한 번 천안함과 연평도사건 같은 일이 발생한다면 박 대통령은 직접 반격을 가할 수도 있다고 본다. 이것은 한나라당의 일관적인 보수정책이었다. 북한의 도발행위에 대하여 이렇게 분명한 신호를 전달한 것을 두고 한국은 보편적으로 북한의 직접적인 도발을 힘 있게 제지시켰다고 인정하게 되었고, 이명박의 강경정책이

58) "박 대통령이 한국과 북한의 관계를 발전시키기 위하여 북한 영도자를 만나다." 한국,《중앙일보》(중문넷) 2012년 11월 6. http://chinese.joins.com/gb/article.do?method=detail&art_id=94873를 참조.

남겨준 가장 큰 유산이라고 믿게 되었다.[59] 다른 한 방면으로 볼 때, 북한에서 성공적으로 위성을 발사하고 세 차례나 핵실험을 진행하였으며, 2013년 한반도 안보의 위기가 지난 후, 한국 국내에서는 안보보장을 강화해야 한다는 목소리가 더욱 강렬해졌다. 동시에 박정희 전 대통령의 강경한 풍격에 기대하는 사람들도 나타났다. 하지만 우리들이 반드시 주의해야 할 점은 박 대통령의 주장이 빠른 시일 내에 북한과의 관계를 개선하는 것이야말로 그가 가장 어려운 북한 핵 포기를 담판의제로 삼겠다는 것을 의미하는 것이라는 말이다. 그렇게 하는 데에는 그 어떠한 전제조건도 내걸지 않았다. 다시 말하면 북한에서 핵을 포기하는 것만이 대화를 할 수 있는 전제조건은 아니라고 여러 차례나 지적하면서, 이 문제도 북한과의 대화를 통하여 해결할 수 있는 의제라고 강조하였던 것이다.

이 같은 '이원화제도'의 새로운 외교 전략의 전형적인 특징은, 이명박 정부시기의 북한에 대한 정책을 조정하고, 대화를 통하여 북한과 한국의 관계개선을 모색하고, 또 적당하게 김대중 정부와 노무현 정부 시기의 북한에 대한 「제3의 길」과 '평화번영정책'을 회고하면서 그 두 갈래 길의 경험과 교훈을 충분히 받아들이겠다는 점을 명확히 한 것이었다. 박 대통령은 2013년 5월 뉴욕에서 거행한 동포간담회에서 "한국정부는 강대한 억제력으로 북한의 도발위협에 대항해 나갈 것이다. 동시에 대화의 창은 언제나 열려 있다"고 천명하였다. 이상의 서술을 비교하여 볼 때, 김대중 정부와 노무현 정부시기의 북한에 대한 정책은 비록 남북관계를 개선하는데

59) 이 관점은 필자와 중국 주재 한국대사관 정치처 관원의 좌담에서 나오게 되었다.

도움은 되었지만, 효과적으로 북한정부의 핵개발을 억제시키지는 못하였을 뿐만 아니라, 도리어 그들이 핵에 대해 연구할 수 있는 경제적 능력을 키워주었을 뿐이었다. 이명박 정부는 북한의 핵 연구와 개발을 북한의 경제지원과 연결시켜보았지만, 그들의 지나치게 강경한 태도와 빈번한 군사적 위협은 북한에 안보 공포만 증가시켜 주어 북한의 반발심만을 더 키워주었고, 따라서 그들이 핵무기를 발전시키는 욕구만을 더욱 강하게 자극해 주었던 것이었다. 2009년 5월과 2013년 2월 북한에서 진행한 두 차례 핵실험의 성공은, 이명박 정부의 강경 노선이 실패했음을 증명해 주는 것이었다.

2013년 3월, 박근혜 정부의 외교부와 통일부는 그해 업무계획 중에 '강압'과 '대화'라는 '이원화'를 병행하겠다는 대 북한 정책을 제기하면서, 북한으로 하여금 정확한 선택을 할 것을 요구하였다. 표면상으로 볼 때 '이원화제도'는 북한에 대한 외교에서 상술한 두 갈래 길을 '절충'한 노선인 것처럼 보이지만, 이러한 '절충'은 정책상의 간단한 보탬 혹은 감소가 아니라 일종의 새로운 한반도 안보시스템을 유지하겠다는 구상, 즉 '한반도 프로세스' 가운데서 외교노선의 방향을 선택했음을 보여주는 것이었다. 2013년 8월 박근혜 정부는 정식으로 '한반도 프로세스'의 내용에 대하여 천명하였는데, 견고한 안전보장을 기초로 하고, 남북한 상호간의 신뢰를 통하여 한반도의 지속적인 평화를 유지하면서 한국과 북한의 관계 정상화를 실현하고, 그로부터 통일의 기초를 닦아야 한다고 강조하였다.

박근혜 정부가 북한에 대한 외교노선을 조정한 것은 그들이 한반도의 안보현황을 개선하려는 전략적 방향[60]을 분명하게 드러낸 것이다.

다음으로 인권 등 가치관에 있어서도 계속하여 북한에 압력을 가하게 될 것으로 보이지만, 북한과의 대화를 촉진시키고 신뢰 구축을 위한 조치를 강구하기 위해 정상회담을 요구하는 등의 수용정책을 취하게 될 것이다. 박 대통령은 경선 기간에 '북한인권법'[61]을 제정할 것이라고 명확하게 제기하였다. 또한 계속적으로 국제사회를 향하여 북한의 인권문제를 반영하여 북한의 인권문제가 시종 국제사회에서 중요한 문제로 다뤄지도록 하려고 했다.

북한인권문제에 대한 박 대통령의 강경한 태도와 국제사회에서 북한 인권문제를 둘러싸고 근년에 와서 날로 더 강한 압력을 가하는 것은 '교묘하게 일치'하고 있는데, 이것은 필경 한국 정부가 배후에서 추진역할을 일으킨 원인이 내재하고 있다고 볼 수 있다. 2013년 5월 7일 국제연합 인권이사회는 전문위원회를 설립하여 북한경내에서 발생할 수 있는 인류에게 위해를 끼치는 죄행에 대하여 1년간의 조사를 진행하게 하였다. 2014년 2월 17일 유엔 북한 인권정황 특별조사위원회 주석 커비(Michael Kirby)는 기자회견에서 북한의 인권상황에 대하여 보고했고, 400쪽에 달하는 서면보고서도 제출하였다. 커비는 이 보고서의 핵심에 대하여 필요한 설명을 보충했는데 북한에는 상당한 범위의 인권을 침범하는 상황들이 존재한다고 지적하였다. 그중에는 집단수용소를 설치하고 혹독한 고문을

60) 劉勃然, 黃鳳志, 〈한국 박 대통령정부의 동북아 외교에 대한 전략 조절 및 그 영향(韓國朴槿惠政府東北亞外交前略的調整及其影響)〉, 《國際論壇》 2014, 제3기.

61) 2016년 3월 3일 국회를 통과하고 8월 31일 국무회의에서 시행령이 의결되었다.

실시하며 배를 굶주리게 하고 참살을 일삼는 것과 같은 내용들이 포함되어 있었다. 그 상황은 실로 나치시대의 폭행보다도 더 악랄하다고 말했다. 그는 또 북한 영도계층의 문제를 국제형사법정(International Criminal Court)에 넘겨 재판을 받게 해야 한다고 제의하였다. 11월 18일 유엔총회에서 인권사무를 책임진 제3위원회는 유럽공동체와 일본이 공동으로 제기한 북한 인권결의안에 대하여 표결하였는데, 111표가 찬성하여 결의안을 통과시켜 북한 경내에서 장기적으로 시행되어 온 심각한 인권침해 행위가 존재하고 있음을 질책하였고, 유엔의 북한 인권문제 조사위원회의 보고를 안전보장이사회에 제기하기로 결정하였으며, 북한의 정세를 국제형사법정에 넘겨 처리하도록 하였다.

이와 동시에 북한과 한국의 관계를 개선하기 위하여 박 대통령은 여러 차례나 북한의 행위가 어떠하던 간에 무조건 그들과 대화할 것이라고 명확하게 제기하였다. 그는 천안함과 연평도 사건에 대하여 이렇게 말했다. "북한의 사과는 대화의 전제조건이 아니다. 우리는 대화를 통하여 사과에 대한 문제를 토론하는 것이 필요하다."[62]

이것은 이명박 정부에서 견지하던 남북대화에 대한 태도와 조건, 즉 오직 북한에서 먼저 사과를 해야만 대화를 할 수 있다는 것과는 선명하게 구별된다. 〈새로운 한반도를 향해〉 라는 글에서 박 대통령은 그가 한반도의 '신뢰 건설'의 촉진을 위해 노력하고 있다고 명확하게 언명하였고, 또 "국제규범에 근거하여 한국과 북한이 서로 기대하는 사항을

62) "남북대결의 해소는 북한에 달려있다". 한국《북한일보》(중문넷), 2013년 1월 2일. http://cn.chosun.com/site/data/html_dir/2013/01/02/20130102000012.html를 참조.

이행해 나갈 것"이라고 언명하였다. 이 점은 박 대통령이 북한을 평등한 대화상대로 생각한다는 것을 의미하는 것이었다. 그는 또 북한 영도자들과 만날 때 개방적인 태도를 가지겠다고 표하면서, "남북관계에 이롭다면 남북정상회담도 추진하겠다"고 발표하였다. 2014년 1월 6일 박 대통령은 청와대에서 소집한 신년기자회에서 한반도의 평화통일을 촉진하기 위해서는 '그 어떤 시기'에라도 북한의 최고 지도자 김정은과 회담을 진행할 의향이 있다고 공표하였다.

2015년 1월 12일 박 대통령은 청와대에서 소집한 신년기자회견에서 집정 3년간의 정부 운영방안을 소개할 때, 재차 북한에서 원하기만 한다면 그 어떠한 선결조건도 달지 않고 정상회담을 가질 것이라고 선포하였다. 또 일정한 정도의 '정치와 경제의 분리'라는 방침을 취하여 실제 이익을 견지하는 동시에 민족의 감정도 견지할 것이라고 천명하였다. 두 차례의 남북정상회담이 달성한 '6.15선언'과 '10.4남북공동선언'에 대하여 박 대통령은 비록 취임 이래 공개적으로 입장을 표명하지는 않았지만 2002년 평양방문 때 공개적으로 선언한 정신을 존한중다고 말했다. 그러면서 먼저 경제적인 측면에서 시작하여 점차 안보 측면의 해당 의제를 실현하자고 제의하였다. 그러기 위해서는 천안함사건 후에 제정한 북한을 제재하기 위한 '5.24조치'를 뒤로 미룰 것이라고 덧붙였다. 2014년 10월 박 대통령은 이로부터 북한 측과 책임 있는 태도로 '성실한 대화'를 할 것이라고 말하면서, 조건부로 금강산에 대한 해당 항목을 개방할 것이라고 암시하였다.

2013년 8월 21일 당시 한국 유길재 통일부 장관은 국내외 기자 회견에서 신뢰를 쌓아 북한관계의 정상화를 실현하는 것을 통해 한국은 인신 안보를 견고하게 보장하는 것 등을 기초로 다시 금강산 관광을 개시할 수 있다고 강조하였다. 대통령 경선에서 박 대통령은 북한의 경제발전을 지지할 것이라고 인정하였다. 특히 기초시설 건설에서 한반도의 경제공동체를 구축하기 위해 든든한 기초를 닦아놓을 것이라고 말하면서, 먼저 경제의 '작은 통일'을 실현하고 다시 '정치 일체화'를 촉진하여 '대 통일'을 실현할 것이라고 밝혔다. 이 방침은 사람들로 하여금 박정희 시기의 '경제제일'의 통일정책을 떠올리게 했다. 그는 또 제도화의 중요성을 제기하였다. "한국과 북한의 경제 합작 및 사회, 문화 교류의 지속적인 발전과 제도화를 위하여 서울과 평양에 '한조교류합작사무소'[63]를 설립하자고 제의하였다.

그는 공동으로 북한의 광산자원을 개발하고 한국기업이 북한의 나선경제무역구역에 들어가는 방식을 검토하자고 하면서 실제적인 이익을 견지하는 원칙을 제시하였다. 그는 또 인도주의적인 원칙과 정치를 분리하여 무조건적으로 북한에 대규모의 식량 원조를 제공할 것이라고도 공표하였다. 2014년 3월 박 대통령은 독일의 드레스덴공업대학에서의 강연에서 '드레스덴구상'을 제기할 때 한국 정부가 비록 '5.24조치'를 취하기는 하였지만 한국정부는 한국과 북한 주민들의 인도주의 문제를 해결하고 한국과 북한의 공동발전을 위하여 민생기초시설을 구축하고 한국과 북한 주민들 간의 동질감 등을 회복하는 방면에서 여전히 많은 일들을 해야 할 것이라고 강조하였다.

이로부터 알 수 있는 것은 박 대통령은 실질적 이익을 견지하는 동시에

63) 박 대통령은 서울과 평양에 교류합작사무소를 설립할 것을 제의하였다. 한국, 《한연넷, 2012년 11월 5일. http://chinese.yonhapnews.co.kr/national/2012/11/05/8100000000ACK20121105001300881.HTML를 참조.

되도록이면 많은 민족적 감정을 견지하겠다는 것을 알 수 있다. 하지만 북한의 제3차 핵실험으로 인해 그러한 구상을 실현하는 진도가 예상하던 것보다 훨씬 더 늦어지고 있는 것이다. 대 북한 관계에서 또 사람들의 눈길을 끄는 박 대통령의 정책은 한국 기업연합체가 간접적으로 북한과 러시아의 경제합작 항목인 '나진-하산스키[64)]철도항목'[65)]을 주목하고 있다는 사실이다. 한국철도회사(KORAIL), 포항제철, 현대상선 등의 기업들로 구성된 기업연합체와 러시아 철로회사에서는 양해각서(MOU)에 서명하였고, 기업연합체에서는 또 근 20명의 인원을 파견하여 2014년 2월과 7월에 나진항과 이 항목에 대하여 두 차례의 현지 시찰을 진행한 후 이 항목에 참여할 의향이 있다고 밝혔다.

그리고 후에는 주변 대국의 문제를 처리하기 위해 박 대통령은 한미동맹의 전제하에서 실질적으로 중국과의 관계를 제고시켜 중국과 미국이 동시에 북한에 대한 그의 정책을 지지하게끔 하였다. 박 대통령은 취임 후에도 한국 국가안보의 객관적인 제약과 한나라당의 '친미콤플렉스'의 영향으로 말미암아 계속 한미동맹을 강화해야 했다. 2013년 2월 22일 박 대통령은 대통령에 취임하기 3일 전에 한미연합사령부를 방문하여 한미

64) 하산스키 군은 러시아 프리모르스키 지방에 위치한 군으로, 연해주의 최남단에 위치해 있다. 중심지는 슬라뱐카이다.

65) '나진-하산스키 철도항목'에는 러시아 원동 하산스키 군으로부터 북한의 나진항 사이의 54킬로미터의 철로를 재건하는 항목과 나진항에 대한 현대화적인 개조, 종합물류시설건설 항목 등이 포함된다. 북한과 러시아에서는 각기 30%와 70%를 출자하여 합자회사 'Rasonkontrans'를 설립하여 이 항목을 추진해 나가기로 했다. 천안함사건 후 한국정부는 한조무역 '5 24조치'를 실시하여 한국 기업들이 북한에 대하여 직접적인 투자를 할 수 없게 했다. 현재 한국 기업들은 러시아 방면의 50% 주식을 사들이는 것으로서 이 항목에 간접적인 투자를 하고 있다.

양국의 '혈맹관계'에 대하여 강조하였다. 이것은 북한전쟁기간에 두 나라가 맺은 특수한 관계를 말하는 것이다. 박 대통령은 2012년 12월 대통령으로 당선된 이튿날 미국대사를 회견한 외에 2013년 5월에는 미국을 방문하기도 하였다. 이것은 박 대통령이 취임한 후 처음으로 한 외국방문이었다.

북한에서 제3차 핵실험을 한 후, 박 대통령은 전 한미연합사령부 김병관 부사령관을 새 정부의 국방 장관으로 지명하여 한미동맹을 공고히 하겠다는 그의 결심을 보여주었다. 동시에 그는 또 '한미 전략동맹'을 심화하는 동시에 "중국과의 관계도 '전력합작 동반관계'에 부합되는 수준으로 올리겠다"[66] 고도 표하였다.

박 대통령은 북한의 핵실험 후 동시에 노무현 정부의 '외교통'인 윤병세 전 청와대 통일외교안보 수석비서를 새로운 정부의 외교장관으로 지명하였다. 노무현 정부시기 한중관계는 '허니문'에 이르러 있었다. 윤병세를 외교장관에 지명한 것 역시 지속적인 관계를 펴나가겠다는 표시였다. 박 대통령이 대통령으로 취임한 후 파견한 중국주재 대사도 역시 그가 중국과의 관계 발전을 고도로 중시하고 있음을 보여주는 것이었다. 2013년 6월 권영세가 중국 주재 한국대사로 임명되었다.

권영세는 2002년 · 2004년 · 2008년 세 차례나 새누리당의 국회의원으로 당선되었었다. 그는 또 18대 한국 대통령 선거에서 새누리당 중앙선거대책위원회 종합상황실 실장으로 있었을 정도로 박 대통령이 신뢰하는

---

66) "박 대통령이 남북관계를 발전시키기 위하여 북한영도자들을 만나다". 한국《중앙일보》(중문넷) 2012년 11월 6일. http://chinese.joins.com/gb/article.do?method=detail&art_id=94873을 참조.

정치인이었고, 한국에서 경력이 풍부한 정치인이었다. 2015년 2월 15일 박 대통령은 전 청와대 국가안보실 실장 김장수를 중국 주재 한국대사로 지명하였고, 2015년 3월 29일에 정식으로 임명하였다. 김장수는 오랜 기간 한국의 안보를 위한 업무를 담당하였는데, 그는 중국과 한국이 외교관계를 수립한 이래 최초의 군인출신 중국 주재 한국대사이다.

중국과의 관계 개선은 진일보적으로 중국과 한국이 한반도 문제에서 협조와 양해를 증진하였고, 대 북한정책에서 한국의 미국에 대한 의존 정도를 감소시켰다. 그러는 대신 당내 보수파들의 제약을 받게 되었고, 대량살상무기 확산방지구상(PSI)[67], 미국에서 적극적으로 밀어주던 미사일방어협상 협정 등에서 힘든 선택에 직면하게 되었다.

중국과 한국 두 나라 학술계와 대중매체들에서도 근년에 미국이 한국에다 사드시스템(THAAD)을 배치하게 될 것이라는 문제를 둘러싸고 논쟁을 벌이고 있는데, 이 점은 한중 관계의 우호 발전에 부정적인 영향을 가져다주고 있다. 이 문제는 박 대통령이 어떻게 미국과의 관계를 더 한층 심화시킬 것인가에 대한 문제만이 아니라, 동시에 실질적으로 중국과의 관계 개선을 하는 문제에서도 도전이 될 것이다. 하지만 박 대통령이

---

67) 한국정부는 2009년 5월 26일에 전면적으로 "대량살상무기 확산방지구상"에 가입한다고 선포하였다. 미국에서는 이전에 여러 차례나 한국이 PSI에 가담할 것을 건의하였다. 하지만 김대중과 노무현 두 정부는 북한에 대한 '햇볕정책'을 실시하였기에 이 문제에서 북한을 자극하려고 하지 않았다. 그리하여 한국은 관찰원의 신분으로 PSI활동에 참석하였고, 조건부적으로 부분적인 PSI조약을 이행하였다. 전면적으로 PSI에 가입한 것은 한국이 반드시 자신의 영해에서 내왕하는 북한의 선박을 조사(심지어는 미국과 일본이 검사에 참여할 수도 있다.) 해야 함을 의미하는데, 이렇게 되면 북한의 강렬한 반발을 일으킬 수 있고, 이 지역의 긴장 정세를 초래할 수도 있다. 그리하여 중국정부는 한반도의 정세 안정의 필요성으로부터 고려하여 한국이 PSI에 가입하는 것을 반대했던 것이다.

북한과의 관계개선을 생각하고 한반도의 평화안정을 실현하려고 한다면, 반드시 신중하고 현명하게 중국과 미국 사이에서 균형적인 정책을 취하여, 중미 양국이 공동으로 그의 대 북한정책을 지지하게 해야 할 것이다. 현재에 이르기까지 박 대통령은 이 목표를 아주 훌륭하게 완성하였다.

이상에서 볼 수 있는 것처럼 박 대통령은 집정한 후 반년도 채 안 되는 사이에 미국과 중국을 방문하는 대외활동을 통하여 미국과 중국이 모두 그의 대 북한정책에서 보여준 '제3의 길' 입장을 지지하게 하였다. 이것은 박 대통령의 외교정책에서 커다란 성공이 아닐 수 없는 것이다.

이 시기 중국, 미국, 한국 등 세 나라는 한반도에 대한 해당문제에서 비교적 일치하는 입장을 보였는데, 이것 역시 이 시기 한반도정세가 비교적 안정적이고 통제할 수 있는 정도에 이르러 있고, 북한에서 아직 제4차 핵실험을 하지 않고 있는 중요한 원인 중의 하나라고 할 수 있는 것이다. 박 대통령이 앞으로도 대 북한 정책을 추진함에서 계속 성공을 거두려고 생각한다면 중국과 미국의 공동적인 지지를 받아야 할 것이다. 이 문제에서 이명박 정부는 그에게 교훈을 남겨주었다고 할 수 있다.

이명박 정부는 워낙 한미동맹을 통하여 북한전략 활동공간을 축소하여 북한의 변화를 촉구하려고 생각했기에 중국의 협조를 약화시켰거나 심지어는 경시하였던 것이다. 하지만 사실이 증명하다시피 북한에 대한 한국과 미국의 공동 압력은 북한과 한미동맹의 전면적인 대립을 야기하고 말았다. 북한은 그러한 압력 밑에서 진일보적으로 중국과의 관계를 강화하였다. 중국과 미국의 객관적인 경쟁관계와 중국이 한반도의 평화와 안정을 희망하는 입장, 한국의 약화와 경시, 그리고 중국의 협조 및 맹목적으로 북한에 대한 압력을 가하여 조성된 한반도의 안보구조가 평형을 잃게 하여 부득불 중국이 새롭게 북한과의 관계에 응하고 강화하는 것으로써 한반도 안보의 기본적인 안정구도를 유지하려고 했던 것이다. 이것은 근본적으로 한국의 대 북한 정책이 더욱 무효화 되게 했던 것이다. 북한에서 줄곧 미국과의 관계를 개선하고 "미국을 통해 한국을 봉쇄"하려는 전략을 비추어 볼 때, 북한과 한국의 대립은 정략적인 것으로서 그 근본은 미국과의 관계를 개선하려는 데 있는 것이다. 하지만 미국에는 종래 고정적인 대 북한 정책이 없었다. 북한에 대한 전력은 아시아 태평양에 대한 총제적인 전략배치를 위해 복무하는 것이었다.

특히 중국에 대한 '경쟁과 합작' 관계와 일본과 한국의 동맹을 위한 것이었다. 다시 말하면 미국의 대 북한 정책에 대한 '도구적' 필요성이 근본적인 변화를 일으키지 않은 상황 하에서 그들은 아시아 태평양 전략의 총제적인 필요성과 대 중국관계의 필요성으로부터 출발하여 북한과의 접촉과 대화를 강화할 때, 실질상에서는 북한과 한국의 담판공간이 축소되게 될 것이고, 양국 관계는 더욱 악화 되고 말 것이다. 이러한 상황 하에서 한국은 더욱 '상처'를 입고 이명박 정부는 더구나 속수무책으로 되었던 것이다. 더구나 미국에 의지하여 주어진 조건에 대해 강경정책을 실시하는 악성적 순환을 계속할 수밖에 없게 되었던 것이다. 이러한 교훈은 박 대통령이 대 북한 정책을 촉구하는데 있어서 깊이 고려하지 않을 수 없게 하였던 것이다.

제4절
한반도의 신뢰 프로세스, 통일준비위원회와 드레스덴의 구상

박 대통령이 취임한 후, 북한에 대한 정책에서 '제3의 길'은 그가 제기하고 밀고 나갔던 '한반도 신뢰프로세스', '통일준비위원회' 및 '드레스덴구상' 선언에서 체현되었다.

1. 한반도 신뢰프로세스

'한반도 신뢰프로세스'라는 개념은 박 대통령이 2012년 2월 28일에 서울 핵안보정상회의 국제학술회의에서 기조연설을 할 때 처음으로 제기한 것이다. 당시 박 대통령은 한국의 대통령이 아니라 새누리당(원명 한나라당) 비당대책 위원회 위원장이었다. 그 후 2012년 7월 10일 박 대통령은 대통령 출마선언에서 다시 한 번 '한반도 신뢰프로세스'라는 개념을 제기하였다. 처음으로 이 개념을 제기할 때 그는 "우리의 대북정책은 국민들의 공동인식을 기초로 하며 일관성을 유지한다. 뿐만 아니라 미래를 향한 진화발전이 있도록 추진해야 한다. '한반도 신뢰프로세스'의 성공을 위해서는 서로 약속을 성실하게 지키는 일로부터 시작되어야 한다"고 하였다. 총선기간에 박 대통령은 여러 차례나 "한국과 북한은 반드시 상호간의 불신임을 중지하고, 서로간의 관계가 불확정적으로 발전하는 악성적 순환의 반복을 막도록 하여 한반도 신뢰관계를 수립해야 한다"고 주장하였다.

박 대통령은 총선 기간에 한반도의 신뢰프로세스를 수립하는 것을 통하여 남북한 관계의 정상화를 실현하겠다고 약속하였다. 이것은 한국과 북한이 정치, 군사, 사회, 경제 등 여러 방면에서 성과 누적과 상호 합작을 통하여 모순을 해결할 수 있도록 실질적인 평화환경을 구축하자는 중장기적인 정책이 되었다. 그러나 우리는 이러한 박 대통령의 말은 원칙적인 것으로서 구체적이고 명확한 내용이 없다는 것은 염두에 두어야 할 것이다. 2013년 2월 25일 박 대통령은 취임연설에서 다시 한 번 한반도 신뢰프로세스라는 개념[68]을 제기하였다. 근 6개월간의 연구와 검토를 거쳐 한국 통일부에서는 2013년 8월에 《한반도 신뢰프로세스》라는 소책자를 발포하여 한반도 신뢰프로세스의 개념, 추진 배경, 추진 목표, 추진 원칙 및 추진 과제 등 문제에 대하여 비교적 상세하게 설명을 하였다.

이로 인해 '한반도 신뢰프로세스'라고 명명한 박근혜 정부의 대북정책이 점차적으로 명확하게 알려지게 되었다. 한국 통일부에서 배포한 자료에 따르면 이른바 '한반도 신뢰프로세스'는 한국이 충분한 능력을 가지고 있는 기초 위에서 점차적으로 남북한 상호간의 신뢰를 쌓고 최종적으로

---

68) 해당 분석은 董向榮 · 韓獻棟, 〈한반도 신뢰프로세스: 배경, 특징과 전망〉, 《동북아논단》 2014, 제3호, 96-97쪽을 참조할 것.

한반도의 평화와 안정을 실현하며 나아가서 통일의 기초를 구축하겠다는 정책을 말하는 것이다. 그 중요한 내용에는 다음과 같은 것들이 포함된다. 즉 "국민들 공동인식의 기초 위에서 남북한 간의 신뢰를 회복한다. 국제합작의 기초 위에서 안정적인 남북관계를 도모한다. 조건을 창조하여 북한이 국제사회의 일원이 되게 한다"는 것이었다.

이러한 것들을 추진하는 근본 원인은 안전보장을 공고히 하고, 이를 기초로 하여 대 북한정책을 추진하려는 데 있는 것이다. 또한 남북한 서로가 이러한 협의를 참답게 이행하여 신뢰를 쌓고 조건을 창조하며 분위기를 제고시켜 북한으로 하여금 정확한 선택을 하게 하려는 것이다. 그로부터 국민의 신뢰와 국제사회의 신뢰를 쌓아 이를 기초로 하여 본 정책을 추진하겠다는 것이다. 그들이 추진하는 과제를 통해 볼 때, 상호간 신뢰 쌓는 것을 통해 남북관계의 정상화를 실현하고, 한반도의 영구적인 평화를 도모하며, 통일의 기초를 공고히 하고, 한반도의 평화통일을 위한 탐구와 동북아평화의 합작[69]을 모색하려는 것이다. 본질상에서 볼 때 박 대통령이 정성들여 설계한 '한반도 신뢰프로세스'는 이명박 정부의 강경노선과 구별되고, 김대중 정부나 노무현 정부의 '제3의 길'과도 다른「제3의 길」을 찾아보려는 것으로서, 그 핵심내용은 북한의 핵개발을 억제시키는 동시에 북한과의 대화를 추진하는 것을 통하여 남북간의 균형 잡힌 정책을 실시하여 점차적으로 서로의 신뢰를 쌓아 한반도의 안정과 평화를 뿌리내리게 하겠다는 것이다.

---

69) 위의 논문, 97쪽.

현재 한반도 정세는 완화되어가는 추세를 보이고 있다. 전에 있었던 일촉즉발의 위기는 차츰 연착륙되면서 박 대통령의 '신뢰프로세스'의 추진을 위한 일정한 조건을 창조해주고 있다고 할 수 있다. 그러나 이를 더욱 확고히 하기 위해서는 윤병세 외교통상부 장관이 지적한 것처럼 '한반도 신뢰프로세스'의 성공이 필요한데, 그러한 효과를 거두려면 한국 국민들의 신뢰, 남북한 간의 신뢰, 한국과 북한 그리고 동북아 주변 국가 및 국제사회의 신뢰가 특히 중요한 것이다.

2. '통일준비위원회'

박 대통령은 세인들로부터 한국의 초대 대통령 이승만 이후 제일 통일을 중시하는 한국의 대통령[70]으로 주목되고 있다. 이 점은 그가 추진하여 설립한 '통일준비위원회'가 잘 보여주고 있다. 2014년 1월 6일, 박 대통령은 청와대에서 취임 후 처음으로 '외신기자회견'을 가졌는데, 2014년 한반도 문제 가운데 핵심목표 중의 하나는 한반도 통일의 기초를 구축하는 것이라고 하였다. 2014년 2월 25일 박 대통령은 청와대에서《경제개혁 3년 계획》을 공포할 때 한반도통일정책에 대하여 언급하면서 한국정부에서는 이제 곧 '대통령 직속의 통일준비위원회'를 설립할 것이라고 발표하였다.

70) 2012년 11월 8일 총선 기간 박 대통령은 한반도 통일 문제에 대하여 세 가지 원칙을 제기하였다. 국민들과의 협상을 통하여 전체 국민이 지지하는 기초 상에서의 통일을 실현하겠다. 한반도 모든 주민들이 행복을 향수할 수 있는 전제 아래에서 통일을 실현하겠다. 아시아 합작과 공동의 발전을 실현하고 세계 평화를 위해 공헌할 수 있는 통일을 실현하겠다.

그는 또 '통일준비위원회'는 한반도 통일을 실현하는 건설적인 방안을 탐구하고 한국과 북한 간의 소통과 민간영역의 교류를 추진하게 된다고 밝혔다. 나아가 박 대통령은 외교, 안보, 경제, 사회, 문화 등 여러 영역의 전문가들이 이 위원회를 통하여 광범한 교류활동을 할 수 있으며, 정부는 더 넓은 범위에서 전문가들의 의견을 수집하고 그들의 의견을 받아들여 한반도 통일의 구체적인 설계도를 그려가게 될 것이라고 밝혔다.

박 대통령은 또 한국정부는 최대한의 노력을 기울여 한반도의 평화와 통일을 실현하기 위한 확고한 기초를 닦을 것이라고 강조하였다. 그러기 위해서는 성실하게 통일준비를 해야 하며 이를 통해 진정한 한반도시대[71]를 열어가야 할 것이라고 호소하였다. 2014년 7월 15일 청와대는 한반도의 통일을 위해 대통령 직속의 '통일준비위원회'를 정식으로 가동하였다고 선포하였다. 박 대통령이 위원장을 맡고, 전임 주한중국대사 정종욱과 당시 유길재 통일부 장관이 부위원장을 담당하였다. 위원에는 정부와 민간에서 50여 명의 전문가 이름이 들어있었다. 그중 관방 측 인사들로는 외교부, 통일부, 국방부, 계획재정부, 청와대의 요인들이 포함되었고, 민간위원으로는 30여 명의 외교안보, 사회문화, 경제와 정치, 법률 제도 등 영역의 요인들이 포함되었다. 그 중에는 「제3의 길」 전문가로 불리는 연세대학교의 문정인 교수, 연세대학교의 저명한 중국문제 전문가 한석희 교수, 진보경향을 가지고 있는 서울대학교 통일과 평화 연구원 원장 박명규 교수, 동국대학교 고유환 교수 등의 이름이 있었는가 하면, 탈북자 출신의

71) "박 대통령이 통일준비위원회를 설립하여 한반도 통일방안을 탐구하려 한다". 《인민넷》 2014년 2월 25일. http://world.people.com.cn/n/2014/0225/c1002-24458142.html를 참조.

국가안전보장전략연구소 고영환 실장도 들어있었다. 위원회 아래에는 4개의 소조가 있었는데 각 소조들에서는 외교안보, 경제, 사회문화, 정치, 법제영역의 연구를 책임지었다.

2014년 8월 7일 박 대통령은 청와대에서 통일준비위원회 제1차 회의를 주최하였다. 그날 회의에서 박 대통령은 회의 참가자들에게 통일준비위원회의 기본운영방향과 통일준비과정에서 민관합작시스템을 구축할 것을 제기하였고, 정부에서 통일준비위원회에 지원하는 방안 등을 보고케 하였다. 박 대통령은 또 위원들과 희망을 함께 하고 평화통일의 과제와 통일의 준비방향 등에 대하여 토론을 진행하였다. 2014년 10월 13일 박 대통령은 제2차 통일준비위원회 전체회의를 주최하고, 남북한 관계의 발전상황, 국가 통일문제 및 통일준비위원회 소조위원회의 통일준비과제 등 항목에 대해 토론하였다. '통일준비위원회'는 지난날 대 북한 정책에서 외교안보에만 중시하던 관례를 타파하고, 정치, 경제, 사회, 문화, 법률 모두를 포함하는 '통일 설계도'를 그리게 되었다. 이와 동시에 서울에서도 '한반도 통일'과 연계된 주제를 가지고 자주 국제학술회의가 개최되었다.

이러한 활동들은 통일이 눈앞에 도래한 듯한 분위기를 조성하게 되었지만, 북한 입장에서는 정권안보에 대한 걱정과 공포를 더욱 더 크게 느끼게 하였다. 그러자 북한에서는 부득불 이 문제에 대하여 나름대로 대응하지 않으면 안 되게 되었다. 그리하여 2014년 10월 10일 북한 조국통일민주주의전선 중앙위원회에서는 비망록을 발표하여, 한국에서는 이미 작고한 영도자 김일성이 제기한 '고려민주연방공화국' 방안에 호응하여야 한다고 강조하였다. 이 통일방안을 따르는 것만이 한반도 통일을 실현하는 가장 좋은 방안으로서, 하나의 민족, 하나의 국가, 두 가지 제도와 두 개의 정부를 기초로 한 연방공화국을 성립할 수 있다고 제기했던 것이다. '고려민주연방공화국'이라는 명칭은 김일성 주석이 1980년에 제기한 것이다. 북한 조국평화통일위원회에서는 당과 정부에서 지난 30년간 이 방안을 실현하기 위하여 수많은 노력을 기울여 왔다고 주장하면서, 북한과 남한, 그리고 해외에 있는 전체 동포들은 역사적인 《북남공동선언》의 기치 아래 연방제의 통일을 실현하기 위해 일치단결하여 투쟁을 벌여 나가자고 호소하였다.

3. 드레스덴의 구상

한반도 통일에 대한 박 대통령의 열정은 그가 제기한 '드레스덴 구상'에서도 잘 나타나고 있다.

2014년 3월 28일, 독일을 방문하던 박 대통령은 독일의 5대 이공대학 중의 하나인 드레스덴공업대학에서 명예박사학위를 받으면서 연설하였는데, 한국정부는 이 연설을 '드레스덴구상'이라고 명명하고 대대적으로 선전하였다. 박 대통령이 드레스덴공업대학을 선택하여 한반도의 통일에 대한 중요한 주장을 발표한 것은 제2차 세계대전 후 냉전시기에 독일이 두 개의 국가로 분리되어 있었기 때문이었다.

1990년 10월 3일 독일민주공화국(동부독일)은 독일연방공화국(즉 서부독일)에 편입되는 방식으로 평화통일을 이룩하였다. 역사의 유사성 및 한국 엘리트계층에서는 줄곧 독일을 모방하여 한국에서 북한을 흡수하여 평화적 통일을 실현해야 한다는 바람으로 독일의 통일 모식에 대해 특별히 호감을 갖고 있었던 것이다.

박 대통령은 '한반도평화통일구상'이라고 제목을 단 주제연설에서 북한에 '세 가지 제의'를 하였다. 즉 "한국과 북한 주민들의 인도주의 문제를 해결하고, 한국과 북한의 공동 번영을 위하여 민생기초시설을 구축하며, 한국과 북한 주민들 간의 동질감을 회복해야 한다"는 것이었다. 박 대통령은 이 '세 가지 제의'를 배경으로 하여 통일된 국가에서 공동으로 생활하게 될 한국과 북한의 주민들은 서로 이해하고 평화 공존해야만 진정으로 한반도의 통일을 실현할 수 있다고 강조하였다. 오늘에 와서 남북한 양국이 합작과 교류를 강화하려면 상호 이익과 혜택을 주고받으며 동질감을 회복할 수 있는 여러 가지 합작을 추진하는 것이 필요하다고 강조했던 것이다.

"우선 한국과 북한 주민들의 인도주의문제를 해결하는 데에 관한 문제"에서 박 대통령은 분열로 인해 친인척을 만나지 못하는 이산가족들의 고통을 해소시키기 위하여 시간을 정해 이산가족들의 방문활동을 활발히 벌여나가야 함으로, 남북한 당국에서는 반드시 구체적인 방안을 찾기 위하여 협상해야 하며, 동시에 국제 적십자위원회 등 국제기구를 통하여 협의 검토하여야 한다고 제의했다.

"남북한의 공동 번영을 위하여 민생기초시설을 구축해야 한다"는 방면에서 박 대통령은 남북한의 힘을 연합하여 종합농촌단지를 구축해야 한다고 제기하였다. 한국에서는 통신과 교통 등 기초건설에 투자를 진행하여 북한주민들의 생활 편리를 도모해주고 북한에서는 한국에 지하자원을 개발할 권리를 주어야 한다. 오직 그렇게 해야만 한국과 북한은 비로소 상호간에 이익을 증대할 수 있다고 하였다. 박 대통령은 현재 진행 중인 나진으로부터 하산스키까지의 철도 항목 외에도 신의주 등의 도시를 위주로 하는 남한, 북한, 중국 등 삼자간 합작항목도 추진해야 한다고 제기하였다. 한국과 북한 주민들 간의 동질감을 회복해야 한다는 문제에서, 박 대통령은 지속적으로 광범위한 민간교류 차원의 역사연구와 문화예술 및 체육교류 등의 활동을 고무 격려해야 한다고 강조했다. 그는 또 북한에 "한국과 북한 교류합작사무처"를 설립할 것을 제의하면서 북한과 함께 비무장지역(DMZ) 세계평화공원을 건설할 구상도 내놓았다.

그날 연설에서 박 대통령은 또 독일 국민들이 베를린장벽을 허물고 자유와 번영 그리고 평화를 실현하였다고 말하면서 한반도도 반드시 새로운 미래를 열어가기 위해 남북한 간에 존재하는 모든 장애를 허물어버려야 한다고 호소하였다. 양국은 응당 군사적인 대항과 상호간 불신뢰, 그리고 사회문화적인 방면에서 융합될 수 없는 장애 요소들을 해소하고 새로운 한반도를 건설해야 한다고 강조했다. 박 대통령은 독일의 통일은 필연적인 것으로서 인류의 존엄과 자유, 그리고 번영을 갈망하는 마음은 그 어떤 힘으로도 억제할 수 없다고 강조하였다. 나아가 그리한다면 한국은 통일 후 더욱 큰 발전을 가져올 수 있을 것이고, 북한도 통일 후 신속한 발전을 이룩할 수 있을 것이며, 전쟁과 핵무기에서 벗어난 통일된 한국은 앞으로 국제평화와 대량살상무기의 확산, 환경과 에너지 등 전 지구적인 영역에서 더욱 큰 공헌을 하게 될 것이라고 천명하였다.[72)]

---

72) "박 대통령은 드레스덴공업대학에서 연설 할 때 북한에 대하여 3대 제의를 하였다", 《연합뉴스》 (중문넷) 2014년 3월 28일. http://chinese.yonhapnews.co.kr/domestic/2014/03/28/0401000000ACK20140328004000881.HTML를 참조.

제5절
과제와 전망

냉전 후, 북한에 대한 한국의 '두 가지 방향'의 정책으로부터 볼 때, 남북관계의 개선은 우선 최소한 기준선을 지켜야 한다고 본다. 즉 서로 존중하고 평등하게 상대를 대하며 한 쪽이 다른 한 쪽을 흡수하는 방식을 포기해야 한다는 말이다. 북한관계의 특수성을 인식하고 국가 간 관계의 일반 원칙과 관례를 가지고 남북관계를 발전시키고 규범화 시키려 해서는 안 된다는 말이다. 남북한 관계에서 급선무적인 일은 여전히 신뢰를 쌓고 정치와 경제를 분리시키며 어떠한 상황에서라도 여러 가지 경로를 통하여 원활하게 소통을 해야만 하는 것이다. 또한 경제 합작을 포함한 교류를 제도화하는 것도 이 목표를 실현하는데 유리한 것이다.

동시에 북한의 핵 포기 문제를 원만하게 잘 처리하여야 한다. 한국과 중미 양국의 입장에서 말할 때 북한이 핵을 포기하는 문제는 공동의 관심사로서 절대로 타협할 수 없는 목표이다. 하지만 반드시 북한에서 이른바 '도발'을 반복적으로 감행하는 배후의 논리를 제대로 이해해야만 한다. 우리는 현재의 북한과 미국의 관계와 같은 배경 하에서 북한의 핵 포기는 남북한 간에 가장 해결하기 어려운 문제라는 점을 인식해야 한다. 북한에서 제3차 핵실험을 감행한 후, 박 대통령이 북한에 대한 정책에서 「제3의 길」을 실시하고자 하는 환경이 심각하게 악화되었지만, 총제적인 방향은 변화되지 않았다. 박 대통령은 이렇게 말했다. "한국의 신뢰프로세스는 비록 큰 변화가 없지만, 만약 북한에서 계속 찬 물을 끼얹고자 한다면 부득불 그에 상응하는 후과를 감당해야 할 것이다."[73)]

박 대통령의 이 말은 북한에게 일정한 암시를 주었던 것이다. 뿐만 아니라 김정은이 박 대통령이 취임하기 전에 핵실험을 단행한 것에서 볼 때 이 핵실험은 지난 한국 정부의 대 북한정책의 산물이지 박 대통령의 「제3의 길」과는 직접적인 관계가 없다는 점을 엿 볼 수 있는 것이다. 현재 한반도의 정세는 전체적으로 볼 때 비교적 안정적이고 통제할 수 있는 방향으로 발전하고 있다. 박 대통령의 대 북한 정책도 점차적으로 「제3의 길」을 현실화시키고 있다. 박 대통령은 북한에서 제4차, 제5차 핵실험을 단행한다고 해도 절대 담판의 조건을 더 이상 내세우지는 않을 것이다.

박 대통령의 「제3의 길」의 실질적인 목표는 바로 안보와 가치관에서는 한나라당 이명박 정부의 정책을 계승하고, 경제 합작과 대화교류 그리고 대국들과의 관계를 처리함에 있어서는 민주당 김대중과 노무현 정부의 정책을 계승함으로서 이 두 가지 노선의 대결을 초월하여 국민들의 공통된 인식을 '통합'하려는 것이었다. 다시 말하면 박 대통령은 이들 서로 달랐던 두 가지 방향의 경험을 적극적으로 섭취했던 것이다. 북한은 2013년의

73) "박 대통령은 북한에서 제4차, 제5차 핵실험을 단행한다고 해도 절대 담판의 조건을 증가시키지는 않을 것이다", 《중앙일보》 (중문넷) 2013년 2월 14일. "http://cn.joins.com/gb/article.을 참조.

핵실험을 포함하여 많은 방면에서 국제사회의 질책과 징벌을 받았어야 마땅했지만, 박 대통령은 문제를 해결하려는 각도에서 출발하였다. 만약 북한과 한국의 관계가 여전히 서로 원한을 품고 있는 악성적 순환이 계속된다고 하더라도, 미국과 한국의 동맹관계와 미국이 한국의 안보를 보호하는 것에 대한 약속을 이행해야 한다는 상황 하에서 미국과 북한의 관계는 궁극적으로 실질적인 개선을 가져오기 어려울 것이고, 북한은 핵을 사용함에 있어서 박 대통령의 「제3의 길」에서 점점 더 멀리 나아가게 될 것이므로, 이 문제에서 제일 상처를 깊게 받을 나라는 한국이 될 것이다.

우선 핵을 보유하고 있는 북한은 한반도의 분열을 계속 지속시키려고 할 것이고, 다음으로는 지속되고 있는 한반도의 분열상태와 적대적 남북관계는 한국으로 하여금 시시각각 북한의 핵 위협 아래에서 살아가게 할 것이며, 끝으로 안보감각이 점점 떨어져가는 한국은 안보보장을 위한 외교에서 더욱 더 미국에 의존하려고 할 것이며, 국가주권의 자유성을 잃어가는 한국의 상황도 지속되어질 것이다. 우리가 볼 때 핵무기의 발전은 북한의 전략적 목표이지 담판의 조건은 아니지만, 외교수단으로써 북한을 핍박하여 핵을 포기하게 할 수 있는 가능성은 기본적으로 존재하지 않는다. 북한 입장에서 볼 때 그들에게는 핵을 보유하는 것보다 더욱 중요한 목표가 있기 때문이다.

이를테면 국제사회의 고립에서 벗어나 국가의 안보를 철저히 보장받고, 경제를 발전시켜 민생문제를 해결하며, 최종적으로 정권을 공고히 하는 것과 같은 것이다. 북한의 국가안보와 정권안보라는 점에서 볼 때, 외부에 있는 가장 큰 위협은 미국이다. 오늘날 학자들이 논증하는 바에 의하면 미국이 주동적으로 북한을 공격하지 않는 중요한 원인에 두 가지가 있다. 먼저 미국은 아직까지 핵을 보유하고 있는 그 어느 나라도 공격한 적이 없다는 것이다. 또한 한반도는 미국의 가장 중요한 전략적 목표가 아니라는 점이다. 이러한 관점은 어쩌면 아주 합리적인 것 같지만 따져보면 역시 확실한 근거를 찾을 수 없다. 경험적으로 볼 때 미국은 핵을 보유하고 있는 그 어떤 나라도 주동적으로 공격한 적이 없지만 사실 현재 핵무기를 보유하고 있는 그 어떤 나라도 미국이 정치적 이유로 먼저 공격할 필요성은 없는 것이다. 게다가 북한의 제한 된 핵무기가 실전능력을 갖추고 있는지는 여전히 의문으로 남아 있을 뿐만 아니라, 2차 타격능력은 근본적으로 갖추고 있지 못하기 때문에, 미국에서 주동적으로 북한을 공격하지 않는 원인이 북한이 핵을 보유하고 있기 때문이라고만은 볼 수 없는 것이다. 미국은 국가이익으로부터 볼 때 아직 그러한 전략적 수요가 필요 없는 것이다.

하지만 전략적 중요성 때문에 주동적으로 북한을 공격하지 않는다는 것은 더욱 설득력이 없는 말이다. 한 나라나 지역의 전략적 중요성은 그것을 인지하고자 하는 당사국의 전략목표의 변화와 그들이 처한 전략 환경의 변화에 따라서 변화되는 것이다. 냉전 후 미국은 아프가니스탄이나 이라크를 공격하기 전에 그 나라들을 전략적인 면에서 중요시한 국가나 지역으로 간주하지는 않았었지만, 당시의 환경 변화에 따라 전략목표가 변화되었기 때문이었다. 그런 점에서 북한 입장은 정권안보나 국가안보를 보장한다는 각도에서 볼 때 미국과의 관계를 개선하는 것이 핵무기를 보유하는 것보다 더욱 중요한 것이다.

우리는 북한정부도 다른 나라 정부들과 꼭 같은 이성적인 행위 집단이라고 보아야 한다. 세상에는 사실 좋은 정부와 나쁜 정부의 구별이 존재하지 않는다. 그 어떤 정부도 모두 나라가 평화롭고 백성의 생활이 안정되기를 바란다. 하지만 그들이 처한 환경이 다르기 때문에 그들이 채취하고 있는 정책이 다를 뿐이다. 물론 어느 나라 정부도 자기들의 환경에 맞는 정책을 실시하는 과정에 착오를 범할 가능성이 있게 되는 것이다. 북한정부로 말할 때 경제를 발전시켜 민생문제를 해결하는 것이 가장 중요한 목표중의 하나이다. 다시 말해서 만약 북한정부가 계속 근본 상에서 경제발전을 개선하지 못해 민생문제를 해결하지 못한다면 북한정부는 필연적으로 다른 나라들과 같이 지속적인 안정된 정권안보보장을 이룰 수 없을 것이다.

북한은 또한 국내의 자원이 제한되어있고 주관적이거나 개관적인 환경 그리고 경제발전이 세계 다른 나라들에 비해 뒤떨어져있다. 근년에 와서 북한 국내의 경제발전이 어느 정도 회생의 기미가 보이기는 하지만 여전히 외부의 자금지원, 시장, 및 기술 원조를 받지 못한다면 근본적인 개선을 가져오기는 어렵다. 목전 세계금융과 경제체계는 중요하게 미국에서 주도하고 있다. 중국은 세계적으로 두 번째 경제 집단의 규모를 가지고 있는 중국은 북한과 지연적인 경제관계를 가지고 있다. 때문에 북한경제의 근본적인 개선은 반드시 중국과 미국을 포함한 해당 국가들과의 합작으로 이루어져야 한다.

다시 말하면 중국과 미국의 연합은 북한으로 하여금 "두 가지 이익 가운데서 중요한 것을 취하는 방법"으로 문제를 해결하는 길을 선택하게 핍박하는 것이다. 박 대통령정부로 말할 때 '제3의 길'을 통하여 북한과의 관계를 개선하고 점차적으로 북한과 한국 양국 간의 신뢰를 쌓는 동시에 중미 간에 평형적인 외교정책을 실시하여 그 가운데서 대 북한 정책 상 중미 양국의 공동한 지지를 얻어내는 것이야 말로 이 목표를 실현하는데 유리한 것이다.

하지만 북한은 상술한 정책을 여전히 접수 하지 않고 있다. 이 문제 상에서 가장 전형적인 반응은 북한이 박 대통령정부에 내던진 7가지 질문에서 찾아볼 수 있다. 북한은 박 대통령이 쌍방 정상들이 서명한 공동선언을 회피하면서도 무책임하게 '남북정상회담'에 대하여 떠들어댄다고 질책하고 있다. 북한은 박 대통령이 총선기간에 발표한 '외교안보 보장 통일정책 승낙'의 내용이 이명박의 대항정책과 대동소이하다고 비난하는가 하면 심지어는 후자를 초과하기까지 한다고 질책하였다. 북한에서는 박 대통령이 공공연하게 "자유민주 기초 상에서의 민족공동체 통일방안"을 계승한다고 떠벌이면서 자기의 '체제저항'음모와 '흡수통일'의 망상을 스스로 폭로하고 있다고 질책하였다. 핵문제에서 북한은 박 대통령이 "근본적으로 핵문제의 난점이 어디에 있는지를 모른다."고 인정하면서 "남북관계가 파산의 국면에 치달은 원인이 무엇이지를 똑똑히 알지 못한다."고 비난하였다.

북한 측에서는 또 박 대통령이 미국과의 동맹관계와 북한에 대한 억제력을 가강한다고 힐난하면서 "과연 어떻게 북한과 신뢰를 쌓을 수 있을 것인지?"라고 물었는가 하면 박 대통령이 쌍방 정상이 서명한 두 가지 '선언'에 대하여 한마디도 언급하지 않았다고 하면서 "더 이상 무슨 승낙을 이행하겠다는 말인가?" 하고 힐문했다. 이어 박 대통령이 북한의 체제를 부인하고 북한의 인권을 들먹이면서 북한을 반대할 음모에만 열한중다고 하면서 "어떻게 평화를 이루고 국면을 타개할 것인가?"[74]고 물었다. 이런 문제는 박 대통령이 다른 '두 갈래 길'의 경험을 섭취하려함을 보여주기는 하지만 동시에 어떻게 쌍방의 장력을 피면할 것인가에 대해서는 답안을

---

74) 고호영(高浩榮), 〈박 대통령은 취임 후 어떤 대외정책을 실시하는가?〉, http://www.nfyk.com/gjgc/ShowArticle.asp?ArticleID=4591를 참조.

던져주지 않았다. 이것은 북한과 한국관계 발전의 제도적인 결구성 모순을 반영하였을 뿐만 아니라 북한과 한국관계 발전의 악성순환의 종자를 심어놓게 된 것이다. 총적으로 한국의 대 북한 정책이 예기했던 효과를 가져 올 수 있는가 하는 문제는 북한과 한국의 이익충돌이 결정하게 되는 것이지 박 대통령 혼자가 결정하는 것이 아니다. 박 대통령이 변통할 수 있는 공간이 제한되어 있기에 그 어떠한 이성적인 정책이라 해도 합리적으로 추진할 때라야만 결실을 맺을 수 있을 뿐 객관적인 조건을 무시한 정책은 필연적으로 반등을 가져오게 되거나 심지어는 별 전과가 없이 끝나버리고 말 것이다. 이를테면 박 대통령이 '북한인권'에 대하여 더 깊이 중시하겠다고 제기한다면 가치관에 대한 우월성과 높은 곳에 서서 아래를 굽어보는 듯한 그 자태는 당연히 호상 존중하고 평등하게 처사해야 한다는 정신을 위반하게 될 것이다. 그는 북한에 대하여 양보를 한다면 북한에서는 반드시 핵을 포기해야 한다고 강조하였다. 만약 북한에서 핵을 포기하는 방면에서 여전히 소극적인 태도로 대응한다면 나중에 이명박 정부가 걷던 '낡은 길'을 다시 걸어 먼저 핵을 포기한 후 경제 합작과 정치적인 대화를 할 수도 있는 것이다. 남북 경제 합작과 정치 대화는 양호한 안보와 화해적인 분위기가 있어야 하는 것이다.

박 대통령은 "북한의 도발을 억제하기 위해서라면 한국은 앞으로 한미동맹을 포함한 일괄적인 방위적인 힘을 강화할 것"이라고 말했다. 이것은 북한을 대상으로 하는 미국과 한국의 연합 군사연습을 정지하지 않을 뿐만 아니라 앞으로 더욱 강화할 수도 있다는 것을 암시하는 것이다. 박 대통령은 앞으로 '위협을 강화'하여 북한으로 하여금 핵을 포기하게 할 것이라고 밝혔다. 그렇다면 '위협을 강화'한다는 것은 무엇을 의미하는가?

만약 계속 이명박 정부의 '위협을 강화'하는 정책을 견지한다면 한국은 앞으로 군대의 공격성 전투능력을 제고시켜야 할 것이고 주동 진공의 태세를 유지해야 할 것이며 심지어는 비상시기에 먼저 공격을 실시할 수도 있음을 의미하는 것이다. 이것은 미사일의 배치를 강화하게 될 뿐만 아니라 남북 군비경쟁을 불러일으키게 될 것이며 쌍방이 돌발사건 때 통제력을 잃을 가능성이 높아지는 것이다. 일단 이런 상황이 발생한다면 남북관계 개선을 위해 쏟은 박 대통령의 노력이 모두 물거품으로 되고 말 것이다.

상술한 여러 가지 장애에 부딪쳤지만 '강압'과 '대화'라는 이 전략적인 수단을 선택함에 있어서 박 대통령정부는 이미 이명박 정부에 비해 선명하게 더 많은 외교 융통성을 획득하였다. '이원화제도'의 실시 원칙으로 볼 때 한국정부의 대 북한 조치가 '강압' 쪽으로 가는가 아니면 적극적인 '대화' 쪽으로 가는가는 최종적으로 북한정부의 표현을 보아야 할 것이다. 목전 '이원화제도'가 실시되는 상태로 볼 때 여전히 '강압' 쪽으로 가고 있다. 하지만 북한에 대한 박 대통령 정부의 '양성' 태도는 특별히 선명하게 보인다고 할 수 있는데 적어도 국제사회에 "한국은 절대 주동적으로 도달하지 사고를 일으키지 않을 것"이라는 정보를 전해주고 있다. 박 대통령정부의 대 북한 외교 전략의 조절은 앞으로 한반도 평화발전과정을 촉진하는데 유리할 뿐만 아니라 한반도의 평화와 안정을 수호하고 중국과 동북아 안보이익을 수호하고 유지하는데 유리하다. 이 때문에 중국정부의 지지를 받을 수 있었던 것이다.

제7장

박근혜 정부의 한반도 안보환경

제7장
박근혜 정부의 한반도 안보환경

2015년 말 현재까지 박 대통령이 취임한지 어느덧 2년여의 시간이 흘렀다. 그러니 이미 집정기간이 반이나 흘러갔다는 말이 되는 것이다. 이 기간에 박 대통령의 대북정책의 실제상황은 어떠했는지? 어떠한 효과를 보았는지? 이런 상황을 알자면 반드시 지난 2년간의 한반도 정세를 살펴보아야 할 것이다. "실천은 진리를 검증하는 유일한 표준"이라고 했다. 박 대통령이 취임한 이래의 한반도정세란 바로 한반도 구조의 장기적인 영향과 작용의 결과이다. 다시 말하면 박 대통령의 대북한정책의 효과를 검증하는 가장 중요한 척도가 된다는 것이다.

제1절
2013년 한반도 정세 : 전쟁의 암운에 휩싸이다.

2013년 2월 박 대통령은 정식으로 한국의 새 대통령에 취임하였다. 이 해 한반도 정세의 제일 큰 특징은 전쟁이 일촉즉발의 상태에 놓여 있었다는 것이다. 북한은 초강경 대외정책을 내놓았는데 여기에는 2012년 말에 위성을 발사한 후 계속하여 2013년 초에 제3차 핵실험을 진행한다는 내용도 포함되어 있었다. 이밖에도 미국과 한국은 북한과 조금도 타협하려고 하지 않으면서 계속적으로 고강도의 군사훈련을 단행하였다. 양국의 대치는 짙은 화약 냄새를 풍겼는데 그 엄중함의 정도는 냉전 후 보기 드문 것이었다.

중국은 직접적으로 한반도정세와 이해관계가 닿는 나라로서 한반도 위기에 대한 관리 및 국제사회와 협조해야 하는 상황에서 새로운 환경이 초래되었다.

1. 전례 없던 위기가 증폭되고 일촉즉발의 전쟁 상황에 이르다

2013년의 한반도 정세는 그야말로 일촉즉발의 전쟁 상황에 이르렀다고 할 수 있을 정도로 위기였다. 1월 22일 유엔 안보이사회는 2012년 12월 12일에 북한이 위성을 발사한 것에 대해 2087호 제재결의를 통과시켰다. 그로부터 20일이 지난 2월 12일에 북한에서는 제3차 핵실험을 단행하였다. 이에 대해 유엔 안보이사회에서는 3월 7일에 한결같이 2094호 대 북한 제재결의를 통과시켰다. 2013년 안보이사회에서는 이렇게 두 번이나 북한에 대한 제재결의를 통과시켰다. 북한에서는 2094호 제재결의와 국제사회에서 보내는 명확한 신호에 대해 여전히 대항하는 방식을 취하였다.

미국과 한국의 입장도 북한의 이러한 대항 구조를 더욱 악화시켰다. 2013년 한반도의 전쟁위기는 점차 고조되어 갔다. 3월 5일 북한인민군 최고사령부는 3월 11일부터 다시는《북한정전협정》을 승인하지 않는다고 하면서 판문점대표부의 활동을 전면적으로 중단한다는 성명을 발표하였다. 3월 7일 북한은 "제2차 남북한전쟁은 피하기 어렵게 되었다"고 선포하였고, 3월 8일에는 한국과 맺은 모든 상호불가침조약을 취소하며 한국과 함께 운영하는 기업체의 가동을 중단하며 쌍방의 직통전화도 끊어버리기로 하였다. 3월 13일 북한은 또 1953년에 서명한《북한정전협정》의 이행을 중단하고 상호불가침조약의 제한을 받지 않는다고 선포하였다. 3월 19일 미군의 B-52전략폭격기가 괌 공군기지에서 날아와 한미군사훈련구역에서 약 4시간 동안 무착륙비행과 모의 핵폭탄 투하연습을 진행하였다.

3월 21일 북한인민군 최고사령부는 미국군의 B-52전략폭격기가 괌 공군기지, 원자력잠수함이 출항한 일본 본토, 오키나와해군기지 등이 모두 북한의 공격범위에 들어있다고 강조하면서 미국에 대하여 핵 공격을 하겠다고 위협하였다. 3월 27일 북한은 한국과의 직통전화를 중단한다고 선포하였다. 직통전화는 한국과 북한의 마지막 통신경로였다. 3월 29일

핵 공격을 구비한 미국의 B2전략폭격기 두 대가 한국 상공에서 미국 스스로가 '위협적'이라고 자인하는 비행임무를 수행하였다. 3월 30일 북한은 한국과 전쟁상태에 돌입하였다고 선포하였다. 4월 2일 북한에서는 영변원자력연구센터에서 2008년에 문을 닫았던 원자로를 다시 가동하여 플루토늄을 생산하다고 선포하였다. 4월 8일 북한은 개성공단에서 모든 노동자들을 철수시키고 폐업한다고 선포하였다.

한미 대규모 군사훈련이 끝난 후 4월 12일 미국 국무장관 케리는 동북아방문을 시작하면서 대화를 촉구해야 한다고 하고서야 위기는 차츰 완화되었다. 이번 위기의 강도와 진도는 가히 1993년과 2003에 한반도에서 폭발했던 두 차례의 핵 위기 때보다도 더 컸다고 할 수 있었다.

상술한 상황에서 볼 수 있다 시피 이번의 위기는 이전 두 차례의 군사훈련 때와 비슷한 성격을 가지고 있었을 뿐만 아니라, 오히려 더욱 실질적인 위기감이 고조 되었다. 이를테면 북한에서 《북한정전협정》을 중지한다고 선포하였고, 판문점대표부 활동을 전면적으로 중단하였으며, 원자로를 다시 가동하였고, 개성공단을 폐업시켰으며, 미국, 한국, 일본에 핵 공격을 하겠다고 위협하였다. 또한 미국의 B2전략폭격기가 탄약을 싣고 한반도 상공에서 비행하는 등의 모습을 보이기도 하였다. 이번의 위기는 긴박했던 시간도 비교적 장시간 지속되었다. 북한에서 위성을 발사하면서 촉발된 위기가 4월 상순 그 위기가 완화되기까지 긴박했던 시간은 무려 넉 달간이나 지속되었다.

2. 북한 · 한국 · 미국은 서로 이기기 위해 끊임없이 경쟁하면서 물러서지 않았다

냉전 후 한반도에서 폭발했던 이전 두 차례의 위기와 비교해볼 때 이번 위기의 도화선은 대부분 북한에 있다고 볼 수 있다. 위기가 폭발했던 초기, 몇 차례나 북한과 대화를 하자고 공개적으로 태도를 표시했던 미국 참의원 케리는 곧 국무장관으로 임명되었고, 역시 북한과 대화로 화해를 하자고 주장하던 박 대통령도 마침 한국 대통령으로 당선되었다. 두 나라의 대북한 정책은 어쩌면 적극적으로 조정될 희망이 있는 듯이 보였다. 그러나 이러한 배경 하에서도 북한은 계속해서 위성발사와 핵실험을 진행하였다. 따라서 미국과 한국이 강경하게 대항하는 악순환이 다시 일어나게 되어 한반도 위기가 형성되게 되었던 것이다. 1993년과 2003년 북한 핵 위기의 중요한 표현은 북한과 미국이 핵문제를 둘러싸고 밀고 당기기를 그치지 않은 데서 잘 나타나고 있었다. 이번 위기에서 핵문제는 사실 도화선에 불과했을 뿐 더욱 중요한 것은 북한과 한국 그리고 미국이 서로 위기 해결을 위한 조건을 걸면서 타협을 하지 않고 어떻게든 이기기 위해 악착같이 경쟁하는 것을 통하여 상대방에게 자신의 전략의지를 불어넣으려고 한데서 여실히 표현되고 있었다. 이러한 상황이 나타나게 된 것을 북한의 각도에서 살펴본다면 아래와 같은 몇 가지 원인이 있었다.

첫째, 북한 내의 정치적인 필요성에서 출발했던 것이다. 북한의 정치적인 특징으로 볼 때 김정은이 북한의 최고영도자 자리를 계승하는 것은 그로서의 합법성이 있다고 할 수 있었다. 따라서 김정은이 정권을 잡은 후의 상황에서 볼 때 정권이 한층 공고하게 되었다고 평가할 수 있었다. 하지만 김정은이 정치적 경험이 없다는 것은 논쟁의 여지도 없는 사실이었다. 따라서 그가 당과 군에서 절대적인 권위를 공고히 하는 것은 매우 필요한 사항으로 떠올랐던 것이다. 김정은은 대외적으로 강경한 정책을 구사하는 수단을 통해 이런 필요성에 만족함을 주고자 계획했던 것이다. 국제적인 압력을 모두 막아내면서 위성을 발사하고 핵실험을 단행한 행동이 이러한 점을 여실히 보여주었다. 특히 김정은이 '선군정치'를 계승했다는 것으로부터 고려할 때 2012년은 북한의 국내 정치에서 아주 중요한 시기[75)]가 된다. 경제와 민생방면에서 근본적인 개선을 가져오지 못한 상황 하에서 군사영역의 성과를 나타내고 선전하는 것은 특히 중요한 일로 대두하였다.

4월 12일 북한은 위성발사에 실패한 후 "체면을 돌려세워야 할 긴박성"을 절실하게 느끼게 되었다. 그리하여 12월 12일 다시 한 번 위성발사를 감행하였던 것이다. 2087호 제재결의가 나온 후 북한의 반응으로 볼 때 북한은 유엔 안보이사회에서 출범한 이 제재결의안에 대해 아무런 심리적인 준비도 없었다는 것을 엿볼 수 있다. 유엔 안보이사회에서는 이전의 북한의 위성발사에 대하여 그 어떤 제재도 가한 유례가 없었다. 김정은은 정권을 공고히 할 필요성에서 출발하였기에 절대로 물러서려고 하지 않았고, 오히려 강경하게 상대방과 맞서려고만 했던 것이다. 2013년 2월 12일 북한에서 제3차 핵실험을 하면서 한반도의 위기는 더욱 악화되고 말았다.

---

75) 2012년 4월 12일은 김정은이 노동당 제1서기가 된지 1년이 되는 날이고, 4월 13일은 김정은이 국방위원회 위원장이 된지 1년이 되는 날이며, 이해 4월 15일은 김일성 탄신 100주년이 되는 날이다. 또한 이해 4월이면 김정일이 국방위원회 위원장이 된지 2년이 되었다.

둘째, 미국을 압박하여 담판석상에 나오게 하였다. 냉전 후 북한은 시종 미국과의 관계를 개선하지 않고서는 안보를 보장할 수 없고, 미국이 주도하는 국제 금융체제에서 경제를 발전시킬 수 없다고 보았다. 이 역시 한반도 정세에 부합되는 객관적인 현실이었다. 새로 북한의 대권을 장악한 김정은은 자기의 치국이념을 실현하기 위하여 미국의 압박과 제재라는 난관을 넘어야 할 필요성을 실감하고 있었다. 오바마는 첫 임기 때 북한에 대하여 전략상의 인내정책을 실시하였는데, 그 정책의 실질은 전략적으로 잘못된 것이었다. 2008년부터 2011년 말 김정일의 사망에 이르기까지 북한은 김정일의 건강원인과 김정은의 계승문제로 인해 미국과의 관계개선을 논할 겨를이 없었다. 김정은이 북한의 대권을 장악한 초기에는 역시 정권을 공고히 하는 문제가 가장 중요한 일정에 올라있었기에 또한 틈이 없었다.

2012년 말에 오바마가 미국 대통령에 연임되었고 북한의 정권도 어느 정도 공고하게 되자 김정은은 미국을 담판석상으로 끌어낼 시기가 성숙되었다고 보게 되었다. 이것은 북한이 핵실험 후 미국 전 NBA농구스타 데니스 로드먼 일행을 평양에 초청한 이유를 통해 엿볼 수 있다. 김정은은 로드먼에게 오바마가 자기에게 전화를 걸게 해달라고 부탁하였는데, 이런 행동을 통해 그가 의도한 중요한 목적이 어디에 있었는가를 엿볼 수 있는 것이다. 북한은 다른 나라들이 어느 한 나라와의 관계를 개선하기 위해 선의적인 태도를 보여주는 것과는 줄곧 다른 태도를 취해 왔기 때문에 냉전 후에도 여전히 긴장된 국면에서 벗어나지 못하였던 것이다.

외부의 압력이 해소되지 않는 환경 속에서 북한은 자신들의 약한 실력을 커버하기 위해 늘 일방적으로 전쟁을 하겠다는 위협정책을 통하여 미국을 포함한 국제사회의 주목을 끌려고 시도해 왔다. 미국을 극도로 민감하게 했던 위성발사와 핵실험도 그 수단에 불과했던 것이다.

셋째, 북한은 핵을 보유하는 것으로서 한반도 정세에 대한 담판과 미래에 닥쳐올 상황에 대해 유리한 위치를 점하고자 하였다. 종합적인 실력 면에서 북한은 한국과의 격차가 너무나 크고, 거기에다 경제적 형편이 도무지 개선될 환경이 조성되지 않기 때문에 외부적으로 고립되는 상황이 지속되었다. 냉전 후 북한은 한국과의 체제경쟁에서 아주 불리한 위치에 처하게 되었다. 거기에다 미국과 일본의 위협이 거세지면서 북한은 오직 핵을 보유하는 것만이 정권의 안보를 보장할 수 있고, 한반도 정세에 대한 대화와 담판 및 미래의 우월적 위치를 점하기 위해서는 좋은 방법이 더 이상 없다는 것으로 판단했던 것이다. 2013년 3월 31일, 북한노동당중앙위원회에서는 전체회의를 거행하여 경제건설과 핵무기 건설을 동시에 밀고 나가는 노선을 통과시켰다. 김정은은 회의에서 북한의 핵무기는 달러와 바꾸어온 상품이 아니고 정치적인 조건도 아니라고 천명한 후, 이것이야 말로 북한의 가장 귀한중 생명선이고 통일북한의 국보[76]라고 강조하였다. 북한은 2012년 4월에 수정한 헌법 서언에서 '핵 보유국가'라고 천명한 후 이번에 또 다시 '핵 무력 건설'을 당의 정식 노선으로 결정하였던 것이다. 이것은 북한이 핵을 보유하는 것과 정권안보 및 한반도 정세의 미래 발전방향에 대응할 수 있는 조건을 증가시킨다는 것과 긴밀한 관계가

76) "북한에서 '경제건설과 핵무기 건설'을 동시에 밀고 나가기로 하다". 《신화넷》 2013년 3월 31일. http://news.xinhuanet.com/world/2013-03/31/c_115224979.htm를 참조.

있는 것이다. 이번의 위기에서 북한도 상대방에 대해 이기기 위해 악착같이 경쟁하고 절대 타협하지 않는다는 방법을 통하여 다른 나라들이 핵무기를 보유하고 있는 나라로 인정해 주기를 바라는 그러한 차원에서 행했던 것이다.

넷째, 북한의 영도자들이 한반도의 정세에 대해 면밀한 고려가 없으므로 해서, 이해관계 면에서 외부 세계의 실질적인 위협을 확대시켰던 것이다. 그 하나는 안보이사회 5개 상임이사국들은 한결같이 두 달도 채 되지 않는 사이에 북한에 대하여 연속적으로 두 차례나 제재결의를 통과하는데 동의하였다. 이것은 북한이 이전에 경험해보지 못했던 일이었다. 이때 북한 영도자들은 외부환경이 전에 없이 악화되었다고 느꼈을 것이다.

그리고 김정은이 대권을 장악한 후 1년이 지난 후, 새로운 영도자들은 "위기와 고난에 처해 있다"고 느꼈을 것이고, 국내외로부터의 압력이 매우 커졌다고 느꼈을 것이다. 이러한 외재적 압력이 이번에 집중적으로 폭발했던 것이다. 김정일의 풍부한 대응경험과 비교해볼 때 김정은은 확실히 속수무책이었을 것이고, 이해관계 면에서 외부 세계로부터 실제적인 위협이 확대됐다는 것을 직감하였을 것이다. 미국과 한국의 연합 군사훈련 및 미국의 B2폭격기가 한반도에 날아가고 전에 없이 탄약까지 장착한 채 비행하는 것을 마주하며 북한은 미국이 진짜로 행동을 개시할 것이라고 오해하였던 것이다. 이 때문에 북한에서는 퇴로를 고려하지 않고 모든 수단을 다 써가면서 이에 대처하는 조치들을 확대하였는데, 이러한 일련의 상황들은 그들이 극도로 불안해했었음을 여실히 보여주었던 것이다.

조금도 타협하려고 하지 않는 북한과 미국의 태도와 대응은 역시 이번 위기가 나선식으로 상승했고 수위가 점점 높아졌었음을 보여주었던 것이다.[77] 이번 위기가 폭발한 후, 한국과 미국은 반복적으로 절대 타협하지 않겠다고 입장을 표명하였다. 5월 7일 미국 대통령 오바마는 한국의 박 대통령과 거행한 공동기자회견에서 "지난날 북한이 위기를 조성하여 이익을 챙기던 것과 같은 날은 이미 지나갔다[78])고 천명하였다. 기자간담회가 있기 전인 4월 1일, 박 대통령은 한국 국방부에서 주최한 회의에 출석하여 "한국국민들과 대한민국을 겨냥한 그 어떤 도발이 발생한다면 그 어떤 정치적인 요소도 고려하지 않고 초기에 강경하게 대처할 수 있는 대책을 세울 것이다"[79]고 하면서 만약 북한의 도발이 일어난다면 먼저 반격하고 후에 보고할 수 있는 권리를 부여한다고 명확하게 천명하였다.

이것은 이명박 정부시기 천안함과 연평도 사건 후의 '적극적인 위협 정책'의 연속이라고 볼 수 있다. 이번 위기가 완화된 표지로서 미국과 한국은 잠시 연합군사훈련을 중지하였고, 케리의 동아시아 방문도 북한에 대하여 그 어떤 실질적인 태도를 취하지 않았다. 위에서 서술한 것과 같이, 한국의 각도에서 볼 때 박 대통령이 '신뢰건설'을 기초로 하여 북한에 대해 「제3의 길」 정책을 실시하고자 한 실질적 목표는 경제합작과 대화교류였다.

하지만 대국과의 관계를 처리할 때는 민주당이었던 김대중과 노무현

---

77) 이전 두 차례의 위기가 결속된 것은 모두 한국과 미국이 에너지와 양식을 원조하는 것으로써 북한이 핵 발전을 중지하는 결과를 가져 오려는 뜻에서였다.

78) 〈오바마 : 북한이 위기를 만들어 이익을 챙기던 나날은 이미 결속되었다〉, 《신민석간》 2013년 5월 9일.

79) 〈박 대통령 : 북한에서 만약 다시 도발한다면 정치적인 후과를 고려하지 않고 호되게 대응할 것이다.〉, 《온라인 중국사회과학》 2013년 4월 2日. http://www.csstoday.net/Item.aspx?id=58970를 참조.

두 기 정부의 대 북한정책을 취하였다. 그리고 안보와 가치관에서는 한나라당이었던 이명박 정부의 대 북한정책[80]을 계승하였던 것이다. 박 대통령은 "북핵문제에 대하여 우리는 절대 용인할 수 없다. 한국은 앞으로 억제력을 강화하여 북한의 핵무기와 미사일을 무용지물이 되게 할 것이다.", "천안함사건과 연평도사건이 절대로 재발할 수 없게 할 것이다." "적극적으로 위협하는 조치를 취하여 북한이 핵을 포기하게 할 것이다"[81]라고 명확하게 표명하였다.

이것은 한나라당의 일관적인 보수정책이라고 할 수 있었다. 상술한 박 대통령의 태도는 이른바 북한의 '도발'에 대하여 명확하고 강력한 정보를 보낸 것이라 할 수 있는데, 이는 한국국민들로 하여금 북한의 진일보한 도발에 대해 보다 더 저지할 수 있는 힘을 보여주었다고 느끼게 하였다. 한국 국민들은 이것을 이명박의 강경정책이 남겨놓은 가장 큰 유산이라고 생각하고 있다. 다른 한편으로 볼 때, 연평도사건과 천안함 사건 이후 한국 국내에서는 안보를 강화해야 한다는 소리가 날로 강렬해져 갔다. 이러한 국내에서의 동향에 대해 박 대통령이 취한 태도는 부친 박정희 전 대통령의 강경한 풍격도 어느 정도 영향을 미쳤다고 할 수 있다. 북한에서는 박 대통령이 취임한 전후시기를 이용하여 위성을 발사하고 핵실험을 단행하였는데, 이는 주로 이명박 정부를 겨냥한 것이기는 하지만, 역시 박

---

80) 이른바 "적극적인 위협"이라고 하는 것은 한국에서 군대의 공격성 전투능력을 제고하고 주동 진공태세를 유지하며 심지어는 비상시기에 먼저 진공할 수도 있다는 것이다. 왕준생(王俊生), "제3의 길과 박근혜 정부의 대 북한 정책의 방향", 《당대한국》 2013년 제1호.

81) 〈박 대통령은 북한과의 관계를 발전시키기 위하여 북한 영도자들과 회담을 하여야 한다〉, 한국 《중앙일보》 (중문넷) 2012년 11월 6일. http://chinese.joins.com/gb/article.do?method=detail&art_id=94873를 참조.

대통령의 '신뢰프로세스' 진행과정에 타격을 가하기 위한 것이라 볼 수도 있는 것이다. 당내의 보수적인 세력과 국내의 강경하게 대응해야 한다는 주장을 마주하면서 박 대통령이 타협할 수 있는 공간은 그렇게 크지 않았기 때문에, 박 대통령은 부득불 강경한 수법으로 북한의 강경함에 맞서나가야 했던 것이다.

2012년 북한에서 있었던 고위급회담을 통하여《2.29협의》가 체결되었다. 미국의 목적은 "최근 5년 사이에 발전하고 있는 북한의 핵 항목에 올가미를 걸어 오바마 대통령으로 하여금 총선이 있는 해에 잠재해 있는 북한 위기가 총선에 미치는 충격을 피하게 하려는 것이었다.[82]

그 결과 2013년 4월 13일 북한에서는 위성을 발사하게 되었는데, 그로 인해 미국은 북한에 대한 믿음을 철저하게 버리게 되었다. 이것은 오바마와 롬니가 2012년 미국 총선기간에 북한이라는 말을 입에 올리기조차 꺼려한 주요 원인이 되었던 것이다.[83] 북한에서 일방적으로 달성한 협의를 곧바로 찢어버린 사건은 냉전 후 미국이 북한에 대하여 일말의 신뢰마저 갖지 않게 된 중요한 사건이었다. 또한 오바마 정부가 오늘날까지도 북한과 담판을 하려고 하지 않는 중요한 원인 중의 하나가 되었던 것이다.

이 사건은 2013년에 한반도위기가 폭발했던 초기 미국이 북한과 타협할 수 있는 가장 기본적인 신뢰마저도 상실하게 하였다. 이번 위기 중에서 북한은 공개적으로 처음으로 부대를 집결시키는 행동을 하거나 중거리 탄도미사일을 이동시키는 실질적인 조치를 한 것은 이를 통해 미국에 대해

---

82) 〈미국과 북한의 회담이 '전술적인 돌파'를 가져오다〉,《중국청년보》 2012년 3월 2일.
83) 이 관점은 필자가 2013년 1월 9일에 미국 주화대사관 정치처 관원과의 좌담에서 인용하였다.

직접적으로 핵을 이용한 타격을 가할 수 있다고 위협한 것이 된다. 또한 미국으로 하여금 북한에 대해 더욱 소극적으로 영리하게 대응하는 공간을 잃게 하였고, 부득불 강경한 수단으로 대응할 수밖에 없게 하는 빌미를 주었던 것이다.[84)]

3. 중국이 적극적으로 협조하면서 국제적 합작이 강화되다

1993년 제1차 북한 핵 위기가 폭발한 후, 중국은 개입하지 않겠다는 입장을 표명하였다. 따라서 당시 유엔주재 중국대사는 이에 대해 간단한 성명을 발표했을 뿐이다. 2003년 제2차 북핵 위기가 폭발한 후 중국이 주최하여 3자회담을 진행하였는데 이 회담은 북한과 미국이 중국에 도움을 구한 정황 하에서 소집되었다. 중국이 처음 이 문제에 개입하였을 때의 배역은 많이는 회의 장소를 제공하고 상호 간에 뜻을 전달해주는 것뿐이었다. 하지만 이번 위기가 폭발한 후 중국은 주동적으로 직접적인 위기를 완화시키고자 노력하였다. 위기가 일촉즉발에 이르게 되자 왕의 외교부장은 “그 어느 일방도 중국의 문 앞에서 일을 저지르는 것을 허용하지 않는다”고 공표하였다.[85)] 시진핑 주석도 “어떠한 국가도 자기의 이익만을 챙겨 한 지역 혹은 전 세계를 혼란에 빠뜨리는 것을 반대한다”[86)]고 표하였다.

---

84) 이 관점은 필자가 2013년 8월 7일에 미국 주화대사관 정치처 관원과의 좌담에서 인용하였다.
85) 王毅 : 〈중국의 문 앞에서 일을 저지르는 것을 허용하지 않는다〉, 《신화일보》 2013년 4월 7일.
86) 習近平 : 〈자기의 이익만을 챙겨 한 지역 혹은 전반 세계를 혼란에 빠뜨리는

중국의 고위 층 영도간부들이 강렬한 불만을 언론에 나타냈는가 하면, 미국과 제한성 있게 북한에 제재를 가하는 것에 대한 입장도 분명하게 보여주었으며, 미국을 향해 북한에 위협을 가하지 말 것을 충고하기도 하였다. 그리고 중조관계에 손상이 가는 것도 불구하고 북한에 대한 제재결의를 엄격하게 집행하는 것으로써 북한을 인도하여 위기를 해소하고자 하였을 뿐만 아니라, 국제사회에 중국이 진정으로 한반도의 비핵화를 실현하기 위해 노력하는 책임지는 대국의 모습을 분명하게 보여주고자 했다.

북한의 격렬한 행위에 대응코자 하는 국제사회의 공동인식은 점차 증강되어 갔다. 이번 위기에서 중국, 미국, 한국이 협조한 긴밀 정도는 중국과 북한간의 협조를 훨씬 능가하였다. 중국과 미국의 협조는 더욱 실질적으로 되었다. 여기에는 중국이 처음으로 북한이 위성발사를 두고 안보이사회에서 제재결의를 통과시킨 것에 대한 것을 지지한 사실도 포함된다. 북한은 1998년 8월, 2009년 4월, 2012년 4월, 2012년 12월에 거쳐 4차례나 위성을 발사하였다. 유엔 안보이사회에서는 2009년 4월과 2012년 4월에 성명을 발표하여 북한의 발사행위를 규탄하였다.

하지만 안보이사회에서 북한의 위성발사에 대해 제재결의안을 통과시킨 것은 2013년이 처음이었다. 이번의 위기에서 중국과 미국의 공개적인 소통은 중국과 북한의 소통보다 더 많았다. 여기에는 양국의 외교장관들과 국방장관들이 통화하고 한반도 문제를 처리하는 특사들이 상호 방문하는

것을 반대한다〉, 《신화매일뉴스》 2013년 4월 8일 제1면.

것과 같은 일들이 포함되었다. 중국은 미국과 한국의 연합 군사훈련과 미군 B2폭격기가 한반도에 진입한 것에 대하여 용인하는 태도를 보여주었다. 4월 상순 미국은 캘리포니아에서 대륙 간 탄도미사일실험을 미루는 것으로서 중국에 대한 자극을 피하였다. 전에 말하던 이른바 미국, 일본 한국 대 중국, 러시아, 북한 간의 '준 냉전' 구조는 이번 위기에서 나타나지는 않았는데, 이것은 이 지역이 냉전의 잔재 국면에서 벗어나게 된 유익한 시도였는데, 이는 당연히 한반도위기에 대한 국제사회의 협조가 효과를 발생했다고 보아야 할 것이다.

이에 대한 북한에 대한 전략목표, 다시 말해서 북한이 만약 전쟁이라는 방법을 통해 전략목표를 실현하려고 하고, 한반도의 위기를 평화적으로 막을 내리게 하며, 국제협조의 효과를 촉진시키려고 한다면, 그들의 계획은 실로 엉망진창이 되어버릴 것이다. 북한의 중요한 목표는 여전히 안보환경을 개선하고 경제를 발전시키려는데 있다.

이 뜻은 3월 31일에 있었던 북한노동당중앙위원회 전체회의에서 결정한 "경제건설과 핵 무력건설을 함께 촉구하는 노선을 걸어야 한다"[87]는 정책에서 찾아볼 수 있다. 위기가 일촉즉발에 이르렀을 때, 그들은 다시 2002년에 '7.1경제관리 개선조치' 때문에 해임됐던 박봉주(朴鳳柱)를 다시 총리로 임명하였는데, 이것은 사실 적극적인 신호였다고 볼 수 있다. 다음에 이야기하고자 하는 요소로 볼 때, 북한에는 전쟁을 하려는 뜻이 없다는 것을 보일 수가 있다.

---

87) "북한에서 '경제건설과 핵무기 건설'을 동시에 밀고 나가기로 하다", 《신화넷》 2013년 3월 31일. http://news.xinhuanet.com/world/2013-03/31/c_115224979.htm를 참조.

첫째, 북한이 만약 전쟁을 발동하려고 하다면, 한국과 미국의 동맹이 약화된 시기를 선택할 것이다. 위에서 이야기 한 바와 같이 박 대통령은 취임 후 미국과의 동맹을 더욱 강화하였다.

둘째, 강대한 적을 마주하고 실력이 비교적 약한 북한이 만약 전쟁을 발동하려고 했다면 생각지도 못한 유리한 시기를 선택하였을 것이고, 전쟁 이전에 그처럼 기세를 올리지는 않았을 것이다.

셋째, 북한이 만약 전쟁을 발동하려면 가장 중요한 외교적 동반관계인 중국의 지지를 얻거나 최소한 중국이 묵인하는 경로를 선택하려고 했을 것이다. 하지만 당시 중국은 나라의 이익을 생각하는 점에서 출발하여 북한이 주동적으로 무력 움직임을 보이는 것을 철저히 반대한다고 명확하게 태도를 표하였다. 또한 김정은은 대권을 장악한 후 시종 시진핑을 만나보지 못하고 있었기에 두 사람 사이에는 개인적인 감정이 추호도 건립되지 못하였다. 어쨌거나 책임을 다하는 대국으로서의 중국은 도리나 감정을 막론하고 북한이 주동적으로 전쟁을 발동하는 것을 절대 지지할 수 없었던 것이다.

상술한 배경 하에서 2013년 5월 이후부터 한반도 정세를 둘러 싼 국제적인 협조가 밀접하게 전개되기 시작하였다. 여러 나라들은 모두 대화를 통하여 문제를 해결하려는 뜻을 보였다. 5월 22일 김정은의 특사인 북한노동당 중앙정치국 상무위원 최룡해가 중국을 방문하여 시진핑 주석의 접견을 받았다. 7월 25일부터 28일 사이에 중공중앙 정치국 위원, 국가 부주석 리위안차오(李源潮)가 인솔한 중국대표단은 북한을 방문하여 북한전쟁

정전 60돌 기념활동에 참가하였고 김정은 위원장을 회견하였다. 한국의 박 대통령은 5월 5일 미국을 방문하였다. 6월 7일부터 8일 사이 시진핑 주석은 초청을 받고 미국으로 건너가 오바마 대통령과 정상회담을 가졌다. 6월 27일 박 대통령이 중국을 방문하였다. 한반도 정세는 중국, 미국, 북한, 한국 등 여러 나라 고위층 지도자들이 상호 방문하는 중요한 의제가 되었다.

이와 동시에 중국과 북한이 중국과 미국, 중국과 한국 관계의 발전에 대하여 지난날과 다름없는 소통을 했을 뿐만 아니라, 중국과 미국, 중국과 한국도 고위층 지도자들이 상호 방문하는 것을 포함하여 중국과 북한의 관계발전에 대하여 밀접한 소통을 끊이지 않고 실행하였다. 이러한 활동은 서로 상대방의 의도를 보다 정확하게 파악할 수 있게 하여 잘못 판단하는 실수를 면하게 하였고, 서로간의 신뢰를 증강하게 하였으며, 정세 완화를 촉진하는데 적극적인 역할을 발휘하게 하였다. 러시아도 2013년도 한반도 정세에 적극 개입하였다.

북한이 제3차 핵실험을 감행한 후 러시아 외교부장 라브로프(拉夫羅夫)와 중국 외교부장 양제츠(楊洁篪)는 2월 14일에 통화를 하여 서로의 입장을 조율하였다. 2월 17일, 라브로프와 미 국무장관 케리는 한반도 정세를 둘러싸고 전화로 관점을 교류하였다. 한반도의 정세가 일촉즉발에 이르렀던 4월 8일, 러시아 대통령 푸틴은 공개적으로 한반도의 정세가 악화되어 가는 것에 대해 우려를 표시하였다.[88)]

7월 3일 북한 외무성 제1부수상이며 6자회담 북한대표단 단장인

---

88) 〈푸틴이 한반도 정세에 대하여 우려를 표하다〉, 《러시아소리》 2013년 4월 8일. http://radiovr.com.cn/2013_04_08/110197699/를 참조.

김계관(金桂冠)은 대표단을 인솔하여 러시아로 가서 핵문제와 다시 6자회담을 진행하는 문제를 두고 의견을 교환하였다.

일본도 2013년도의 한반도 정세에 개입하였다. 일본 방위성 수상 오노데라 이츠노리(小野寺五典)는 4월 7일에 자위대에 '완파조치명령'을 내려 북한이 돌연적으로 신형의 탄도미사일을 발사하는 것을 막을 준비를 하라고 요구하였다. 일본 정부가 전에 3차례나 '완파조치명령'을 발포하였지만, 북한이 탄도미사일을 발사한다고 예고하지 않는 상황에서 이 명령을 발포하기는 처음이었다. 일본은 기세 높게 전쟁 위협에 대해 선전공세를 하며 자위대를 확대시키는 자신들의 행동에 대한 합리적인 구실을 찾았을 뿐만 아니라, 한반도 정세에서 자신들의 영향력을 강화할 수 있기를 희망하였다.

5월 14일 한반도 정세가 몹시 복잡한 상황 아래서 일본 수상 아베 신조의 고문 이지마 마사오(飯島勛)는 중국과 한국의 조율도 없이 심지어 미국과의 조율도 없는 배경 하에서 갑자기 북한을 방문하였다. 이러한 행동은 일본이 한반도 문제에서 자신들의 영향을 나타낼 수 있기를 절박하게 바라는 목적을 여실하게 보여준 것이다.[89] 일본의 이러한 행동은 중국과 한국으로부터 의문을 불러일으켰을 뿐만 아니라 미국의 강렬한 비판을 받기도 하였다.[90]

---

89) 일본의 목적에 대해서는 "본 보에서 북한 문제 전문가 왕준생을 탐방하여 북한 미사일 실험발사에 대해 해석하다"〉 《북경석간》 2013년 5월 21일을 참조.

90) "미국 북한문제 특별 대표단에서 일본을 향해 나가노의 북한방문 결과를 보고할 것을 요구하다" 《중국뉴스넷》 2013년5월16일. http://www.chinanews.com/gj/2013/05-16/4827388.shtml를 참조.

한반도 정세에 대한 일본의 영향력이 제한되어 있었기에 일본의 이러한 행동은 2013년 한반도 정세를 둘러싸고 벌였던 국제적인 조율에 좋지 않은 영향을 더해주었을 뿐 그렇다할 영향력은 일으키지 못하였다.

제2절
2014년의 한반도 안보환경 : 파도가 잦아들다

1. 파도가 잦아든 한반도의 안보환경

2014년 남북한의 관계는 여전히 몹시 긴장된 것처럼 보였다. 여기에는 미사일 실험발사 문제, 무인기 문제, 미국과 한국의 연합 군사훈련 문제 등이 포함되어 있었다. 그중에서도 북한이 빈번하게 진행하는 미사일 시험발사 문제는 국제사회의 주목을 몹시 끌게 되었다. 안보이사회에서는 이 문제에 대하여 3월과 7월에 성명을 발표하여 공개적으로 북한을 견책(譴責)하였다. 2월 21일 한국과 북한은 이산가족 상봉을 할 때, 북한이 돌발적으로 로켓을 발사하였는데 이것은 2014년에 들어선 북한의 첫 번째 미사일 실험발사였다.

한국 매체의 보도에 의하면 그해 9월 초까지 북한에서는 19차에 거쳐 총 111매의 미사일을 발사하였는데 전부 단거리 혹은 중거리

미사일이었다.[91] 빈번한 미사일 실험발사는 한국으로 하여금 고도의 중시와 경각성을 불러 일으켰다. 양국에서는 상호 포격을 가하는 상태에까지 이르게 되었다. 3월 22일 북한이 한국과 쟁의가 있는 서해 '북방한계선(NLL)'에서 포탄을 발사한 후 한국의 박 대통령은 앞으로 한미동맹의 방위준비를 강화할 것이라고 강조하였다.

3월 31일, 북한은 '북방한계선' 이북 해역에 8차례에 나누어 500여 발의 포탄을 발사하였는데 그중에서 100여 발의 포탄이 '한국 측'에 날아가 떨어졌다. 한국군은 즉시 K-9자주유탄포를 쏘아 반격을 가했는데 300발 이상의 포탄을 쏘았다. 한국군은 또 공군 F-15K전투기와 해군함정을 동원하여 서부해역에서 경비임무를 수행하게 하였다. 해, 육, 공 삼군은 고도의경비상태에 진입하였다. 한국 연합참모본부에서는 동시에 긴급대피령을 발포하여 백령도, 연평도 등 서부해역의 다섯 개 북한변경 지역에 위치해 있는 4000여 명의 섬 주민들을 대피소에 긴급 대피하게 하였다.

2014년에는 또 이른바 "북한의 무인기가 한국을 침범한 문제"도 발생하였다. 한국은 3월 24일과 31일에 경기도 파주시와 서부해역의 백령도에서 두 대의 추락한 무인기를 발견하였는데 소형 사진기가 부착되어 있었다. 그 후 한국 군부에서는 무인기를 북한에서 제조한 것이라고 공포하였다. 4월 6일 한국 군부에서는 동부 연해 삼척시의 황산에서 또

91) "북한에서 한반도 동부해역에 3개의 단거리 비행물을 발사했는데, 신형의 전술미사일인 듯", 《연합 뉴스》 중문넷, (2014년 9월 6일)http://chinese.yonhapnews.co.kr/international/2014/09/06/0301000000ACK20140906000100881.html.

추락된 무인기 한 대를 발견하였다. 북한에서는 그 무인기는 자기들과 아무 관계도 없다고 주장하였다.

한국은 여러 차례나 미국과 함께 대규모적인 연합군사훈련을 거행하였다. 양국은 4월 11일부터 25일까지 한반도 공역 내에서 역사상 규모가 제일 큰 연합 공중작전훈련을 거행하였다. 대회를 '맥스 선더(Max Thunder, 중국어로는 '초급벽력')'라고 칭한 군사훈련에 103대의 비행기와 1,400명의 군인이 참가하였다. 한국과 미국은 동시에 또한 '독수리(Foal Eagle)' 작전이라고 하는 육 · 해 · 공 군사훈련을 거행하였다. 8월 18일~29일 사이, 한국과 미국은 또 '을지 프리덤 가디언 합동군사훈련'을 거행하였다. 양국의 군사들은 이번 군사훈련에서 처음으로 '맞춤형억제전략'을 정식으로 취하여 "북한 핵무기 등 대규모 살상무기의 위협에 대응"하였다.[92] 북한과 한국은 비록 서로 첨예하게 대립되는 군사행위들을 감행하였지만 이러한 행위들은 2012년과 2013년 군사대치의 강도와 진도에 비해 볼 때 상대적으로 그 수위가 낮아졌다고 할 수 있다. 상술한 행위들은 대부분 방어적인 특징을 구비하고 있어서 결과적으로는 파도가 잦아드는 상태였다고 표현할 수 있었다. 2014년에 세인의 주목을 끌었던 미사일 실험발사를 실례로 들어보자. 2월에 시작된 미사일 실험발사는 바로 미국과 한국의 연합 군사훈련에 대한 강렬한 대립성을 가지고 있었다.[93] 그리고 3월 말에 있었던

---

92) 이 계획에 따를 때 만약 북한이 핵무기를 사용하려는 기미가 보이면 한국과 미국 군대는 해, 육, 공 역량을 연합하여 먼저 공격하는 위협적 전략을 구사하기로 하였다.

93) 키졸리브(중국어로는 관건결단[關鍵決斷]), 독수리(중국어로는 야오잉[鷂鷹]) 훈련은 한국과 미국 양국이 방어를 중요목표로 한 관례에 따른 군사훈련이다. 키졸리브 군사훈련 기간은 2월 24일부터 3월 6일까지이다. 야전연습인 '독수리작전'의 연습시간은 2월 24일부터 4월 18일까지이다.

미사일 실험발사는 미국, 일본, 한국 등 3국의 정상들이 3월 26일에 네덜란드 헤이그에서 삼자회담을 거행한 바로 후였다. 북한의 이러한 행동은 미국, 일본, 한국이 한반도 정세에 대하여 토론한데 대해 강경한 대응을 한 것으로 풀이된다. 또한 쟁의가 있던 해역 '북방한계선'을 향해 실험발사를 한 것은 북한이 '북방한계선'을 근본적으로 인정하지 않는다는 것을 보여주었던 것으로, 이러한 빈번한 미사일 실험발사는 박근혜 정부의 북한정책에 대한 북한의 불만을 여실히 보여주었던 것이다.

동시에 북한에서도 미사일 기술을 시험하고 발전시키기 위해서는 자기들의 실험발사를 상규적인 군사훈련이라고 구실을 대야 했는데, 이를테면 북한에서는 6월 27일에 매체를 통하여 자기들이 개발한 일종의 신형 '초정밀' 전술유도탄을 개발했다고 공포한 것이 그 한 예였다. 이에 한국 매체들에서는 "이 미사일 발사는 바로 현재 있는 KN-02형 미사일보다 사격거리가 더욱 먼 신형의 미사일을 발전시키기 위한 것"이라고 말했다. KN-02형 미사일의 사격거리는 170킬로미터이다.[94] 그러나 남북한 모두는 진정으로 전쟁을 발발시키려는 의도를 보이지는 않았다. 이를테면 2014년에 가장 규모가 크고 위험수위가 높았던 미사일 실험발사는 3월 31일에 북한이 '북방한계선' 이북의 해역을 향해 진행하였던 발사라고 할 수 있다. 하지만 주목해야 할 것은 북한이 이전에도 비록 실탄연습을 하기는 했었지만, 이번 실험이 평범하지 않았던 것은 그들이 군사훈련 전에 먼저 한국에 각서를

---

94) "북한에서 한반도 동부해역에 3대의 단거리 비행물을 발사하였는데 신형의 전술 미사일인 듯", 《연합뉴스 중문넷》 (2014년 9월 6일) . http://chinese.yonhapnews.co.kr/international/2014/09/06/0301000000ACK20140906000100881.HTML를 참조.

보냈다는 사실이다. 이 점은 북한에서 두 번째 연평도사건이 발생하는 것을 원하지 않는다는 것을 충분히 설명한 것이다. 한국에서 거행한 미국과의 연합 군사훈련 역시 다른 해보다 먼저 실시되었다. 이를테면 2014년 4월에 거행한 한미 역사상 규모가 가장 큰 연합공중작전 훈련은 2013년에 양국이 공동으로 결정했던 것이다. '을지 프리덤 가디언 합동군사훈련'은 1975년부터 시작하여 한국과 미국이 해마다 거행하는 연합 군사훈련이다. 2014년도 훈련에서 양국은 처음으로 '맞춤형 억제전략'을 정식으로 취했는데, 이것은 한국과 미국 국방장관이 2013년 10월에 협의를 달성한 것이다.

남북한은 모두 무장 충돌이나 전쟁이 폭발하는 것을 피하려 하였기에 그들은 모두 외교적인 호소만 했던 것이다. 6월 30일 북한 국방위원회는 남한을 향해 '특별제의'를 하여 한국과 미국은 인천아시아올림픽 기간에 잠시 '을지 프리덤 가디언 합동군사훈련'을 중지할 것을 요구하였다. 또한 남북한은 '7.4공동성명' 발표 42돌을 맞이하는 7월 4일 영시부터 시작하여 군사적인 적대행위를 중단하자고 협의하였다. 8월 15일 광복절이 도래하는 시점에서 북한평화통일위원회(조평통)는 8월 14일에 한국을 향해 북한의 '3대 입장'을 천명하였다. 즉 한국은 미국의 간섭에서 벗어나 북한과의 공동 인식을 통해 서로의 적대적인 행위를 정지해야 하는데, 현재 가장 시급한 일은 한미 간의 '을지 프리덤 가디언 합동군사훈련'을 취소하는 것이라고 하였다. 한국 청와대 국가안보실은 8월 13일에 공개한 《희망적인 새 시대 국가 안보전략》이라는 소책자에서 "북한과의 군사적인 신뢰를 구축하는 것을 통하여 진정한 군비관제를 추진할 것이다.

만약 조건이 성숙된다면 어떻게 평화체계를 구축할 것인가를 토론할 수도 있다."[95]고 표하였다. 평화체계라는 말을 꺼려하던 이명박 정부와 비교해볼 때 이러한 태도는 청와대에서 한국과 북한의 관계를 개선하기 위하여 강렬한 정치적인 염원을 가지고 있다는 것을 엿볼 수 있는 것이다. 북한과 한국의 관계개선은 10월에 들어서서 고조를 이루었다. 10월 4일 북한국방위원회 부위원장, 북한인민군 총정치국 국장 황병서, 북한 노동당 중앙위원회 서기 겸 북한국가체육지도위원회 위원 최룡해, 북한노동당 중앙위원회 서기 겸 통일전선부 부장 김양건 등으로 구성된 북한 최고대표단이 인천아시아운동회 폐막식에 참가한다는 명목으로 인천에 도착하였다. 그들은 그날 오후 한국 국가안보실 실장 김관진, 한국 통일부장관 유길재 등 한국의 고위급 관원들을 만나 회담을 가졌다. 그들은 북한과 한국의 고위급회담을 재개하고 양국의 관계를 개선하는 데 대한 염원을 보여주었다. 이것은 제2차 세계대전 후 북한과 한국이 분열된 이래 북한이 한국에 파견한 최고급 대표단이었다.

북한 입방에서 볼 때, 그 원인은 김정은이 대권을 잡은 후의 외교가 여전히 배우는 과정이기 때문이었을 것이다. 북한은 2013년 한반도에서 발생한 전쟁 위기를 거치면서도 적극적인 성과를 얻지 못하게 되었고, 그 후 또 중국, 미국, 한국이 입장을 같이하는 객관적인 현실을 마주하면서 자신들의 '전쟁 직전 정책'이 벼랑 끝에 몰렸음을 의식하게 되었던 것이다. 동시에 김정은의 정책이 날로 공고하게 되는 배경 하에서 국내경제를 발전시키고 민생문제를 해결하며 국제적으로 고립된 환경을 개선하는 것이

---

95) "청와대 : 한국과 북한의 평화체계를 토론할 수 있다", 《신화넷》 2014년 8월 14일. http://news.xinhuanet. com/world/2014-08/14/c_126870552.htm를 참조.

북한 새 정권의 급선무라는 것을 인식하게 되었던 것이다. 하지만 남북의 '신뢰프로세스'에 정력을 쏟고 있는 박근혜 정부는 2014년에 이미 집정 2년을 맞고 있었다. 그들은 남북관계의 「제3의 길」 정책이 점차적으로 실행될 수 있기를 희망하였다. 이러한 환경은 객관 상에서 모두 2014년에 북한과 한국이 한반도의 안보정세를 변화시키고 싶어하는 강렬한 염원을 보여주었던 것이다. 다른 한편으로 지난 2년간 특히 2013년에 한반도에서 전쟁위기가 발생했고, 김정은 정부와 박근혜 정부가 격렬하게 대치하였기에 화해로운 분위기를 형성해야 할 필요성을 느끼게 되었으며, 다시 신뢰를 구축할 시간이 필요하기도 하였던 것이다. 따라서 쌍방은 대폭적으로 관계를 개선할 시기가 여전히 성숙되지 못하였던 것이다.

중미 양국의 대 북한정책도 중요한 원인이 되었다. 한편으로 중미 양국은 모두 한반도에서 전쟁이 폭발할 것을 바라지 않는 공동목표에는 변화가 생기지 않았다. 이것 역시 한반도 안보 정세가 비록 계속해서 긴장된 형국으로 발전하더라도 전반적으로 통제할 수 있었던 중요한 원인이었다.

그리고 다른 한편으로 2014년에 양국은 한반도의 안보환경에 대하여 어느 정도는 관망하는 정책을 봉행하였다. 미국의 각도에서 볼 때 그들은 《2.29협의》가 일방적으로 파기되는 과정과 제3차 핵실험을 안중적으로 묵인하였던 것이다. 북한의 초강력한 '전쟁 직전 정책'은 북한이 핵무기로써 타격을 가할 것이라는 위협 후에도 김정은 정부에 대한 미국의 평가는 여전히 비교적 낮았던 것이고, 또한 당시에는 북한과 접촉할 준비가 되어 있지 않았던 상황이었기에 그들은 여전히 관망정책을 취하고 있었던 것이다. 중국의 입장에서는 북한과의 관계가 3차례의 핵실험을 거친 후 북한이 핵을 보유하고 있는 문제 상에서의 갈등에 대해 여전히 근본적인 해결을 찾지 못하고 있었다. 중국은 한반도 안보환경에 대하여 '냉정하게 처리'하려는 태도를 보여주었다. 그와 동시에 2014년 이래 중국과 미국의 전반적인 관계는 경쟁성이 강화되었다. 쌍방은 한반도 문제에서 실질적인 합작을 하기 어려운 상황이었던 것이다.[96)]

2. '북한의 인권문제'를 둘러싼 북한과 서방국의 대결

한반도의 핵문제나 통일문제는 사실 새로운 문제가 아니었다. 하지만 북한의 인권문제를 둘러싸고 북한과 서방 선진국들의 대결은 2014년에 한반도 문제에서 불거진 새로운 의제라고 할 수 있는데, 이는 세인의 주목을 끌게 되었다. 상술한 바와 같이 2014년 2월 17일 유엔 북한 인권상황 특별조사조위원회 의장 마이클 커비(Michael Kirby)는 기자회견에서 이른바 '북한 인권침범상황'에 대해 보고서를 상정했다. 그 전에도 유엔에서는 전문위원회를 설립하여 북한의 인권현황에 대하여 조사를 진행하고 400쪽에 달하는 보고서를 제출하였다. 커비는 자신이 보고한 핵심내용에 대하여 설명하였다. 커비의 해석에 의하면 북한에는 폭 넓게 인권침해상황이 존재한다는 것이었다. 이를테면 수용소를 설립하고 체계적으로 모진 고문을 하며 사람을 굶기고 참살한다는 것이었다. 그

96) Defining the "New Type of Major Country Relationship" between the United States and China, see: http://csis.org/publication/pacnet-4-redefining-new-type-major-country-relationship-between-united-states-and-china.

상황의 악렬함은 나치시대의 폭행과 비교할 수 있다고 하면서 북한 영도계층의 문제를 국제형사법정(International Criminal Court)에 넘겨 심의해야 한다고 제기하였다. 이에 대해 서방의 매체들에서 '이정표적 보고'라고 부른 이 보고는 북한 측의 큰 분노를 자아냈다. 북한은 보고서 중의 북한 최고영도자를 국제형사법정에 넘겨 심의하게 해야 한다는 내용을 삭제하라고 강력하게 요구하고 나섰다. 그 후 북한에서는 외교계에서 '외교공세'라고 부르는 매력적인 거동을 취하였는데 그 중에는 당정군의 고급관원들을 파견하여 미국과 유럽, 한국, 러시아 등을 방문하게 했던 것이다. 이런 행동을 통하여 유엔의 인권보고에 대한 압력을 해소하고 북한의 인권상황에 대하여 다시 전면적인 이해를 얻으려는 것이 중요한 목적이었다.

9월 13일 북한에서 발포한 해당 북한인권정책과 인권보장제도에 대한 보고는 북한의 인권상황에 대해 소개하였다. 10월 7일 북한 상주유엔대표단은 미국 뉴욕 유엔본부에서 북한의 인권상황에 대한 설명회를 가지고 인권문제 상에서 국제사회와 지속적인 대화를 진행하고 합작을 강화할 것이라고 천명하였다. 이것은 북한이 처음으로 유엔에서 소집한 인권문제에 대한 설명회였다.

북한에서 이 같이 적극적인 반응을 보인 것은 그들이 유엔에서 채택한 인권보고에 대해 높은 관심을 기울이고 있었음을 보여주는 것이다. 하지만 북한의 이 같은 거동도 서방 선진 국가들이 이 문제를 가지고 북한에 압력을 가하려는 생각을 해소시키지는 못하였다. 11월 18일, 유엔총회에서 인권사무를 책임진 제3위원회는 유럽연맹과 일본이 공동으로 제기한 북한인권결의안에 대해 표결을 진행하였는데 111표의 찬성으로 통과되었다. 이 결의안은 북한 경내에서 장기적으로 이루어지고 있는 계통적이고 보편적으로 심각하게 인권을 침범하는 행위가 지속되고 있음을 견책하는 것이었다. 동시에 유엔에서는 '북한 인권문제 조사위원회의' 보고를 안보이사회에 교부하기로 결정하였고, 북한 정세를 국제형사법정에 넘겨 심의하겠다고 하였다. 11월 23일 북한국방위원회는 이에 대하여 "북한은 유엔이 전에 통과시킨 북한인권결의안을 전면적으로 부정한다. 그리고 미국, 일본, 한국 등 나라들이 진행한 북한의 인권을 반대하는 도발에 대하여 '전에 없던 초강력적인 대응조치'를 취할 것이다"라고 천명하였다.

12월 20일 북한 외무성은 다시 한 번 성명을 발표하여 대회에서 통과된 북한인권결의안을 견책하면서 이것은 북한을 적대적으로 대하는 가장 뚜렷한 표현이라고 언명하였다. 성명은 또 현재 미국이 인권을 구실로 북한에 대해 군사적 공격을 시도하려는 정책이 점점 더 노골화되고 있고, 미국이 북한의 인권에 대하여 전면적인 대결을 발동한 그 시각부터 한반도의 비핵화 이념은 근본적으로 효과를 발휘할 수 없게 되었다고 지적하였다. 그리고 북한과 미국이 달성했던 "서로의 주권을 존중하고 평화공존하자"는 인식을 가져온 '9.19공동성명'을 포함한 모든 조미(朝美)간의 협의는 다 공문(空文)으로 되었다고 표했다.

북한이 핵을 포기하는 것은 한반도 문제를 해결하는 근본적인 문제점이다, '9. 19성명'은 이전에 여러 차례 있었던 6자회담에서 달성했던 첫 공동성명이었고, 또한 북한이 핵을 포기하는 데에 관한 로드맵이었다. 이에 대해 북한인권보고를 둘러싸고 일어난 북한과 서방 선진국들 간의 쟁의는 인권문제에만 국한되는 것이 아니라, 이미 한반도 문제에서 해결 되어야 할 근본적인 문제로 떠오르게 되었다. 국제사회는 이 문제에 대하여 깊이 심사숙고해야 할 필요성이 있었던 것이다.

"북한인권문제는 한반도 문제를 해결하는 단계에서 얼마나 무거운 분량을 감당하게 될 것인가? 북한 인권문제에서 우리는 도대체 북한에 어떤 메시지를 보내야 할 것인가?" 하는 문제점들이 이제 세상에 대해 물어졌던 것이다.

냉전 이래 북한의 해당의제들이 모든 문제의 중요한 근원으로 되었던 것은 아래의 두 가지 원인 때문이었다.

첫째, 한반도 문제를 둘러싸고 존재하는 냉전구조는 냉전의 결속과 함께 종결을 지은 것이 아니라 점점 더 심각해졌다. 이것은 미국과 한국이 북한에 대한 무력적 위협이 강화되고 의식형태가 침투되며 국제적으로 봉쇄되는 것과 같은 문제들이 포함되어 있다.

둘째, 이것은 북한이 역사의 조류에 순응하려고 하지 않고 자신의 착오적인 정책만 선택하려 하였기에 빚어진 결과이다. 여기에는 제때에 국제사회를 향해 개방하지 않고, 국내적으로는 제때에 경제구조의 근본적인 조절을 하지 않았으며, 더욱 더 폐쇄적인 선택을 했고, 특히 핵을 보유하여 스스로를 보호하려는 정책을 선택한 것과 같은 폐단이 포함된다. 또한 경제적인 고난으로 인해 야기된 민생문제가 지속적으로 근본적인 개선을 가져오지 못한 것과 폐쇄정책, 그리고 엄격한 사회에 대한 관계적 통제는 이른바 서방 선진국들에서 말하는 '인권문제'를 초래하였던 것이다. 한반도 문제를 해결하기 위한 근본에는 이 두 가지 문제를 동시에 해결하지 않으면 안 되는 이 두 가지 필수적 요인이 있는 것이다. 하지만 이 두 가지 문제는 뒤엉켜서 서로 먼저 해결되지 않으면 안 되는 전제조건이 되고 있다.

미국과 한국 그리고 북한은 모두 어느 일방도 먼저 첫 걸음을 내딛으려 하지 않고 있다. 또한 동시에 해결하려고 해도 기술적으로 합리적인 조치를 취할 수 없기에 점점 더 치열해지고 있는 것이다. 이로 볼 때 북한의 인권문제는 한반도의 해당문제들을 파생시키는 문제이지 절대 한반도 문제를 해결하는데 필요한 핵심은 아닌 것이다.

한반도 문제의 핵심은 여전히 어떻게 해서 냉전구조를 풀어나가고 어떻게 해서 하루 빨리 북한이 핵을 포기하게 하며 북한으로 하여금 점차적으로 혁신 개방의 길로 나아가게 하는가 하는 데 있는 것이다. 만약에 여러 나라들에서 북한의 인권문제를 놓지 않으려고 한다면, 단지 한반도 문제의 진정한 핵심을 덮어 감추는 꼴로 밖에 되지 않을 것이므로, 이렇게 해서는 이러한 근본적인 문제들을 해결하기 어렵게 될 것이다.

우리는 물론 북한이 잘못된 정책을 선택하였기에 인권문제 면에서 여러 가지 문제가 존재하고 있다는 것을 인정할 필요가 있다. 그중에서도 가장 근본적인 것은 개인의 생존권 문제이다. 만약 한 정부가 자기 백성들의 의식주 문제도 제대로 해결하지 못한다면 개인이 자유를 선택하는 것과 같은 문제는 더구나 해결하기 어렵게 될 것이므로 그 나라의 인권문제는 국제사회의 관심을 불러오게 될 것이고 동시에 국제적 간섭과 압력을 받게 되는 것이다. 하지만 이상에서 말한바와 같이 북한의 인권문제는 그로서의 역사성과 특수성을 가지고 있기 때문에, 이 문제에 있어서 미국과 한국을 포함한 기타 서방의 선진국들 역시 응당 부분적인 책임은 져야 하는 것이다.

냉전구조와 장기적인 봉쇄는 북한의 경제적인 고난을 심화시켰을 뿐만 아니라, 북한이 정확한 길로 가는데 그 발걸음이 더뎌지고 우유부단해지게 하는 폐단을 초래하게 하였다. 특히 북한은 국가 실력이 한국과 거대한 차이가 존재하는 상황 하에서 정권의 생존을 수호하는 것이 가장 중요한 수요가 된다는 것을 감안 할 때 이 점을 더 더욱 실감할 수 있게 되는 것이다. 이로부터 볼 때 북한의 인권문제에서 국제사회가 주목하고 동시에 일정한 압력을 가하는 것은 능히 이해할 수 있는 일이다. 또한 인권 압력에 대한 북한의 반응으로 볼 때 국제사회의 목적은 이미 달성했다고 할 수 있다.

만약 이러한 상황에서 더욱 압력을 가한다면 한반도의 냉전구조는 더욱 악화되는 결과를 초래하게 될 것이므로, 직접적으로 북한이 잘못된 길에서 점점 더 멀어지는 결과를 초래하게 될 뿐 문제 해결에는 아무런 도움도 되지 않는 것이다. 한반도 문제가 이렇게 오랫동안 해결점을 찾지 못하고 있는 것은 문제 내에 지극히 복잡한 원인이 있다고 보아야 할 것이다. 한반도 문제는 오늘날 국제관계에서 가장 해결하기 바쁜 문제라고 해도 과언이 아니다. 국가의 생존문제, 통일문제, 의식형태문제, 체제의 메커니즘 문제, 대국들과의 대치문제 등 문제들이 복잡하게 얽혀있는 것이다.

이런 문제들로부터 파생된 엄한중 후과는 이미 오랫동안 지속되고 발효되어 왔다고 할 수 있는데, 이것이 동북아의 평화와 안정을 고도로 위협하고 있는 것이다. 이러한 문제들은 겨우 인권문제를 해결한다고 해서 해결할 수 있는 것이 아니다. 당장에 급선무가 되는 것은 우리 모두가 책임을 져야 한다는 각도에서, 그리고 문제를 해결하려는 실무적인 각도에서 한걸음씩 점차적으로 한반도 문제의 핵심을 해결해나가는 것이다. 이러한 핵심적인 문제를 해결하면 이른바 인권문제도 더 이상 존재하지 않을 것이다. 이 과정에서 우리는 시종 북한인민들도 우리와 같이 풍요로운 생활을 누리고 싶어 하고 존엄이 있는 생활을 하고 싶어 한다는 것을 명심해야 할 것이다. 북한정부도 우리 모든 나라의 정부와 같이 자기의 나라가 평화롭고 백성들이 안정된 생활을 누릴 수 있기를 바랄 것이다. 하지만 우리 서로가 처한 국내환경이 다르고, 거기다가 모종의 잘못된 정책을 선택하였기에 보고 싶지 않은 국면이 초래되는 것이다. 우리는 절대로 북한의 영도자들이라고 해서 천성적으로 자기의 백성들을 못살게 굴고 싶어 한다고 생각해서는 안 된다. 이것은 비록 상식적인 문제이지만 한반도의 문제를 관찰하고 분석하다보면 늘 이런 문제에 부딪치게 된다. 이것은 사실 한반도 문제가 해결점을 찾지 못하는 장애중의 하나이다.

정부가 착오를 범하는 데 있어서 북한정부가 '전매특허'를 낸 것은 아니다. 중국, 미국, 한국을 포함한 그 어느 국가 정부도 모두 착오를 범할 수 있는 것이다. 국제사회의 일원으로서 특히 이해관계가 연계되어 있는 나라들로서 가장 시급한 일은 일정한 외재적 조건을 창조하여 북한이 착오적인 도로에서 점점 더 멀리 가는 것을 피하도록 이끌어 가는 것이다.

3. '김정은을 암살하라' 는 영화로부터 기인된 북한과 미국의 대결

2014년도 한반도 정세에서 세인들의 주목을 끈 또 다른 하나의 사건은 바로 북한과 미국이 《김정은을 암살하다(The Interview)》라는 제목의 영화를 둘러 싼 격렬한 겨룸이었다. 이 영화는 미국 소니 픽처스 엔터테인먼트에서 제작한 것이다. 이들은 2014년 12월 25일에 미국과 캐나다에서 방영하려고 계획하였다. 하지만 미처 방영하기 전에 북한에서 강력하게 항의를 제기하면서 이것은 "북한인민들이 절대 용서할 수 없는 모독"이라고 질책하였다. 북한은 또 영화의 해당제작자들을 미국정부에 철저히 징벌할 것이라고 표명하였다. 11월 하순, 소니 픽처스 엔터테인먼트는 오늘날 미국 본토의 기업들로부터 가장 파괴적이라는 인터넷 공격을 당하였다. 이번의 공격은 소니사의 모든 인터넷을 전부 다운시켰다. 상영을 하지 않은 영화는 그 후 인터넷을 통해 퍼지기 시작하였다. 소니사는 이로 인해 막대한 경제적 손실을 입게 되었다.

수많은 추측들에 의하면 이번의 공격사건은 북한과 관계가 있다는 보도가 흘러나왔다. 북한 관원은 “소니사가 인터넷 공격을 북한과 연계시키는 것은 우리나라에 대한 또 한 번의 임의적인 날조이다”라고 지적하였다. 하지만 소니 픽처스 엔터테인먼트에 대한 인터넷 공격에 대해서 “어쩌면 북한을 지지하는 사람들이나 동정하는 사람들이 발기한 정의적인 행동일 것”이라고 강조하였다. 미국에서 영화를 촬영하고 제작하는 것은 비록 시장행위이지만 이 영화를 촬영하고 제작한 것은 사실 아주 책임성이 없는 행동이었다.

현임 국가 영도자를 암살하는 내용의 영화를 제작하고 그 실질 이름까지 쓰면서, 영화의 기본 방향이 고도의 오락성을 띠었다는 것은 미국사회가 북한의 영도자에 대하여 극도로 멸시하고 있음을 보여주는 것이었다. 북한의 정치체제가 어떠하든 간에 김정은은 북한의 합법적인 국가 영도자로서 그는 그 본인을 대표할 뿐만 아니라 2,500만 북한인민을 대표하는 것이다. 그렇기 때문에 이 영화는 김정은 본인에 대한 모독일 뿐만 아니라 북한의 일반 민중들의 감정까지도 여지없이 모독했던 것이다. 소니 픽처스 엔터테인먼트의 제작자들과 배후의 미국 해당관리부문은 이점을 절대 모르지 않았을 것이다. 이러한 행동은 김정은 정부에 대한 미국사회 전반의 태도를 여실히 보여주었던 것이다.

2011년 말에 김정은이 대권을 잡은 후 미국정부는 북한과 접촉하는 정책을 취하였고 2012년에는 '2. 29협의'를 달성하였다. 하지만 그 후 북한에서 '광명성 3호' 위성을 발사하고 3차례의 핵실험을 감행하면서 전쟁변연정책을 취하고 미국에 핵 타격을 가하겠다고 위협하였기에, 미국은 김정은이 아직 젊기에 경솔하고 극도로 성실하지 못하다고 판단했던 것이다. 그리하여 미국은 북한에 대해 '전쟁인내' 정책을 취하였다. 미국은 실제상에서 김정은 개인에 대하여 너무도 낮게 평가하였기에 엄정한 의미에서 그와 교제하지 않으려 했던 것이다.

이번에 미국에서 제작한 오락영화《김정은을 암살하다》는 근본적으로 미국정부와 미국사회가 김정은을 대하는 심리상태를 진실하게 보여주었던 것이다. 김정은이 대권을 잡은 후 북한의 대외정책에 일부 문제점들이 존재하는 것은 의심할 바 없는 일이다. 중국을 포함한 국제사회에서는 이미 엄한중 제재를 통하여 그들에 대한 불만을 보여주었고, 그에 상응하는 징벌을 가하였다. 하지만 국제관계는 일정한 기본 규칙과 예의가 구비돼야 하는 것이다. 그 어떤 정황을 막론하고 그처럼 상대방을 존중하지 않는 방식으로 한 나라의 현임 영도자를 부정적으로 묘사해서는 안 되는 것이다. 더구나 김정은 본인은 다른 나라의 영도자들과 똑 같이 내정, 외교에서 점차적으로 배워가는 과정에 있다. 그전의 전쟁과 연계한 정책으로부터 2014년에 세인의 주목을 크게 받은 외교공세는 바로 그 선명한 실례가 되고 있다. 핵을 포기해야 한다는 세간의 주장 앞에서 그가 구사하는 정책 역시 차츰 국제사회에 근접해 갈 것이다. 김정은이 대권을 잡은 후 시작된 개방, 자신감, 경제발전을 무엇보다 중시하려는 결심은 모두로부터 격려를 받아야 할 것이다.

이 영화는 미국에 대한 북한의 불신임을 악화시켰을 뿐 한반도 정세에는 아무런 영향도 주지 못하였다. 또한 북한의 새 영도자가 국제사회에서 진일보적인 활동을 하려고 할 때 더 많은 의구심을 갖게 될 것이고, 특히 더욱 우유부단한 행동을 하게 만들 것이며, 나아가는 발걸음에 혼선을 가져다 줄 것이다. 그 어떤 시각이라도 국제사회는 북한에 필요한 압력을 가하는 동시에 '분노하는 북한'을 만들어서는 그 어느 나라에도 이익이 없다는 것을 명확히 명기해야 할 것이다. 영화《김정은을 암살하다》는 '분노하는 북한'을 만들어 내고 말았던 것이다.

4. 북한에서 펼치는 외교공세는 미래가 불분명하다

상술한 바와 같이 2014년 10월 4일에 인천아시아올림픽 폐막식을 이유로 북한국방위원회 부위원장, 북한인민군 총 정치국 국장 황병서, 북한 노동당 중앙위원회 서기 겸 북한국가체육지도위원회 위원 최룡해, 북한노동당 중앙위원회 서기 겸 통일전선부 부장 김양건 등으로 구성된 북한 고위급대표단이 한국을 방문하였다. 당시의 방문은 김정은이 대권을 잡은 후 북한 최고위급 영도자들이 처음으로 한국을 방문한 것으로서, 제2차 세계대전 이후 남북이 분열된 이래 북한에서 파견한 최고위급 대표단이었다.

한국에 체류하는 기간에 북한대표단은 당시 한국 총리 정홍원, 국가안보실 실장 김관진, 통일부 장관 유길재 등 고위급 관원들을 만났는데 이 역시 김정은이 대권을 잡은 후 북한과 한국의 최고위급 관원들의 회담이었다. 이러한 정치외교적 행보는 체육 본연의 의미를 훨씬 초과하는 것이었다.

세계가 주목한 이 번의 방문은 사실 우연한 일이 아니었다. 이번 방문은 근본적으로 김정은 정부의 외교정책에 대한 조정이었다. 2014년 9월 상순과 중순, 북한노동당 중앙위원회에서 국제사무를 책임진 서기 겸 정치국 위원 강석주는 독일, 스위스 등 유럽의 4개 나라와 몽골 등을 방문하였다. 10월 초 북한 외무성 수상 이수용이 러시아를 방문하였다. 그리고 황병서 등이 한국을 방문한 것이다. 이러한 행동들은 당시 북한의 외교적 공세가 고조에 이르고 있음을 보여주는 것이었다. 그 원인을 분석해보면 다음과 같다.

첫째, 김정은이 대권을 잡은 후 그의 외교는 사실 학습과정에 처해있었던 것이다. 북한은 2013년 한반도의 전쟁위기를 겪었지만 그 어떤 긍정적인 결과를 얻지 못하였다. 중국과 미국 그리고 한국이 협조를 강화하는 추세 앞에서 그들의 전쟁변연정책은 그야말로 낭떠러지에 이르게 되었던 것이다. 둘째, 이러한 행보는 필연적으로 김정은 개인의 의견이 중심이 되어 이루어졌음을 보여주었다. 부친 김정일과 비교해 볼 때 김정은은 더욱 자신감이 있고 개방된 사람이다. 2014년 하반 년에 북한 매체는 공개적으로 김정은의 건강에 이상이 있다는 뉴스를 내보냈는데 이것이 바로 그 좋은 실례이다. 셋째, 김정은의 정권이 날로 공고하게 자리를 잡아가는 배경 하에서 국내의 경제를 발전시키고 민생문제를 해결하며 국제 상에서 고립적인 환경을 개선하는 것은 새 정권 앞에 나선 급선무였던 것이다.

북한의 대외정책이 보여준 이러한 조정이 아주 긍정적인 의의가 있음은 의심할 나위가 없다. 하지만 이것만으로는 충분하지 못하다. 북한 입장에서 보면 그들의 국제적인 고립은 2013년에 진행한 제3차 핵실험과 그 후에 보여준 고도로 위험한 전쟁변연정책에서 기인된 것이다. 2014년에 취한 북한의 적극적인 외교행위는 후자에 대한 국제사회의 걱정에 대한 반응이라고 밖에는 볼 수 없는 것이다. 핵문제에 대하여 북한이 보여주는 태도 역시 낙관적이지 못했다. 반대로 2014년에 보여준 일련의 외교활동 중에서 북한 관원들은 핵문제에 대해 한마디도 언급하지 않았다.

사실상 국제사회가 김정은 정부에 대한 중요한 우려는 그의 핵문제에 대한 정책에 집중되어 있다. 김정은은 대권을 잡은 후 핵문제에서 확실히 부친 김정일보다 더 멀리 나아가 있다. 상술한 바와 같이 2013년 3월에 노동당 중앙위원회 전체회의에서 경제건설과 핵 무력 건설을 동시에 실천해 간다는 새로운 전략노선을 제기하였던 것이다. 그해 4월 1일 북한 최고인민회의는 《자위 핵으로 국가의 지위를 한층 더 공고히 하자》라는 법령을 통과시켰다. 이것은 국제사회에서 요구하는 핵무기를 포기하라는 방향과는 반대되는 것이었다. 이로부터 우리는 만약 북한이 핵을 포기하는 문제에서 성의를 보이지 않는다면 그 어떤 적극적인 외교활동도 국제적인 고립에서 벗어나려는 그들의 염원에 만족을 줄 수 없을 것이라는 것을 알 수 있다.

그리고 북한이 국제적인 고립에서 벗어나야 하는 중요한 원인을 분석해 볼 때, 그들이 관심을 가지는 것은 국제사회의 고립에서 벗어나 철저하게 국가 안보를 보장하며 경제를 발전시켜 민생문제를 해결하고 정권의 궁극적인 안보를 보장하는 것이다. 그렇게 하자면 미국 혹은 중미 양국의 합작이 있어야만 실현할 가능성이 있는 것이다. 따라서 북한에서 국제적인 고립에서 벗어날 수 있는 열쇠는 중국과 미국과의 관계를 개선하는 것이다.

미국의 각도에서 볼 때 그들은 《2.29협의》가 북한에 의해 일방적으로 파기되는 경험을 했고, 제3차 핵실험을 지켜보았으며 북한의 초 강력적인 전쟁변연정책을 경험하였고, 북한에서 핵으로 공격을 하겠다는 위협적인 모욕도 겪었던 것이다. 김정은 정부에 대한 오바마 정부의 신뢰는 새로운 최저점에 떨어지게 되었다. 김정은 정부가 만약 미국의 신뢰를 얻으려면 많은 필요한 일들을 해야 했다. 중국 입장에서 말한다면 북한과의 관계는 제3차 핵실험을 하고난 후 북한이 핵을 보유할 수 있는지 하는 문제에서 근본적인 변화를 가져오지 못하고 있는 상황이었다. 이로 볼 때 북한이 만약 국제적인 고립에서 벗어나려면 가장 먼저 중국과 미국과의 관계를 개선해야 한다는 결론이 도출된다. 그리고 북한은 중미 양국으로부터 그들이 국제환경을 변화시킬 수 있는 지지를 얻어내야 했다. 이것은 북한이 외교태도를 변화하여 실현할 수 있는 수준의 문제가 아니라, 실제적인 행동을 통해 국제사회가 그들의 '핵 포기' 문제에 대한 관심에 확실한 답을 주어야 하는 것이다.

남북한 관계에서 볼 때, 김정은 정부와 박근혜 정부는 격렬한 대치 후 화해적인 분위기를 만들고 시간을 들여 새롭게 신뢰를 구축해야 할 필요성을 느끼고 있었다. 쌍방이 대폭적으로 관계를 개선할 수 있는 기회는 최고위급 방문을 통하여 얻을 수 있는 것이 아니었다. 이 점은 10월 7일 남북한이 한반도 서해의 '북방한계선(NLL)'에서 다시 서로 포격을 감행한 사실이 잘 보여준다.

사실이 이러하지만 국제사회는 북한이 대외적 행동에서 적극적으로 조정하려는 행동을 엿볼 수가 있다. 이러한 행동 역시 중국이 줄곧 희망하고 추진해오던 것이었다. 북한이 만약 2014년처럼 적극적인 외교조치를 계속 밀고 나가고 동시에 근본적으로 "끊임없는 외교노력을 들인다면 국제사회는 결코 자신들의 핵보유국 입장을 받아들이게 될 것"이라는 오산을 포기하고 실제적인 행동을 통해 점차적으로 핵을 포기하는 과정을 추진한다면 북한은 그들이 바라는 국제적인 고립에서 벗어날 수 있게 될 것이고 근본 상에서 국내의 경제를 개선하려는 목표를 실현할 수 있게 될 것이다.

5. 북한의 핵문제는 '시한폭탄' 이다

2014년 3월 28일 유엔 안보이사회는 북한이 진행한 중거리미사일 발사를 공개적으로 견책하였다. 이틀 후 북한은 새로운 핵실험을 할 수도 있다고 공표하였다. 이른바 '새로운' 것이라는 말은 우라늄을 원료로 하는 미사일 실험발사와 대륙간유도탄에 탑재한 소형 탄두의 실험발사를 의미하는 것이었다. 8월 7일 한국과 미국이 진행하고 있는 '을지 프리덤 가디언 합동군사훈련'에 대응하여 북한은 다시 한 번 핵 실험을 할 것이라 위협하였다. 12월 20일 그들은 11월 18일 유엔총회에서 통과한 유럽연맹과 일본이 공동으로 제기한 북한인권결의안에 대한 성명을 발표하였고, 아울러 미국이 북한의 인권에 대하여 전면적인 대결을 발동한 그 순간으로부터 한반도의 비핵화라는 이념은 근본적으로 효과가 없게 되었다고 천명하였다.

또한 북한과 미국이 달성한 "상호 주권을 존중하고 평화공존하자"는 공동인식을 함께한 '9.18공동성명'을 포함한 다른 협의도 이미 폐지로 되고 말았다고 부연 발표했다.

북한이 11월 23일에 성명을 발표하여 미국, 일본, 한국 등이 진행한 북한인권에 대한 도발을 반대하여 채택한 "전에 없던 초강력 대응 조치"를 고려하여 국제사회는 보편적으로 북한이 제4차 핵실험을 감행할 것이라고 우려를 표하였다. 그와 동시에 2014년도 국제사회도 부단히 북한이 적극적으로 제4차 핵실험을 하게 될 것이라는 소식을 내보냈다. 미국 과학고문단과 국제안보연구소(ISIS)는 연구자들이 2014년 6월 30일과 4월 달에 촬영한 위성사진을 대비해 본 것에 근거하여 북한이 줄곧 농축우라늄원심분리기가 배치되어 있는 건축물 내에서 시공을 하고 동시에 건축물을 확대하고 있다는 것을 발견하였다.

한국은 위성 감시와 검측에 근거하여 북한 풍계리 지역에서 차량들이 쉴 새 없이 오가는 것을 포착하고, 북한이 이미 중장거리 미사일을 발사할 준비를 마쳤다고 판단하여 이것은 제4차 핵실험을 단행할 조짐이라고 확신하였다.

상술한 분석을 통해 볼 때 2002년 말에 제2차 북한 핵문제가 폭발한 이래 여러 차례의 6자 회담도 북한의 핵문제를 해결하지 못하였고 북한의 안전에 대한 관심문제도 해결하지 못하였다. 북한은 자신의 외교 전략을 "핵을 포기하는 것으로써 평화를 바꾸어 오는 것"으로부터 "핵을 보유하여 안전을 보장하는 것"으로 조정하였다. 김정은은 대권을 장악한 후 시종 "핵을 보유하여 안전을 보장"하는 외교 전략을 고수하였다.

그 결과 2013년 2월에 제3차 핵실험을 진행했던 것이다. 동년 3월 노동당 중앙위원회 전체회의는 경제건설과 핵 무력 건설을 동시에 이루겠다는 새로운 전략 노선을 내놓으면서 "선군북한의 핵무기는 달러와 바꾸어온 상품이 아니고 북한의 무장을 제거하자는 대화 장소와 담판석상에서 의논하는 정치적인 조건이나 경제적인 교역 물품도 아니다. 오직 지구상에

제국주의와 핵위협이 존재하는 한 우리는 핵 무장을 절대 포기하지 않을 것이다"[97]고 천명하였다. 2013년 4월 1일, 북한 최고인민회의는《자위 핵 국가의 지위를 더욱 공고히 하자》는 법령을 통과시켰다.

이것은 북한이 처음으로 세계를 향해 공개적으로 자신들의 핵정책을 공개한 구체적인 내용이었다. 비록 "핵을 보유하여 안전을 보장하자"는 주장이 북한의 기정정책이 되기는 했지만, 논리상에서나 기술상에서나 모두 북한이 기회를 보아 다시 핵실험을 할 것이라는 것을 엿볼 수 있었다. 북한이 전에 핵실험을 했던 동기나 시기로 보아 중요한 두 가지 특징인 '오판'과 "기다리지 못하는 원인"이 있다. 북한은 지금까지도 미국, 일본, 한국과 외교관계를 수립하지 않았을 뿐만 아니라, 중국, 러시아 등의 국가들과도 깊은 소통이 결여되고 있다. 이 점은 국제사회로 하여금 북한에 대해 진실한 이해가 결여되게 한 동시에, 북한이 국제사회에 대한 이해에서도 오판을 가져오게 하는 요인을 피할 수 없게 했던 것이다. 이른바 "기다리지 못 한다"는 것은 핵문제에서의 이해관계가 존재하는 해당 국가들 중 북한의 상황이 제일 엄중했기 때문이었다. 따라서 북한은 국제적인 고립에서 벗어나 외부환경을 개선하고 국내적으로 경제를 발전시켜 민생을 개선할 필요성을 절박하게 느끼게 되었던 것이다. 북한에서는 이 목표를 달성하는데 다른 방법으로 실현하기 어려움을 느끼게 되자 핵실험이야말로 유일한 효과적인 방식이라고 잘 못 인식하게 되었던 것이다.

김정은은 대권을 잡아서부터 2014년 말에 이르기까지 한 번도 출국하여

---

97) "핵 무장은 북한의 국보이지 담판의 조건이 아니다", 《신화넷》 2013년 4월 3일, http://news.xinhuanet.com /world/2013-04/03/c_124536376.htm를 참조.

타국을 방문한 적이 없고, 국내에서 그 어느 나라의 지도자를 만난 적도 없다. 이 점 역시 북한이 대외적으로 오판을 할 가능성을 더해주었던 것이다. 북한의 3차례 핵실험과 전쟁번연정책으로 인해 국제적으로 고립되는 상황은 더욱더 심해져 갔다. 2014년 후 북한은 일본과의 관계를 개선하려고 노력하고 있다. 북한은 9월에 핵심외교관을 유럽에 파견하였고, 10월에는 국방위원회 부위원장 등을 한국 인천 아시아올림픽 폐막식에 참석시켰으며, 11월에는 또 최룡해를 김정은의 특사로 임명해 러시아를 방문케 하였다. 이것은 북한이 국제적인 고립에서 벗어나려는 절박한 심리상태를 보여주었던 것이다. 상술한 바와 같이 북한이 국제적인 고립에서 벗어날 수 있는 핵심적 요소는 바로 중미 양국과의 관계를 개선하는 것인데, 그 원인은 국제 경제체계에서 미국이 주도적인 위치를 차지하고 있기 때문이다.

중국과 미국은 모두 유엔 안보이사회의 상임이사국이다. 중국과 북한은 기나긴 국경선을 가지고 있고 긴밀한 경제무역관계도 유지하고 있다. 이것으로 볼 때 북한에서 핵무장 정책에 대해 근본적인 변화를 가져오지 않는다면 근본적으로 중국과 미국의 관계개선은 어려울 것이고, 국제적 고립에서 벗어나기 어려울 것이다. 이러한 국면은 북한의 정책상 오판을 더해줄 것이고, 그들은 또다시 핵실험을 통해 국제사회의 관심을 끌려고 할 것이다.

이 문제를 해결하는 열쇠는 북한이 먼저 핵을 포기하는 문제에서 성의를 보이는 것이고, 이에 따라 빠른 시일 내에 6자회담을 재개하는 것이며 그 후 중국과 북한이 정상급회담을 가지는 것이다. 중국과 북한의 정상급회담은 북한과 한국, 북한과 미국의 초고위층을 이끌어낼 희망이 있을 것이다. 이렇게 되면 북한의 핵 포기가 정규적인 궤도에 들어설 수 있게 될 뿐만 아니라 북한과 외부세계의 관계도 대대적으로 개선 될 수 있을 것이다. 하지만 2014년도 여러 나라는 6자회담을 재개하는 입장에서 여전히 커다란 차이를 보이고 있다. 미국은 완전히 6자회담을 반대하는 것은 아니지만 북한으로 하여금 먼저 '성의'를 보이라고 요구하고 있다. 그것은 상술한 바와 같이 미국은 김정은 정부에 대하여 기본적인 신임마저도 가지고 있지 않기 때문이다. 심지어 미국은 김정은을 대화상대로 여기지도 않고, 핵문제를 포함한 북한의 해당문제들에 대하여 관망적인 태도를 보일 수도 있다. 6자회담에서 2014년 미국이 보여준 정책은 실질상에서 북한과 중국의 다음 행동을 기다렸다가 다시 정책방향을 정하려는 것이었다.

6자회담을 재개하는 문제에서 미국과 보조를 맞추려는 것은 한국의 기본 입장이었다. 6자회담이 재개되려는 문턱에서 한국이 제일 관심을 보인 것은 "검증가능성" 문제였다. 한국은 2008년에 6자회담이 정체된 것은 바로 당시 국제 원자력기구에서 북한이 보고에 기초하여 실제 감독을 진행하겠다고 요구한데서 기인된 것이라고 믿고 있는 것이다. 하지만 북한에 농축 우라늄이 있어 국제 원자력기구에서 실제로 고찰을 하게 된다면 그 사실이 "백일하에 들어날 것"을 고려하여 북한이 거절하였던 것이다. 박 대통령이 취임한 후에도 북한과의 관계가 긴장과 위기 속에 감돌자 쌍방의 신임은 새로운 최저점에 떨어지게 되었던 것이다.

2014년에 들어와서 한국은 수차례나 북한을 향하여 먼저 필요한 성의를 보이라고 촉구하였다. 특히 미래 핵 포기의 길을 보여주기 위해서는 "검증가능성"을 전제로 하여 6자회담을 재개할 수 있기를 바란다고 천명하였다. 동시에 한미 쌍방은 모두 중국이 북한에 핵무기를 발전시킬 수 있는 능력의 평가보고서를 제공하지 않았기 때문에 다시 6자회담을 재개한다는 것은 기술상에서 설득력이 부족하다고 하였다. 중국의 전문가들도 가끔 여러 장소에서 미국과 한국을 향해 북한의 핵무기는 아직 "소형화, 경량화" 경지에 이르지 못하였다고 표하면서, 이 문제를 해결하는 것은 그렇게 긴박한 것이 아니라는 인상을 심어주었다. 이것 역시 미국과 한국으로 하여금 여전히 북한의 핵문제에 대해 "관망정책"을 실시하도록 잘못된 인식을 심어주었던 것이다.

상술한 분석에서 보면, 2014년 한반도의 안보정세는 전반적으로 완화된 상황을 보여주었다. 그러나 북한이 제4차 핵실험을 진행할 가능성은 여전히 존재하고 있었기에 이 문제는 2014년 한반도 정세의 시한포탄이 되었다. 북한이 일단 제4차 핵실험을 감행한다면 한반도의 안보정세는 반드시 또 다른 악성순환 상태로 넘어가게 될 것이다. 다행스럽게도 제4차 핵실험이 2014년에는 진행되지 않았으나 상술한 바와 같이 북한이 제4차 핵실험을 할 수 있는 가능성은 절대로 소실된 것이 아니었다. 반대로 시간이 흐름에 따라 그 가능성이 대대적으로 증폭되는 추세를 보였다. 한반도의 안보정세에 영향을 주는 모든 문제는 여전히 해결을 보지 못하고 있었던 것이다. 이 문제는 2015년 한반도의 안보정세가 여전히 불확실성으로 가득 차 있었음을 말해주었다.

제3절
박근혜 정부의 북한정책에 대한 종합과 전망

1. 현재 박근혜 정부의 대 북한 정책을 어떻게 볼 것인가?

현재에 이르기까지 박 대통령의 "한반도신임건설발전과정"이나 "드레스덴구상" 등을 캐리어로 하는 대 북한「제3의 길」정책이 여전히 구체적인 결실은 맺지 못하였지만, 객관 상에서 볼 때 그 정책들은 사실 현저한 성공을 거두었다고 할 수 있다. 그 주요한 결과는 다음과 같은 두 가지 방면에서 볼 수 있다.

첫째, 한반도 정세는 기본적으로 안정적이고 통제할 수 있는 국면에 이르렀고 긴장상태도 명확한 개선을 가져왔다. 박근혜 대통령이 2013년 2월 25일 취임한 이래, 한반도 정세가 가장 긴장되었던 상황은 그해 4월 12일 위기가 차츰 완화되기 시작했던 때까지인데 그 기간은 무려 47일이나 지속되었다. 박근혜 대통령이 취임한 후는 이명박 정부 시기에 비하여 불확실했던 한반도의 국세는 새로운 면모로 변화를 보였다. 또한 위에서 분석한 것과 같이 가장 긴박했던 47일 간도 역시 이명박 정부 시기의 대 북한정책에 대한 '여진'이었다고 볼 수 있다. 그러므로 박 대통령이 책임져야 할 부분은 사실상 아무 것도 없었다. 그 후 북한에서 지속된 외교공세 및 한반도의 정세가 안정되고 능히 통제할 수 있는 국면에 이르게 된 것은 바로 박 대통령의 북한에 대한 「제3의 길」이 한반도 문제를 해결할 수 있는 지름길이었다는 것과 큰 관계가 있다고 말하지 않을 수 없다.

둘째, 대 북한 정책에 대한 국제적인 협력이 명확하게 증가되었고, 북한의 행위를 통제할 능력이 현제하게 증대되었다는 점이다. 냉전 후 역대 정부의 대 북한 정책은 대부분 "중국이 지지하면 미국이 반대하고", "미국이 지지하면 중국이 반대하는 것"이었다. 중국은 김대중 정부와 노무현 정부의 대 북한"햇볕정책"을 지지하였지만, 미국은 그에 대해 반대하는 입장을 보였다. 부시가 처음으로 김대중 대통령과 통화를 할 때는 김대중 대통령이 2000년 노벨평화상을 받은 지 얼마 안 된 시기였다. 부시는 김대중 대통령의 "햇볕정책"에 대하여 명확하게 불만을 표시하면서 북한에 대해서는 강경정책을 펴야 한다고 주장하였다.

"우리는 북한이 핵무기를 포기할 것을 희망한다. 그들이 핵무기를 포기하려 하지 않는다면 우리는 강제적으로 그들이 핵무기를 포기하게 할 것이다."[98] 하지만 이명박 정부가 실시하였던 대 북한강경정책에 대하여 중국이 속으로 달갑게 생각하지 않았던 것도 사실은 공개된 비밀이었다. 이 점은 중국이 천안함 사건과 연평도 포격사건을 처리하는 태도에서 엿볼

98) Bruce Cumings, the North Korea Problem: Dealing with Irrationality, Current History; Sep 2009; P287.

수 있는 것이다. 이로보아 중국과 미국은 대 북한 정책에서 협력하기가 힘들다는 것을 알 수 있다. 또한 중국과 미국이 핵문제에 대해 벌이는 논쟁도 북한의 행위를 결정하는 문제에서 큰 영향을 미칠 수 없을 뿐만 아니라, 반대로 북한이 대국들 사이의 "좌우 틈새"에서 기회를 노리게도 할 수 있는 것이다. 이러한 국면은 박근혜 대통령이 취임한 후 명확한 변화를 가져왔다. 상술한 바와 같이 박근혜 대통령은 취임한 후 반년도 채 되지 않는 사이에 자신의「제3의 길」정책으로 미국과 중국의 공동 지지를 얻어냈던 것이다. 이것은 모종의 의미에서 중국과 미국이 북한에 대한 한국의 정책에 공동으로 지지를 보냈다는 것으로 해석할 수 있는 것이다. 또한 이로부터 형성된 중국, 미국, 한국의 입장 조정은 북한으로 하여금 부득불 전쟁변연정책을 포기하고 외교공세를 일으키게 만들었던 것이다. 이것 역시 북한이 제4차 핵실험을 늦춘 주요한 원인의 하나였다.

박 대통령의 대 북한 정책은 구체적인 결실을 맺지는 못하였는데, 그 원인은 한반도 정세가 마구 뒤얽혀 있고 복잡하기 때문이다. 이러한 현상은 많은 요인 때문에 조성되었다. 이 문제에서 한국이 할 수 있는 일은 상당히 제한되어 있다. 구체적으로 말한다면 문제를 가장 훌륭하게 해결할 수 있는 능력을 구비한 미국의 오바마 정부는 오늘날까지도 문제를 해결하려는 정치적인 염원이 없다. 그리고 문제의 가장 중요한 당사자인 북한도 가장 이상적인 선택을 하지 않고 있다. 그렇기 때문에 그 사이에 있는 한국은 겨우 정세를 안정시키는 각도에서 출발하고자 할 뿐이다. 한국 혼자의 힘으로는 절대로 문제 해결을 위한 돌파구를 마련할 수 없기 때문이다. 이런 관점에서 보면 박 대통령의 대 북한 정책은 이미 예기했던 목적을 달성한 것이라고 말할 수 있는 것이다.

2. 미래 한반도의 안보정세 향방 : 불확실성이 충만하다

상술한 바와 같이 냉전 후 한반도 안보정세에 영향을 주는 가장 큰 변수는 북한과 미국의 정책 발전 방향이다. 2015년도 예외가 아니었다. 북한과 미국의 정책 발전 방향으로 볼 때 북한은 짧은 시간 내에 반드시 외교공세를 강화하는 것으로써 외교적 고립에서 벗어나려고 할 것이다. 미국의 각도에서는 북한에 대한 관망정책의 동력을 변화시키지 않고 있다. 특히 그 전 단계에 북한 인권보고를 둘러싸고 벌어진 일련의 사건들이나 영화 《김정은을 암살하다》의 제작은 북한으로 하여금 미국을 더 혹독하게 비평하고 심지어는 노골적으로 욕설까지 퍼붓게 하였다. 양국은 또 해커의 공격을 둘러싸고 격렬한 다툼도 벌였다. 따라서 미국은 북한이 "핵을 포기하려는 성의"를 진정으로 보여주지 않는 한은 절대로 대 북한 정책을 변화하지 않을 것이다.

중조관계에 영향을 주는 주요한 변수는 2013년 1월에 진행한 제3차 핵실험과 그 후에 보여준 아주 위험한 전쟁변연정책이었다. 2014년에 보여준 북한의 적극적인 외교행위는 후자에 대한 중국의 걱정에 겨우 상응하는 반응을 보여주었을 뿐이다. 하지만 핵문제에 대하여 북한은 여전히 융통성 있는 태도를 보여주지 않고 있다. 2014년에 보여준 북한의 외교적 활약상은 어쩌면 의식적으로 중국을 피하려고 한데서 의도되었던 것인지도 모른다.

동시에 중국의 대 북한 정책은 새로운 시대배경 하에서 제정한 가장 합리적인 정책일 수 있으므로 그 핵심은 서로가 이익을 얻는다는 원칙과 마지노선 원칙이다. 그렇기 때문에 2015년 중국의 대 북한 정책도 북한이 중국과의 관계를 진일보 적으로 개선하려는 성의를 보여주기 전에는 큰 조정이 있을 가능성이 없는 것이다.

북한은 비록 2014년에 러시아, 일본과 가까이 하려고 하였지만, 역시 한반도 안보정세의 기본 구조로 인해 러시아와 일본의 영향력이 제한되어 있었다. 상술한 분석은 중국과 미국이 대 북한 정책을 변화시키려는 동력이 부족하다는 것을 보여준다. 이로부터 엿볼 수 있는 것은 2015년 한반도 안보정세의 발전방향이 북한 외교정책의 발전방향에 따라 제한되어져 있다는 것인데, 대체적으로 3가지 가능성이 존재한다고 볼 수 있다.

첫째는 현재와 같이 외교공세를 계속 밀고 나가면서 핵을 포기케 하는 문제에서는 현재의 경직된 정책을 견지할 것이라는 점이다.

둘째는 현재의 외교공세를 견지하는 배경 하에서 핵을 포기하는 문제를 둘러싸고 약간의 성의를 보이는 것인데, 두 가지 방면에서 그 특징이 나타난다. 하나는 그 전의 여러 차례 6자회담에서 달성한 《9.19공동성명》과 《2.13공동문건》과 같은 협의를 준수하려고 할 것이다. 또 하나는 핵을 동결하고 모종의 정도에서 국제사회의 감독을 받으려고 할 것이다.

셋째는 자신들의 힘으로 외교적 고립을 타파하기 어렵다고 생각될 때면 더구나 정책상의 오판을 내려 다시 미사일과 핵무기 실험을 강행할 것이라는 점이다. 만약 첫째 가능성이 나타난다면 2014년에 완화되었던 한반도의 안보정세가 계속 연장될 것이다. 만약 그렇다할 호전이 실현될 수 없다고 해도 더 이상 악화되지는 않을 것이다. 하지만 한반도 안보정세의 안정에 영향을 주는 모든 문제들이 해결될 수 없다고 해도 문제와 모순은 뒤로 미루어지게 될 뿐일 것이다. 만약 두 번째 가능성이 나타난다면 국제사회 특히 중국의 외교노력 하에서 북한이 핵을 포기하는 문제와 한반도의 냉전구조를 해결하는 문제를 둘러싸고 6자회담이 재개될 수 있을 것이다. 이렇게 된다면 김정은이 중국을 방문하게 될 것이고 북한이 국제적인 고립을 타파하는 문제는 자연스럽게 순리적으로 해결될 것이며, 한반도 안보정세에도 새로운 조짐이 나타나게 될 것이다.

만약 세 번째 가능성이 존재한다면 한반도 안보정세는 반드시 또 다시 새로운 악성순환을 맞이하게 될 것이다, 근래에 와서 북한의 핵 포기문제를 둘러싸고 국제사회의 공동인식이 크게 확대되었다. 비록 역사적으로 여러 나라는 모두 이 국면에서 패배자가 되었지만, 진정으로 가장 큰 패배자는 북한이라고 할 수 있을 것이다. 이와 동시에 중국을 포함한 국제사회는 이 문제를 해결해야 한다는 점에서 더욱 큰 어려움에 부딪치게 되었던 것이다.

이로부터 볼 수 있는 것은 국제사회의 미래적 노력방향은 집중적으로 북한을 인도하여 두 번째 가능성을 향해 나아가도록 해야지, 세 번째 가능성이 발생하게 해서는 절대로 안 된다는 것이다.

이런 국면을 나타나게 하려면 국제사회는 응당 북한을 고무시켜 적극적으로 외교적 노력을 기울이도록 해야 할 것이다. 동시에 한국과 미국은 절대로 북한을 자극하지 말아야 한다. 전자는 중국이 여러 가지 방식을 통하여 북한이 러시아, 일본을 포함한 국가들과 외교적인 접촉을 할 수 있도록 유도 격려하는 것이 필요하다. 국제여론은 김정은이 2015년 4월에 인도네시아를 방문하고 2015년 5월에 러시아를 방문한다고 널리

알리고 있는데, 이 일이 성사될 수 있도록 적극적으로 고무 격려해 주어야 한다. 동시에 중국은 중조관계에서 일정한 탄성 범위 안에서 북한과의 관계를 유지해 나가야지, 절대로 중국 국내의 일부 극단 여론과 학자들처럼 걸핏하면 "북한을 포기"해야 한다거나 "북한을 징벌"해서는 안 된다. 즉 중국식 "전략인내"가 가장 합리적인 것이라 할 수 있다. 후자는 미국과 한국이 여론상에서 북한을 자극하지 말 것을 요구하는 것이다. 이 방면에서 《김정은을 암살하다》와 북한인권보고서 상정 등은 결국 나쁜 영향만 일으키는 것이 뻔한 일이므로 앞으로는 이러한 사건이 재발하는 것을 피해야 할 것이다. 중국도 이런 방면에서는 더욱 선명하게 반대를 표해야 할 것이다. 이와 동시에 한미 양국은 이른바 북한을 상대로 한 연합군사훈련을 그다지 민감하지 않은 지역으로 옮겨가는 문제에 대해 진정으로 고려할 필요성이 있다고 본다. 또한 군사훈련의 강도와 진도도 적당하게 낮출 때가 된 것이다.

제4절
한반도 안보정세를 완화시키기 위한 중장기적 전략

김정은은 3년여의 탐색을 거쳐 이미 국제사회와의 관계를 완화시키려는 염원을 강렬하게 보여주고 있다. 중국의 대 북한 정책도 "표준이 없던 데"로부터 "표준을 세우는 데"로 변하였다. 이 점은 중조관계의 건강한 발전에 유리하다. 중국, 미국, 한국은 한반도 문제의 실질적 협력 강화를 하게 되었다. 이런 상황은 모두 한반도 정세의 평화와 안정을 촉진시켰다. 하지만 우리는 한반도의 평화와 안정에 영향을 미치는 해당문제를 아직 다 해결하지 못하고 있다는 점도 생각하여야 할 것이다. 이 중에서 핵문제는 이미 한반도의 안보정세를 위협하는 시한포탄이 될 것이다. "전진하지 않으면 후퇴하게 된다"는 말처럼 우리는 현재의 기회를 잘 이용하여 안보상황이 더 한층 강화될 수 있도록 힘써야 할 것이다. 이 문제를 해결하기 위해 쏟아 부었던 그동안의 노력을 돌이켜볼 때, 1993년에 폭발한 제1차 핵 위기부터 오늘에 이르기까지 지난 20여 년간 북한의 핵 포기를 위해 제정한 모든 정책들이 근본적으로 무효화 되었다고 할 수 있다. 한반도 정세와 중조관계는 더욱 복잡해지고 있는데 우리는 이제 전략적 사고의 방향을 반드시 변화시켜야 하는 시기에 도달해 있는 것이다.

한반도의 안보정세를 개선하려면 한반도의 냉전구조를 약화시키는 것과 북한이 핵을 포기하도록 요구하는 것을 동시에 이루어지도록 해야 한다. 이것을 위해 '중미식' 대타협(grand bargain) 방안을 시도해 볼 필요가 있다.

냉전이 끝난 후, 정치적 실책과 자연재해로 인해 남북한의 차이는 더 커졌을 뿐만 아니라, 국제적인 고립도 더욱 깊어져서 국제사회 속에서 이색국가로 분류되었다. 게다가 한국정치에 대한 보수 세력의 영향이 커지고, 미국과 일본이 자체의 이익으로부터 출발하여 부단히 이들 정세에 혼란을 일으키는 가운데 3개국이 실력과 의도 상에서 북한에 대해 커다란 실질적 위협이 되고 있는 것이다. 이로 인해서 북한은 전에 없던 정권안전의 공황상태에 놓이게 된 것이다.

상대적으로 북한의 정권안전의 공황상태와 비교해 볼 때 국제사회는 북한을 설득하고 식량과 석유 등을 지원하려고 하지만 북한은 그 수량이 너무 적어 자기들의 가장 큰 안전보장이라고 생각하는 핵무기를 포기는 대가에는 어울리지 않는다고 생각하고 있고, 북한을 대외에 개방하는 데 대한 보답으로는 너무 적다고 생각하고 있는 것이다. 이 같은 논리가 작용하기에 북한은 중국이 전통적인 우의와 지역의 안정이라는 국면을 위하여 보내주는 협조와 설득을 대수로워 하지 않고, 오히려 단독 행군을 지속하려 하고 있는 것이다. 북한의 논리대로 한다면, 우리가 북한에 보내는 도움과 북한에 요구하는 보답의 관계는 이른바 "적게 주면 적게 보답"하는 것이지만, 자신들은 "적게 주어도 크게 보답하고, 심지어는 주지 않아도 크게 보답할 수 있다"는 논리이다. 따라서 이러한 상호관계를 보다 신뢰성을 갖추고 서로에게 도움이 된다고 하는 생각을 갖게 하기 위해서는 충분하게 논증하고 정성 들여 해결책을 설계해야 한다는 전제하에서만이 "많이 주면 많이 보답하는 방법"이 실시되는 국면을 가져오게 할 것이다.[99] 이 과정에서 국제협력은 이 전략의 성공을 보장하는 중요한 보증서가 되는 것이다. 한국과 미국은 군사동맹관계이고, 중국은 전략적인 동반자 관계이기 때문에, 객관적이고 이성적이며 외교적 예술성을 띤 대 북한 정책은, 중국과 미국 그리고 한국의 삼자 협력을 촉진시키는데 각별히 중요한 작용을 하게 될 것이다.

이외에 한반도의 안보정세는 동북아 안보 환경의 제한을 받게 된다. 그렇기 때문에 철저하게 한반도의 안보정세를 개선하기 위해서는 동북아의 안보환경을 개선하기 위해 노력하는 것이 필요한 것이다. 이로부터 다변적 안전체계를 구축하여 이 지역의 곤경을 완화시키는 것도 필요하다.

근년에 와서 동북아지역의 민감한 문제에서는 여러 해당 방면이 "스스로 좌절하고 실패"하거나 "여러 측이 공동으로 지는" 상황이 자주 발생하곤 했다. "현재의 안보 관련 곤경을 타파하는 것은 해당되는 여러 나라들의 공동 이익과 관계된다. 이것은 이미 동북아 지역 여러 나라들의 공동적인 염원이 되고 있다."[100] 동북아의 안보환경을 완화시키는 주요 낙오 지표는 다변체제의 건설과 여러 층면의 소통에 있다. 이론과 경험으로부터 볼 때 이 두 가지 지표는 지역 안전의 곤경을 완화시키는 데 가장 효과적일 것이다.[101] 이를 위하여 아래 세 가지 측면에서 노력할 수 있다. 첫째, 빠른 시일 내에

---

99) 이것은 최근 필자의 관점이나, 이에 해당하는 성과는 아직 발표하지 않았다. 여기서 이 생각을 밝히는 것은 더 많은 사색과 탐구를 불러일으키기 위해서이다.

100) 문홍화, 견문동(門洪華 甄文東), 〈공동한 이익과 동북아 협력〉, 《외교평론》 2013년 제3호, 94쪽.

101) 왕준생(王俊生), 〈'안전 곤경'의 형성과 완화—냉전 후 동북아 안전을 실례로〉, 《교학과 연구》 2014년 제11호, 15-23쪽.

6자회담을 재개하여야 한다. 이렇게 하면 북한의 핵문제에 대해 담판을 진행할 수 있을 뿐만 아니라, 상호 대화가 부족하던 국가들 간에 소통과 협조의 플랫폼을 제공해줄 수 있게 된다. 둘째, 여러 가지 형식의 삼변시제를 구축할 수 있다. 중국, 몽골, 러시아 3개국이 2014년에 회담을 가진 것은 실로 좋은 시도라고 하지 않을 수 없다. 이밖에도 또 중국, 미국, 한국 그리고 중국, 러시아, 북한 및 중국, 한국, 북한 등 여러 가지 형식의 정부 상호간 신뢰구축을 위한 접촉이 이루어져야 한다. 셋째, 동북아지역에서 다변적 안전메커니즘을 구축하는데 여러 가지 애로 사항이 쌓여 있음으로 여러 당사국에서는 어떻게 실속 있는 조건을 창조하여 동북아의 안전메커니즘을 구축할 수 있는가 하는 문제에 대해 같이 머리를 맞대고 고민해야 할 것이다.

제8장

박근혜 정부의 중국에 대한 우호정책과 한중 안보협력

제8장
박근혜 정부의 중국에 대한 우호정책과 한중 안보협력

박근혜 정부와 중국과의 관계는 한국의 국가이익에 관계될 뿐만 아니라 갈림길에 처해있는 한반도 정세의 미래 발전방향에도 관계되며, 동북아지역의 평화와 안정에 미치는 영향이 크다는 점에서 매우 주목되는 문제이다. 그렇기 때문에 중국과 한국의 관계발전 방향은 한국의 국가이익만이 아니라 중국의 국가이익과도 매우 밀접한 관계가 있는 것이다.

제1절
국교 재개 후 한국의 중국정책에 대한 총체적 특징

1992년 8월 중국과 한국은 정식으로 외교관계를 수립하였다. 국교수립 이래 중국과 한국의 정치관계는 신속한 발전을 가져왔다. 그러한 일환으로서 1998년에는 김대중 대통령이 중국을 방문하여 21세기를 향한 '한중협력동반자관계'를 건립하였고, 2000년에는 주용기 중국 국무원 총리가 한국을 방문하여 이 관계를 '전면협력'의 새로운 단계로 끌어올렸으며, 2003년에는 노무현 대통령이 중국을 방문하여 양국의 관계를 '전면협력동반자관계'로 승격시키기로 합의했다. 그리고 2008년에 이명박 대통령이 중국을 방문하여 '전략협력동반자관계'를 수립했다고 선포하면서 중국과 한국은 경제 · 무역 · 문화 등 모든 영역에서 밀접한 교류를 하기로 약속하였다.

박근혜 대통령이 당선되던 2012년 한중 양국의 무역총액은 2,500억 달러를 넘어섰는데, 이 수치는 수교 초기 액수의 50배에 달하는 엄청난 규모였다. 중국은 이미 한국의 가장 큰 무역 동반자 국이 되어 가장 큰 수출시장과 가장 큰 수입시장이 되었다. 한국도 또한 중국의 제3대 무역 동반자 국이 되어 미국과 일본 다음 가는 나라가 되었다. 중국과 한국은 또

2012년 5월에 정식으로 양국자유무역협정(FTA)을 위한 협의를 시작했다.

양국의 인문교류도 아주 긴밀하게 진행되었다. 2012년 양국의 매년 왕래자 수는 720만 명에 이르러 역사상 새로운 기록을 창조하였다. 중국과 한국은 또 서로에게 가장 큰 유학생 내원 국이 되었고, 문화교육 면에서의 우호관계 및 협력관계를 적극적으로 수립하였다. 중국은 한국의 부산, 광주에, 한국은 중국의 상해, 청도, 광주, 심양, 성도, 서안, 무한과 홍콩에 각각 총 영사관을 설립하였다.

이처럼 여러 면에서 많은 발전을 가져오고 있었지만, 박근혜 대통령이 취임한 초기에는 한중관계에서 일부 조화롭지 못한 분위기가 나타나기도 하였다. 그 원인은 이명박 정부의 대외정책과 중국에 대한 정책에서 기인된 것이었다. 이명박 정부는 가장 전통적이고 간결한 정략적 차원에서 대외정책을 펼쳐나갔다. 이명박 정부는 "미국과의 관계를 잘 풀어 나가는 것이야말로 세계와의 관계를 잘 풀어나가는 것"이라고 믿었던 것이다.

그리하여 그들은 정치와 안보문제 상에서 동맹국인 미국과의 외교관계를 절대적으로 최우선적인 지위에 올려놓았던 것이다. 그 대신 한일관계와 한중관계 그리고 러시아와의 관계는 부차적인 순위에 놓았다. 이명박 대통령은 미국에 대한 외교는 전체 한국 외교력의 50%를 쏟아야 하고, 중국과의 외교에는 20%만 쏟으라고 말했다. 사실상 이 시기 이명박 대통령은 미국에 대한 외교를 위주로 하였기에 중국과의 외교는 미국에 대한 외교의 부수적인 것에 불과했다. 그러나 실질적으로 한국의 중국에 대한 외교는 전체 외교에서 20%도 점하지 못하였다. 모종의 의미에서 말할 때 이 시기 한국의 대 중국외교는 겨우 한미동맹의 보충이었을 뿐 독립적인 양자 관계는 아니었다.

상술한 것처럼 이명박 정부는 이전의 김대중 정부와 노무현 정부시기처럼 북한의 핵문제에 대해 한중간의 밀접한 협조체제를 "미국이 주도하고 한국이 보조하는 노선"으로 바꾸어 놓았다. 따라서 중국에 대한 협조는 "있어도 좋고 없어도 되는 식"이 되어버렸던 것이다. 한반도의 적당한 긴장된 국면은 미국이 동북아시아 기타 지역에서 전략적 배치를 하는데 부합하는 것이었다. 미국은 줄곧 외부의 압력을 통해 북한의 붕괴를 촉진시킬 수 있기를 희망하였다. 그렇기 때문에 중국과의 협조를 경시하였던 것이다. 이명박 정부의 대 북한 정책은 맹목적으로 미국을 따라 북한에 강경한 정책을 실시하여 나타난 산물에 지나지 않았다. 그 결과 형성된 한반도의 긴장된 정세는 이명박 정부 시기에 줄곧 악화되어가기만 했던 것이다. 북한에서는 2009년 5월 25일과 2013년 2월 12일에 두 차례의 핵실험을 진행하였다. 또한 연평도 포격사건과 천안함 사건도 모두 이명박 정부시기에 발생하였다. 지정학적인 정치적 요인으로 인해 일어난 한반도 정세의 긴장감은 필연적으로 중국의 국가이익에 위협을 주었으므로, 중국은 자연적으로 이명박 정부시기의 북한 정책에 대해 불만을 품게 되었던 것이다.

이명박 대통령은 취임한 후 한미동맹을 공고히 하는 동시에 한미일 삼국의 안보협렵체제를 회복시켰다. 나아가 《한미일공동방어체계》를 수립하는 방안까지도 무르익었다.

아울러 2012년 6월에는 《한일군사정보보호협정》에 서명하기로 결정하기도 하였다. 하지만 《한일군사정보보호협정》은 국내 민중들의 강력한 반대로 인해 부득불 뒤로 미루지 않으면 안 되었다. 이로 인해 한중 간 안보협력도 동시에 추진되지 못했고, 중미관계의 경쟁적 특징도 강화되는 추세를 보이게 되었다. 중국과 일본의 관계가 긴장 국면에 처하게 된 상황에서 이명박 정부는 적극적으로 미국·일본과의 안보협력을 추진하였던 것이다. 객관적으로 볼 때 이는 동북아의 안보환경에서 중국을 더욱 복잡한 상태로 빠져들게 하였는데, 이는 자연히 중국의 불만을 일으켰던 것이다. 이외에 이명박 정부는 임기 내에 한중어업 충돌 등의 문제에 대하여 아주 강경한 입장을 보여주었다. 심지어 중국어민들을 '해적'이라고 욕하면서 무력으로 대처하겠다고 표명하였다. 이로 인해 두 나라 인민들의 감정은 더욱 더 큰 상처를 입게 되었다.

사실상 중국과 한국과의 관계는 미국과 한국의 동맹관계에서 벗어난 '순수한 의미에서의 독립적인 양자관계'였다. 이를테면 최근에 와서 한중 자유무역협정을 체결한 후 두 나라의 경제무역은 서로에게 의존하는 국면이 더욱 두드러지게 나타나게 되었다. 그리고 한반도 문제에서 두 나라의 공동이익과 정책은 서로에게 큰 영향을 미치게 되었다. 두 나라 간 어업분쟁의 타당성 있는 관리, 이어도 관할권 등에 대한 두 나라 학계와 대중매체는 역사문제와 문화귀속권문제 등에서 협조와 소통을 해야 했던 것이다. 일본의 아베 정부가 다시 대권을 잡은 후 역사문제에서 우경화를 범하고 있는 상황을 고려하여, 양국은 동북아지역의 평화와 안정을 수호하는 문제 등도 생각해야 했던 것이다. 이러한 문제들은 모두 한미동맹을 통해서 원만하게 해결될 수 있는 것이 아니었다. 그 때문에 국제관계의 복잡한 현실과 중국이 이 지역에서의 객관적인 지연관계로 인해 나타낼 수밖에 없는 영향을 무시했던 것은, 이명박 정부의 중국에 대한 정책에서 커다란 실수의 원천이었던 것이다. 이러한 이명박 정부와 비교했을 때, 박근혜 대통령 후보는 총선기간에 여러 차례나 중국과의 관계를 강화하겠다고 표명하였을 뿐만 아니라, 대통령으로 당선되기 전에 4차례나 중국을 방문하였다는 점에서 많은 차이점을 엿볼 수가 있다. 2005년, 2006년에 박근혜 대표는 두 번이나 중국을 방문하였고, 2008년 1월에는 이명박 대통령의 특사로 다시 중국을 방문하였으며, 2011년 11월에는 한국 한나라당 대표로서 초청 받아 중국을 방문하였다. 박근혜 대통령은 한국 정계에서 명실상부한 '중국통'이었다고 할 수 있다. 박근혜 대통령은 세계 각국의 영도자들 중에서 중국어를 구사할 수 있는 몇 안 되는 인물 중의 한 사람이고, 중국의 문화에 대하여 깊이 이해하고 있는 국가 영도자들 중의 한 사람이며, 대통령으로 당선되기 전에 시진핑 주석과 깊은 개인적 친분을 갖고 있던 유일한 국가영도자였다. 이러한 상황들은 모든 면에서의 한중관계가 박근혜 정부 임기 안에 큰 발전을 가져오게 될 것이라는 것을 예고해 주었던 것이다.

제2절
박 대통령이 취임한 후 중국에 대한 정책 및 그 계기

1. 박근혜 정부가 중국에 대한 관계를 강화한 현상들

2013년 1월 21일 박근혜 정부는 처음으로 대외 특사단을 중국에 파견하였는데, 이러한 조치는 그야말로 미국과 일본으로 하여금 깜짝 놀라지 않을 수 없게 하였다. 이러한 조치는 비록 상징적인 의의가 실질적인 의의보다 훨씬 더 컸지만, 이 조치를 통해 박근혜 정부가 한중관계의 발전을 매우 중요시한다는 것을 여실히 보여주었던 것은 의심할 바가 없는 것이다. 중국에 파견한 특사단은 중공중앙 총서기 시진핑을 회견했고, 박 대통령의 친서를 전달하기도 하였다.

시진핑 주석이 대사들을 접견하는 순서도 다른 인사들보다 제일 먼저 만나주었다. 이날 일본 대사는 세 번째 순서에 배치되었다. 더욱 명확한 실례는 2013년 2월 25일의 대통령 취임연설에서 엿볼 수가 있다. 이날 박 대통령은 외교정책에 대하여 말할 때 "금후 우리는 미국, 중국, 일본, 러시아 및 아시아와 대양주 등 지역의 여러 나라들과 상호 신뢰하는 관계를 수립할 것이다"라고 천명하였다. 박 대통령은 이 연설에서도 중국을 일본

앞에서 언급하였다. 세인이 주목하는 취임연설에서의 이 같은 표현은 절대 우연한 것이 아니었다. 이 점은 박 대통령이 한중관계를 한일관계보다 더욱 중시하겠다는 의지를 보여주었던 것이다. 불과 5년 전에 이명박 대통령은 취임연설에서 '4강 외교'에 대해 말할 때, '미국, 일본, 중국, 러시아'와의 협력을 강화할 것이라고 언명하였었다. 즉 중국을 일본 뒤에 놓았던 것이다.

박 대통령은 2013년 5월에 미국을 방문한 후 6월 27일 중국을 방문하여 4일 동안 중국의 여기저기를 순회하는 행보를 보였다. 이것은 제2차 세계대전 후 한국 대통령으로서는 처음으로 일본 먼저 중국을 방문한 것이 된다. 이러한 행보는 이전의 "미국 다음에는 일본, 그런 후 중국"이라는 성문화되지 않은 관례를 깨뜨린 것이었다.

2. 중국과의 관계를 승화시킨 원인

박 대통령이 중국과의 관계를 승화시킨 주요 원인을 개괄해보면 아래 몇 가지로 요약할 수 있다.

첫째, 중국에 대한 관계에서 박 대통령의 인식과 실제로 중국에 대한 관계를 승화시킨 행동은 우선 중국의 변화에서 시작되었다고 볼 수 있는데, 그 변화란 바로 중국의 굴기이다. 근년에 와서 미처 남을 돌 볼 겨를도 없는 미국과 일본의 경제현황과 힘에 부치는 전략자원의 투입과 분배를 비교해 볼 때, 세계 제2 경제집단이라는 능력과 동북아 국제정치무대에서 날로 제고되어 가고 있는 영향력은 한국으로 하여금 중국과의 관계에 더욱 큰 관심을 기울이지 않을 수 없게 했던 것이다. 중국과 미국의 권력 전이에 대한 대비만으로도 그 점을 쉽게 엿볼 수 있는 것이다. 경제 총생산에서 볼 때 금융위기가 폭발하기 전인 2006년에 중미 양국은 각기 2.713조 달러와 13.86조 달러였는데, 중국의 역량은 대략 미국의 19.57%를 점하는 정도였다. 그러나 2013년에 이르면 이 수치는 각기 9.24조 달러와 16.8조 달러로 바뀌어 중국은 대략 미국의 55%를 점했다.[102] 미국은 아프가니스탄, 시리아, 크림공화국[103] 등 문제에서 미적거리며 제자리걸음을 한 데서도 중국과 선명한 대비를 보여주었다.

중국이 굴기할 수 있었던 여러 가지 조건은 이미 완전히 구비되어 있었던 것이다. 중국과 미국의 권력 이전도 향후에 계속될 것이다. 이는 "만약 굴기하는 나라에 방대한 인구가 있고 경제규모가 엄청나게 크며 계속적으로 신속한 성장을 보장할 수 있는 동시에 정치적으로 자아갱신할 수 있는 능력이 있다면 그들의 기세를 다른 나라들로서는 도저히 꺾을 수 없게 될 것이다"[104]라는 말을 통해서도 알 수가 있다. 또 경제발전을 실례로 들면서 왕즈스(王緝思) 교수는 "2020~2030년 사이의 어느 한 단계에 이르게 되면 중국은 미국을 넘어설 것이고, 세계에서 가장 큰 경제 집단이

---

102) 유엔의 해당 수치를 참고. http://data.un.org/Data.aspxq=GDP&d=WDI&f=Indicator_Code%3aNY.GDP.MKTP.CD

103) 우크라이나의 남쪽으로 흑해를 향하여 돌출한 반도. 1954년 우크라이나에 편입된 뒤 1991년 우크라이나 내의 크림자치공화국이 성립하였고, 2014년 3월 크림공화국으로 독립한 뒤 러시아와 합병 조약에 서명하였다. 영어로는 크리미아라고 한다.

104) Ronald L.Tammen, et al., Power Transitions: Strategies for the 21st Century, New York: Chatham House Publishers, 2000, pp16-17.

될 것이다."[105]라고 말하였다. 적지 않은 국제 권위적인 기구들에서도 이에 대해 낙관적인 추론을 하고 있다. 그들은 미래 10년을 전후하여 중국의 경제 총생산액이 미국을 넘어설 것이라고 예측하고 있는 것이다. 지속적인 경제발전에 따라 중국 군사력의 현대화도 빠른 속도로 추진될 전망이다. 중국의 다른 주변국들과 마찬가지로 중국의 굴기는 한국의 대외전략 가치를 대대적으로 제고시키고 있다. 중국과 접해 있는 한국의 입장에서 보면, 중국이 굴기할 수 있는 객관적인 현실은 한국으로 하여금 "중국을 압박하는 전략"이 이미 아무 소용이 없다는 것을 인식하게 되었고, 한국의 국가이익과도 부합되지 않는다는 것을 인식하게 되었던 것이다. 나라의 생존과 발전의 현실적인 수요로부터 볼 때, 오직 중국과의 관계를 적극 승화시켜야만이 점차적으로 중미 양국의 이른바 '평행외교'를 실현시킬 수 있는 것이고, 이것이야 말로 한국의 국가 이익에 가장 부합되는 정책방향이 된다는 것을 알게 되었던 것이다.

둘째, 중국과의 경제무역에 대한 의존에서 비롯되었다. 이명박 대통령이 집정하던 후기에 와서 한국 경제의 발전상황은 그다지 낙관적이 못했다. 2012년 한국경제의 성장률은 2%로서 3년 이래 가장 낮은 수준이었다. 일찍이 한국 '경제성장의 신화'를 엮어낸 박정희 대통령의 딸로서 박 대통령은 한국경제를 발전시키는 면에서 큰 희망을 한 몸에 모으고 있었다. 이 점 역시 박 대통령이 당선될 수 있었던 중요한 원인 중의 하나였다.

---

105) 왕즈스, 류춘메이(王緝思 劉春梅), 〈중미관계의 새로운 추세 및 기타 동북아 안전에 대한 영향〉, 《국제정치연구》 2011년 제1호, 3쪽.

한국은 국내시장이 작아 수출을 주도로 하는 나라로서 대외무역에 많이 의존해 왔다. 현재 한국의 대외무역 상대는 중국이 수위를 차지하는데, 그 무역액은 이미 미국 · 일본 두 나라와의 무역액을 합친 것만큼까지 접근하고 있다. 중국은 동시에 한국의 가장 큰 수출시장과 수입국이기도 하다. 한국이 중국에 대한 무역 의존도는 이미 25%를 넘어서서 중국은 이미 한국의 대외무역 의존도가 가장 높은 나라가 되어 있다. 중국에 대한 한국의 무역 의존도도 날로 증가하는 추세를 보이고 있다.

근년에 와서 중국에 대한 한국의 무역 흑자액은 해마다 평균 600억 달러 이상이었다. 2013년 한중 양국의 수출 수입 총액은 2,742.5억 달러였는데, 그중에서 중국에 대한 수입은 911.8억 달러, 수출은 1,830.7억 달러로 한국의 무역흑자는 919억 달러에나 달하였다. 이러한 수치는 중국과의 긴밀한 경제무역관계가 박 대통령이 한국의 경제 발전을 실현시킨 중요한 요인 중의 하나가 되었음을 말해준다.

2013년 6월 박 대통령이 중국을 방문했을 때 함께 온 경제대표단은 71명으로 이 수치는 역대적으로 규모가 가장 큰 경제대표단이었다. 대표단 구성원에는 대 재벌 회장과 중소기업 대표들이 포함되어 있었다. 이 숫자는 이명박 대통령이 처음으로 중국을 방문했을 때 수행했던 경제대표단의 두 배나 되었다. 또한 2013년 5월에 박 대통령이 미국을 방문했을 때 수행한 52명으로 구성된 경제대표단을 능가하는 규모였다.

박 대통령이 당시 중국을 방문한 것을 두고 한국의 매체들은 기업의 거두들이 "대거 진입하였다"고 표현하였다. 이 역시 박 대통령이 중국과의 관계를 발전시키는 길에서 경제무역을 가장 크게 고려하고 있었음을 보여주는 것이었다.

셋째, 한반도 문제를 해결함에 있어서 중국의 힘을 전략적으로 빌리려는데 있는 것이다. 한국의 입장에서 말할 때 한반도 문제는 에둘러갈 수 없는 내정외교문제이면서도 또한 전도와 운명에 관계되는 가장 중요한 과제이다. 한반도 정세가 악화되고 긴장해 질수록 우선 피해를 입게 되는 국가는 말할 것도 없이 한국이다. 하지만 비관적인 것은 동북아의 객관적인 지연적 정치현실과 대국들과의 대치 상황에서 볼 때, 중등 대국인 한국은 그 영향력이 아주 제한되어 있다는 점이다. 한반도 문제에서 가장 중요한 당사국인 한국은 왕왕 당사국으로서의 주도적인 역할을 하기가 힘들다는 것을 말하는 것이다. 그렇기 때문에 모든 대통령이 한 임기만을 담임하는 한국 정부는 자신의 북한 정책을 통하여 한반도 정세를 한국 발전에 유리한 방향으로 이끌려는 동시에 천방백계로 국제적인 협력을 통하여, 특히 중미 양국과의 협력을 통하여 한반도 정세를 적극적인 방향으로 이끌어야 하는 운명에 있는 것이다.

북한에 대한 영향력을 생각할 때 학계에서는 일부 다른 관점들이 있기는 하지만, 중국의 영향력을 그 어느 나라로서도 대체할 수 없다는 것은 의심의 여지가 없는 사실이다. 2,000킬로미터나 되는 기나긴 국경선을 가지고 있는 것도 그 요인 중의 하나이다.[106] 제2차 세계대전 후 장기간의 역사적 관계는 특수한 유대관계로 발전했다. 경제가 발달한 중국의 200만 조선족 동포들은 여러 방면에서 북한에 대해 잠재적이거나 실질적인 영향을 과시하고 있다. 중국은 유엔 안정보장이사회의 상임이사국에서 수석 자리를 차지하고 있다.

---

106) 이외 러시아와 북한은 30여 킬로미터의 국경선 밖에 없는데 그것마저 러시아의 편벽한 원동지역에 분포되어 있다.

바로 이러한 객관적 원인 때문에 한중 쌍방의 협력은 중국 · 북한 · 한국 세 국가의 협조보다 남북한 간의 협조를 더 쉽게 이끌어낼 수 있다. 중국과 한국의 협조가 비교적 훌륭하게 진행되면 한반도 정세는 비교적 안정되게 발전할 수 있을 것이다. 이를테면 김대중과 노무현 정부시기와 같은 국면이 나타날 수 있다는 것이다. 하지만 한중협조를 경시하거나 약화시킨다면 한반도의 정세는 이명박 정부시기처럼 동요하게 될 것이다.

박 대통령이 한반도 정세를 안정시키는 면에서 더욱 중국의 역할을 빌리고 싶어 하는 데는 또 다른 한 가지 배경이 있는데, 그것은 바로 2013년 2월 북한의 제3차 핵실험 후 양국의 핵문제에 대한 분규로 인해 정상회담이 실현되지 못하고 있다는 점이다. 적지 않은 관찰자들은 이 문제를 두고 북한에 대한 중국의 정책이 역사적인 조정을 진행하고 있다고 말하고 있다.

하지만 사실상 북한에 대한 중국 정책의 연속성은 그 조정 폭이 훨씬 더 크다. 그 부분적인 조정 역시 새로운 국제와 지역의 환경에 근거하여 진행된 중조 양국의 공동 이익에 부합되는 조정인 것이다. 사실이야 어떠하던 간에 박 대통령이 취임하기 전의 정치적 안정과 전략적 상호 신임문제에서 제2차 대전 후의 중국과 한국의 관계는 줄곧 중국과 북한의 관계에 미치지 못하였는데, 최근 중국의 영도자들이 북한을 방문하기 전에 한국을 방문한 선례는 종래 없었던 일이다.

당시 중국의 영도자들인 마오쩌둥, 저우언라이, 덩샤오핑, 천윈 등은 북한의 최고 영도자인 김일성과 개인적인 우정을 쌓고 있었다. 장쩌민 주석과 후진타오 주석은 김정일 위원장과 비교적 좋은 개인 우정을 가지고 있었다. 시진핑 주석이 집정한 후 여러 가지 원인으로 인해 김정은 위원장과 회담을 갖지 않은 상황 하에서 박 대통령과의 개인적인 우정은 더욱 부각되고 있다. 박 대통령이 집정한 후 한중관계의 발전현황은 한국의 각도에서 보더라도 마치 중국이 새로운 대 북한 정책을 만들어내는 기회를 잡았다는 듯한 느낌마저 주었다. 그러므로 더욱 더 중국과의 소통과 협조를 강화하고자 하였던 것이다.

넷째. 양국 간의 긴밀한 '인문유대(人文紐帶)'에서 비롯되었다. 아시아지역에서의 한중관계는 역사와 인문 상에서의 연계가 제일 밀접하다고 할 수 있다. 최근의 2년을 실례로 들어보면, 2013년 중국과 한국 간에 내왕한 인수는 822만2천 명이 넘었다. 이해 연말에 이르기까지 중국에 있는 한국 유학생은 대략 6.2만 명이었고, 한국에 있는 중국 유학생은 6.5만 명이었다. 이 수치는 상대방 국가의 외국 유학생 중 수위를 차지하였다. 2014년 중국과 한국의 인원 내왕 규모는 처음으로 1,000만 명을 돌파하였다.

중국을 방문한 한국인과 한국을 방문한 중국인은 각기 410만과 633만5천 명이었다. 양국의 문화교류도 매우 활발하게 진행되었다. 많은 한국의 연예인들이 중국에 진출하여 활동하였기에, 중국의 텔레비전을 통해서도 자주 한국의 연예인들을 볼 수 있게 되었다. 두뇌집단의 교류도 아주 활발하게 이루어졌다. 근년에 와서 한국의 유명한 두뇌집단은 대부분 중국의 영향력 있는 두뇌집단과 교류하는 일을 성사시켰다. 그들과 교류를 하는 중국의 두뇌집단에는 대부분 한국 두뇌집단의 영향이 미쳤다고 해도 과언이 아니다. 이외에도 양국의 주요 도시들 사이에는 정기적인 여객 운송항공로가 47개 노선이나 개통되어 있는 데, 매주 800여 회의 항공편이 운행되고 있다. 그리고 10개 노선의 정기적인 화물수송기가 개통되어 매주 47차례씩 운행되고 있다. 천진, 청도, 대련, 연태, 위해, 연운항과 한국의 인천, 부산, 평택 등지에서는 정기적으로 여객선과 화물선이 오가고 있다. 한국 정부는 한중간 인문교류를 양국의 '전략적 동반자 관계'를 심화시키는 초석으로 보고 있다. 적지 않은 한국의 유지인사들은 한국과 중국이 비록 정치, 경제, 사회체제에서 커다란 다른 점을 가지고 있기는 하지만, 역사, 문화, 철학 등 일부 인문영역에서는 객관적으로 적지 않은 동일점도 가지고 있다고 믿고 있다. 그렇기 때문에 한중관계는 반드시 또 다른 측면의 '동맹관계'로 승화될 필요성이 있는 것이다.

전하는 바에 따르면 박 대통령이 당선된 후 한국 외교통상부는 대통령 인수위원회에 "한중전략협력동반자관계"를 더욱 돈독히 하는데 대한 방안을 제기하였는데, 그 방안에서 '인문동맹'이라는 개념을 사용한 것에 대하여 "한미동맹은 이른바 같은 시장경제 및 자유민주주의 이념을 기초한 '가치동맹'이지만, 먼 미래를 향한 각도에서 볼 때, 한국과 중국의 관계는 인문적 측면에서 동맹관계로 승화시킬 수 있는 관계"라는 평가도 나왔다.

이렇게 이야기한 원인 때문에, '동맹'이라는 개념은 사람들로 하여금 군사 등 민감한 영역을 연상할 수 있게 하므로, 박근혜 정부는 '인문유대'라는 개념을 사용하게 되었다고 했다. 국가 간의 관계 발전에서 볼 때 '인문유대'는 양국 관계의 발전에 선천적으로 친근감을 제공해줄 뿐만 아니라, 두 나라의 관계가 영원히 발전할 수 있는 감정적인 기초를 제공하여, 두 나라의 관계 발전에 특수한 잠재력이 내포되어 있음을 예시해 주고 있다고 할 수 있는 것이다. 이것은 박대통령이 한중관계의 발전을 촉진시키는 기초이기도 한 것이다.

다섯째. 박 대통령이 중국과의 관계발전을 중시하는 것은 중국문화에 대한 그의 이해력이 아주 높기 때문이라는 것을 경시해서는 안 될 것이다. 미국의 아시아태평양문제 전문가인 카네기국제평화기금회 부회장 더글라스 팔(包道格)은 이렇게 지적하였다. "중국의 발전에 적극적이고 유용한 관계를 수립하기 위해 박 대통령은 세 가지를 고려하였다. 즉 경제와 지연적인 요소 외에 또한 그의 개인적 요소도 작용하였다. 즉 "박 대통령은 현재 세계의 여러 나라 영도자들 중 중국어를 구사할 수 있는 몇 사람 중 한 사람이고, 특히 중국문화에 대해 이해가 아주 깊은 국가 영도자들 중의 한 사람이다. 이 점은 자연히 그와 중국 사람들 간의 거리를 가까이 해주었다"고 했다. 미국 대통령 오바마도 이 점에 십분 주의를 기울이고 있다. 2013년 5월 미국과 한국의 정상 회담이 진행되고 있을 때, 오바마는 "박 대통령은 중국어를 잘한다. 이 점은 한중관계를 강화하는데 유리하게 작용토록 할 것이다"라고 지적하였다.

박 대통령은 중국에 대해 아주 깊은 관심을 가지고 있는데, 특히 중국의 전통문화에 아주 큰 흥미를 느끼고 있다고 할 수 있다. 박근혜라는 그의 이름은 박정희 대통령 부부가 한자사전을 찾아가면서 지은 것이라고 한다. 박 대통령은《논어》《정관정요》《명심보감》《근사록》 등을 좋아했고, 중국 전적 특히 풍우란(馮友蘭)의 《중국철학사》를 아주 좋아했다고 한다. 그는 그 책들에서 "거대한 정신적 힘"을 섭취하였다고 했다. 이러한 사실은 그가 쓴 〈내 인생의 등대를 만나다-동방철학〉 이라는 글에서 이렇게 말했다.

"《중국철학사》를 만나고서부터 나는 심리적인 안정을 회복하였고, 전에 이해하지 못했던 많은 사정들을 알게 되었다. 이른바 인생이란 타인과의 투쟁이 아니라 자신과의 투쟁인 것이다." "내가 가장 큰 고난에 처해 있을 때, 다시 나로 하여금 내심의 안정을 찾을 수 있게 한 것은 중국의 저명한 학자

풍우란의 저서《중국철학사》였다."

박 대통령은 어릴 때부터 전쟁을 소재로 한 역사소설을 읽기 좋아했다고 한다. 어느 날 부친 박정희 대통령이 그에게 《삼국연의》를 선물하였는데, 소설의 내용들이 그를 깊게 빨아들였다면서 박근혜는 자서전에서 이렇게 말하고 있다.

"나는 마치 새로운 세계를 만난 것 같았다. 심지어는 수업시간에도 빨리 집에 가서 그 책을 읽고 싶었다." "지금 와서 돌이켜 보면 나의 첫 사랑의 상대가 조자룡이 아니었는지 모르겠다. 소설 속에서 조자룡이 출현할 때마다 나의 가슴은 나도 모르게 쿵쿵 뛰곤 했다."

당시 그는 놀 때도 나뭇가지를 검처럼 휘두르면서 자신을 조자룡으로 상상했다고 했다. 그의 일기에는 늘 중국의 역사인물들이 나타났다. 이를테면 1991년 9월 26일에 쓴 그의 일기에는 이런 글이 있다.

"제갈공명이 온 힘을 기울여 보좌했던 촉나라는 이미 멸망하였다. 촉나라는 삼국에서 가장 작은 나라로서 삼국통일의 대업을 이룰만한 능력이 없었다. 게다가 제갈공명은 임금도 아니었다. 하지만 그의 대의적 헌신과 뛰어난 군사전략은 역사 속에서 사라지지 않고, 여전히 빛을 뿌리며 사람들의 칭송을 받고 있다. 역사 속에는 왕후장상이 부지기수로 나오지만 오늘날 사람들에게 그 이름을 기억케 하는 자는 몇 명이나 되겠는가? 인류의 역사가 소실되지 않는 한 제갈공명과 같은 인물은 영원히 사람들의 기억에서 사라지지 않을 것이다."

바로 이러한 중국에 대한 박근혜의 적극적인 인식이 중국에 대한 정책에 영향을 주었던 것이다. 개혁개방이래 중국 경제발전의 거대한 성공은 두 가지 부류의 사람들이 특별히 공헌한 결과라고 할 수 있다. 즉 중국의 농민출신 노동자들과 중국 각급 영도간부들이 그 주역이라고 할 수 있다. 농민 출신 노동자들은 묵묵히 억척스럽게 일하면서도 구미 등 유럽국가 노동자들의 20분의 1, 심지어는 그보다도 더 낮은 임금을 받으면서도 유럽국가 노동자들보다 훨씬 더 힘든 일을 해 왔고, 지금도 그리하고 있다. 그리고 중국의 각급 영도자들은 부지런하고 성실하게 밤낮을 이어가면서 일하였는데, 그들은 언제나 시시각각으로 경제발전이 남들에게 뒤떨어질까봐 걱정하고 있다고 해도 과언이 아닐 것이다. 그들은 근면하고 배우기를 좋아하며 멈추지 않고 끊임없이 노력한다.

맡은 바 업무에 온 힘을 다하려는 이들의 정신은 세계 각국의 영도간부들 중에서도 찾아보기 힘들 것이다. 박 대통령은 일찍부터 이 점에 주의를 기울였던 것이다. 2006년 산동성을 참관하였는데 당지의 영도자들이 중국과 한국 사이에 철도연락선의 운행을 위해 적극적으로 추진하고 있는 것을 목격하고 몹시 감동하였다. 그들이 그곳을 떠나오던 날 아침, 외지에 가서 일을 보던 한 지방 영도자가 밤을 새워 7시간이나 차를 타고 와서 그들을 만나 철로연락선에 대한 문제를 토론하였는데, 그는 후에 이렇게 기록했다.

"중국 사람들은 무엇인가를 배울 것이 있으면 누구를 막론하고 문의한다. 만약 성공적인 제도가 있다면 직접 이식하려는 것이다. 이러한 열정과 노력에 의한다면 미래 중국의 발전은 더욱 신속해 지리라는 것을 상상하기 어렵지 않다."

2012년에 출판한 자서전에서 박 대통령은 중국 미래의 발전적 잠재력에 대해 지적하였고 한중협력의 전경(全景)에 대해 신심으로 가득 차 있었다.

"나는 중국이 두렵다고 생각한다. 중국은 광활한 땅을 소유하고 있고, 풍부한 자원과 수많은 인재를 가지고 있다. 그러기에 중국의 미래의 발전이 그 얼마나 신속하게 전개될 것인지는 상상하기 어렵지 않다. 그렇기 때문에 중국과의 협력은 필연코 한국이 국제무대에서 더욱 큰 날개를 펼치는데 유리할 것이다.” 이와 같은 중국 문화와 발전에 대한 박 대통령의 적극적인 개인 인식 때문에, 2013년 6월 27일 중국의 국가주석 시진핑은 인민대회당에서 그와 회담을 하면서 격정에 넘쳐는 마음을 담아 “대통령 여사님은 중국인민의 옛 친구입니다”라고 말하였던 것이다. 6월 18일 외교부 대변인도 인민대회당에서 기자회견을 하면서 이 칭호를 사용하였다.

제3절
박근혜 대통령의 중국 방문: "마음과 신뢰의 여행"

박근혜 대통령은 그해 6월 27일 북경에 도착하여 나흘간의 국빈방문을 시작하였다. 그것은 그가 대통령에 취임한 후 중국에 대한 첫 방문이었다. 그 사이 박 대통령은 북경 외에 서안을 두 번째 방문 도시로 정하였다. 박 대통령은 당시 방문을 "마음과 믿음의 여행"이라고 명명했다.

박 대통령의 말을 빈다면 당시 여행은 "진정으로 소통하고 상호 신임을 증강시키는 여행"이라는 것이었다. 당시 방문에서 비록 역사상 가장 방대한 경제무역대표단이 수행하였지만 한반도 안보문제는 여전히 한중 양국 정상이 가장 관심 깊어하는 핵심 의제였다. 그렇기 때문에 박 대통령은 연설에서 "먼저 친구가 되고 후에 경제문제를 논할 것"이라고 피력하였다. 박 대통령은 당시 중국방문의 기저를 거기에 두고 있었던 것이다.

박 대통령의 당시 중국방문은 커다란 성공을 거두었다. 박 대통령이 제기한 "먼저 친구가 되고 후에 경제문제를 논할 것"이라는 목표를 훌륭하게 달성하였던 것이다. 또한 시진핑 주석과의 개인적 친분도 더욱 돈독해 지게 되었던 것이다.

1, 시진핑 주석과 두터운 신임을 쌓다

아주대학교 중국정책연구소 소장 김흥규 교수가 말했다시피 국가 간의 전략에 대한 이해를 기초로 영도자 간의 호감을 증진시키는 것은 양국의 협력에 아주 중요하다. 특히 동북아의 '관계형 사회'에서 영도자들 간의 개인적 정감은 두 나라의 관계를 발전시키는 데 있어서 다른 것들이 대체할 수 없는 중요한 의미가 있는 것이다. 박 대통령이 비록 당시의 중국방문을 "마음과 믿음"의 여행이라고 정의까지 내렸지만, 시진핑 주석과 더욱 양호한 개인적 정감을 증식시켰다는 것은 당시 방문이 성공을 거두었는가, 못했는가를 가늠하는 중요한 표식이 되었다.

6월 29일 오후 서안(西安)의 온도는 37도에 달했다. 그날 박 대통령이 서안에 도착했는데 그것은 그의 4일 간의 행보에서 마지막 종점이었다.

1992년에 중국과 한국이 수교한 이후 이번 방문은 한국 대통령이 처음으로 서안을 찾은 것이었다. 이튿날 서안 샹그리라호텔에서 거행한 주한중국인들과의 오찬에서 박 대통령은 서안이라는 옛 비단 길의 기점이 지금은 서부대개발의 중심 도시가 되었고, "중국의 꿈"의 출발지가 되었다고 말했다. 박 대통령은 칭화대학에서의 연설에서 "중국의 꿈"과 "한국의 꿈"은 같은 것이라고 말했고, "한국의 꿈"이 만약 "중국의 꿈"과 동반한다면 긍정적으로 새로운 "동북아시아의 꿈"을 이룰 수 있을 것이라고 강조했다. 세인들은 모두 이 말을 시진핑 주석이 제기한 "중국의 꿈"에 대한 박 대통령의 밀약의 호응이라고 생각하고 있다.

박 대통령이 특별히 서안을 방문한 것은 이 도시가 소속해 있는 성이 시진핑 주석입장에서 말할 때 특수한 의미가 있기 때문이었다. 시진핑 주석의 부친 시중쉰은 서안에서 100킬로미터도 채 되지 않는 부평현에서 태어났고, 시진핑 본인은 비록 북경에서 자라났지만, 15살부터 22살까지 이곳에서 근 7년이라는 시간을 보냈었다. 그러하기에 서안은 시진핑 주석의 정치생애의 시작이라고 할 수 있는 곳이었다. 중국을 방문하기 전에 박 대통령은 매스컴들의 취재를 받을 때 시진핑 주석에 대한 인상을 이야기한 적이 있었다. 그는 자기와 시 주석은 모두 고통을 겪고 힘든 시기를 지나온 적이 있기에 많은 면에서 비슷한 데가 있다고 말했다. 사실상 그들 두 사람은 진작부터 알고 있었다. 8년 전 당시 절강성위 서기로 있던 시진핑은 항저우(杭州)에서 당시 한국 한나라당 박근혜 대표를 접견하였던 것이다. 같은 해 시진핑 서기는 한국을 방문할 때 또 박근혜 대표와 만났었다.

중국도 박 대통령의 당시의 방문을 고도로 중시했다. 통계에 의하면 시진핑 주석과 박 대통령의 회담시간은 7시간 25분에 달했다고 한다. 시진핑 주석은 박 대통령을 "중국인민과 자신의 옛 친구"라고 말했을 뿐만 아니라, 6월 27일에는 인민대회당의 가장 큰 연회청인 '금빛대청'에서 환영연회를 마련하였다. 이튿날 점심 때 시진핑 주석과 부인 펑리위안(彭麗媛) 여사는 다시 박 대통령을 접대하였는데 연회장소는 댜오위타이(釣魚臺) 국빈관이었다. 쌍방은 모두 몇몇 고위층 외교관원과 통역만 대동하였다. 한 시간으로 계획하였던 오찬은 근 두 시간이나 계속되었다. 연속 이틀이나 한 나라의 영도자를 초대한 것은 중국의 외교에서 그리 흔치 않은 일이었다.

박 대통령의 4일간의 방문은 중국 사람들에게도 깊은 인상을 남겼는데 그 중에서도 가장 깊은 인상은 바로 온화하고 부드러움이었다. 그는 마치 가슴으로부터 뿜어내는 듯한 그러한 친절함을 소유하고 있는 듯싶었다. 그 때문인지 겉으로 보아서는 누구도 그를 대통령이라고 생각하지 않았을 것이다. 인터넷에서 중국 네티즌들은 한결같은 찬양하면서 약속이나 한 듯 '온화하고 부드럽다'고 평가했다. 심지어는 만약 중국에서 어느 나라의 영도자가 가장 중국 사람들의 환영을 받았는가 하는 설문조사를 진행한다면 박 대통령이 의심할 나위 없이 첫 손가락에 꼽힐 것이라고 했다." 칭화대학에서의 연설에서 박 대통령은 여러 차례나 '신임(信任)'이라는 단어를 입에 올렸다. 그는 당시 한중 정상회담에서 자기와 시진핑 주석은 두터운 신임을 갖게 되었다고 했다. 이로부터 볼 수 있는 것처럼 박 대통령의 중국방문은 예기했던 목적 그 이상을 이루었던 것이다.

2. 기타 중요한 성과

박 대통령의 이번 방문은 다른 중요한 성과도 이룩하였는데 그중에서 주목을 받았던 것은 "한반도 신뢰프로세스"에 대한 중국의 긍정적 동의를 얻어냈다는 것이다. 양국이 달성한 《미래를 향한 한중 양국의 연합성명》 중 제3 부분인 '한반도 문제'에서 그 첫 머리에 그 취지를 명확하게 밝히고 있다.

한국 측에서 "한반도 신뢰프로세스" 구상에 대하여 상세하게 소개하였고 이 구상이 한반도의 긴장 국면을 완화시키고 지속적인 평화를 구축하게 할 것이라고 밝혔다. 중국 측에서는 박 대통령이 제기한 "한반도 신뢰프로세스" 구상을 환영했고, 한국 측에서 남북관계를 개선하고 완화하기 위해 쏟는 노력을 높이 평가해 주었다. 박 대통령은 처음이었던 당시의 정상회담을 계기로 하여 대 북한 정책에 대한 중국의 지지를 얻게 되었다. 박 대통령은 취임한지 반년도 채 안 되어 중미 두 대국의 공동 지지를 얻어냈던 것인데, 이것은 그의 외교의 커다란 승리이고 역대 다른 대통령들이 줄곧 이루지 못했던 일이었다. 한중 "전략적 동반자 관계"를 충실히 하는 구체적인 행동계획으로써 내놓은 《미래를 향한 한중 양국의 연합성명》 두 번째 부분에는 다섯 가지 조항이 나열되어 있는데, 그중의 제1조와 제3조가 세인들의 주목을 받았다. 제1조에는 "중국에서 외교를 주관하는 국무원 책임자와 한국 대통령부의 국가안보실장과의 대화시스템을 건립하는 일을 추진한다. 또한 양국 외무상들의 상호 방문시스템을 구축한다. 양국 외무상들의 직통전화를 개설한다. 양국 외교부문 고급별 전략대화를 해마다 두 차례 증가한다. 양국의 외교안전대화, 정당간의 대화, 국가정책연구기구의 연합 협력적 대화를 추진한다"고 쓰여 있다. 그리고 제3조에는 "인문 유대를 강화하고 '한중 인문교류 공동위원회'를 설립하여 정부 간의 협력기구로 삼는다. 위원회는 해마다 정기적으로 회의를 갖고 해당 교류협력항목을 결정하고 그 실현상황을 지도한다. 교육, 관광, 문화, 예술, 체육 등 영역의 여러 가지 교류를 강화하는 동시에 이상 영역의 교류와 협력을 국제무대에 확장시킨다"고 쓰여 있다. 이러한 내용은 양국 정상들이 두 나라 관계발전을 위한 큰 방향에서 의견이 일치했음을 보여주는 것이었을 뿐만 아니라, 그 후 이를 실천하는 과정에서도 실현 가능성이 있다는 것을 제시한 것이었다.

경제무역에 있어서는 비록 당장에 큰 거래가 없었지만 한국의 기업들은 "쌍방은 2015년의 무역액을 3,000억 달러로 목표를 정하고 앞으로 계속 양국의 무역을 확대해 나간다"고 하는 설정을 통해 사람들을 고무시켰다. 두 나라는 특히 FTA협상을 두고 실속 있는 연구를 진행하기로 약속하였다.

쌍방은 다시 한 번 자유무역지대의 목표는 실질적인 자유화, 광범한 영역의 높은 수준을 포함한 전면적인 자유무역협정임을 확인하였다. 더불어 쌍방 정부는 두 나라 협의 팀이 노력을 강화하여 한중자유무역 협의가 신속하게 다음 단계로 넘어갈 수 있도록 하라고 지시하였다. 이는 한중 무역관계가 새로운 역사 단계로 들어설 수 있는 굳건한 기초를 닦아놓게 하였는데, 그 의의는 몇 개의 큰 거래를 성사시키는 것보다도 훨씬 큰 성과였다.

한중 양국의 경제무역 관계를 심화시키는 가장 중요한 조치로는 2012년에 한중 자유무역협상을 정식으로 가동한 것이었다. 글로벌경제 상황이 복잡하고 자주 변화하는 환경 하에서 한중 양국의 자유무역협상은 한중 무역협력 실현에 새로운 질적인 비약을 위한 건실한 기초를 닦아놓았을 뿐만 아니라, 양국에서 더욱 긴밀한 경제무역관계를 건립하는 데 새로운 기회를 창조해 냈던 것이다.

제4절
시진핑 주석의 단독 한국방문: 주변 경영을 위한 중대 조치

한국 박 대통령의 요청으로 시진핑 주석은 2014년 7월 3일과 4일에 한국에 대한 국빈방문을 하였다. 이것은 2013년 6월에 있었던 박 대통령의 중국 방문에 대한 답방뿐이 아니라, 시진핑 주석이 주석 직에 오른 지 근 1년여 만에 처음 단독으로 한국을 방문한 것이기에 세인들의 주목을 끌었다.

수행하였던 중국 외교부 왕의 부장은 매스컴들에게 시진핑 주석이 이번에 한국을 방문한 것은 "친척을 방문하듯 나들이 식 방문으로, 목적은 양국 국민간의 우호적 감정을 증진시키는 동시에 양국 영도자들이 양국관계의 정상급 설계를 통하여 한중관계가 새로운 단계에 올라설 수 있도록 추진하려는 것"이라고 소개하였다. 이것이 바로 당시의 방문 성격에 대한 객관적인 평가였다. 한국은 경제무역에서 중국에 대한 신뢰를 강화하려고 했으므로 이것은 중국의 경제무역 발전에 있어서도 중요한 의의를 가졌던 것이다.

그러므로 두 나라의 경제무역에는 서로 의지하는 특수한 현상이 나타나게 되었다. 한국은 중국의 제3대 무역 동반자 국으로 그 위치는 미국과 일본 다음이었다. 특히 짚고 넘어가야 할 것은 2013년에 중국과 일본의 무역액이 6.1%나 하강했다는 점인데, 이에 비해 중국과 한국의 무역액은

7%나 증가하여 그 무역액은 중국과 일본 무역액의 383억 달러를 거의 뒤쫓는 수준이었다. 만약 중국과 한국의 FTA가 정식으로 체결되고 양국의 법률적 문제가 해결된다면 한국은 앞으로 중국의 제2 무역대국으로 부상할 가능성도 있는 것이었다. 중국은 한국의 가장 큰 해외무역 투자국이기도 하다. 중국 입장에서 보면 한국은 세 번째로 중국에 직접 투자하는 나라인 것이다. 다시 말하면 양국 경제무역 관계의 상호 의지는 아주 돌출적인 것이었을 뿐만 아니라 앞으로도 계속 성장할 것 같은 기세를 보여주었다. 거기에다 양국의 긴밀한 인문관계까지 합해지면 아시아지역에서 중국과 한국은 역사와 인문관계에서 가장 밀접한 나라로 발전하게 되는 것이었다. 이것은 시진핑 주석이 한국을 방문하는 기간에 서울대학에서 연설한 것처럼 한중 양국은 "천연적인 친근감"을 가지고 있다는 것을 대변해 주는 것이었다. 박 대통령도 2013년에 칭화대학에서 연설할 때 양국 문화의 인연은 "기초가 튼튼하여 쉽게 흔들리지 않는다.", "많은 방면에서 뜻이 맞고 문화가 상통한다"고 말했던 것과 같은 맥락이었다.

1. 이번 방문은 양국관계의 정상급 설계를 위한 전략적 필요성에서였다

첫째, 중국과 한국의 발전에 더욱 긴밀한 관계가 있는 정치, 경제, 문화의 기초가 이미 구비되었다는 점이다. 양국의 영도자들은 전략적 높이에 서서 더욱 더 높은 차원으로 이어질 수 있도록 계획을 추진하고 정상급 설계를 하여야 했다. 이번의 단독 출국방문이 이러한 특성을 가지고 있었던 것은 의심의 여지가 없었다. 여기서 짚고 넘어가야 할 것은 양국 관계의 중요성은 더 말할 필요도 없지만, 한국의 각도에서 말하면 내부 보수파들의 방해를 막아내야 할 뿐만 아니라 미국 요인의 영향도 받아내야 한다는 것이었다. 중국의 각도에서도 부득불 전 방위적으로 한반도 정세에 대한 영향을 고려하지 않을 수 없었다. 비록 이러저러한 장애가 있다고는 하지만 한중 양국은 피차간에 한반도와 동북아지역의 이익을 위해 전략적 거점 작용이 점점 더 뚜렷해지고 있다는 것을 보여주어야 했다. 이것은 한중관계를 승화시켜야 할 가장 중요한 동력이 되었다. 그렇기 때문에 존재하는 장애들을 극복하고 한중관계를 더한층 견고하게 하여 한반도의 평화와 안정, 그리고 동북아의 안보를 위해 촉진작용을 일으켜야 했던 것이다. 이런 문제들은 모두 양국 고위층이 전략적으로 정상급 설계를 할 것을 요구토록 하게 했던 것이다.

시진핑 주석이 한국을 방문하는 기간에 '한중 전략적협력동반자관계'를 충실하게 하기 위해 양국에서는 각기 《한중연합성명》을 발표하였다. 시진핑 주석과 박 대통령은 공동으로 양국이 서명한 두 가지 정부 간의 협정과 10가지 해당 부문 간의 양해각서를 승인하였다. 시진핑 주석은 한국에서 중국과 한국은 공동발전의 동반자가 되어야 하고, 지역평화의 동반자가 되어야 하며, 손을 잡고 아시아를 진흥시키는 동반자가 되어야 하고, 세계번영을 촉진케 하는 동반자가 되어야 한다고 제기하였다. '네 가지 동반자'에 대한 언급은 한중 전략협력 동반자 관계의 내용을 더욱 풍부하게 하였을 뿐만 아니라, 전략적 높이에서 금후 한중관계의 발전에 대한 방향을 제시해 주었다.

둘째, 두 나라의 전략적 소통과 다각적 교류의 필요성에서 출발하였다.

이론 분석과 역사적 경험으로부터 볼 때, 지역과 쌍방의 관계 발전을 촉진시키고, 전략적 안전관계를 강화하는 주요한 수단으로 다섯 가지 경로가 선택되었다. 즉 제도의 메커니즘 건설, 다층면적인 소통, 경제 등 공동이익에 대한 구축, 상호타협, 그리고 안전이익의 충돌에 대한 관리였다. 동북아지역의 안보환경에서 볼 때 가장 부족한 것이 바로 제도메커니즘의 건설과 다층면적인 소통이었다. 다층면적 소통에 대하여 살펴볼 때 이 지역의 많은 나라들 간에는 심지어 외교관계 조차 이루어지지 않고 있는 경우도 있는 것이다. 중일관계, 한일관계도 걸핏하면 침체기에 들곤 했다.

이런 현상은 세계 다른 지역에서 흔히 볼 수 없는 것인데, 이러한 현상은 객관적으로 이 지역의 안보문제의 혼란을 조성시키는 중요한 원인이 되고 있는 것이다. 이 지역에서 핵심이익을 가지고 있는 한중 양국은 안보문제로 인해 빈번하게 국가이익에서 손실을 받고 있다. 그렇기 때문에 한중 양국이 어떻게 양자협력 관계를 통하여 지역정세의 안정을 촉진시키고, 양국의 공동이익에 부합되는 건강한 발전을 꾀하는가 하는 것은 깊은 의의를 가지게 되는 것이다. 이러한 각도에서 볼 때 한중관계는 객관적으로 양자의 범주를 초월한 지역적 의의를 가지고 있음을 알 수 있다. 따라서 양국의 전략적 소통과 다층 면에서의 교류를 강화할 필요성이 제기되고 있는 것이다. 이른바 전략적인 소통이란 바로 전체 국면의 높이에서 출발하여 전략적 의의가 있는 소통을 하는 것을 말한다.

이 과정에서 최고 영도자들의 소통은 가장 중요한 방식인 것이다. 이번에 시진핑 주석이 한국을 방문한 것은 양국의 전략적 소통을 한층 더 촉진케 하였다. 동북아지역 여러 나라들 간의 다층면적인 교류에서 중국과 한국은 관계가 가장 밀접한 국가이다. 두 나라는 고위층에서 상호 방문이 빈번할 뿐만 아니라, 고문단, 민간 문화 등 교류에서도 아주 활발하고 밀접하다. 이러한 것들은 서로가 상대방의 의도를 정확하게 파악하고 양자관계를 타당성 있게 처리하며, 지역문제를 두고 협력을 강화한다는 데서 모두 중요한 의의가 있다. 현재 양국에서 비교적 시스템화 되어있는 교류방식으로는 한중 매체를 통한 고위층의 대화, 한중 외교부문의 고위급 대화와 같은 것이다. 2013년 박 대통령은 중국을 방문할 때 중국에서 외교를 주관하는 국무원의 책임자와 한국 대통령부의 국가안보실 실장의 대화시스템을 건립하고, 양국 외교 부장들의 상호방문시스템을 촉진시키자고 제기하였다. 아울러 양국 외교부장들의 직통전화를 개통하고, 해마다 양국 국가정책연구기구에서 연합전략대화를 진행하자고 건의하였다. 상술한 대화시스템이 만약 건립된다면 한중관계가 진일보적으로 새로운 단계에 올라섰다는 것을 표시할 뿐만 아니라, 양국의 '전략적동반자관계'의 발전에도 적극적인 추진 작용을 일으키게 할 것이다. 시진핑 주석이 이번에 한국을 방문한 것도 사실은 이런 의도를 관철시키겠다는 뜻에서였다.

셋째, 중국과 한국은 수교 이래 비록 경제무역 등 영역에서 발전이 신속하고 관계가 밀접하다고는 하지만 아직은 수교된 지 얼마 안 되고 의식형태(이데올로기) 면에서의 차이 등 요인으로 인해 양국의 관계는 가끔 "긴장되고 매끄럽지 못한 상황"이 나타나기도 했다. "긴장되고 매끄럽지 못한 상황의 특징은 양국의 민간에서 일정한 정도로 서로를 혐오하는 정서가 생겨나는 것과 같은 것이다.

몇 세대 영도자들의 노력으로 한중관계는 현재에 이르러 이미 하나의 갈림길에 놓여있다고 해도 과언이 아니다. 시진핑 주석의 개인적인 매력은 한국에서 상당한 환영을 받고 있고 박 대통령과 개인적인 관계도 아주 좋기 때문에, 시진핑 주석의 이번 단독 방문은 한국과의 심리적인 거리를 더욱 가깝게 하였고, 한중관계를 다음 단계로 크게 발전시키도록 촉진 작용을 하게 하는 심리적인 기초를 다져 놓았다. 더불어서 시진핑 주석의 부인인 펑리위안 여사의 우아하고 자신감 넘치는 매력은 한국에서 '회오리바람'을 일으키기도 했다.

2. 중국의 주변 전략을 위한 필요에서였다

한국에 대한 시진핑 주석의 이번 단독방문은 중국의 주변전략을 위한 것이기도 했다. 특히 동북아지역의 전략을 구축하는데 필요한 동시에 중국 주변외교의 "친절, 성실, 인자, 관용"의 이념을 체현하고자 한 것이었다. 이번 방문은 지금 변화를 일으키고 있는 아시아태평양지역의 정세, 동북아지역의 정세, 한반도의 정세에 모두 어울리는 방문이었다. 한중 양국의 협력은 동아시아 해당 국가의 안정과 발전을 촉진하는데 아주 중요한 의의를 가지고 있다. 당시의 한국 방문은 시진핑 주석이 집정한 후 동북아국가에 대한 방문으로는 두 번째였다. 만약 시진핑 주석이 동북아지역에서 처음으로 러시아를 방문한 것이 러시아가 중국에 대하여 주변 전략과 대국 간의 관계를 위해 중요한 의의를 갖게 하는 돌출적인 결과물이었다면, 당시의 한국 방문은 중국이 한국의 동북아지역 발전을 위한 중요한 작용에 대하여 고도로 중시하고 있었다는 것을 보여준 것이었다. 이번에 시진핑 주석이 한국을 방문하여 토론한 가장 중요한 의제 중의 하나가 바로 동북아 정세였다. 한국은 지정학적 면에서 동북아의 중심에 처해있기 때문에 한반도 문제, 한일관계문제 등 모두와 관계되어 있다. 한국이 전통적으로 추진해 왔던 '4강외교' 즉 미국과의 관계, 중국과의 관계, 러시아와의 관계, 일본과의 관계도 모두 이 지역에서 펼쳐지고 있는 것이다. 중국에서 보면, 양안관계, 한반도 문제, 댜오위다오 문제 등도 모두 이 지역에 존재하고 있는 것이다. 중국의 정치중심, 경제중심 및 인구중심도 이 지역 혹은 이 지역과 비교적 가까운 거리에 위치해 있다. 그리고 미국, 일본, 러시아 등 대국들의 이익이 교차되고 역량이 대치하는 것도 모두 이 지역에서 가장 돌출적으로 나타나는 문제들이었다. 이 지역은 여러 방면에서 한중 양국의 핵심적인 국가이익과 밀접한 관계를 갖고 있을 뿐만 아니라, 이 지역에서의 양국 이익도 많은 면에서 겹쳐지고 있는 것이다.

시진핑 주석은 집정한 이래 주변전략을 매우 중시하였다. 2013년 10월 시진핑 주석은 전례 없이 높은 규모의 주변 외교 좌담회를 소집하였다. 시진핑 주석은 이번 회의에서 주변 관계에 대하여 명확한 전략적 사고방식을 제기하였다. 시진핑 주석은 주변 외교에 있어서 전략이 있어야 할 뿐만 아니라, 구체적인 정책과 '대상'을 정해야 한다고 강조했다. 이른바 '대상'이라고 하는 것은 바로 '운명공동체'를 말하는 것이었다. 구체적인 정책에는 시진핑 주석이 중앙아시아를 방문할 때 제기한 '비단길 경제권'이 포함되어 있다. 시진핑 주석은 동남아를 방문할 때 '21세기 해상비단길'이라는 개념을 제기하였다. 이극강 총리는 남아시아를 방문할 때 '방글라데시, 중국, 인도, 미얀마를 잇는 경제회랑'과 '중국, 브라질을 잇는 경제회랑'이라는 개념을 제기하였다. 시진핑 주석이 이번에 한국을 방문한 것은 동북아를 부각시키는 중요한 일환에서 비롯된 것이었다.

동북아지역이 대국들이 대치하는 가운데 놓여있기 때문에 역사문제와 영토분쟁으로 인해 짧은 시간 안에 이 지역의 경제와 지역발전이 정책에 융합되기는 어렵다. 하지만 중국과 한국은 많은 점에서 공동 인식을 같이 하고 공동 이익을 가지고 있는 나라라는 점에서 볼 때, 먼저 FTA를 체결하는 것과 같은 방면으로부터 착수하게 되면 점차적으로 이 지역에서의 경제융합을 촉진케 할 수 있을 것이다. 지역경제의 융합 역시 안정과 통제가 가능한 지역 정치와 안정된 안보국면을 필요로 한다는 것은 의심할 나위가 없는 것이다. 상술한 바와 같이 양국의 경제무역과 정치 안전 전략 등 방면의 공동 이익과 인식은, 상대방을 점점 더 이 지역에서 자기 국가의 이익을 실현시키는 중요한 전략적 지점 국가로써 부상하도록 요구하게 될 것이다. 이 점은 이미 한중관계 발전의 가장 중요한 동력이 되었고, 중국이 동북아지역을 운영함에 있어서 특히 한국과의 관계를 중시하는 가장 중요한 원인이 되고 있는 것이다.

2013년 10월에 거행한 주변 외교업무회의에서 시진핑 주석은 주변외교의 기본방침을 제기하였는데, 즉 '친절, 성실, 인자, 관용'의 이념 속에서 돌출적으로 나타날 것이라고 강조하였다. 동북아지역에서 중국인과 한국인은 서로 친근하게 생각하고 지연이 가까우며 문화가 비슷하고 경제상에서 상호 의존해 왔다. 당시의 방문은 양국 국민들을 심리적으로 더욱 가까워지게 하였고, 정치적으로는 더욱 많은 인식을 갖게 하였으며, 경제상에서는 더욱 상호 의존케 하는 장을 마련해 주었다. 시진핑 주석과 박 대통령이 달성한 경제무역 영역의 진일보적인 확대는 미래의 상호 이익을 보장하는 협력을 달성케 하였고, 양국 국민들이 직접적으로 인문 교류를 확대하고 그 제도적인 구조를 완미하게 하였으며, 한중 청년지도자 논단 등 방면에서 구체적인 이념을 구현할 수 있게 하였다.

3. 해당지역의 문제 해결을 양국의 공동이익을 위한다는 선상에서 출발시켰다

이 점은 특히 한반도 문제와 대 일본 문제에서 체현되었다. 한반도 문제에 대하여 박 대통령은 취임 이래 시종 북한이 제4차 핵실험을 진행하는가, 6자회담을 재개하는가를 가장 주목하였다. 이것은 사실 중국이 가장 주목하는 문제이기도 했다. 북한이 일단 제4차 핵실험을 진행한다면 한반도 정세는 또다시 새로운 악순환에 들어가게 될 것이고, 국가의 이익이 가장 먼저 침해를 받는 것은 물론 한국과 중국일 것이 틀림없기 때문에, 북한이 제4차 핵실험을 하지 않게 하는 것은 중국과 한국의 공동이익에 관계되는 것이었다. 정확히 말해서 한국은 북한이 핵무기를 발전시킴에 있어서 가장 큰 피해국이라고 할 수 있다. 주변의 환경을 평화롭고 안정적으로 구축하기 위하여 갖은 노력을 다 쏟으며 책임을 다하고 있는 대국인 중국 입장에서 보면, 북한의 이 같은 행동은 반드시 이 지역의 환경을 복잡하게 하거나 심지어는 악화시킬 것이라고 믿고 있다.

중국은 북한의 핵문제에서 한국 다음으로 피해가 큰 나라가 될 것이 틀림없기 때문이다. 따라서 북한이 제4차 핵실험을 감행하는 것을 제지하고 결국에는 북한이 핵을 포기하게 하는 것은 중국과 한국의 공동이익에 속하는 것이었다. 특히 짚고 넘어가야 할 것은 북한이 만약 핵무기를 포기하지 않는다면, 반드시 국제적인 고립에서 벗어날 수 없을 것이고, 이로 인해 경제도 근본적인 개선을 가져올 수 없게 될 것이다. 그렇기 때문에 핵을 포기하는 것은 북한의 이익에도 부합되는 일이었다.

북한으로 하여금 핵을 포기하게 하기 위해서는 반드시 6자회담을 재개해야만 했다. 그리고 북한은 무조건 6자회담 석상에 나와야 할 것이다. 한국은 북한에서 성의를 보인다는 전제 하에서만 6자회담을 재개할 가능성이 있다고 주장하고 있다. 여기에는 앞으로 핵을 포기할 것이라고 객관성 있는 증거를 제시하던가, 아니면 핵을 포기하겠다는 '검증가능성'을 보여줄 수 있는가 하는 내용이 포함됨은 물론이다. 북한에서는 영변에 있는 농축우라늄 외에도 다른 지방에 있는 농축우라늄 실험실과 자료 등에 대해 진실하게 설명해야 한다. 6자회담 주석 국가로서의 중국은 6자회담의 재개는 한반도에 대한 3대 전략목표를 실현하는 중요한 보장이 되는 동시에 동북아의 안보정세를 안정시키는 데 미치는 의의가 매우 중대한 일이다.

중국과 한국은 6자회담을 재개하는 문제에서 일부 상이한 주장이 있기는 하지만, 중국의 입장은 정세발전에 따라 특히 한국이 북한의 핵무기로 인해 가장 큰 피해국이 될 것이라는 점을 감안하여 되도록 담판의 조건을 적게 하려고 하고 있다. 6자회담을 재개하고 보다 일찍이 북한의 핵무기가 발전하는 것을 통제하는 것이야 말로 보다 현실적이고 긴박한 문제이기 때문이다. 한국은 중국의 이익과 비슷한 점이 비교적 많으므로 이것 역시 북한이 핵을 포기하는 문제에서 중국이 시종 한국을 주목하고 한국과 협조를 하려고 하는 중요한 원인이 되는 것이다.

이외에도 일본의 아베 정부가 역사를 대하는 태도에서 보면 한창 군사대국으로 나아가려는 면을 엿볼 수 있다. 역사적으로 일본의 침략을 받을 대로 받은 한중 양국은 이 점에 대해서도 공동이익을 추구하려는 것이다. 양국의 공동입장은 모두 일본이 역사문제에 있어서 자신들의 주장을 자제해 주기를 바라고 있다. 또한 일본이 국내정치를 위하여 한중 양국 국민들의 감정을 상하게 하는 것을 반대하고 있다. 이 목표를 실현하기 위하여 한중 양국은 최고위층의 교류를 진행하자는 의견을 제기했고, 그 실현을 위해 노력하고 있는가 하면 비밀리에 더 많은 협조를 하여 일본의 착오적이고 위험한 도정에서 점점 더 멀리 나가는 것을 제지시키려고 애쓰는 것이다.

종합적으로 시진핑 주석의 이번 단독 한국방문을 통해 중국과 한국은 한반도 문제에서 더욱 많은 이해와 공동인식을 달성하였다. 두 나라가 같은 방향으로 나아가는 것은 북한과 한국의 관계를 개선시키고, 북한에 대한 미국의 정책을 변화시켜 미국이 북한을 향해 협상신호를 보내는 문제에서 적극적인 의의가 있도록 하게 될 것이다. 이것은 한반도 정세를 개선하는데 유리할 것이 분명하다. 동시에 중국과 한국은 일본의 역사왜곡과 국내의 우경화 그리고 그들이 군국주의로 나가는 문제를 대함에 있어서 공동입장을 갖고 있음을 천명한 것이다. 양국은 일본을 향해 더욱 명확한 신호를 보내는 동시에 정책적인 측면에서 일본이 잘못된 길을 걷고 있는데서 점점 더 멀리 나아가는 것을 억제시키는데 결정적인 역할을 하게 될 것이다.

제5절
한중 양국의 안보협력을 중점적으로 강화해야 한다

국제관계 중에서 안보문제는 양국관계에 대하여 특별한 의의를 가지고 있다. 하지만 민감한 문제들로 인해 안보관계는 왕왕 다른 문제들 속에 뒤처져 있는 경우가 많다. 그러나 한 곳을 다치기만 하면 전체가 모두 움직이기는 특성 때문에 그 발전 정도는 왕왕 다른 층면의 관계발전에 영향을 주기도 한다. 안보관계의 발전 방향은 점점 더 직접적으로 양국이 이해관계에 연결되어 있으므로, 이는 양국 관계 발전에서 시급히 해결해야 할 문제로 대두하고 있다.

상술한 바와 같이 한국은 중국 · 북한과 함께 한반도 정세의 이해관계에서 가장 직접적인 해당국들이다. 한미 양국은 동북아에서 중요한 동맹국이다. 이에 대해 중국과 북한은 장기적으로 긴밀한 관계를 이어왔다.

한중 양국의 안보협력은 미국과 북한의 협력에 아주 중요할 뿐만 아니라, 중국과 미국의 협력에도 십분 중요하다. 이러한 점은 여러 의미에서 한반도의 안보정세 발전 방향에 깊은 영향을 일으키게 된다. 특히 북한과 미국이 한반도의 안보위기를 해결하는 문제에서 모든 정책이 경직되어 있다. 그렇기 때문에 중국과 한국은 서로 협력하여 북한과 미국의 이러한 문제를 해결할 수 있도록 적극적인 방향으로 이끌어 갈 필요가 있다. 한국도 이미 양국의 안보관계 협력의 중요성을 잘 알고 있다. 양국 정상들의 두 차례에 걸친 중요한 방문에서 한국은 양국의 국방부문에서 정기적으로 교류할 수 있는 시스템을 건립하고 양국 국방부문의 직통전화 개설을 추진하자고 제의하였다. 2015년 2월 15일 박 대통령은 전 청와대 국가안보실 실장 김장수를 중국 주재 신임 한국대사로 파견하였다. 김장수 대사는 장기적으로 한국의 안전사무를 책임져 왔다. 그는 한중 수교 이래 최초의 군인 출신 중국주재 한국대사이다.

1. 한중 안보협력의 장애

상술한 바와 같이 한중 안보협력이 한반도의 안보정세를 수호하는데 커다란 공동이익을 가지고 있다는 것만은 의심할 바가 없다. 또한 이러한 공동이익은 중국과 한국의 핵심이익에 관계되고 있다. 이러한 상황이지만 한중 양국의 안보협력은 여전히 오랫동안 실질적인 발전을 가져오지 못했을 뿐만 아니라 점점 더 양국의 커다란 공동 경제이익, 인문이익 그리고 정치이익 등 여러 면에서 멀리 떨어져 있다. 이러한 상황이 발생하는 가장 중요한 원인은 양국의 안전협력에 일부 구조적인 장애가 존재하기 때문이다.

첫째, 한국의 일부 인사들이 중국이 굴기하는 것을 우려한다는 점이다. 이러한 우려는 주로 두 가지 방면에서 오고 있는데, 그중 한 가지는 지연과

정치적 요인이다. 중국의 많은 주변 국가들과 마찬가지로 오늘까지도 적지 않은 한국 사람들은 이웃나라인 중국이 굴기하는 것은 한국의 안보에 위협이 된다고 믿고 있다. 그 외에 의식형태 요인도 간과할 수가 없다. 한중 양국은 의식형태가 다르다. 그들은 중국과 북한이 이른바 '특수한 관계'를 가지고 있기에 '색안경을 끼고' 중국을 보고 있다. 그들은 "공산당과 가까이 하지 않느냐, 북한과 가까이 하지 않느냐?"라는 논쟁을 벌이기도 한다.

전략에 대한 오판도 한국과 중국의 안전협력에 영향을 주고 있다. 일부 한국의 인사들은 날로 강화되는 한미동맹이 중국에 대한 한국의 전략적 가치를 승화시키는 것이 아닌가 하고 생각하고 있다. 사실상 한미동맹, 특히 일부 한반도의 범위를 벗어난 안보협력에 대한 정책들, 이를테면 중국 근해에서 빈번하게 진행하는 연합 군사훈련 및 미국, 일본, 한국 삼자의 안보협력은 이미 중국에서 매우 민감해 하는 문제가 되고 있다.

둘째, 한미동맹의 부정적인 영향 때문이다. 중국은 한미동맹의 역사가 형성된 원인 및 한국의 국가안전을 보장하는데 대한 적극적인 의의를 이해하고 있다. 중국의 시각에서 말할 때 중국과 미국은 객관적으로 중국 주변에서 치열한 경쟁을 벌이고 있지만, 중국정부는 아직 아시아태평양지역의 리더가 되려는 뜻을 밝히지는 않고 있다. 중국은 여러 차례나 미국이 아시아태평양지역에서 건설적인 역할을 발휘할 것을 기대한다고 정식으로 성명을 발표하였다.[107] 여기에는 물론 한반도 문제도 포함 된다. 다시 말하면 중국은 미국과 협력하여 공동으로 한반도의

107) "중미연합성명 (전문) ", 《신화넷》 2011년 1월 20일. http://news.xinhuanet.com/fortune/2011-01/20/c_121001428.htm를 참조.

안보문제를 해결해야 함을 인식하고 있을 뿐만 아니라, 이미 실제적 행동을 통하여 명확하게 그 뜻을 표하였다. 한국도 여러 차례나 중국 · 미국과 공동 협력하여 적극적으로 한반도의 안보문제를 해결할 뜻을 내비쳤지만 실제 행동에서는 의식적이건 무의식적이건 대외안전 협력에서 한미 군사동맹을 국가 안전보장의 유일한 안전보장으로 생각하고 있음을 내비치고 있다.

이러한 현상은 이명박 정부시기에 가장 전형적으로 나타났었다. 이러한 사유는 공동안전, 협력안전의 새로운 이념에 부합되지 않을 뿐만 아니라, 동북아지역에서 이미 발생되고 있는 근본적 변화의 안전구조에도 뒤떨어져 있다. 이 방면에서 2014년에 발생한 두 가지 실례가 특히 사람들의 눈길을 끌고 있다. 그중 하나는 2014년에 시진핑 주석이 한국을 방문하기 전에 한국에서 크나큰 희망을 가졌다는 사실이다. 상술한 바와 같이 이것은 시진핑 주석이 국가 주석이 된 후 처음으로 어느 한 국가를 단독 방문한 사례였는데, 당시 방문에서 시진핑 주석이 한중관계의 발전을 얼마나 중시하고 있는가를 잘 보여주었다. 당시의 방문은 중국과 북한 양국의 안보관계를 포함한 '전략적동반자관계'를 발전시키는 촉진제 역할을 했다는 중대한 의의가 있었다. 하지만 시진핑 주석이 귀국한 후 일부 한국 매체들에서는 사태를 역전시키기 시작했다.

그들은 시진핑 주석의 당시 방문을 부정적으로 평가했는데 그 중 하나의 중요한 원인은 한국의 적지 않은 보수진영 인사들이 미국의 '반발'을 우려하였기 때문에 나타난 현상이었다. 다음으로 한중 양국은 그 무렵 미국이 한국에다 사드(THAAD)를 배치하는 문제를 두고 논쟁을 벌였다.

중국은 서울이 38선에서 40킬로미터도 채 되지 않아 기술적으로 사드가 북한의 미사일공격을 막아내는데 큰 의미가 없다고 보고 있다. 따라서 사드 배치는 전략적으로 북한과 한국의 관계를 악화시킬 뿐이라고 강조하는 것이다. 그러나 미국 입장에서 사드 배치는 미국의 동북아전력에 중대한 의의를 가지고 있다. 사드를 배치하면 미국이 무력면에서 중국과 러시아를 위협할 수 있고, 전략적으로 중국과 한국 관계에 이간질을 할 수 있으며, 기술적으로는 미국, 일본, 한국이 삼자 군사동맹을 형성할 수 있게 한다.

이 점은 주한 미국대사 마크 리퍼트(Mark Lippert)의 말에서도 미국이 한국에 사드를 배치하는 것을 얼마나 중요시하고 있는가를 엿볼 수 있다. 만약 한국이 최종적으로 자기들 영토에 사드를 배치하게 한다면, 중국과 한국의 안보협력에는 치명적인 손해를 가져다 줄 것이다. 이 문제를 두고 2015년 2월 초에 중국 국방부 창완젠(常万全) 부장은 한국을 방문했을 때 명확하게 표명하였다. "중국은 한국에 주둔해 있는 미군이 한국에 사드를 배치하려는 문제에 깊은 우려를 갖고 있다."

2. 한중 안보협력의 대국관과 중점적 방향

한중 안보협력은 반드시 세 가지 국면을 굳고히 해야 한다.

첫 번째 국면은 양국의 안보협력에서 우선 '한중전략동반자관계'를 유지하는데 충실히 해야 한다는 것이다. 상술한 바와 같이 중국 주변지역에서 한중 양국의 역사와 인문 관계는 가장 긴밀하다. 특히 경제무역에서의 상호 의존은 매우 특출할 뿐만 아니라 계속해서 신속하게 발전해 나갈 조짐을 보여주고 있다. 하지만 오랜 시간을 내려오면서 양국의 안보관계는 줄곧 양국의 전략적 동반자 관계를 제약하는 중요한 걸림돌이 되어왔다. 중국은 중국 근해에서 진행하는 한미 연합군사훈련에 대하여 시종일관 상당한 불만을 가지고 있었다. 한국도 사실은 중조동맹에 대하여 많은 오해와 원망을 해왔다. 한중 양국이 앞으로 안보협력을 추진하지 못한다면 '한중전략동반자관계'는 충실해 질 수 없을 뿐만 아니라, 양국의 안보협력이 퇴보하게 될 수도 있는 것이다. 그렇게 되면 '한중전략동반자관계'는 새로운 단계로 들어서게 될 것이다.

둘째 국면은 한중 양국의 안보협력은 평화와 안정을 위한 중요한 기둥의 하나라는 점이다. 한반도 정세의 지속적인 혼란은 한중 양국으로 하여금 국가이익에서 빈번하게 "쌍방이 모두 손실을 보는 국면"을 초래하였을 뿐만 아니라, 북한을 포함한 기타 국가의 이익에도 적지 않은 손실을 주어 이 지역이 장기적으로 "다수가 손실을 보는 국면"[108]에서 헤어 나오지 못하게 하였다. 근본적으로 말할 때 북한이 관심을 두고 있는 문제, 이를테면 국제사회의 고립에서 철저히 벗어나 국가의 안전을 보장 받고 경제를 발전시켜 민생문제를 해결하여 더욱 큰 정권안전을 이룩하려면 국제사회 특히 중미 양국의 협력이 있어야 비로소 실현 가능성이 있는 것이다.

미국은 이전부터 한반도를 자기들의 핵심적인 이익과 관계되는 지역으로 본적이 없었다. 그들은 한반도의 정세가 적당하게 긴장하게 되면

---

108) 북한의 입장으로 말한다면, 외부 환경을 개선하지 않는 정황 하에서는 절대 핵무기를 포기하려고 하지 않을 것이다. 그렇게 되면 북한은 국제적인 고립에서 벗어나기 힘들게 되고 경제적으로 근본적인 개선을 가져올 수 없게 된다. 그렇기 때문에 핵 포기는 북한의 이익에도 부합되는 것이다.

동북아에서 자기들의 군사적인 존재가 유리해 진다고 생각할 뿐이었다. 이웃나라로서 중국은 다른 대국들에 비해 한반도 문제를 해결할 결심과 의지는 있지만 문제를 해결할 수 있는 실질적인 능력은 부족하다. 그에 비해 미국은 문제를 해결할 능력을 갖추고 있지만, 그들의 전략상 우선 배치와 국가의 개인적인 이익으로부터 볼 때 그들은 문제를 해결할 결심과 의지가 결여되어 있는 것이다. 이것이 바로 중국과 미국이 한반도 문제에서 협력과 실질적인 추진이 늦어지는 근본 원인이다. 동북아의 주요 동맹국으로 자처하는 미국과 중국 사이에서 한국은 실질적인 협력에 적극적인 역할을 할 수 있는 가능성이 있다. 그러기에 한중 협력은 북한의 핵무기 발전을 저애할 수 있는 작용을 할 수 있을 뿐만 아니라, 의견이 일치하는 걸음을 내디딜 수 있는 것이다. 이와 동시에 중국과 한국의 안보협력이 만약 순리롭게 진행된다면, 중국은 자신의 장점을 이용하여 북한과 한국의 안보에 대한 대화를 촉진시킬 수 있을 것이고, 따라서 북한과 한국의 안보 이해와 신뢰의 건립을 촉진시킬 수 있는 것이다.

세 번째 국면은 동북아 안보라는 각도에서 출발하여 한중 안보협력의 중요성을 내다보아야 한다는 점이다. 상술한 바와 같이 동북아지역은 여러 방면에서 양국의 핵심이익에 관계되는 지역이다. 이 지역의 안정과 평화는 양국의 공동이익에 완전히 부합된다. 동북아에는 중국, 한국, 북한, 일본, 러시아, 몽골 등 6개국이 포진하고 있다. 러시아의 전략 중심이 유럽에 있고, 일본의 왜곡된 역사관과 날로 보수적이 되어 가는 국내외 정책을 구사하고 있으며, 북한은 핵문제로 인해 국제적으로 고립된 상태에 처해 있다.

몽골은 종합적인 국력이 비교적 낮은 편이다. 그렇기 때문에 중국과 한국은 이 지역의 평화와 안정을 수호하는 중요한 국가로서 인정되고 있는 것이다. 만약 동북아의 안보구조면에서 중대한 변화가 일어나지 않는다면, 그리고 모종의 정도에서 한중 협력이 만약 훌륭하게 전개된다면, 동북아의 평화와 안전은 희망이 있게 되는 것이다.

현재 한중 양국의 안보협력은 한반도 지역에 집중되어야 한다. 이것은 한반도 문제가 동북아의 안보문제에서 가장 민감하여 지역의 안보정세에 변화를 가져올 수 있으며, 양국의 핵심이익에 밀접한 관계가 있는 것이다. 한반도 지역의 안보문제에서 중국과 한국의 안보협력은 먼저 두 가지 방면의 해결을 시급히 가져와야 한다.

하나는 양국 안보협력에서의 장애를 없애고 북한을 자극하는 일을 안 하는 것으로부터 시작해야 한다는 것이다. 이렇게 하자면 한국에서는 미국이 사드를 배치하는 문제에서 일찍이 과감한 결정을 내려 절대로 사드 배치를 동의하지 않는다고 명확히 밝혀야 한다. 그것이 안 되면 최소한 애매한 태도라도 계속 취해야 할 것이다. 2015년 2월 25일 한국 국방장관 한민구는 국회에 출석하여 질문을 받을 때 "한국은 사드를 들여올 계획이 없다"고 말했는데 이것은 "비록 한국정부가 직접 사드를 들여올 계획은 없지만, 사실상 미국이 한국기지에 사드를 배치하는 것은 용인할 수 있다"는 뜻을 완곡하게 표명한 것으로 비쳐져 중국 사람들의 깊은 우려를 자아냈다. 어떠한 방식으로라도 일단 사드를 한국경내에 들여오기만 하면 한중 양국의 안보협력은 그 후환이 엄청나게 커질 것이다.

동시에 미국과 한국의 연합군사훈련에서 한국이 장기적으로 추구하는 "절대적으로 북한을 위협하는 정책"의 주요한 목적은 이미 달성하게 되는 것이기 때문에, 한국이 이 계획을 취소하지 않은 상황에서는 반드시 군사훈련을 그다지 민감하지 않은 지역으로 옮겨가 진행하고, 군사훈련의 규모와 강도를 낮추는 동시에 연합군사훈련을 두고 중국 · 북한과 소통을 증가해야 할 것이다.

다른 하나는 한중 양국 모두 반드시 6자회담을 재개하고 북한이 핵을 포기하는 문제에서 구체적이고 실직적인 협력을 해야 한다. 시진핑 주석이 2014년 7월에 한국을 방문하였을 때 박 대통령과 네 가지 공동인식을 같이하였다. 즉 한반도의 비핵화와 평화안정을 유지해야 한다는 목표를 강조했고, 6개국이 달성한 '9.19공동성명'을 준수하고 이행할 것을 강조했으며, 비핵화 진행과정을 견지하고 촉진하여 여러 방면의 관심사를 해결할 것을 강조했고, 회담을 재개하기 위한 인식을 같이하고 이러한 조건을 창조할 것을 강조하였다.[109] 그리하여 한중 양국은 명확하게 절대로 북한이 핵을 소유하는 것을 받아들이지 않는다는 신호를 보내 그들이 오판하는 것을 피하도록 하였다. 북한은 2014년에 펼쳤던 외교 공세에서 마치 무엇이나 다 대화할 수 있는 듯한 자세를 보였지만, 유독 "핵을 포기하는 문제"에서만은 여전히 오판을 했는데, 그들은 오직 부단히 노력을 하기만 하면 국제사회가 인도나 파키스탄처럼 결국에는 자기들이 핵보유국으로서의 지위를 인정해 줄 것이라고 믿고 있는 것이다.

한국과 중국은 북한 핵무기 발전의 가장 큰 피해국으로서 계속 부단히 국제사회를 향하여 절대적으로 북한이 핵을 보유하는 것을 받아들일 수 없다는 의지를 명확하게 전달하였다. 그리하여 2013년 6월 박 대통령이 중국을 방문했을 때 중국의 영도자들과 인식을 같이한 《미래를 향한 한중

---

109) "중국과 한국의 꿈이 엇갈린 역사적인 방문", 《인민넷》 (2014년 7월 5일) http://opinion.people.com.cn를 참조.

양국의 연합성명》에서 "어떠한 상황에서라도 북한이 핵을 보유하는 것을 인정하지 않는다"는 입장을 명확하게 표명하였다. 이러한 입장은 참으로 고무할 만한 일이었다. 하지만 이와 동시에 주의를 기울여야 할 것은 중국 내에서 "북한이 핵을 포기하는데 대한 비관론적" 관점이 출현하고 있을 뿐만 아니라, 한국 내에서도 "북한의 핵 포기"와 남북한관계를 해결하는 문제를 다르게 보아야 한다는 관점이 나타났다는 점이다. 우리는 이러한 두 가지 관점이 매우 위험하다는 것을 알아야 한다.

북한의 핵문제는 한반도 안보문제에서 가장 병적인 문제이기에 한반도의 안보문제를 해결하려면 반드시 이 핵심문제를 극복해야 하는 것이다. 이 문제를 해결하려면 반드시 한반도의 냉전구조에서 출발하여 한 발 한 발 충실하게 북한이 핵을 포기하도록 해나가야 할 것이다. 이렇게 하지 않으면 일시적으로 문제를 회피하는 형상만 나타나게 될 것이다. 이는 이 "시한폭탄"이 언제 터질지 모르는 위험이 항상 도사리고 있는 것과 같은 것이므로, 이런 식으로는 한반도의 안보정세를 해결할 수 있는 그 어떤 노력도 모두 중단될 수밖에 없는 것이다.

다른 방면에서 볼 때, 6자회담을 재개하는 문제에서 한중 양국은 공동으로 미국에 대해 이러한 일을 하는데 있어서 진실성을 가지고 접근토록 하는 동시에, 가장 직접적인 이해관계가 있는 한중 양국은 이들 문제를 해결하는데 필요한 공동인식을 가져야만 한다.

만약 한국이 공개적으로 6자회담 석상에 돌아올 것을 공표한다면 미국도 태도를 변화할 가능성이 많다고 본다. 한국이 관심을 두는 이 문제에 대하여 중국은 정면으로 확답을 줄 수가 있다. 이를테면 이 문제 해결을 위한 고문단을 선두에 세우고 유엔의 핵 개발 기술 담당 부서에서 호응하여 북한의 핵무기 발전수준을 평가하는 것이다. 혹 중국이 정보가 부족하여 북한의 핵무기 발전에 객관적인 평가를 내릴 수 없다고 해도, 중국은 그동안의 경험과 근년의 인도와 파키스탄의 핵무기 발전 진행과정에 근거하여 북한의 객관적인 국내 정치경제 환경과 결합시켜 관찰한다면 적당한 평가를 내릴 수 있을 것이다. 중국이 6자회담의 의장국으로서 국제사회를 설득하여 빠른 시일 내에 북한이 핵을 포기토록 하고 국제사회에서 그에 대한 보상으로 북한을 지원해 주는 정책이 점점 더 필요성 있게 대두하고 있는 것이다.

제6절
박근혜 정부의 중국정책에 대한 평가

박 대통령이 취임 후에 실시한 중국에 대한 우호적인 정책은 이미 두 나라로 하여금 이익을 얻게 하였다. 한국의 각도에서 볼 때, 한국의 대 북한 정책이 빠른 시간 안에 중미 양 대국의 공동 지지를 얻어냈을 뿐만 아니라, 한반도의 남북 대치에서 유리한 조건을 조성해주었다. 또한 한반도의 안보정세를 전체적으로 통제할 수 있거나 점차적으로 개선할 수 있는 조짐을 나타나게도 했다.

중국의 각도에서 보면, 비록 중조 관계가 잠시 곤경에 처해 있기는 하지만 양국 관계의 기본구조에는 변화가 발생하지 않았다. 북한에 대한 우호적 태도는 여전히 중국의 대 북한 정책의 기본 관점이다. 이와 동시에 한중 관계의 발전은 더욱 강화되었고, 한반도 전략에 대한 중국의 융통성은 더욱 안전한 국면을 조성하는데 유리하게 작용하고 있다. 중국의 주변전략 각도에서 볼 때, 박 대통령의 대 중국 우호정책은 실질적으로 중국과 한국이 일본의 역사왜곡 문제 등에 대한 입장에서 한층 강화된 협력관계가 조성되었음을 보여주었다. 하지만 이와 동시에 박 대통령의 대 중국 정책이 아무리 우호적이라 하더라도 결국은 그가 한국의 대통령이라는 사실과 그 때문에 언제나 한국의 국가 이익을 대표하고 있다는 사실을 잊어서는 안 될 것이다. 즉 한중 관계의 발전도 그로서는 나름대로의 규율에 따라 움직일 것이므로 절대로 단번에 성공할 수는 없다는 것이다. 왜냐하면 그 요인은 다음과 같다.

첫째, 다른 양자관계와 마찬가지로 한중관계의 경쟁적 특징은 변화되기 어려운 것이다. 한국은 국가 규모가 중국에 비해 훨씬 작은 나라이다. 그러므로 그들은 중국과의 협력에서 시종 기술적인 우세를 유지하는 동시에 국내시장을 보호하려고 할 것이다. 하지만 그들은 또 삼자 협력을 통하여 중국에 대한 전략적 가치를 승화시키려고 한다. 중국과 한국의 기술 차이는 지금 축소되고 있는 추세이다. 국내시장을 개방하는 면에서 중국도 자연히 '대등한 원칙'을 희망하게 될 것이다. 이러한 사정은 모두 한중 양국의 경제무역 관계가 절대 순풍에 돛단 듯이 순리롭지는 않을 것이라는 것을 말해준다. 한국이 삼자 협력을 통하여 중국에 대한 전략적 가치를 승화시키는 문제를 제대로 처리하지 못한다면, 역시 한중 관계의 건전하고 안정적인 발전에 부정적인 영향을 주게 될 것이다.

둘째, 제 삼자의 요인은 양국의 대외정책에 모두 중요한 영향을 일으키고 있다. 한국이 한미동맹에서 주도적 지위를 유지하려는 희망은 변화되지 않고 있다. 중국은 지금 남북한 등거리 외교정책을 추진하고 있다. 중국이 바라는 한국이 중국과 미국 사이에서 진정으로 '중간 입장'을 견지하는 경우는 단시일 내에 나타나기 힘들 것이다. 아마도 한국은 계속해서 미국 쪽으로 기울어질 가능성이 더 많다. 그리고 한반도 문제에서 한국이 바라는 것처럼 중국 역시 한국을 대폭 지지할 경우는 나타나기 힘들 것이다. 중국은 지역 대국으로서 줄곧 경우에 근거하여 '시비곡직'을 따지면서 해당 문제를 처리하는 태도를 취해왔을 뿐만 아니라, 한국과의 관계를 발전시키는 문제에서도 지역의 전체적 이익을 고려해 왔다.

특히 한국 내부의 보수파들이 남북통일을 주도하려고 한다면 중국은 감정이나 도리 상에서 모두 지지 할 수 없는 것이다. 더구나 한미동맹이 적당한 조정을 하려는 기미가 보이지 않는 경우에는 더더구나 그러한 태도를 취할 것이다. 이러한 상황에서 볼 때, 박 대통령이 추진하고 있는 대 중국 정책은 한중관계를 더 우호적으로 촉진시키고, 이 지역의 국제적 환경을 개선하는데 모두 현격한 의의가 있다고 할 수 있다. 하지만 이와 동시에 한중 양국관계가 "비약적인 발전"을 가져올 것이라는 희망은 바라지 않아야 할 것이다. 우리는 반드시 양국의 관계가 발전하는데 나타나는 장애 요소를 이성적으로 가늠하고 판단해야 할 것이다. 이러한 기초에서만 양국 관계가 발전할 수 있는 공간을 확보할 수 있고, 이러한 공간에서 충분한 논증과 분석을 진행할 수 있을 것이다. 이렇게 해야만 양국의 관계는 비로소 안정을 보장할 수 있고 질서 있는 발전을 가져올 수 있을 것이며, 가능성 있는 잠재력을 충분히 발휘하여 점차적으로 양국관계를 최대한 발전적으로 밀고 나갈 수 있을 것이다.

제9장

북한의 제4차 핵실험과
한중관계의 새로운 과제

제9장
북한의 제4차 핵실험과 한중관계의 새로운 과제

2016년 1월 6일 정오 북한은 "특별 중대 뉴스"를 통해 수소폭탄 실험을 감행했다고 발표하였다. 이번의 수소폭탄 실험은 미국이 북한의 정책을 적대시하기에 국가의 안전과 주권을 보위하기 위한 자위적인 조치라고 표명하였다. 이것은 북한이 감행한 제4차 핵실험이었고 김정은이 대권을 잡은 후 감행한 두 번째 핵실험이었다. 3월 3일 유엔 안전보장이사회는 북한의 제4차 핵실험에 대응하여 제2270호 결의안을 통과시켰다. 이것은 제1718호, 1874호와 제2094호 제재 결의안 이후 유엔 안전보장이사회에서 북한의 핵실험에 대응하여 통과시킨 네 번째 결의안이었다. 한국은 한반도 정세의 당사국이고 중국은 중요한 이해관계국이다. 제4차 핵실험 후 한반도 정세의 새로운 특징과 미래의 발전방향을 어떻게 보아야 하는지, 새로 통과된 북한에 대한 결의안을 어떻게 실현시키고, 지역의 평화와 안정을 어떻게 추진해야 하는가 하는 문제는 이제 한중관계 발전에 있어서 시급히 해결해야 할 새로운 과제로 떠올랐다. 본 장에서는 이들 문제에 대해 분석하고자 한다.

제1절
제4차 핵실험의 전략적 특징 및 중국에 대한 영향

1. 핵실험의 전략적 특징

핵실험이 필자에게 남긴 심각한 인상은 두 가지였다.

첫째, 북한의 핵전략에 있어서 확실히 중대한 변화가 일어났다는 것이다. 김정일 시기 핵무기는 담판의 의제가 될 수 있는 문제였다. 하지만 이번 핵실험을 통하여 우리는 김정은 시대의 북한은 이미 핵을 보유하는 것을 국가의 의지와 목표로 삼고 있음을 분명히 확인할 수 있었다. 김정은이 정권을 잡은 후 북한은 핵보유국 입장을 견지해 왔다. 2012년에 출범한 새로운 헌법에 처음으로 북한은 핵무기를 보유한 국가라고 써넣다. 2013년 3월 31일 북한노동당중앙위원회 전체회의에서는 "경제건설과 핵무기 건설을 동시에 실행한다는 노선"을 결정하였다. 그들은 핵 보유를 당당하게 국가의 의지와 목표라고 헌법에 써넣은 것이다. 이를 위해 북한은 핵무기를 군사무기로 삼아 부단히 실험하고 실전에 편리하도록 개조하고자 할 것이다.

둘째, 북한은 국가의 실력, 지역 환경 나아가서는 국제 환경에 대한 판단에서 확실히 큰 문제가 존재하고 있다고 인식하고 있다는 점이다. 2013년 하반 년에 한반도의 전쟁위기가 평온하게 막을 내린 후 북한은 외교적 돌파를 시작하였는데 그들의 외교공세는 아주 활발했다. 하지만 그 활발함 속에는 일부 문제점들도 보였다. 북한의 외교관들이 핵문제를 입 밖에 내지 않았던 것이다. 2016년의 이 핵실험이 보여주다시피 북한은 꾸준히 외교적 노력을 하는 동시에 핵무기 발전을 추진한다면 국제사회는 언젠가 자신들을 핵보유국으로 인정할 것이라고 오판을 하고 있다는 것이다. 다시 말하면 북한은 기어코 국제사회로부터 핵보유국으로 인정받는 동시에 국제사회와의 관계를 개선할 수 있기를 희망한다는 것인데, 이것은 절대로 조화를 이룰 수 없는 모순을 동반하고 있는 것이다.

2. 핵실험의 시기에 대한 평가와 중국에 대한 영향

2016년 1월 6일을 선택하여 핵실험을 행한 것은 물론 북한에서 면밀하게 고려하고 정한 날짜임이 틀림없다. 여기에는 먼저 북한 내의 정치적 목적이 담겨있음을 알 수 있다. 이를테면 곧 열리게 되는 노동당 제7차 대표대회를 경축하기 위한 것일 수도 있고, 이틀 뒤인 김정은의 생일에 바치는 선물일 수도 있었다. 또한 북한은 미국과 한국이 모두 국내정치에 바빠 자신들에 대해 엄격한 제재조치를 취하지 않을 것이라는 요행을 바랐을 수도 있다. 오바마 정부의 임기는 이제 1년도 채 남아 있지 않았기에 미국 내에서는 대선으로 인해 자신들에게 눈 돌릴 겨를조차 없을 것이라고 보는 것이다.

또한 최근에는 미국 내에서 총기휴대를 금지시키는 문제에다 중동 문제까지 겹쳐있어 골머리를 앓고 있다. 박근혜 정부도 임기가 1년 반밖에 남지 않았기에 한국 내에서도 대선을 준비하느라 바빠지기 시작하였다.

다른 한편으로는 북한이 2015년 하반 년의 노력을 통해 중조 관계가 이미 일부 개선되었다고 오판했을 수도 있다. 특히 중공중앙정치국 유운산 상무위원이 2015년 10월에 북한을 방문하였기에 중국은 자기들의 수소폭탄 실험으로 인해 양국관계를 중단하려 하지 않을 것이라고 오판했을 수도 있다. 이로부터 우리는 유운산 상무위원이 북한을 방문한지 석 달도 채 되지 않은 시간에 김정은이 핵실험을 감행한 것은 확실히 혼자 결정해서 강행한 일임을 알 수 있다. 그는 국제적인 흐름에 대해 오판했을 뿐만 아니라, 중국과 북한의 우호적인 관계와 안정적인 기본 태세마저도 고려하지 않았던 것이다. 이로부터 알 수 있는 것은 핵실험이 모두를 놀라게 했다는 점이다. 중국은 이 때문에 커다란 전략적 결단을 내리지 않으면 안 되었다. 북한의 이러한 행동이 표면적으로 볼 때는 미국의 위협을 겨냥한 것 같지만 사실은 중국의 위협을 염두에 두었다는 것도 그다지 어렵지 않게 엿볼 수가 있다. 이 점은 다음의 두 가지 정황을 통해 알 수가 있다.

첫째, 이번 핵실험은 의심할 것도 없이 한반도를 새로운 악순환으로 밀어 넣었다는 것이다. 한국은 북한의 핵실험 후 즉시 대북방송 등을 이용해 엄격한 조치를 취할 것임을 표명하였다. 미국도 이 기회를 빌어 동북아에서의 군사적 존재감을 강화하려고 하였다. 미국은 북한에 압력을 가한다는 구실아래 수많은 전략무기들을 당당하게 동북아 지역으로 들여왔다. 이것은 물론 동북아지역의 평화와 발전에 위배되는 것으로,

미국의 이러한 행동은 이 지역의 정세를 더욱 긴장국면으로 이끌게만 만들었다. 중국의 정치중심, 경제중심, 인구중심과 동북아지역 혹은 그 부근도 이러한 미국의 행동으로 인해 긴장 국면에 처하게 되었다. 이 지역 정세 발전의 악순환에서 북한과 한국 두 당사국 외에 가장 큰 피해국은 바로 중국인 것이다.

둘째, 중조관계가 더욱 복잡하게 될 것이라는 점이다. 평형을 잃은 한반도 정세를 마주하면서 중조관계의 안정과 발전은 어느 한 영도자의 좋고 나쁨이나 의식형태로 인해 좌지우지되는 것이 아니라, 중조 양국의 이익과 지역의 평화 및 안정에 부합되는 행동에 의해서 이루어지는 것이다. 오랜 시간을 내려오면서 중국은 대국이라는 책임에서 출발하거나 아니면 자신의 이익에서 시작하거나를 불문하고 어떻든 간에 북한이 핵무기를 보유하는 것을 철저히 반대해 왔다. 북한의 이번 핵실험은 중조전략에서의 분규를 더욱 크게 만들었고, 미래 중조관계의 발전에 커다란 장애를 가져다주었다고 할 수 있다. 이러한 것은 물론 중국이 보고 싶어 하지 않는 상황임은 당연한 것이다.

제2절
제2270호 결의를 둘러싼 중국과 북한의 공동 인식과 입장차이

유엔 안전보장이사회에서 제2270호 결의안을 통과시킨 후 박 대통령은 중요한 장소에서 공개적으로 중국에 감사를 표하였다. 그는 미국 시간으로 3월 31일 워싱턴에서 시진핑 주석과 정상회담을 가질 때 안전보장이사회 상임이사국으로서의 중국이 제2270호 결의안을 통과시키데 발휘한 작용에 대하여 명확하게 감사를 표하였던 것이다.[110] 하지만 결의안이 통과된 경의 및 인식으로부터 볼 때 양국의 입장에는 여전히 일정한 거리가 존재했던 것이다.

---

110) "시진핑 "전면적으로 안전보장이사회의 결의를 이행하자" 대 북한 제재의 탄성?", [한] 《세계일보》 2016년 4월 1일. http://www.segye.com/content/html/2016/04/01/20160401001681.html?OutUrl=naver.

1. 제2270호 결의안을 둘러싼 중국과 북한의 입장차이

북한에서 핵실험을 행하고 유엔 안전보장이사회의 결의가 나오기까지 시간으로 미루어보아 제1718호 결의안을 채택하는 데는 6일이라는 시간밖에 걸리지 않았다. 그 외 제1874호 결의는 18일, 제2094호 결의는 25일이 걸렸지만, 이번 제2270호 결의는 57일이나 결렸다.

이러한 현상은 여러 나라에서 제2270호 결의안을 채택하는데 대해 매우 신중했음을 보여주는 동시에 여러 나라들에서 결의내용에 대하여 의견차이가 많았음을 의미해 준다.

중국과 한국의 주요 분규는 한국이 이번 결의에서 석탄 · 석유의 운송을 금지해야 한다는 내용을 넣자고 요구한데서 기인되었다. 한국 내에서의 분석에 의하면 북한에서 소비하는 석유의 90%가 중국으로부터 수입된다고 믿었다. 만약 중국이 북한에 대한 석유수출을 중단하면 북한은 "일주일도 견디지 못할 것"이라고 판단했다. 하지만 중국의 북한에 대한 수출액에서 석유가 50%를 점하고 있는데, 북한과 중국의 양자 무역이 북한 대외무역 총액의 90%를 점하고 있다는 점을 고려하면(만약 석탄을 운송하는 것을 금지하는 내용을 제재내용에 넣을 때), 북한의 외화수입에 "결정적인 영향"이 일어나게 되는 것이다.[111] 따라서 중국은 이 점에 대해 끝까지 반대하였다.

분규의 본질은 한국과 중국의 출발점이 다르기 때문이었다. 한국의

---

111) " '강력한 제재', 한국과 미국이 중국을 향해 '영도력을 행사하라'고 압력을 가하다."한국 뉴시스(Newsis) 통신사, 2016년 1월 20일. http://www.newsis.com/ar_detail/view.

출발점은 제재가 엄하면 엄할수록 효과가 좋다는 것이었기에 맹목적으로 엄격하게 제재를 가할 것을 강조했다. 하지만 중국은 제재를 강조하면서도 제재 후 북한을 어떻게 대화석상으로 불러올 것인가 하는 문제에 대해서도 고려해야 했던 것이다.

다시 말하면 만약 한국이 바라는 것처럼 북한과의 모든 무역을 끊고 북한에 그 어떤 여지도 남겨두지 않는다면, 북한은 영원히 담판석상으로 돌아오지 않을 수도 있기 때문이었다.

한국은 어쩌면 국제적인 압력을 동원하여 북한정권이 무너지기를 바랐는지도 모른다. 박 대통령은 2016년 2월 16일에 있은 국회연설에서 처음 공개적으로 직접 "북한정권의 붕괴"를 언급하여 여론의 주목을 끌었다. 박 대통령은 연설 중에 "선의로써 북한정권의 핵무기 개발의지를 변화시킬 수는 없다"고 하면서 김대중과 노무현 정부시기의 '햇볕정책'을 강렬하게 비판하였고, 강력한 조치로 북한이 본질적인 변화가 일어날 수 있도록 압박할 것이라고 공언하였다.[112] 사실상 박 대통령이 말하는 '선의'라는 말에는 의문이 있는 것이다. 그는 취임해서 얼마 안 되어 독일에 갔을 때, 이른바 '드레스덴 선언'을 발표하면서 "북한과 한국은 반드시 독일의 '흡수통일방안'을 취해야 한다"고 주장하였다. 그리하여 당시 평양의 거절과 비판을 받았던 것이다. 그 배경에는 한국이 여전히 북한을 "수복하지 못한 국토"로만 알고 있지 동등한 대화의 동반자로서는 생각하지 않고 있다는 것을 말해주는 것이었다.

---

112) "박 대통령이 직접 '북한의 정권 붕괴'를 제기하다. 대북정책에 대한 궤도를 변화시킬 것이라고 표함", [한] 《아주경제》 2016년 2월 16일. http://www.ajunews.com/view

국제화와 공업화시대에 아무리 봉쇄된 나라라고 해도 완전히 봉쇄를 하고 경제발전을 안 하려 들지는 않을 것이다. 북한이 적어도 생존하기를 바란다면, 특히 국제사회로부터 20여 년이나 제재를 받아온 북한입장에서 보면, 한국이 바라는 것처럼 중국이 완전히 북한과의 모든 무역을 중단한다면 북한정권의 안정에 큰 영향을 미칠 수는 있을 것이다. 그러나 한편으로는 중국을 포함한 이 지역 여러 나라들의 이익에도 큰 영향을 미치게 된다는 것이다. 그렇기 때문에 중국은 한국의 요구를 절대로 받아들이려 하지 않았던 것이다. 결의안이 나온 후의 정황을 살펴보면 한국(다른 해당 국가들을 포함하여)이 중국의 합리적인 관점에 양보를 했음을 알 수 있다.

한국은 중국이 제2270호 결의안을 지지하는 원인에 대해서도 다른 견해를 가지고 있었다. 제2270호 결의안은 북한 제재에 관한 4번의 결의안 중에서 가장 엄격할 뿐만 아니라, 유엔 70여 년 역사에서 출범한 가장 강한 비군사적 제재 결의안으로서, 포함된 범위만도 금융, 화물, 광물자원 등 비군사적 영역과 무기가 모두 포함되었다. 이 결의안에는 "북한인민들이 곤경에 빠지는 것에 대해 깊은 우려를 표한다"고 쓰여 있다. 이것은 북한에 대한 결의안에서 처음으로 간접적이나마 북한의 인권문제를 제기했던 것이다. 석유와 석탄을 운송하는 것을 금지하는 것 외에도 포함시킬 수 있는 것은 모두 포함시켰다. 중국은 무엇 때문에 이 같은 결의안이 채택되는 것을 지지하였는가? 이에 대해 한국은 여러 가지 추측과 분석을 하고 있다. 적지 않은 한국 학자들은 이 결의의 채택과 사드 배치에서 미국과 한국이 중국에 대해 압력을 가했다는 것을 연계시켰다. 즉 사드 배치 문제를 마주하고 있는 압력이 중국으로 하여금 양보를 하게 했다는 것이다. 하지만 이 두 가지 사실은 진실과는 아주 동떨어진 시각이었다. 필자의 분석에 의하면 중국에서 진정으로 고려한 것은 아래 두 가지일 수 있다. 그 중 하나는 북한이 핵무기를 완고하게 고집하는데 대한 분노에서 기인됐다는 것이라는 점과 다른 하나는 글로벌 차원의 주요 대국으로서 국제적인 책임을 고려하지 않을 수 없었기 때문이라는 점이다.

김정은이 대권을 잡은 후 북한은 점점 더 강경하게 핵을 고집하고 있는데, 이 때문에 중국은 북한이 핵을 포기하는 문제를 둘러싸고 점점 더 분규가 커지고 있다. 이는 이미 공개적인 비밀로 되어버렸다. 그러나 사태는 비록 그러하지만 중국은 북한과의 관계를 우호적으로 유지하려고 하고 있고, 중국과 북한이 공동으로 이익을 추구하기를 바라며 관계유지를 위해 노력하고 있다.

2015년 10월 중국은 유운산 상무위원을 평양에 파견하여 북한노동당 창립 70돌 기념대회에 참석하게 하였다.[113] 하지만 유운산 상무위원이 북한을 방문해서 석 달도 채 되지 않는 정황 하에서 북한은 제4차 핵실험을 강행하였다. 이러한 행동은 중국으로 하여금 북한 정책에 대하여 강경한 제재를 취하게 하였을 뿐만 아니라 다시 돌아설 수 없다는 판단을 내리게 하였다. 그래서 중국은 이 결의에 지지를 하게 된 것이다. 중국은 이러한 행동을 통하여 북한이 핵무기를 발전시키는 속도를 늦어지게 하고 북한에게 절대로 핵을 보유해서는 안 된다는 경고를 했던 것이다.

중국이 이 결의가 통과되는 것을 지지한 다른 한 가지 원인은 국제적인

113) 중국이 대 북한 관계를 발전시켜야 하는 계기에 대하여는 王俊生, 〈중국과 북한의 특수한 관계 논리- 복잡한 전략의 평형적인 산물〉, 《동북아논단》 2016년 제1호를 참조.

책임감 때문이었다. 당의 18차 대표대회 이래 중국은 두 가지 백년 목표를 명확하게 제기하여 중화민족의 부흥을 선포했다. 그리고 국제사회를 향해서는 지구상에서 주요 대국으로서의 국제적인 책임을 강조하였다.[114)] 대국의 책임을 체현하고 국제사회가 필요로 하는 것을 제공하는 것은 아주 좋은 방식이다. 당의 18차 대표대회 이래 중국은 이미 '일대일로'를 창의하고, 아시아투자은행의 설립 등 일련의 국제사회가 필요로 하는 것을 제공하였다. 평화안전은 국제사회가 가장 원하는 대상이다.

북한이 핵실험을 행하는 것은 남북한 관계의 긴장을 고조시키는 행위임에 의심의 여지가 없다. 이러한 행위는 미국에게 구실을 주어 동북아지역에서 그들의 군사적 존재감을 더욱 과시하게 할 뿐이다. 따라서 여러 나라들이 무력을 동원할 수 있는 가능성이 더욱 높아지게 하는 원인이 되는 것이다. 다시 말하면 북한의 이러한 행동은 이 지역의 안보정세를 엄중하게 파괴하는 행위가 되므로, 중국은 이 지역의 안전과 안정을 보호유지하기 위한 책임감에서 이 결의안을 지지했던 것이다.

2. 중국 상무부가 북한에 운송을 금지해야 할 물품항목을 발표, 중국과 한국이 제2270호 결의의 집행을 둘러싸고 분규가 발생

중국 상무부의 인터넷은 2016년 4월 5일 유엔 안전보장이사회 제2270호 결의안을 집행하겠다는 소식을 발표하였다.

114) 王偉光, 〈중국은 이미 지역적인 중요 대국이 되었다〉, 《인민논단》 2015년 34호.

즉《중화인민공화국대외무역법》에 근거하여 북한에 대한 제재 조치로써 운송을 금지한 물품항목을 공표했던 것이다. 이 항목에는 북한으로부터 수입하는 석탄, 철, 철광석 및 북한에 수출하는 항공유, 나프타류의 항공연료, 석유류의 항공연료, 석유류 로켓연료 등이 포함되었다. 항목이 발포된 후 한국 매체들의 보편적인 주목을 받았던 그 주요 특점은 두 가지였다.

첫째, 한국의 '연합뉴스'.《세계일보》,《서울신문》,《중앙일보》등은 중국의 제재 품목을 보도하는 동시에 민생영역이 제외된 상황에 대해 보도하였다. 하지만 여전히 일부 매체들에서는 의식적으로 제재 사항에 대하여 민생을 위해 일부물품을 제외한 사실에 대해서 불만을 표시했다.

이를테면《문화일보》는 중국정부가 비록 일부 예외적이 정황을 공표하기는 하였지만, 동시에 많은 어려운 조건을 내걸었는데 이러한 예외적인 상황은 성립되기 어려운 것이라고 제기하면서 중국이 대 북한 정책을 조정하여 압력을 가하고 있음을 암묵적으로 시사하였다.

둘째, 한국매체들은 3월 3일 제2270호 결의안이 채택된 후 중국이 처음으로 제재조치를 공표한 것이라는데 주목하면서 중국이 제재결의가 나온 후 곧바로 제재조치를 취하지 않은 것을 비평하였다. 사실상 한국 인사들은 여러 차례나 북한에 대한 제재가 성공하느냐 않느냐 하는 것은 중국에 달려있다고 강조하였다.[115] 이러한 현상은 한국에서 통상적으로 볼 수 있는 것으로, 그들은 중국의 대 북한 정책이 변화되었다고 여론을 조성하였다. 그들은 또 통상적으로 중국에 대한 북한 내부의 불만을 조작하기도 하는데, 그 목적은 중조관계를 괴리시키기 위한 것이었다. 이것 역시 한국매체들이 통상적으로 사용하는 수법인데 근본적인 목적은 북한을 재제하는 압력을 중국에 돌리려는 것이다.

그들은 북한에 대한 제재의 성공여부가 중국에 달려있다고 믿고 있다. 또한 지난날 북한에 대한 제재가 그다지 효과를 보지 못한 주요 책임이 중국에 있다고 떠밀고 있다. 이것은 사실을 벗어난 엉터리 여론으로, 정치적 · 역사적 관계가 어찌되었든 간에 중조관계가 우호적으로 발전할 수 있는 여건은 조금도 변하지 않았다고 보는 것이다. 당연히 핵문제를 둘러 싼 분규 외에는 중조 양국 간에 본질적인 분규는 없다고 말할 수도 있다.

하지만 대 북한 제재 결의를 집행하는 역사와 신용 면에서 볼 때 중국이 여러 나라들 중에서 가장 우수하다고 할 수 있다. 2013년에 북한이 제3차 핵실험을 한 후 여러 나라들에서 유엔 안전보장이사회의 제2019호 결의안을 이행한 상황을 예로 들 수 있다. 중국의 해당 부문들에서는 이 결의안을 이행하기 위해 공개적으로 해당 항목을 선포하였다. 이를 테면 교통부와 같은 부문의 조치들이다. 이 결의를 엄격하게 집행하기 위하여 중국은 외교에서도 북한에 대하여 고압적 태도를 보여주었다. 처음에는 이러한

---

115) 필자는 여러 차례나 한국 인사들과의 교류에서 이러한 관점을 제기하였다. 최근의 교류는 2016년 4월 21일 중국사회과학원 아시아태평양 및 전 지구 전략연구원에서 한국 통일부 대표단을 회견한 것이다. 당시 상대방은 또다시 이 관점을 강조하였다. 한국에서 이번에 좌담을 한 주요한 의제는 중국에서 어떻게 제재결의를 이행하는가 하는 정황을 이해하려는 것이었다.

중국의 태도에 대해 "안절부절 못한 것"은 서방국가들이었다. 그러자 2013년 3월 7일 유엔 안전보장이사회는 제2094호 제재결의를 통과시킨 후, 5월 14일 일본 수상 아베 신조의 대변인 이이지마 이사오(飯島勛)가 비밀리에 북한을 방문하였다. 이를 뒤이어 미국과 한국도 북한과 접촉을 시도하기 시작하였다. 이러한 배경 하에서 중국도 북한과의 외교접촉을 시작했다. 이로부터 알 수 있는 것은 북한을 제재하는 열쇠가 중국에 있다고 강조하고, 심지어는 이왕의 북한에 대한 제재가 효력을 보지 못한 것에는 중국이 주요한 책임을 져야한다는 것인데, 그러나 이러한 여론은 사실에 부합되지 않는 것이다. 이번에 중국이 대 북한 제재 조치로써 제재항목을 제정한 것은 상무부에서 공포한 것처럼 유엔 안전보장이사회에서 공포한 결의에 근거한 것이고 동시에 중국의 해당 법률이 제정한 조치에 근거한 것이다. 3월 3일 유엔 안전보장이사회의 전체 성원국은 한결 같이 제2270호 결의안을 통과시켰다. 중국은 안전보장이사회의 상임이사국으로서 당연히 이 결의안을 이행해야 하는 것이다. 중국이 이 결의안에 근거하여 제재항목을 결정한 것은 물론 당연한 일이다.

동시에 이러한 행동은 또 중국이 시종 견지하고 있는 전면적이고 완전하게 안전보장이사회의 결의를 집행하는 일관된 방침이기도 하다. 이 제재항목에는 응당 제재해야 할 상세한 목록이 포함되어 있을 뿐만 아니라 민생과 인도주의 원칙으로 예외 된 항목도 포함되어 있다. 중국이 북한에 대한 제재를 견지하려는 목적은 북한의 핵무기 발전을 지연시키려는데 있다. 그래서 단순한 제재가 목적이 아니라 북한으로 하여금 대화석상으로 돌아오게 하려는 수단인 것이다. 그런 이유로 중국은 일괄되게 단순히 북한에게 제재만을 가하고 대화를 하지 않는 것에는 반대해 왔던 것이다.

다시 말하면 전면적인 제재를 가하여 일반백성들의 이익을 해치고 인도주의 재난이 조성되는 것을 반대한 것이다.

한편 "어떻게 제2270호 결의안을 이행할 것인가?"하는 문제에 대해서 한국과 중국의 분규는 비교적 큰 편인데, 그 주요 현상은 두 가지 방면에서 표현되고 있다.

첫째, 한국은 주로 제재하는 데만 집중하고 있고 대화하려는 것은 경시하고 있다. 이를테면 2016년 5월 10일 북한노동당 제7차 대표대회가 폐막된 이튿날, 한국 통일부 장관 홍용표(洪容杓)는 한국 국회 외교통일위원회 긴급 현안좌담회에서 남북대화의 가능성을 담론 할 때 "지금은 대화의 시기가 아니다. 반대로 제재수단을 더욱 강화할 필요가 있다." (만약 대화를 시작했을 때) "대화 기간에 대북제재는 그 면모가 모두 변하게 될 것이다. 북한은 이 기회를 빌어 시간을 얻으려 할 것이고 자신들의 핵 위력을 제고시키려 할 것이다"[116]라고 말했다.

둘째, 한국은 북한에서 먼저 핵을 포기해야만 다른 의제들을 고려할 것이라고 요구하고 있다. 2016년 2월 18일 중국 외교부 왕의 부장이 처음으로 한반도의 비핵화와 평화체제로의 변화를 동시에 추진하자는 의견을 제기한 이튿날, 한국 외교부 대변인 조준혁(趙俊赫)은 관례

116) "홍용표 : 북한과 대화할 시기가 아니다. 미국은 평화협정을 제기하지 않았다". [한] 연합뉴스 , 2016년 5월 10일. http://www.yonhapnews.co.kr/bulletin/2016/05/10/0200000000AKR20160510122151001.HTML?input=1195m

브리핑에서 왕의 부장의 이 제안에 대한 관점과 입장을 문의 받았을 때 “지금 가장 필요한 것은 북한이 핵무기 개발을 중단하고 진정으로 핵을 포기하려는 성의를 보여주는 것이다”라고 표명하였다.[117]

상술한 바와 같이 한국은 줄곧 중국이 전면적으로 북한에 대해 제재를 가해줄 것을 희망하였다. 이로 인해 조성될 인도주의 재난은 필연적으로 이 지역 각국의 이익을 위협할 것이다. 동시에 북한이 최종적으로 핵을 포기하는 것은 북한의 관심(특히 안전에 대한 관심)을 해결해 주어야만 이루어질 수 있는 것이다. 다시 말하면 한국이 주장하듯이 북한이 먼저 핵을 포기하고 그런 다음에 기타 문제를 해결하자는 관점은 근본적으로 현실적이지 못하고 더구나 불합리하다는 것이다. 이로부터 알 수 있는 것은 중국 상무부에서 내놓은 대 북한 제재 항목은 문제를 해결하려는 실무적인 각도에서 출발하여 중국의 주변안전을 수호하는 문제를 고려한 것이고, 한반도 및 동북아지역의 평화와 안정을 수호하기 위해 고려해서 결정한 것으로, 이것은 대국으로서의 중국이 책임지는 태도를 보여준 것이라 할 수 있다.

---

117) “한국 외교부 대변인 관례 브리핑”. 한국 외교부 인터넷, 2016년 2월 18일.
http://www.mofa.go.kr/news/briefing/index.jsp?menu=m_20_10

제3절
한반도의 비핵화는 여전히 한중협력의 중요한 방향이다

한중 협력의 미래를 연구하고 판단할 때는 반드시 유엔 안전보장이사회에서 제정한 제2270호 결의안에 대한 북한의 반응 및 한중 양국의 보조 협력을 위한 노력 방향에 대하여 고려하여야 할 것이다.

1. 북한이 제2207호 결의에 대하여 강건책과 유화책을 함께 쓰다

유엔 안전보장이사회의 제2270호 결의안이 통과된 후, 북한의 대응태도는 강경책과 유화책을 함께 쓰는 것이었다.

첫째, 북한 《노동신문》의 보도에 의하면 4월 23일 북한은 잠수함 발사탄도 미사일(SLBM) 수중실험에 성공하였다. 신문은 동시에 북한 국방위원회 제1위원장 김정은이 당시 실험광경을 지켜보는 사진도 함께 실었다.

둘째, 뉴욕시간으로 4월 23일 당시 북한 외교부장 이수용(李洙墉)은 유엔본부에서 만약 한국과 미국이 매년 관례적으로 행하는 연합군사훈련을 정지한다면 북한도 핵실험을 정지할 수 있다고 표명하였다. 북한이 핵실험을 정지하는 데 대해 일련의 조건을 제기했던 것이다. 북한의 잠수함 발사 탄도 미사일(SLBM) 수중실험은 유엔 안전보장이사회에서 통과한 제2270호의 결의안을 명백하게 위배한 것이다.

2006년 10월 북한이 제1차 핵실험을 하였을 때 유엔 안전보장이사회는 제1718호 결의안을 채택하여 "북한은 탄도미사일 발사에 관계되는 일체의 실험을 금지해야 한다"고 규정하였고, 제2270호 결의안에서는 또 북한은 전에 채택한 제1718호 결의안, 제1874호 결의안, 제2094호 결의안을 모두 준수해야 한다고 규정하였다. 북한은 자신들의 행동이 유엔 안전보장이사회의 결의안을 위반했다는 것을 명백하게 알고 있으면서도 왜 또다시 실험을 감행했던 것인가? 이러한 행위를 합리적으로 추리한다면 한편으로는 "원자폭탄과 수소폭탄 및 인공위성 계획"의 일환이라고 볼 수 있다. 바로 국방건설을 강화하는 중요한 보조 계획이었던 것이다.

잠수함 발사 탄도 미사일은 체적이 작고 무게가 가벼우며 위장 성능이 높아 다른 발사 플랫폼에 싣거나 발사하기가 쉽고, 발사 계통이 재빨리 가동할 수 있어 군사적 가치가 매우 중대하다. 그리고 다른 한편으로는 2016년 5월 6일에 소집하는 북한 노동당 '7차 대표대회'를 위해 분위기를 조성하려는 것이었다. 그밖에 더욱 직접적인 원인은 이러한 행동을 통하여 유엔 안전보장이사회의 제2270호 결의안에 불만을 표시하고 동시에 국제사회의 반응을 탐지하려는 것이었다.

그 어떤 원인에서 출발했던지 간에 북한의 잠수함 발사 탄도 미사일 수중발사는 한반도 정세를 악화시켰을 뿐 북한의 자체환경을 개선하는

데는 아무런 이익이 없는 행위였다. 이러한 정세를 대면하고 있는 중국과 한국은 더 더욱 실질적인 협력을 전개할 필요성이 제기 되는 것이다. 그러기 위해서는 미래의 협력방향이 명확해야 할 것이다.

2. 한반도의 비핵화를 실현하는 것은 여전히 한중협력의 중요한 목표이다

최근 몇 년간 김정은이 정권을 잡은 이래 두 차례의 핵실험을 감행하였고 핵 보유에 대한 내용을 헌법에까지 넣었다. 그들은 모든 노력을 기울여 핵보유국이 되려고 하였다. 이에 대해 한국의 "핵 포기 비관론"은 점점 더 커지고 있다. 이를테면 2016년 5월 16일에 한국 통일연구원에서 거행한 "북한 제7차 당 대표대회: 평가와 전망"이라는 주제의 토론회에서 한국 국가안보전략연구원 연구기획부 부장 김일기(金日奇)는 "(국내)에서는 날로 이러한 인식이 확산되고 있다. 즉 '북한' 당 대회 이후 김정은 정권이 계속 존재하는 정황 하에서 '북한'은 절대로 핵무기와 원거리미사일을 포기하지 않을 것이다"라고 발표하였다."[118]

북한이 제4차 핵실험을 감행한 후, 한국 국내에서도 핵을 보유해야 한다는 목소리가 다시 높아지기 시작하였다. 2016년 2월 25일 한국 집권당 새누리당 원유철(元裕哲) 원내대표는 국회에서 교섭단체 대표연설을 할 때 "북한의 대표적인 공포와 궤멸적인 핵무기, 그리고 미사일에 대응하기

118) "통일연구원 논단 : 북한 김정은의 국가직위가 중앙인민위원회 위원장으로 변경될 가능성은 있는가?", [한]《중앙일보》 2016년 5월 16일.http://news.joins.com/article

위하여 우리도 자위권을 행사하는 각도에서 출발하여 평화를 보호할 수 있는 핵무기와 미사일을 갖춰 강경한 대응을 하는 것이 필요하다"고 발표하였다. 이튿날 새누리당 정책위원회 부의장 김정훈(金正勛)도 원내 대책회의에서 "북한의 핵무기에 대응하기 위해서는 우리도 핵무기를 개발할 수 있는 능력을 구비해야 한다……. 현재의 《한미원자력협정》은 한국에게 재처리할 수 있는 권한을 인정해 주지 않고 있다. 한미 양국은 '사드'문제를 담판할 때 응당 이 부분을 고려하여야 한다"[119] 고 제기하였다. 이것이야 말로 "핵 포기 비관론"의 업그레이드 버전이라고 할 수 있다.

그렇기 때문에 한국은 이러한 현실을 직시하여 한편으로는 '핵 보유'를 주장하는 국내의 일부 착오적인 목소리를 엄격히 억제하면서 한반도의 비핵화 목표를 적극적으로 인도할 필요가 있는 것이다. 그리고 다른 한편으로는 이론적으로나 현실 정책적으로나 북한의 핵 포기는 여전히 하나의 필연적인 결과일 것이므로 계속 적극적으로 이러한 목표를 달성할 수 있도록 추진해 나가야 하는데, 이것은 한중 양국의 미래 협력에 극히 중요한 작용을 하게 될 것이다.

한국 국내에서 불어 닥치고 있는 북한의 "핵 포기 비관론"에는 하나의 증거가 존재하는데, 그것은 지금까지 어느 한 국가도 핵을 보유한 후 포기한 선례가 없다는 것이다. 그러면 북한의 '핵 포기' 문제도 과연 그러할까? 물론 결과적으로 그렇지는 않을 것이다. 가장 전형적인 실례로서 우크라이나와 남아프리카를 들 수 있다. 소련이 해체된 후 우크라이나는 자기 영토에 있는

---

119) "집권당 원내에서 핵을 보유하자는 목소리가 끊이지 않고 있다……정계가 바싹 들끓다". [한] 《아주경제》 2016년 2월 16일. http://view.asiae.co.kr/news/view.

대량의 전술 핵무기를 이어받았다. 1994년 러시아, 미국, 우크라이나 삼국이 달성한 협의에 따라 우크라이나는 점차적으로 비핵화를 실시하였다. 2001년 10월 30일 우크라이나는 국내의 마지막 원자로를 폐기하면서 정식으로 비핵국가가 되었다.

남아프리카공화국 정부는 1979년에 정식으로 전에 개발하였던 우라늄을 가지고 무기장비 구매부서에게 핵무기 연구 제작 임무를 주었다. 그리하여 1988년에는 이미 원폭투하 능력을 갖추게 되었다. 하지만 국제사회의 노력으로 1990년 2월 26일 데 클레르크(德 克勒克總) 대통령은 핵계획을 종결하는 것에 관한 명령에 서명하였다. 1991년 남아프리카공화국은 핵폭발시설을 모두 철거하였다.

핵을 보유하고 있는 북한은 한반도에 비핵화를 실현하려는 목표를 가지고 있는 중국과 한국에 백해무익하다. 핵을 보유하고 있는 북한이 중국의 국가이익에 끼치는 위해는 적어도 아래 몇 가지 방면에서 나타난다.

첫째, 핵을 보유하고 있는 북한은 일본과 한국을 자극하여 핵을 보유하게 할 수 있다. 하지만 현재 초 대국인 미국이 일본과 한국에 핵우산을 제공하는 상황 하에서 발생하기는 힘들 것이다. 하지만 미래에 대해서는 불확실하다. 이를테면 한국과 일본이 더욱 강화된 독립적 자주권을 행사하고, 반면에 미국이 쇄락해지는 요인을 고려하지 않을 수 없기 때문이다. 그때가 되면 중국이 보고 싶어 하지 않는 국면이 발생할 수도 있는 것이다. 그리하여 한국 내에서 북한이 제4차 핵실험을 진행한 후 다시 한 번 "핵을 보유하여 나라를 보위하자"는 여론이 일어난 것도 그렇게 우연한 일은 아닌 것이다.

둘째, 북한의 핵무기는 동북아지역에서 미국의 정치적 · 군사적 위세를 더욱 강화시킬 수 있을 뿐만 아니라, 심지어는 미사일방어계통을 배치하는데도 구실을 마련해줄 수가 있다. 북한의 몇 차례에 걸친 위성발사와 핵실험 후 미국은 중국 주변에서 많은 군사를 동원하여 대규모 군사훈련을 강행하였고, 심지어는 항공모함을 파견하여 중국 근해에서 군사훈련을 감행하기도 하였다. 이는 한국을 안심시키는 외에 미국이 이 기회를 이용해 중국에 압력을 가하는 것이라고 언론 매체와 학계는 보고 있다. 근년에 미국이 기회를 타서 한국에 사드를 배치하라고 권고하는 것이 바로 그 좋은 실례이다.

한국 입장에서 볼 때, 핵을 보유한 북한은 한국의 국가안전에 엄청난 위협을 가져다주는 것일 뿐만 아니라 한반도의 통일에도 큰 장애가 되는 것이다. 북한이 핵을 보유한 것은 북한을 제외한, 중국과 한국을 포함한 모든 국가들의 이익에도 위배된다. 글로벌화 된 국제사회에서 북한이 경제와 민생에서 근본적인 개선을 가져오고 정권의 안정을 실현하려면 반드시 문호를 대외에 개방해야 한다. 특히 이미 국제사회에서 20여 년이나 고립되어 자금, 기술 및 선진관리경험이 모두 심각하게 결핍되어 있는 북한으로 볼 때는 더구나 그러하다. 국제사회가 북한이 핵을 보유하는 것을 반대하는 현 상황에서 북한이 아무리 핵을 손에 쥐고 있다고 해도, 그것은 손에 뜨거운 고구마를 쥐고 있는 것과 같아서 그들의 처지는 점점 더 어려워질 것이다. 이것은 북한이 핵을 포기하는 것이 북한을 포함한 모든 국가의 공동이익에 부합되기 때문이다. 당장은 적당한 방법이 없어서 북한이 핵을 포기하여 공동이익에 부합하지 못하고 있을 뿐이다. 그러므로 교섭하고 담판을 해야 할 필요성이 있다는 것이다. 이것은 중국이 반복적으로 북한에 제재를 가해야 한다고 압박을 가하면서도 북한을 담판석상에 나오라고 촉구하는 원인이고, 핵을 포기하는 문제를 해결할 수 있는 중요한 핵심 문제 중의 하나가 되는 것이다. 그리고 중국과 한국의 보조 협력 차원에서도 중요한 방향이 되기도 할 것이다.

제4절.
제2270호 결의가 통과된 후의 한반도 정세와 한중 협력

유엔 안전보장이사회의 제2270호 결의안이 채택된 후에도 한반도 장세는 여전히 예전과 같아보였다. 모든 문제들이 해결을 보지 못하고 있을 뿐만 아니라 결과도 이전 3차례와 아주 비슷하다. 이를테면 미국이 일부 이익을 얻었고, 중국과 한국의 이익이 부분적으로 손상당했으며, 북한의 처지가 더욱 힘들어졌다는 것이다. 하지만 전에 없이 엄격한 제재는 이번이 지난번과 다른 점임을 설명해 준다. 중조관계는 이제 갈림길에 들어서게 된 것이다. 박근혜 정부도 이전에 북한에 대한 "신뢰프로젝트" 진행과정을 조정하고, 전면적으로 압력을 가하기로 결정했다. 미국과 한국은 정식으로 연합 실무조를 결성하고 '사드' 배치에 대한 논의를 시작했는데, 이것은 한반도에서 미국의 군사적 존재가 또 새로운 계단에 올라섰음을 의미하는 것이다. 따라서 한반도의 정세는 더 더욱 복잡해졌다. 한반도 정세의 이해관계 당사국으로서의 중국과 한국은 이러한 배경 하에서 더욱 협력할 필요성이 있는 것이다. 필자가 생각하건대 다음과 같은 몇 개 방면에서 노력을 경주할 필요가 있다고 생각한다.

첫째, 한중 양국은 적극적으로 북한을 인도하여 그들이 유엔 안전보장이사회의 제2270호 결의안을 따를 수 있게 해야 한다. 북한이 어떻게 제2270호 결의안을 대하는가 하는 문제는 직접적으로 미래 한반도 정세의 발전방향과 관계되는 중요한 일이다. 만약 북한이 어느 정도 받아들인다면 한반도 정세는 어느 정도 만회할 수 있는 공간이 생기게 될 것이다. 만약 북한의 반응이 비교적 강렬하다면, 이를테면 원거리미사일 실험발사를 하거나 제5차 핵실험을 하게 된다면 형세는 한반도로 하여금 또다시 새로운 악순환으로 들어가게 하여 한중 양국의 이익에 영향을 주게 될 것이다.

둘째, 한국은 한미 연합군사훈련에 정확한 입장을 밝혀야 한다. 한미 양국이 북한국경에서 부단히 진행하고 있는 연합군사훈련은 한반도 냉전구조의 전형적인 표현으로서 북한이 핵무기를 포기하려 하지 않는 중요한 근원이 되기도 하다. 북한이 자신들의 안전에 대해 고려하는 주요 원인은 미국과 한국으로부터 온 것이다. 가장 직접적인 표현은 한미 양국이 빈번하게 진행하는 연합군사훈련이다. 근년에 와서 한미 양국의 연합군사훈련은 시간이 점점 길어지고 공격성 또한 점점 커지는 추세를 보이고 있다. 이를테면 2016년 한미 연합군사훈련은 3월 7일에 시작하여 4월 30일까지 이어졌다. 이번 연합군사훈련에는 미국의 항공모함이 참가했을 뿐만 아니라, 북한의 영도자들을 대상으로 한 '참수작전' 연습 항목까지 첨가하였다. 북한은 이러한 한미 군사훈련의 위협에 대응하려면 오직 핵무기를 발전시키는 방법밖에 없다고 천명한 바 있다. 연합군사훈련은 북한으로 하여금 핵무기를 포기하지 않게 하는 구실을 줄 뿐만 아니라, 북한이 핵무기를 발전시키는 과정에서 점점 더 완고하게 나오도록 자극하는 중요한 원인의 하나가 되었다.

한미 연합군사훈련은 한중 양국의 '신뢰'에 마이너스를 가져오게 함으로 이것은 한반도 문제에서 실질적인 협력을 하지 못하게 하는 중요한 원인 중의 하나가 되는 것이다. 중국은 일관되게 한미 연합군사훈련이 한반도 정세를 악화시키는 원인이라 하여 반대하여 왔고, 양국의 군사동맹이 한반도 범위를 벗어나는 것에 동의하지 않았다. 제2270호 결의안이 채택된 배경 하에서도 한미 연합군사훈련은 여전히 진행되었을 뿐만 아니라 규모 또한 확대되었다. 이러한 현상은 이미 한반도 정세를 더욱 악화시켰다. 2016년 3월 7일 중국 외교부 대변인 홍뢰(洪磊)는 한미 연합군사훈련에 대하여 이렇게 언급하였다.

"우리는 북한 측이 한미 연합군사훈련에 대하여 반응이 강렬하다는 것에 주의를 기울여야 한다. 중국은 이러한 형세에 대하여 엄한중 관심을 돌리고 있다. 중국은 한반도에서 사단을 일으키는 그 어떠한 행위도 모두 완강히 반대한다. 우리의 문 앞에서 불놀이를 하는 것을 절대 허락할 수 없다. 우리는 해당 국가들에서 억제하는 태도를 보여주기를 강렬하게 요구한다. 절대 서로를 자극하고 긴장감을 조성하지 말기를 바란다."[120)]

한미 양국이 중국의 근해에서 무력을 과시하는 행동에 대하여 중국여론은 강렬한 반감을 보였다. 만약 한국이 진정으로 한반도 문제를 해결하려고 한다면 연합군사훈련을 중단해야 한다. 만약 즉시 완전히 중단할 수 없다면 연합군사훈련의 규모라도 줄이고, 연합군사훈련의 지점이라도 다른

---

120) "2016년 3월 7일, 외교부 대변인 홍뢰가 기자간담회를 주최", 중국 외교부 인터넷, 2016년 3월 7일, http://www.fmcoprc.gov.hk/chn/xwdt/wjbt/t1345683.htm

지역으로 옮길 필요가 있는 것이다.

셋째, 한국은 사드 배치에 대하여 응당 부정적인 태도를 보여야 한다. 사드가 한국 영토에 들어오는 문제에서 한중 양국의 근본적인 분규가 존재하는 것이다. 한국은 사드배치는 한미 양국의 문제라고 여기면서 한국의 내정이라고 말하지만, 중국은 사드 배치는 동북아지역의 문제로서 한미 양국의 범주를 초월하는 문제라고 간주하고 있다. 한국은 사드 배치를 기술문제로서 한국 국민을 보호하는 군수장비라고 생각하지만, 중국은 사드 배치는 전략문제로서 한국 국민들의 안전을 지킬 수 없을 뿐만 아니라, 동북아지역의 전략 평형에도 영향을 주고, 동북아지역 정세를 더욱 복잡하게 만든다고 생각하고 있다. 이러한 중국의 관점은 이치에 부합되는 것이다. 사실 사드 배체 문제에서 가장 적극적인 것은 미국임에 틀림없다. 일단 사드를 배치하면 가장 큰 이익을 보는 것은 역시 미국이기 때문이다.

핵무기가 북한의 안전을 보장할 수 없는 것과 마찬가지로 사드 배치 역시 한국의 안전을 보장할 수 없는 것이다. 북한과 한국의 안전을 가장 실질적으로 보장할 수 있는 것은 사실 외교 환경과 지정학적 정치 환경이다. 한국이 만약 현재와 같은 허허실실한 배경 하에서 사드를 배치한다면 그때는 한국이 중국과 미국 사이에서 계속 평형입장을 취할 자리가 없게 될 것이다. 그렇게 되면 한중관계 발전의 근본적인 토대가 파괴될 것이고, 한중 양국의 경제무역, 관광 등 영역의 협력에도 영향을 미치게 될 것이며, 한반도 문제에서의 협조와 협력에도 영향을 미치게 될 것이다. 그 결과는 물론

한반도의 평화와 안정에 불리하게 될 것이다.[121)]

특히 중국이 이 문제에서 외교부 부장, 국방부 부장에서 시진핑 주석까지 모두 반대 입장을 명확하게 내비친 상황을 고려할 때, 한국이 만약 사드 배치를 행한다면 중국은 반드시 행동적으로 강력하게 반발하고 나설 것이다.

넷째, 한국은 반드시 중조관계의 발전을 이해해야 한다. 중조 우호관계는 의식형태에서 출발한 것만은 아니고 영도자 간의 주관적인 애호 때문도 아니다. 중조 우호관계는 실질적으로 한반도의 복잡한 전략 환경 하에서 여러 가지 요소에 의해 나타난 산물이다. 중국은 지정학적 정치구조, 경제이익, 역사 요인과 현실적 의의 등의 필요에 의해서 관계를 유지하고 있는 것인데, 그 목적은 한반도의 평화와 안정을 수호하려는데 있는 것이다.

그렇기 때문에 2016년 5월 9일 중공중앙 시진핑 총서기는 김정은에게 전보를 보내 그가 북한노동당 제7차 대표대회에서 북한노동당위원장으로 추대된 것을 축하한 것이다. 아울러 중조 양국의 전통적 우의는 양국의 일대 원로 영도자들이 맺고 가꾼 것으로서 양국의 공동적인 재부라고 천명하면서 중국공산당은 중조관계를 매우 중요시한다고 강조하였던 것이다. 또 "우리는 북한정부와 공동으로 노력을 경주하여 중조우호협력이 계속적으로 발전하기를 희망하며 양국과 양국 국민들이 이 지역의 평화와 안정을

121) 왕준생(王俊生), 〈중조 특수 관계의 논리 : 복잡한 정략의 평형적인 산물〉, 《동북아논단》, 2016년 제1호.

위하여 공헌하기를 희망한다"고 표명하였던 것이다.[122)]

한국은 중국의 발전과 북한과의 우호관계 및 양국의 협력에 줄곧 민감한 태도를 보였다. 근년에 한국은 심지어 북한에 대한 관광 업무를 전개하는 중국 여행사에 대해 "둘 중 하나를 선택하라"는 경고 메시지까지 보냈다. 계속해서 한국의 관광업체들과 협력을 발전시키려면 북한과의 관광협력을 중단하라는 것이었다. 상술한 바와 같이 한반도의 지정학적 정치구조는 중조관계의 상대적인 안정이 중조 양국의 이익에 부합될 뿐만 아니라 이 지역 여러 나라들의 공동이익에도 부합된다는 것을 말해주고 있다. 반대로 만약 중조관계가 계속해서 개선되지 못한다면 한반도를 둘러싼 해당 문제들은 원만한 해결을 가져오지 못하게 될 뿐만 아니라, 긴장 국면도 필연적으로 계속 이어지게 될 것이다. 따라서 앞으로 북한이 중국에 대한 관계를 개선해야 하는 배경 하에서, 한국은 중국이 북한과의 정상적인 관계를 개선하고 발전시키는 문제에 대해 정상적인 태도를 취해야 하고 이러한 태도를 지속적으로 갖고 있어야 한다.

다섯째, 중국과 한국은 협력하여 공동으로 한반도의 정전협정이 평화적 시스템으로 전환할 수 있도록 추진해야 할 것이다. 한반도에서 천지개벽 같은 변화가 일어나거나 한반도 정세가 악순환으로 이어지거나를 막론하고 1953년에 서명한 '한반도정전협정'은 이미 한반도의 평화와 안정을 수호할 수 없게 되었음이 분명하다. 이 방면에서 북한이 재삼 정전협정을 평화적 시스템으로 전환시켜야 한다고 호소하는 것은 이해할 수 있는 행동이며

---

122) 〈시진핑 주석이 전보를 보내어 김정은이 북한노동당위원장으로 추대된 것을 축하〉, 《인민일보》 2016년 5월 10일.

정확한 것이라 할 수 있다. 지난 60여 년 이래 한반도의 전략 환경에는 이미 많은 변화가 발생하였다. 그렇기 때문에 평화적 시스템 구축은 하나의 방대한 공정이라고 할 수 있다.

이를 위해서는 토론해야 할 문제들이 즐비하다. 비록 북한이 핵을 포기하는 것이 평화적 시스템 구축을 위한 주요 목적은 아니라고 할 수 있지만, 반드시 북한에게 이 문제에 대해 동의해 줄 것을 요구해야 한다. 이 평화적 시스템 구축을 위한 담판은 반드시 미국과 북한의 관계 정상화를 위한 문제 및 미국이 한반도에서 군대를 주둔시키는 것과 같은 문제와 부딪치게 될 것이다. 따라서 이 시스템은 미국, 한국, 북한이 모두 일정한 양보를 해야만 가동될 수 있는 것이다. 만약 여러 나라에서 자기들의 이익만을 생각하여 한걸음도 양보하려 들지 않는다면, 정전협정을 평화적 시스템으로 전환시키는 것은 공담에 지나지 않게 될 것이다. 그렇게 되면 한반도 정세를 둘러싼 이런 문제들은 모두 해결되지 못하게 될 것이다.

현재 북한은 이에 대해 비교적 적극적인 태도를 보이고 있다. 2015년 10월 1일 당시 북한 외무상으로 있던 이수용은 유엔총회에서 연설을 할 때 "한반도는 평화협정이 시급하게 요구되고 있다. 그것으로써 한반도의 군사대치 국면이 다시 발생하는 것을 방지해야 한다"고 호소하였다.[123] 북한 외무성 대변인도 2015년 10월 7일에 미국에 향하여 "한반도의 정전협정를 폐지하고 새로운 평화협의를 체결하자"[124]고 제의하였다.

---

123) "북한 외무상이 유엔대회에서 미국에 향해 다시 반도평화협정을 체결하자고 질호", 봉황넷, 2015년 10월 3일.

124) "북한이 미국에 향해 평화협정을 체결하자고 제기", [한]《중앙일보》(중문넷), 2015년 10월 8일. http://www./chinese.joins.com/gb/article.do?method=detail&art_id=141846.

만약 한국이 이에 적극적으로 호응한다면 미국은 이 문제를 크게 중시할 것이고, 결국에는 이러한 시스템 구축을 위한 담판에 참여하게 될 것이다.

제10장

시진핑 · 문재인 신시대의
정치경제정책 특징

제1절
새로운 중국특색의 사회주의와 한국식 민주주의

1) 새로운 중국특색의 사회주의

중국특색의 사회주의는 종래의 사회주의 경제가 파산하여 나타난 새로운 형태의사회주의라고 할 수 있다. 진리는 보편타당성을 지녀야 한다. 중국특색의 사회주의는 중국의 역사적인 토양과 문화적인 배경 속에서 태어난 중국에서만 가능한 정체라고 할 수 있다. 이에 대한 세계적인 시각은 둘로 갈라져 확연히 나타나고 있다. 하나는 이 제도야말로 자본주의의 위기를 구할 수 있는 유일한 대안이라고 하는 주장과 다른 하나는 경제발전만 서방을 흉내 내고 민주주의 정치는 외면한 기형적인 체제라면서 비판하는 주장이 그것이다.[125]

---

125) 티머시 가이트너 미국 재무장관은 세계경제포럼(WEF)에서 국가가 주도하는 중국의 무역체계가 세계 무역체계에 특이하고 거대한 위협이 되고 있다고 우려하면서, 중국은 시장경제로 전환됐음에도 불구하고 여전히 국가가 경제를 주도하고 있다면서, 핵심 수입품에 대한 체계적인 보조금 제공과 인위적으로 낮게 유지된 위안화 환율이 무역 상대국 뿐만 아니라 글로벌 무역체계에 심각한 피해를 주고 있다고 비판했다.

그러나 현재 중국은 중국특색의 사회주의라는 이름아래 세계가 놀랄 정도로 괄목할만한 발전을 이룩하고 있는데, 사실 중국이 안고 있는 제반 현실을 감안하면 이 제도는 긍정적인 평가를 받기에 충분하다고 할 수 있다

마르크스 · 레닌주의는 중국에 있어서 외래사상(外來思想)이었다. 이러한 외래사상이 중국식 사회주의라는 이름으로 2천여 년 동안 지속되어 온 유교문화에 바탕을 둔 황제국가의 공식이념이 될 수 있었던 이유에는 두 가지가 있었다. 첫째는 마르크스 · 레닌주의가 중국에 비교적 잘 침투할 수밖에 없었던 당시의 시대상황 하에서 유교문화와 사회주의가 가지고 있는 유사성을 들 수가 있고, 둘째는 사회주의를 단순한 구호차원에 머무르게 하지 않고 그 당시 중국의 현실에 맞게 변용시킨 마오쩌둥(毛澤東)의 실천적 자세가 그것이다.

국민당과의 대립에서 승리한 마오쩌동(毛澤東)이 중화인민공화국을 건립하면서 맑스 · 레닌이즘을 기초로 한 사회주의 국가로서의 노정이 다져진 후. 그로부터 30년이 채 안 된 1970년대 후반의 중국 대륙은 '개혁개방의 설계사'라고 불리며 이후 중국 경제성장의 기초를 닦은 덩샤오핑(鄧小平)에 의해 또 다른 사회주의 길을 걷게 되었으니, 그것이 바로 "중국식 사회주의"인 것이다. 중국식 사회주의라는 것은 덩샤오핑이 1970년대에 말한 백묘흑묘론(白猫黑猫論)을 통해 알 수가 있다. 즉 "검은 고양이건 흰 고양이건 쥐만 잘 잡으면 훌륭한 고양이"라는 의미의 이 말은 그의 실용주의 철학을 대변해 주는 말이다. 특히 "아무리 사회주의라도 인민을 배부르게 하지 못하면 뜯어고쳐야 한다"는 1980년대의 사회주의 만능부정론(社會主義不能當飯)은 어떠한 교조(教條)에도 속박됨이 없어야 한다는 그의 수정적인 사회주의 철학을 잘 보여주는 말이다. 1990년대의

'발전도리론(發展就是硬道理)'은 스스로 최고라 자부해도 객관적으로 열등하면 결국 조소꺼리밖에 될 수 없으니 발전으로 극복해야 한다는 논리였다. 즉 수단방법을 가리지 말고 발전을 위해 전력을 기울여야 한다는 그의 실사구시 철학의 정수(精髓)를 보여주는 이론이었다. 이와 같은 사상철학에 힘입어 덩샤오핑의 중국은 마오쩌둥의 중국과는 다른 모습을 지닌 또 하나의 신 중국으로 거듭나게 되었는데, 이는 실제로 1992년에 마오쩌둥의 사회주의 계획경제가 중국특색의 사회주의를 뒷받침 해주는 "사회주의 시장경제론"으로 탈바꿈시켰던 것이다.

중국공산당은 중국특색의 사회주의 시장경제와 자본주의 시장경제의 차이에 대해 "경제활동이 공급과 수요의 원칙에 의해 이뤄지고 있는 것은 동일하나, 중국은 소유제와 분배제, 경제의 거시적 조정이라는 차원에서 자본주의와는 다르다"고 주장하고 있다. 이 말에 타당성이 있는가 없는가를 논하는 것은 무의미한 일이 될 수도 있지만, "중국의 새로운 사회주의 탐색"은 개혁시기의 중국 문제를 분석할 때 간과하기 쉬운 이념의 중요성을 환기시켜 주었다는 점에서는 큰 의미가 있는 것이다.

중국식 사회주의 시장경제의 첫 번째 특징은 그것이 진정한 시장경제의 일종으로 시장경제원칙을 거의 대부분 도입했다는 점이다. 즉 부분적 시장도, 반(反)계획적 반(反)시장도 아닌 완전한 시장체제인 것이다. 중국의 중국공산당 14차 전국대표대회에서는 이전의 경험을 근거로 해서 사회주의시장경제의 개념을 명확히 제시하였고, 또한 자원배분의 효율성을 제고하기 위하여 시장경제기능의 강화를 결정하였다. 두 번째 특징은 중국식 사회주의시장경제는 공유제를 위주로 한 여러 형태의 경제주체를 기초로 하여 건립되었다는 점이다. 중국이 다른 사회주의국가의 개혁과 다른 점은 중국이 시장경제개혁에 있어서 대규모의 사유화를 실행하지 않았다는 점이다. 즉 공유경제 위주의 전제하에 다양한 소유형태를 지닌 경제를 발전시킨 것이다. 세 번째 특징은 시장경제에 대한 보다 효율적인 거시조절을 행함으로서 중국의 시장경제가 국가상황에 더욱 유효하게 적응할 수 있도록 한 점이다.

이러한 특징을 활용하여 중국은 이미 경제 분야에서 2000년대 초반부터 수출에서 내수 중심으로 경제구조의 전환을 시작했다. GDP에서 무역이 차지하는 비율이 한국은 90%를 넘는 반면 중국은 85%에서 45%로 낮추는 데까지 성공했다. 이것이 2008년 국제 금융위기를 중국이 성공적으로 견뎌낼 수 있었던 비결이었다.

정치적으로는 싱가포르를 벤치마킹하고 있는데, 가장 핵심적으로 벤치마킹 한 것이 "일표부결제(一票否決制)"이다. 즉 중국의 관료들은 모든 것을 잘해도 한 가지 부분에서 잘못을 저지르면 면직당할 수 있다는 것이다. 예를 들면 산아제한, 인재성 자연재해, 탄광사고, 국민주택 보급 쿼터 이행 등 제 부문 사업을 시행하면서 중국 관리들은 긴장하지 않으면 안 되는 시스템 속에 있는 것이다.

이런 식으로 민주화를 유보한 채 관리들을 압박해 경제 우선정책을 펼친 결과 공산당 장기집권이 가능하게 됐던 것인데, 이러한 정부 주도형 정책에 대해 오건민(吳建民) 전 중국외교학원 원장은 공산당 창당 90주년 기념 국제세미나에서 "전 세계에서 연평균 10% 성장을 지속하면서 권력을 잃은 정치세력은 없다"면서 "선거이건 혁명이건 이러한 정권이 전복되는 것은 불가능하며, 이는 진리"라고 말했을 정도로 중국은 "중국특색의 사회주의"에 대한 굳건한 믿음을 가지고 있는 것이다.

IMF가 2016년 구매력 기준 GDP에서 중국이 미국을 추월할 것으로 예측했고, 후안강(胡鞍鋼) 청화대 교수는 2020년 실질 GDP에서도 중국이 미국을 추월할 것이라고 예상했다. 중국은 이미 세계의 시장이자, 세계 제일의 투자자일 뿐만 아니라, 어느 순간 규칙 제정자(Rule setter)로써 부상되어 있다. 특히 군사력 분야에서 소위 '우주군' 분야를 육성해 인공위성 격추 능력을 갖췄으며, 다수의 탄도를 대기권 밖에서 수직으로 낙하시키는 방식인 '둥펑(東風)21'은 유사시 미국의 항공모함 전단의 진입을 차단할 수 있는 '항공모함 킬러'로 개발과 시험에 성공했다. 이로서 중국 인민해방군의 '반(反)접근' 전략은 사실상 완성단계에 있다고 할 수 있다.

한편 이러한 중국특색의 사회주의 속에는 "인민 근본, 시장경제, 공통적 부유, 중화문화, 민주정치" 등 5가지 근본 특징이 들어 있다.[126] 자칫 일당 독재에 의한 일부 세력만의 국가로 전환되는 것을 거부하는 의지가 들어 있는 것이다.

오늘날 국가 간 경쟁이 치열하게 진행되는 가운데 나타나는 경제문제는 점점 더 강력한 정부를 원하고 있다. 이러한 때 다양한 민족과 다양한 세력으로 뭉친 중국경제를 하나의 구심점으로 뭉치게 할 수 있는 정치제도가 필요한데, 바로 "중국특색의 사회주의"가 이런 제도라는 점을 중국은 확고하게 믿고 있는 것이다.

시진핑(習近平) 중국공산당 총서기가 "중국특색 사회주의가 개혁 개방

126) 인민을 근본으로 한다는 것은 모든 권력이 인민에게 속해 있다는 것을 말하는 것으로, 인민을 사랑하는 마음이 있어야 하고, 인민을 보호하는 책임이 있어야 하며, 인민을 부유하게 하는 방책이 있어야 하고, 인민을 이롭게 하는 일을 많이 해야 하며, 많은 인민들을 위해 더욱 더 많은 봉사를 해야 한다는 뜻으로, 중국식 사회주의의 시작점이자 마지막이라고 할 수 있는 개념이다.

이후 30여년은 물론 5천년 중화민족의 역사 속에서 형성된 것"이라고 말하면서 "혁명이든 건설이든 개혁이든 노선 문제가 가장 근본적인 것"이라고 했다. 그리고 "새로운 역사적 시기에서 중국특색의 사회주의를 견지하면서 반드시 자신의 길을 걸어가야 한다"고 강조한 것에서 중국은 계속해서 이 길을 걸어갈 뜻을 분명히 하고 있음을 알 수 있는 것이다.

2) 한국식 민주주의와 경제발전

지난 반세기에 걸친 한국사회의 변화와 발전을 연구하는 것은 모든 연구자들의 관심 있는 주제로서 손색이 없다. 연간 무역액 1조 달러를 넘긴데다가 2만 달러를 훌쩍 넘은 1인당 국민소득, 그리고 전국 어느 곳이나 사회간접시설이 훌륭하게 잘 되어 있는 것을 보면 1인당 국민소득이 1백 불에도 미치지 못했던 세계 최빈국으로서 국민들의 주식(主食)마저 자급하지 못했던 이 나라가 이제는 세계 10위권 안에 드는 당당한 경제대국으로 거듭난 세계에서도 유례없는 나라이기 때문이다.

그러나 이러한 유례없는 변화와 발전 과정에서 한국사회가 겪어야 했던 경험은 그렇게 달콤함만 있었던 것은 아니었다. 오히려 수많은 험난한 길을 헤쳐 나가야 했던 쓰라린 경험으로 점철되었던 것이다. 그런데 이 험난한 길이란 한국의 의지와는 관계없이 자체 경쟁력이 약해서 외부적인 영향 때문에 걸어야 했던 길보다는 한국사회가 경제성장을 하면서 나타난 보수와 진보의 갈등이 더욱 큰 요인으로 작용했다는 점이다. 다시 말해서 그러한 갈등 속에서 한국식 민주주의를 규정짓는 일종의 대중적

이데올로기의 대립과 항쟁이 더 큰 원인이 되었다는 말이다.

예를 들면 1980년 광주 민중항쟁 이후 계속 이어진 민주화 요구 및 노동자들의 대투쟁은 한국사회에서 새로운 사회적 주체로서 시민 계급 혹은 노동자 계급이 등장하는 계기가 되었고, 정부 주도의 경제정책이 실시되는 과정에서 재벌회사의 등장으로 말미암아 부가 한쪽으로 편중되는 불평등사회로 전향되어, 이 두 계층 간의 갈등이 오늘날 한국 사회의 불안 요인으로 나타나고 있는 것이 그것이다.

그러나 이러한 대립과 갈등은 반드시 한국사회에서만 있는 것이 아니라 세계 어느 나라에도 존재하게 마련이다. 다만 사회가 이끌어져 가는 방향이 어느 쪽에 치우치느냐에 따라 대중적 이데올로기의 성향이 나타날 뿐이다. 그렇지만 이러한 대중적 이데올로기가 어느 쪽으로 치우치던 그 상대방은 사회에 불만을 갖게 되고 그것이 갈등과 대립을 불러일으키는 동인(動因)이 되는 것이다. 따라서 한 국가의 발전과 미래 비전은 대중적 이데올로기가 어느 쪽으로 치우쳐 가야 하는 것이 중요한 게 아니라 어느 쪽이든 나라가 발전하는 모습을 보여주는 영도력을 갖게 한다면 그 나라는 발전하는 것이고 국민생활의 안정을 가져다주게 되는 것이다.

그런 점에서 한국식 민주주의가 갖는 매력은 대단히 크다고 할 수 있다. 그것은 오늘날의 발전을 가져오게 한데다, 그러한 발전 과정에서 나타난 수많은 어려움을 극복하면서 민주주의사회를 정착시켰기 때문이다. 그렇다면 그러한 한국식 민주주의의 근본은 무엇일까? 이에 대한 대답은 1963년 1월 1일에 가졌던 박정희 의장의 공동기자회견 내용을 보면 잘 나타나 있다. 즉 "민주주의는 이상이고 목표라고 생각한다. 도달하는 길은 여러 가지가 있을 것이다. 서구식도 있고 자기식도 있으니까 가는 길은 다를 수가 있다. 꼭 이 길이라야 한다는 불변의 길은 없다. 한국은 한국민의 현실에 맞는 방식을 택해야 할 것이다"라는 내용이었다.

대한민국이 자유민주주의를 이념으로 하여 건국된 이래 그 민주주의를 주관적(또는 주체적)으로 해석하는 바탕 위에서 "서구식 민주주의를 한국의 현실에 맞는 한국식 민주주의로 개조하겠다"고 선언하고 나선 사람은 박정희가 최초이자 최후의 인물이었다. 민주주의를 지고지선(至高至善)한 신성불가침의 존재로 숭배하던 많은 지식인과 정치인들에게 박정희의 이런 태도는 무엄한 도전으로 받아들여졌다.

그러나 혁명을 통해 정권을 잡은 박정희 의장은 당시의 상황에서 교과서 내용 같은 그들의 의견을 받아들이는 인물일 수가 없었다. 그는 "가난은 나의 스승이자 은인이다"[127]라고 생각했기 때문이었다. 이러한 당면한 한국의 상황을 근본적으로 바꾸기 위해 정립된 것이 "한국식 민주주의"였다. 그리고 이것은 새마을운동과 접목되면서 정신운동으로까지 연계되어 한국을 새로운 나라로 바꾸는 엄청난 에네르기를 창출해 내어 회기적인 경제발전을 이룩해내는 원천이 되었고, "하면 된다"고 하는 자신감을 한국인들이 갖도록 했다. 이러한 결과는 현재까지도 세계 곳곳에서 이러한 한국의 모델을 받아들이려 연구하고 있다는 점에서도 알 수 있다.

---

127) "본인의 24시간은 이 스승, 이 은인과 관련 있는 일에서 떠날 수가 없는 것이다. '소박하고 근면하고 정직하고 성실한 서민사회가 바탕이 된, 자주 독립된 한국의 창건' 그것이 본인의 소망의 전부다. 동시에 이것은 본인의 생리인 것이다. 본인이 특권계층, 파벌적 계보를 부정하고 군림사회를 증오하는 소이도 여기에 있을 것이라 생각된다. 본인은 한마디로 말해서 서민 속에서 나고, 자라고, 일하고, 그리하여 그 서민의 인정 속에서 생이 끝나기를 염원한다. 본인과 같은, '가난'이란 스승 밑에서 배운 수백만의 동문이 건재하고 있는 이상, 결코 쉴 수도 없고, 후퇴할 수도 없는 염원인 것이다"

그러나 이러한 "한국식 민주주의"는 당시의 한국 상황을 극복하는데 맞추어져 시행되었기 때문에, 그에 부합하지 못하는 상대자들은 많은 피해의식을 가져야 했다. 이것이 소위 한국의 민주화를 불러일으키는 원인이 되었고, 이러한 민주화는 현실적으로 많은 진전을 이루었다. 선거는 주기적으로 공정하게 시행되어 왔고, 정책결정 과정에서 시민참여의 공간도 크게 확대되었다. 또 여당과 야당 간의 관계가 역전되는 정당간의 정권교체, 이른바 "수평적 정권교체"도 이루어졌고, 그에 따라 광범한 엘리트 교체도 가능해졌다. 또한 지방자치의 발전과 더불어 권력의 공간적 분권화와 지방수준에서의 정치참여의 폭도 크게 확대되었다. 뿐만 아니라 민주화는 그동안 정치에 있어 부패의 원천으로 작용한 정경유착을 완화함으로써 정치권에 있어 부패의 수준을 현저하게 떨어뜨리는 결과도 가져왔다.

비록 정당의 제도화 수준이 낮고 정당의 사회적 기반이 약하며, 그 결과 사회의 이익과 갈등을 잘 대표하지 못하고 있다는 문제도 있지만, 이런 점을 감안한다 하더라도 한국의 민주주의는 적어도 제도적 절차적 수준에서 세계 어디에 내놓아도 빠지지 않을 만큼 크게 발전했다고 할 수 있는 것이다.

그러나 그렇다고 이러한 민주화를 모두 긍정하는 한국인들은 많지 않다. 이러한 민주화는 또한 많은 전통적인 한국인의 미덕을 없애버렸기 때문이다. 특히 공권력에 대한 경시, 전통 도덕의 상실, 상대방에 대한 배려 부족, 부에 대한 무조건적인 추종 등 부정적 요소가 판을 치고 있는 오늘날의 현실을 보면 회의감이 들 정도이다.

그러다 보니 중산층의 해체와 사회계층구조의 재편성, 전체 경제활동인구의 16%에 이르는 360만 신용불량자의 양산, 빈곤층의 증가, 고용불안, 빈부격차의 증가, 저성장의 지속과 높은 청년실업률 등 한국사회의 불평등화를 심화시키는 원인을 제공하기도 한 것이다. 이는 도덕성이 결여된 자유, 즉 자유방임적 분위기가 사회에 팽배해졌기 때문이다. 그런 점에서 "한국식 민주주의"는 아직 제 틀을 잡지 못하고 여전히 실험 중에 있다고 하겠다. 따라서 앞으로 "한국식 민주주의"를 정착시키기 위한 연구가 더욱 필요한 시점에 있다고 할 수 있다.

다만 이러한 향후의 모델을 유추해 볼 수 있는 것으로 두 가지 유형을 들 수 있는데, 하나는 한국과 대만같이 경제성장이 사회 안정을 유지하면서 정치민주화로 이어진 나라로 계속 나갈 것인지, 아니면 싱가포르, 홍콩과 같이 민주화 대신 행정체제 정비를 통해 경제발전을 이어가는 '정치제도화 모델'을 지향할 것인지 이다.

현재 한국적 입장에서는 후자를 택하는 것이 더 좋을 것 같다는 생각이 든다. 왜냐하면 민주의식이 정착되지 않은 사회에서 제도만 먼저 민주화시키면 민주주의 형태를 가진 전제정치가 출현하기 때문이다. 이른바 선출된 제왕(elected monarch)이 출현하게 되는데 한국의 경우가 바로 그런 경우이다.

한때 중국은 한국을 어려운 여건에서 민주주의와 경제발전을 함께 이룬 나라라고 칭송했었다. 초기 한국식 민주주의 체제 하에서 이룬 경제발전과 국민이 일치단결하여 "잘 살아보자"고 한 정신에 매료되었기 때문이었다. 그러나 21세기 이후 국내외에서 한국인에 의해 벌어지고 있는 추태는 그러한 인식을 바꾸어 놓고 있다. 이제 '한국'이라는 형용사가 붙으면 '퇴폐적'인 것, '부정적'인 것으로 인식하고 있게 되었다. 천박한 젊은이의 버릇없는 행동을 '한류(韓流)라고로 부르고, 퇴폐 안마는 '한국식 안마', 실패한 민주주의는 '한국식 민주주의'라고 인식되어 가고 있다는 말이다.

실로 통탄할 일이 아닐 수 없다.[128)]

그러나 여전히 민주화 타령을 하며 한국사회를 지탄하는 사람들이 많이 있다. 자신들의 눈에만 비치는 모순만을 보고 있기 때문이다. 그런 가운데서 한국은 오늘날까지 발전을 구가해 왔다. 비판하는 자들의 논리대로 라면 한국은 이미 존재가치조차 없는 변방의 나라가 되었을 것이다. 그러나 오늘날의 한국은 세계 전체에서도 유례없는 발전을 이루며 우뚝 서있다. 여전히 한국을 일으키는데 기초가 되었던 "한국식 민주주의"가 존재하고 있음을 말해주는 것이다. 그렇기 때문에 이러한 장점을 지속적으로 유지시키면서 수정 보완해 나가는 지혜를 모아야 할 때인 것이다. 그것이 진정한 "한국식 민주주의"를 출현시킬 수 있다고 보기 때문이다.

---

128) http://blog.naver.com/huangguihe/140047803254

제2절
"중국의 꿈(中國夢)" 과 "정의로운 대한민국" 의 실현

1) 샤오캉(小康)사회의 실현을 꿈꾸는 "중국의 꿈"

(1) 시진핑 국가주석의 "실용주의"와 "대인정치" 시진핑 중국 국가주석이 외치고 있는 "중국의 꿈"은 과연 실현 가능할 것인지 하는 문제는 한국의 운명과도 깊이 관계가 되는 만큼 향후 중국의 변화에 대한 기대는 한국인에게 지대한 관심사가 아닐 수 없다. 중국은 지금 이를 실현하기 위해 옛 길(老路)인 마오쩌둥 시대의 좌파적 길을, 잘못된 길(邪路)인 서구식 제도를 도입하는 길을 멀리하고 좌도 우도 아닌 중국특색의 사회주의 길을 걸어 중화민족의 위대한 중흥을 실현하겠다는 "중국의 꿈"을 달성하고자 달려가고 있다. 1789년 프랑스대혁명 직후 열린 국민회의 때, 의장석 왼쪽에 앉은 공화파를 좌파라 했고, 오른 쪽에 앉은 왕당파를 우파라고 한데서 불려지기 시작한 좌파 우파의 편 가르기는 오늘날에도 여전히 사용되고 있다. 현재 중국의 좌파는 마오쩌둥 시대 때 강조한 평등을 강조하고 있다. 개혁 개방의 폐단으로 보고 있는 자유화를 못마땅하게 보고 있기 때문이다. 때문에 이들은 민족주의 성향을 띠며 반미 구호를 외치고

있는데, 이들의 외침을 대변해 주고 있는 것이 『환구시보(環球時報)』 이다. 이와 반대로 중국의 우파는 보편적 가치를 주문하고, 법치 건설과 인권 보호를 외치고 있다. 내용적으로 서구의 민주와 맥이 닿고 있는데, 광주의 『남방일보(南方日報)』가 이들을 대변하고 있다. 이러한 좌파와 우파의 갈등(左右之爭)이 사회 갈등의 원인으로 등장하자 덩샤오핑은 "싸우지 말 것(不爭論)"을 주장하였고,[129] 이 말은 지금까지도 금과옥조로 지켜지고 있다. 이런 『남방일보』의 계열사인 『남방주말(南方週末)』이 2013년 신년기획으로 "중국몽(中國夢), 헌종몽(憲政夢)"이라는 기사를 실었다. 시진핑이 강조하는 "중국의 꿈(中國夢)"을 이루려면 "헌정"부터 제대로 실시하라는 취지에서의 글이었다. 헌정을 강조하는 것은 공산당의 일당 통치에 도전하기 위한 것으로 해석되는데, 연구자들은 이러한 시각에 대해 당권을 법치 아래 두려는 의도로서 다당제와 삼권분립제도 등의 도입을 통해 공산당 일당제를 허물기 위한 속셈이 깔려 있는 것이라고 분석하였다.

이 정도의 위험수위까지 이른 좌 우파 간의 갈등은 중국을 바라보는 사람들은 언제나 불안감을 떨치지 못하게 하고 있다. 그러나 다행히도 시진핑은 좌도 우도 아니라는 듯이 중간에 서서 "본분을 다하라(守土有責)고만 외치고 있다. 그는 소련이 해체된 원인이 "이상에 대한 신념이 흔들린데 있었다"고 보고 "거울을 보고 옷매무새를 똑바로 하라(照鏡子整衣冠)"며 경각심을 늦추지 말라는 경고를 보내고 있다.

---

129) 劉尙哲, "習近平旣非左也非右", 韓國中央日報中文網 http://cn.joins.com/big5

시진핑은 "두 길은 절대 걷지 않겠다"[130]고 말한 바 있다. 그러면 시진핑이 가려고 하는 길은 어떤 길인가? 그가 걸어가려는 길은 바로 "실용주의 길"이다. 그는 "총명한 사람은 시대에 맞춰 변하고, 지혜로운 사람은 때에 따라 제도를 바꾼다(明者因時而變, 知者隨事而制)"고 하면서 좌와 우를 가리지 않고 시대에 맞게 변화해야 한다는 지론을 가지고 있는 것이다. 그런 점에서 그는 서구식 정치에 기대지 않고, 경제적으로는 시장의 기능을 더욱 강조하는 개혁을 추진할 것이고 "정치적으로 조이고, 경제적으로 풀겠다(政左經右)"고 하는 시진핑 주석 나름의 중국특색의 사회주의 길을 걸어 갈 것이라고 본다. 왜냐하면 그는 이를 통해 천하의 이익을 추구하는 대인정치를 지향하려는 것이 아닐까 생각되기 때문이다.

한편 시진핑 주석은 대중 강연이나 연설에서 중국 고전이나 시가의 구절을 자주 인용한다. 특히 외국 방문에서 그런 경향이 두드러지게 나타난다. 지나치게 직설적인 표현을 금기로 삼는 외교적 화법으로 중국 시가나 고전만한 게 없기 때문이다. 예를 들어 전 대만 총통 장징궈(蔣慶國)가 인용한 연설로 양안관계(중국-대만)[131]에 새로운 바람을 불게 한 것도 그런 스타일이 가져다 준 것이다. 그가 인도네시아 국회에서 연설을 할 때도

---

130) 한 길은 옛길(老路)로서 마오쩌둥 시대의 좌파적인 길로 돌아가지 않겠다는 것이고, 다른 한 길은 잘못된 길(邪路)로서 소련처럼 깃발을 바꿔서 서구식 민주의 길로 들어서지 않겠다는 뜻이었다.

131) 시진핑(習近平) 중국 국가주석은 '하나 된 중국'을 위해 대만과의 경제협력 강화에 나설 계획인데, 시 주석은 경제협력 강화를 통해 중국 대만 양안(兩岸) 간 정치적 갈등을 해결할 수 있을 것이라고 기대하면서, 인도네시아 발리에서 열린 동아시아태평양경제협력체(APEC) 정상회의에 참석해 샤오완창(蕭萬長) 대만 전 부총통과 회담을 통해 "양안 경제는 중화민족 경제에 속하며 동아시아 태평양 발전의 새로운 환경 속에서 쌍방이 합작을 강화하면 도전에 잘 대응할 수 있다"고 말했다.

"손을 잡고 중국과 동남아국가연합(아세안)의 운명공동체를 건설하자"는 제목의 연설에서 "우리는 서로를 존중하면서 사회제도와 발전의 길은 스스로 선택해야 한다"고 말한 뒤, "이익을 따지려면 천하에 이익이 될 것인지를 따져야 마땅하다(計利當計天下利)"는 문구를 인용했는데, 이는 중국의 발전이 곧 아세안을 포함한 천하의 이익이 됨을 넌지시 강조하였던 것이다.

그의 이러한 대인정치는 또한 그가 인용했던 "명예를 추구하려면 마땅히 후대에 길이 남을 명예를 추구해야 한다(求名應求萬世名)"는 문장에서도 그의 대인적인 정치관을 엿볼 수 있다.

이러한 대인정치관 배경에는 경제도 정치라고 보는 그의 정치관이 바탕이 되고 있다. 그는 이를 위해 새로운 경제실험정치를 발동하면서 시장경제 체제를 확대하고 있다. 이를 위해 그는 경제정책의 핵심과제를 정부와 시장관계의 재정립 및 시장역할의 확대로 확정했다. 이에 따라 향후 10년간 정부 인허가권 감축과 국유기업 지분 매각, 민영 금융기관 설립 등 시장 활성화를 위한 각종 개혁조치를 취했다. 즉 중국공산당 제18기 중앙위원회 제3차 전체회의(3중전회) 폐막식에서 선언한 "오는 2020년까지 시장이 주도하는 '중국식 사회주의 시장경제'를 완성 하겠다"는 조치의 출발점이라 할 수 있는 것이다. 다시 말해서 신화사통신이 지적한 "향후 개혁에서 정부에 집중된 권한을 줄여 시장의 활력을 높이는 것이 반드시 넘어야할 난관"이라며 정부기구 축소, 부정부패 철폐, 고위관리 재산 공개 등을 촉구한 것과 일맥상통하는 조치였던 것이다. 그러나 공산당은 "중국식 사회주의 시장경제의 기본 골격 유지를 위해 시장의 역할을 강화하되 국유제를 국가경제의 근간으로 삼아야 한다"고 밝힌 것은 개혁이 자본주의식시장만능주의로 확산되는 것을 차단하는 섬세함도 보였다. 거기에다 "국가안전위원회를 설립하여 국가의 안전체계와 전략을 개선해 국가안보를 확립하기로 했고,[132] 헌법의 법률적 권위를 보호하고 행정개혁을 추진하며 공정한 심판제도를 확보하는 한편, 사법권력 운영체계를 완비해 인권 사법보장제도를 개선할 예정이다 이처럼 중국은 묵묵히 제 갈 길을 가고 있었다. 그림자 금융과 과잉 부채, 부동산 버블과 국유기업의 비효율, 부패와 빈부격차 같은 '차이나 리스크'를 얘기하는 서방 세계를 비웃듯이 중국은 중국 나름의 방식에 따른 발전과 개혁을 위한 행보를 계속해 나가고 있는 것이다.

(2) 중국의 자신감 넘치는 개발과 속도전　GDP의 200%를 넘는다는 민간과 국유기업, 지방정부 등의 과잉 부채 문제에 대해 중국 전문가들은 "올바른 지적인 것 같지만 결국 아무 것도 아닌 일이다"라는 반응을 보이고 있다. 자전거에 짐이 좀 많이 실렸다고 해도 자전거 자체가 과거보다 강해졌고, 달리는 속도가 빠르다면 쓰러질리 없다는 논리와 같은 것이다. 똑같은 자전거라도 연 1~2%의 속도밖에 안 되는 기존 선진국 중진국과는 달리 여전히 7%가 넘는 중국을 똑같은 잣대로 봐선 안 된다는 설명이다. 분자가 좀 커도 분모가 빠르게 불어나면 균형을 잃는 일은 없을 것이란 자신감이 묻어 있는 것이다. 내륙에 있는 3대 도시는 시진핑(習近平) 시대 구조개혁의 실험장이다. 연안과 내륙, 수출과 내수, 투자와 소비, 성장과

---

132) 이는 소수민족 갈등은 물론 일본, 미국 등과의 외교적 대립을 해결하기 위한 전담기구로 해석된다.

복지 등이 제각각 충돌하며 균형을 찾아가는 모습에서 실험장이라는 말 그대로 활력이 넘치고 있다. 물론 성공을 염두에 둔 실험이기에 실패에 대한 두려움은 없는 것처럼 보일정도다. 아마도 그동안 해왔던 모든 실험들이 성공적으로 끝났다고 하는 풍부한 경험에서 오는 자심감인지도 모른다.

이런 가운데 서부 대 개발 계획은 더욱 탄력을 받고 있다. 충칭(重慶), 청두(城都), 시안(西安)을 중심으로 하는 서부지역사람들은 "최근 3년의 변화를 보면 어지러울 정도다. 미래의 변화는 또 어떨지 기대가 된다"고 이구동성으로 말하고 있다. 이들 3대 도시의 경제성장률은 최근 몇 년간 13~14%를 유지했다. 7%대로 낮아진 중국 전체 성장률과 비교해 꼭 2배다. 도심의 스카이라인은 우후죽순처럼 들어서는 고층 빌딩들로 하루가 달라지고 있고, 시 외곽의 공단들 안에는 전자와 자동차, 바이오, 항공, 화학 등 첨단 공장들이 빼곡하게 들어서고 있다. 이들 내륙도시의 소비는 이미 글로벌 대도시의 수준에 가깝다. 충칭의 '명동' 격인 해방비(解放碑) 거리는 그 화려함이 세계 유명한 어떤 거리에도 못지않다. 상품을 구매하려는 사람들이 인산인해를 이루고 있는 모습을 보면 중국인들의 소비능력이 그만큼 커졌고, 돈도 잘 돌아가고 있다는 것을 방증하고 있다.

기업 투자를 유치하기 위한 지방정부들 간의 속도 경쟁은 더욱 가열되고 있다. 서안의 고신(高新) 개발구에 세워지고 있는 삼성전자의 반도체 공장은 이를 실감케 하는 상징물이다. 지은 지 불과 1년 반 만에 연매출 20억 달러 규모의 세계적 생산시설이 탄생한 것이다. 이런 속도는 현지 정부의 전폭적 지원 덕분에 가능했다. 35만 평(坪)의 공장 부지에 살던 1만2000여 가구 주민의 이주가 단 3개월 만에 끝났다. 공장으로 바로 연결되는 전용 고속도로와 전기 · 물 · 가스 등 인프라도 눈 깜짝할 사이에 제공됐다. 시

정부의 고위 공무원들은 매주 회의를 자청해 회사 측의 애로와 건의를 청취했다. 공장 건설 책임자인 삼성전자 전무는 "그동안 말도 많았지만 서안을 선택하길 정말 잘했다는 생각이 든다"고 말할 정도니 말이다.

시안과 충칭 정부는 현대자동차 공장을 끌어들이기 위해 소리 없는 전쟁을 벌이고 있다. 두 충칭의 투자 유치 담당자들은 자기들이 제공하는 각종 혜택과 우수한 입지조건 등을 자세히 설명하면서도 유치에 나선 상대방 도시를 자극하지 않으려는 정중동의 행보를 하고 있는 것이다.

내륙의 노동시장도 급변하고 있었다. 임금과 후생복지 비용이 연 20% 이상씩 오르면서 싼 임금에 기댄 임가공 생산이 거의 불가능해졌고, 3개 도시의 신설 공단만 봐도 첨단 산업 군 별로 구획이 나눠졌고, 경공업은 찾아보기 힘들 정도로 기술의 고도화만이 적용되는 산업화가 이루어지고 있는 것이다. 그야말로 기술과 아이디어 없인 버티기 힘든 단계로 넘어가고 있는 것이다. SK충칭공장 상무는 "주변의 수십 개 공대에서 매년 수만 명의 기술 인력이 공급된다"며 "이들에게 합당한 대우를 해 주고 가족처럼 대하니 그만큼 성과로 보답하더라"고 말할 정도로 정부 정책과 노동시장의 변화, 소비시장의 팽창 등이 어우러져 있는 중국 내륙시장은 글로벌 기업들이 반드시 진출해야 하는 지역으로 탈바꿈되어 있다.[133] '차이나 리스크'니 뭐니 해도 중국은 결코 포기할 수 없는 가능성의 땅, 그 자체가 거대한 글로벌 시장이 된 것이다.

---

133) 『포춘』 지는 500대 기업 중 약 300개가 이곳에 진출해 있다고 했다.

(3) 평등정치와 민생개혁

사회주의 평등정치의 끈을 놓지 않으려는 통치를 하려면 반부패와의 투쟁과 분배정책이 가장 효과적이다. 중국이 이를 모를 리 없다. 그러나 이를 해결하는 일은 그리 쉬운 일은 아니다.

"당 중앙의 천리안(千里眼)이 되어 '호랑이'와 '파리'를 적발하라"는 지시는 현대판 암행어사로 불리는 중앙순시조(中央巡視組) 발대식에서 왕치산(王岐山) 당 중앙 기율검사위원회(이하 기율위) 서기가 내린 지시다. 반(反)부패 전선의 선봉장인 왕치산 서기는 올해 12개 순시조를 편성했다. 지방 6개조, 기업 금융 4개조, 중앙국가기관 2개조로 나뉜 순시조는 "호랑이 파리" 사냥에 투입했다. 장관급 간부의 부정부패, 형식 관료 향락주의와 사치 풍조, 정치 기율, 임용비리 등을 적발하는 것이 주 임무이다. 현지에 파견된 순시조는 두 달간 보고 청취, 개별 면담, 자료 열람, 제보 수집, 설문조사, 비밀 실사 등을 통해 비리를 수집했다. 무수한 고위 공무원의 옷을 벗기는 성과를 거두었으며, 그들의 활동은 지금도 계속 되고 있다.

시진핑 총서기의 반부패 구상은 제18기 3중전회에서 결의된 "전면적 개혁 심화에 관한 결정"에서 구체화 되었다. 기율 검사를 할 경우 크로스 체킹 시스템을 구체화 체계화 제도화시키고, 부패사건의 조사 처리는 상급 기율위가 주도하도록 명시했다. 중앙기율위가 당 국가의 모든 기관에 직속기구를 파견 주재시킨다는 방안도 채택됐다. 중앙과 지방의 순시제도를 개선해 모든 지방 정부 기업을 점검한다고 규정했다. 지도층 간부의 개인사항 보고, 회피제(回避制) 등의 입법 조치도 예고했다. 건전한 업무 분위기를 위해 불요불급한 공금 낭비를 엄금하고, 전시행정과

프로젝트 남발을 근절시킬 수 있는 간부 평가시스템 개혁도 약속했다.

그러나 시진핑 총서기의 "중국의 꿈(中國夢, Chinese Dream)"의 핵심은 무엇보다도 "모두가 배불리 먹는 것"이라고 할 수 있다. 이 말은 그가 국가박물원에서 열린 "부흥의 길(復興之路)"이란 전시회를 참관한 직후 "정치국 상무위 7인이 '중국의 꿈'에 대해서 토론했다"고 하면서 "나는 중화민족의 위대한 부흥을 실현하는 것이 근대이래 실현해야만 할 가장 위대한 꿈이라고 생각한다"고 말하면서 처음 나타나게 되었다. 그가 지금까지 국가를 이끌어 오면서 꿈꾸어왔던 소신이 이 말에 모두 녹아 있는 것이다. 그것은 자신의 국정경험을 총합시켜 나온 자신감의 바로라고도 할 수 있고, 반드시 이루어내겠다는 강력한 욕망도 엿보이게 하는 말이다.

이 "중국의 꿈"에 대해 리시꽝(李希光) 청화대(淸華大) 교수는 "인화해(仁和諧)"로 요약하여 설명하였는데, "미국의 꿈" 즉 "아메리카 드림"이 "민주, 자유, 인권"과 같은 개념이라면 "중국의 꿈"은 "사람이 둘이서 서로 보살펴야 한다는 인(仁)의 뜻과 벼를 입에 넣는 것 즉 모든 사람이 배불리 먹을 수 있어야 한다는 화(和)'의 뜻, 그리고 모두 말을 잘 들을 수 있어야 한다는 해(諧)의 뜻"을 포함하는 개념이라고 설명했다. 이 세 개의 개념은 고대나 현대나 유교문화권의 핵심적 가치로서 이를 현대에 실행시키려고 하는 것이 그가 말하는 "중국의 꿈"의 본질이라고 했다. 몇 천 년 동안을 꿈꿔 내려온 중국인들의 정치적 이상과 같다는 말이다.[134]

시 주석은 이를 실현하기 위한 계획표까지 구체적으로 밝혔다. 그의

---

134) http://heuyil.blog.me/20203734694

제1차 목표는 중국공산당 창당 100주년이 되는 2021년에 "전면적 소강(小康)사회를 실현한다"는 것으로, 매년 7%이상의 성장을 한다면 GDP(국내총생산)가 미국을 초월할 것으로 예상하기 때문이라고 했다.

이러한 목표가 제시된 배경에는 현재 중국 국민의 대다수가 불평등하다는 인식을 갖고 있기 때문에, 이는 중국의 향후 정국을 변화시킬 수 있는 중요 요소가 될 수 있는 것이다. 현재 중국의 불평등 척도인 지니계수(Gini's coefficient)[135]가 0,5를 넘어 더욱 불안감을 갖고 있는데, 이는 북유럽의 지니계수가 0.35이고, 중국 문화대혁명 때가 0.2였다는 점과 비교해 보면, 현 중국의 지니계수는 중국 당국이 당면하고 있는 문제 중 제일 큰 문제라는 점을 알 수 있을 것이다.

그래서 시진핑 주석은 "빈곤층 수입을 늘리고(提低), 중산층을 확대하고(擴中), 부유층을 통제한다(控高)"는 분배정책을 실시하고 있는 것이다. 중산층을 확대해 소득 구조가 양극화된 모래시계 형 에서 건강한 다이아몬드 형으로 바꾸겠다는 것이 그 골자인 것이다. 한편 제18기 중앙위원회 제3차 전체회의(3중전회)에서는 13억 인구의 마음을 잡는 민생개혁을 선언했는데, 이를 통해 중앙정부의 권력 기반을 강화하고, 전면적인 개혁을 지도하는 듯한 효과를 얻기에 충분한 결정이었다. 그 골자는 "1자녀 정책 완화", "농민 토지소유권 보장" 등 민생개혁에 대한 천명이었다. "30여 년간 묶여있던 '1가구 1자녀' 정책이 완화될 경우 중국

---

135) 지니계수(Gini's coefficient) : 인구분포와 소득분포와의 관계를 나타내는 수치로서, 소득분배의 불평등도를 나타내는 수치이다. '0'은 완전평등을, '1'은 완전불평등한 상태를 의미하는데, 수치가 클수록 불평등이 심화되는 정도를 나타낸다고이탈리아의 통계학자 C. 지니가 제시한 이론이다.

전역에서 2000만 명의 부부가 자녀출산의 자유를 누리게 될 것"이라며 중국 각계는 환영 일색의 반응을 보였다. 앞으로 부부 중 한 명이 독자일 경우 두 자녀까지 허용하는 "단독 두 자녀 정책(單獨二胎)"으로의 전환은 중국사회를 또 다른 전환기를 가져다 불 것으로 예상된다.[136)]

1979년 이후 강력한 산아제한 정책으로 자녀 출산의 제약을 받아온 중국인들에게 3중전회의 결정은 그만큼 신선한 충격을 중국인민에게 주었던 것이다. 산아제한 감시를 피해 버려진 아이들을 일컫는 "흑해자(黑孩子)"가 1300만 명으로 추정되는 등 "1가구 1자녀 정책" 폐지를 촉구하는 의견이 거셌지만 실제로 채택될지는 미지수였던 것인데. 이것이 실현됨으로써 수많은 지지자를 확보할 수 있게 된 것이고, 동시에 중국 가족제도의 불완전성을 개선할 수 있는 계기가 될 것으로 보이기 때문이다. 이외에도 "노동교화제 폐지", "농민의 토지소유권 보장", "대학입시제도 개선" ,"사회보험료 인하", "퇴직연령 연장" 등 중국 국민의 실생활과 관련된 개혁안이 상당수 포함되자 중국 언론들은 이들 개혁안들이 출생에서부터 교육, 취업, 노후에 이르기까지 국민의 생활과 직결되어 있는 만큼 오는 2020년까지 개혁 시간표가 이행될 경우 중국인의 일상과 사회생활이 확연하게 달라질 것이라고 기대감을 표시했다.

시 주석이 거창한 개혁 구호를 내세우는 대신 국민의 생활에 직결되는 과제에 주력한 것은, 국민 눈높이에 맞춰 개혁 개방을 추진함으로써 지지 기반을 확대하여 빈부격차의 심화와 부동산 거품 등의 후유증이 갈수록

136) 디전우(翟振武) 인민대학 교수는 "출산 희망조사 결과, 2자녀가 허용되는 최대 2000만 명의 부부 가운데 50~60%가 둘째 아이를 출산할 것"이라고 예상했다.

심각한 사회문제로 부각되면서 나타나는 불만과 개발의 주역이기는 하지만 동시에 부정부패로 인해 국민들에게 좌절감을 안겨주고 있는 공산당 체제에 대한 불만을 일시에 무마시키고자 하는 묘수(妙手)라고 평가할 수 있는 것이다.

(4) "강경엔 강경, 협력엔 협력"의 외교노선

1990년부터 한반도 문제를 중심으로 대국관계를 연구해 온 유명(劉鳴) 중국 상하이사회과학원(SASS) 국제관계연구소장은 "시진핑(習近平) 시대에 중국 외교의 키워드는 미국과의 신형대국관계 건설이고, 그 핵심은 충돌하지 말고 협력하며, 상호존중으로 윈-윈(雙贏)을 추구하자는 것인데, 그러한 신형대국관계 구축의 최 일선 현장에 있는 것이 한반도라고 볼 수 있다"고 말했다. SASS는 베이징에 있는 중국 사회과학원의 산하 기구가 아니다. 1958년에 설립된 중국 최초의, 또 지방에선 가장 큰 사회과학원이다. 국제관계연구소는 산하에 중국외교연구실 등 6개의 실(室)과 조선반도연구중심 등 11개의 센터(中心)를 운영하고 있다.

그는 시진핑 주석이 신형대국관계 건설을 제시한 배경에 대해 "미국은 현실주의 시각에서 역사를 해석한다. 역사적으로 모든 신흥국가는 기존 패권국가에 도전했고, 중국도 미국에 도전해 충돌이 불가피하다고 본다. 그러나 중국으로선 생각이 다르다. 과거 신흥국가는 영토 확장과 경제이익 추구를 위해 패권국가와 한판 승부를 벌였지만, 중국은 영토에는 욕심이 없다. 또 경제이익은 경제 글로벌화를 통해 얻을 수 있으므로 미국과 부딪칠 이유가 없다"고 했다. 그러면서 조용히 힘을 기르자던 덩샤오핑(鄧小平) 시대의 도광양회(韜光養晦) 정책과 후진타오(胡錦濤)의 조화(和諧)외교와 시진핑의 외교정책은 어떻게 다른가에 대해 "도광양회는 80년대 말 동유럽 사회주의 국가들의 붕괴 과정에서 나왔는데, 덩샤오핑은 외부 세계와 다투지 말고 경제 건설에만 매진하자고 한 것이다. 그러나 이제는 상황이 바뀌어 중국은 아 태 지역 최대의 경제국이고 또 군사적 발전도 빠르게 진행되고 있어 중국의 지위가 근본적으로 달라져 있다. 그렇기 때문에 이제는 도광양회 정책을 견지하는 게 맞지 않으며, 또 협조를 키워드로 내세웠던 후진타오 시기의 외교정책도 맞지 않는다.

시진핑 외교의 특징은 중국의 주권과 핵심 이익에 양보가 없을 것이란 점을 명확하게 밝히고 있다는 점인데, 이는 다시 말해서 다른 국가가 협조하겠다면 협조하되 싸우겠다면 싸우겠다는 입장으로, 강경엔 강경으로, 협력엔 협력으로 대응하는 식이다"라고 말했다. 이러한 것은 시진핑이 국가부주석이던 2009년에 멕시코에서 화인(華人)들과 만난 자리에서 "배부른 외국인들이 중국의 일에 감 내놔라 밤 내놔라 한다. 중국은 첫째 혁명을 수출하지 않고, 둘째 기아와 빈곤을 수출하지 않으며, 셋째 그네들을 괴롭히지 않는다. 그런데 더 무슨 말이 필요하겠는가?"라고 한데서 그의 외교노선은 이미 정해져 있었던 것이다. 그러한 그의 의도를 잘 보여주었던 것이 미국을 방문하면서 제시한 중 미간의 "신형대국관계(新型大國關係)" 구축론이다.[137] 그는 신형대국관계에 담겨 있는 뜻으로 " 불충돌(不衝突),

137) Chosun.com, 2013, 6, 8.

불대항(不對抗), 상호존중"이라는 세 가지 뜻이 담겨 있다고 했다. 그러나 실질적인 의도는 미국에서 끊임없이 제기되는 "부상하는 신형대국(중국)"이 "기존대국(미국)"과의 충돌을 피할 수 없을 것이라는 주장에 대항하기 위함이었다.

다시 말해서 그 주요 뜻은 미국의 글로벌파워를 인정할 테니 미국은 중국의 핵심이익을 존중해 달라는 것인데, 중국이 말하는 핵심이익은 크게 세 가지다. 첫째는 중국공산당의 일당(一黨) 제도 유지, 둘째는 경제의 지속적인 발전, 그리고 셋째는 중국의 영토 및 주권 보존 등이다. 시진핑의 중국은 이 같은 논리를 내세우면서도 군사력 강화의 고삐를 단단히 쥐는 게 특징인데, 그 의도는 새로운 시기의 강군(强軍) 목표인 12자 방침을 통해서 엿볼 수 있다. 바로 "당의 지휘를 받고 싸움에선 이겨야 하며, 양호한 태도를 견지해야 한다(聽黨指揮 能打勝仗 作風優良)"는 것이 그것이다.

청화대 옌쉐통(閻學通) 교수는 "시진핑 시대에 들어 중국의 외교가 세 가지 변화를 보이고 있다"고 하면서, 첫째는 경제이익 위주에서 정치이익 위주로, 둘째는 중국이 과거보다 더 국제적 책임을 지려고 하며, 셋째는 안보문제에 더 적극적이라고 설명했다. 그러한 일환으로 중국은 동아시아태평양지역 경제통합 추진에 적극 협력할 계획을 가지고 있다고 장리쥔(張力軍) 중국 APEC 발전 이사회 회장이 말했다. 그러면서 "현재 지구촌에는 경제의 글로벌화와 사회 정보화가 발전하는 추세에 있는데, 국가 간의 관계가 긴밀하게 연결되어 있어 단독으로 살아남을 국가는 없다"고 말하면서, "따라서 동아시아태평양지역 경제통합 추진에 유익한 제도에 대해 중국은 항상 개방적인 자세로 포용하고 지지할 계획"이라고 표명했다. 나아가 그는 또 동아시아태평양지역 경제통합의 추진에 대해 중국은 새로운 방안을 찾고 있으며, 동아시아태평양 경제 대국들이 서로 다른 수준으로 발전하는 객관적인 현실에 대해 점진적이고도 개방적인 태도로써 대응하려고 하고 있다고 밝혔다. 이러한 계획에 대한 실천의 일환으로 보호무역주의를 견제하고, 무역의 자유화와 편리성을 추진할 계획임도 밝혔다. 이를 위해 중국은 현재 "철도외교"에 열중이다. 그것은 에너지 자원의 수입을 촉진시키고 주변 국가에 대한 영향력을 확대하려는 데 제1차적 목적이 있는 것이지만, "이제는 외교에도 창조가 필요한 시대"라며 국가 간 외교관계에서 경제적 수단이 촉매제로 작용하면서 화학적 융합을 이뤄내려고 하는 것이 현재 중국외교의 특징이라고 볼 수 있는 것이다.

이러한 외교형식은 과거 "핑퐁외교"와 "팬더외교"에 이은 "차이나 3.0 버전"의 중국외교인 셈이다. 핑퐁외교는 죽(竹)의 장막을 열어 젖혔고, 팬더외교는 상대국의 감성을 자극했는데, 이제 고속철도(高鐵)외교는 실리를 파고드는 것으로 마오쩌둥(毛澤東)의 정치혁명, 덩샤오핑(鄧小平)의 경제혁명을 잇는 시진핑(習近平) 식 중국외교의 트레이드마크가 되고 있는 것이다. 중국은 현재 쿤밍(昆明)을 기점으로 싱가포르를 잇는 판동아시아철로(Pan-Asian railway) 구축을 추진 중이다. 리커창(李克强) 중국 국무원 총리도 태국 방콕에서 중국철로총공사(옛 국무원 철도부)가 주관한 "중국고속철로전" 개막식에 참석하여 "태국 철로의 기초설비시설의 발전과 태국 농산품 교환에 관한 정부 간 합작프로젝트 양해각서"에 서명했다. 당시 언론은 이 합의를 "고속철과 쌀의 맞교환(高鐵換大米)"으로 보도했다. 태국에 이어 베트남에서도 해상 공동개발, 금융협력과 인프라협력을 위한 3개의 태스크포스를 구성해 연내 가동에 들어가기로 합의했는데, 이 인프라협력팀의 주요 업무는 중국 고속철도의 세일즈였다. 중국 외교는 아세안 국가들에게 운명공동체, 이익공동체, 책임공동체라는 3개 공동체 실현을 제시한 바 있는데, 바로 고속철도가 이 3개 공동체를 잇는 주요 도구가 되고 있는 것이다.

중국의 고속철외교는 3대 전략 방향으로 추진되고 있다. 러시아를 통과해 유럽으로 향하는 유로동아시아철도, 신장(新疆) 우루무치(烏魯木齊)를 출발해 중앙동아시아를 경유해 독일을 종착지로 하는 중앙동아시아선, 동남아시아 국가들을 통과해서 싱가포르를 향하는 환 동아시아 철로다.

그러나 이러한 철로 시장이 중국 점유물만은 아니다. 일본 등 여러 나라와 치열하게 경합 중에 있다는 말이다. 그동안 동남아는 일본의 앞마당이었으나 최근 10여 년간 분위기는 돌변했다. 일본의 영향력은 약해지고, 중국의 영향력은 빠르게 증가한 것이다. 미국이 동아시아 회귀 전략을 선언하자 일본은 동남아 지역과 손잡고 중국을 압박할 호기가 왔다고 판단했다. 하지만 동남아 국가들은 국가 이익 극대화를 위해 중국과 일본 사이에서 균형정책을 취하고 있다. 몇몇 국가들은 중국에 더 접근하는 전략을 취하고 있다. 일본이 동남아에서 중국을 견제할 나라를 찾는 일이 간단치 않다는 의미다. 중국의 고속철외교가 동남아와 일본의 합종을 깨는 전가의 보도(傳家寶刀)가 될 수 있다는 이야기다.[138]

이처럼 시진핑 주석은 동아시아 역내 국가들을 공동운명체로 여기고 있다. 전통적인 중국의 대내 대내 만족주의의 정책으로의 회귀라고도 할

138) 신경진의 Surfing China, "동남아에서 벌어지고 있는 중 일 '경제 헤게모니' 전쟁", Issues & Analysis.

수 있다. 중국은 14개 국가와 국경을 맞대고 있고, 중국의 꿈을 실현하기 위해서는 동아시아 역내 국가와의 평화와 안정이 매우 중요하다는 인식은 몇 천 년간 유지해왔던 중국 역대왕조의 외교정책 노선과 맞닿아 있는 것이다. 이러한 노선을 걸어가는데 있어서 한반도 특히 한국과의 교류와 협력은 매우 중요한 것임을 중국 당국은 알고 있는 것이다.

2) '국민의 나라' 를 지향하는 "정의로운 대한민국"

(1) 국민이 중심이 되는 "국민의 시대" 를 구현

문재인정부는 촛불시민혁명으로 탄생한 정부다. 작년 겨울에 일어난 촛불시민혁명은 말도 안 되는 이상한 행동으로 나라의 위신을 국내외적으로 내동댕이를 쳐버린 부끄러웠던 전대의 통치행위를 끊어버리고, 국민이 더 이상 통치자들의 노리개가 아닌 진정한 나라의 주인이 되어야 한다는 "국민의 시대"를 요구한 혁명이었다. 국민의 시대란 "모든 권력은 국민으로부터 나온다"는 헌법 제1조 2항에서 보이는 것처럼 '국민주권 시대'의 도래를 의미하는 것인데, 이러한 '국민주권시대'를 만들겠다는 것이 문재인정부의 의지이다.

으를 위해 내건 목표가 "국민의 나라, 정의로운 대한민국"이라는 국가비전이다. '국민의 나라'를 지표로 삼은 것은 국민이 나라의 주인임을 보여주었던 촛불민주주의의 정신을 계승하고, 국민주권의 헌법정신을 향후 국정운영의 기반으로 삼겠다는 의지의 표명이다. 좀 더 구체적으로 말한다면, "국민 개개인의 뜻이 국정에 모두 반영될 수 있는 방식으로의 정책을 함께 만들어가겠다"는 것과 권력을 장악한 자들의 정부가 아니라, 국민이 주도해 가는 정치를 지향하여 온 국민이 받아들일 수 있는 협치와 통합의 정치를 모색하겠는 것이다.

박근혜 정부 4년 동안 일어났던 수많은 사건들을 보면서 국가가 왜 존재하고, 권력이 어떻게 행사되어야 하는지를 국민들은 모두 공감했다. 아무리 열심히 해도 희망이 보이지 않는 무력함에 찌든 전 국민들의 분노, 가진 자들의 횡포를 그저 앉아서 보고 있어야만 하는 답답함, 방향설정도 없이 그저 되는대로 굴러가는 나라꼴을 보면서 모든 국민들은 불안에 떨면서 조국을 떠나고 싶어 했던 것이다. 정의롭지 못한 현실에 국민들은 불만을 가졌고 불안을 느꼈으며 분노를 표출했다. 그것은 잘살고 못사는 것을 떠나 오로지 '공정한 나라', '정의로운 대한민국'을 소망하는 국민들의 부르짖음이었으니, 바로 애국심의 발로였던 것이다.

그래서 문재인 정부는 공정하고 정의로운 나라를 만들기 위해 특권과 특혜의 철폐를 하겠다고 주장하고 나선 것이다. 재벌 자본주의사회를 혁파하여 포용적 자본주의사회로 바꾸겠다고 했고, 적폐청산을 통해 OECD 선진국 수준으로 국가의 경쟁력 제고에 힘쓰겠다고 했다. 이러한 일들을 해나갈 방법으로 문재인정부는 다음과 같은 여섯 가지 방안을 추진하겠다고 제시했다.

첫째는 박근혜 최순실에 의해 저질러진 국정농단을 청산하기 위해 위원회를 설치하고, 부정축재한 재산에 대한 몰수를 추진하겠다고 했다.

둘째는 재벌의 불법 경영승계, 황제경영, 부당특혜 근절 등 재벌개혁을 추진하기 위해 계열공익법인, 자사주, 우회출자 등 우회적으로 대주주 일가의 지배력 강화를 하는 편법을 차단하겠다는 것이다. 또 횡령 배임 등 경제 범죄의 엄정한 처벌 및 사면권의 제한 등을 위한 방안을 추진하겠다고 했다.

셋째 문어발식 재벌의 경제력 집중을 방지하겠다고 했다. 이를 위해 지주회사 요건과 규제 강화. 자회사 지분 의무소유비율을 강화하고, 검찰, 경찰, 국세청, 공정위, 감사원, 중소기업청 등 범정부차원의 「을지로위원회('을'을 지키는 길 위원회)」 구성하여, 일감몰아주기, 부당내부거래, 납품단가 후려치기 같은 재벌의 갑질 횡포에 대한 전면적 조사와 수사를 강화하고 엄벌에 처하겠다는 것이다. 나아가 소상공인 생계형 적합업종을 지정하는 특별법을 제정하겠다고 했고, 금산분리로 재벌이 장악한 제2금융권을 점차적으로 재벌의 지배에서 독립시키겠다고 했으며, 금융계열사의 타 계열사 의결권 행사를 제한하고 계열사 간 자본출자를 자본 적정성 규제에 반영하는 통합금융 감독시스템을 구축하겠다고 했다.

넷째로 반부패 개혁으로 병역 면탈, 부동산 투기, 세금 탈루, 위장 전입, 논문 표절 등 5대 비리 관련자는 고위공직에서 원천 배제하는 방안을 추진하겠다고 했다. 다섯째는 입시 학사비리에 연루된 대학은 각종 지원 배제 중단을 통해 투명한 대학 입시의 환경을 마련하겠다고 했다. 여섯째로는 「국가청렴위원회」의 설치 등 반부패 개혁을 위한 제도적 장치를 보완하겠다고 했는데, 이를 위해 독립적인 부패방지 기구인 「국가청렴위원회(가칭)」 설립을 추진하고, 종합적이고 체계적인 반부패정책을 마련하여 '투명한 사회, 청렴한 국가'를 구축하겠다고 했으며, 공직자의 민간에 대한 부정한 청탁에 대한 규제를 강화하겠다고 했다. 나아가 공익신고자(내부고발자)에 대한 보호를 강화하고, 뇌물, 알선수재, 알선수뢰, 배임, 횡령 등의 '5대 중대 부패 범죄'는 국민 참여재판을 의무화하고, 양형 강화 및 대통령의 사면권을 제한해 추진하겠다고 했으며, 불공정 거래행위 등 경제범죄와 재난 · 환경 등 집단피해가 발생하는 사건까지 국민참여재판의 대상을 확대 추진하겠다고 했다. 또한 위법한 재무회계상의 행위에 대한 손해의 예방이나 회복을 위한 국민소송제도를 도입하겠다고 했고, 민간기업에 대한 법령에 근거 없는 기부금 징수 행위를 금지토록 하겠다고 했다.

문제는 이렇게 좋은 방법들을 언제쯤 이행하고, 과연 그 결과가 제대로 나타날지 하는 의구심이 드는 것은 당연지사겠으나, 이제 막 출범한 문재인 정부의 향후 발걸음을 기대하고픈 심정은 우리 국민 모두가 같을 것이다.

그러나 그 결과야 어떻든 간에 "정의로운 대한민국"을 만들겠다는 국가비전을 제시했다는 사실은 대단히 중요하다고 하겠다. 국가비전이란 다름 아닌 '시대정신'이기 때문이다. 우리가 지나온 산업화 시대와 민주화 시대에서 볼 수 있듯이 시대정신으로서의 국가비전은 국민의 삶을 실제적으로 변화시킬 수 있을 때 자신에게 부여된 의미를 완성하는 것이다.

이렇게 되었을 때 국민들은 이 정부가 이끄는 방향에 대해 호응할 것이고, 그러한 추진력을 얻어야만 국민 개개인이 인간답게, 그리고 풍요롭게 살아갈 수 있는 '정의로운 대한민국'을 구현하게 될 것이기 때문이다. 이러한 국내적인 요소 외에 정부가 심각하게 신경을 써야할 것은 한반도를 둘러싼 복잡한 안보 외교환경에서 현명하게 대처하여 "국민의 생명과 대한민국의 안전을 위협하는 그 어떤 행위도 용납하지 않겠다"는 정부의 확고한 신념을 심어주어야 할 것이다. 그러기 위해서는 "북한을 대화의 장으로 이끌어 내어 풍요롭고 자유롭게 생활하는 행복한 통일시대의 기반을 만들어야 할 것"이다. 이러한 환경을 조성하기 위해서는 "확실한 억지력을 바탕으로 한 남북 간 신뢰 쌓기를 위해 한 걸음 한 걸음 내딛는 일"이 매우 중요하다. 물론 북한과 더불어 생존과 평화공존의 길로 나아가도록 대화와 억제 정책을 병행하는 일이 어려운 일인 줄은 알지만, 하지 않을 수 없는 것이 우리의 현실임을 직시하고 국민 모두가 합심해서 이 문제를 반드시 해결해야 할 막한중 과업이 오늘날을 살아가는 한국인에게는 있는 것이다.

그렇게 하기 위해 정부는 한미동맹을 강화하는 한편 한미동맹을 중국에 대한 견제와 미국에 대한 일방적 의존 수단이 아니라, 상호호혜적인 동맹으로 진화시키는 지혜를 짜내야 하고, 또한 동북아의 평화와 안정을 위해서는 중국과의 신뢰 구축이 매우 중요하기 때문에, 한 · 미 · 중 삼국의 대화채널을 구축하는 일에 진력해야 할 것이다.

역사는 시운(時運)과 인간의 합작품이다. 그러기 위해서는 이 시대의 영도자들이 현재 대한민국이 갖고 있는 모든 역량과 자산을 결집시키는 리더십을 발휘해야 하고, 풍요롭고, 튼튼하고, 존경받는 대한민국을 만드는데 합심 노력해야 할 것이다.

(2) 5대 국정목표

문재인 정부는 향후 5년간 추진해야 할 정책방향으로서 '국정운영 5개년 계획'을 발표했는데, 그 계획의 구성은 ① 국가비전 ② 국정목표 전략 ③ 100대 국정과제 ④ 복합 혁신과제 등으로 되어 있다. 이러한 구성의 달성을 위한 실천전략으로서 5대 국정목표를 설정했으니, 그 내용은 첫째, 국민이 주인인 정부, 둘째, 더불어 잘사는 경제, 셋째, 내 삶을 책임지는 국가, 넷째, 고르게 발전하는 지역, 다섯째, 평화와 번영의 한반도로 정했으며, 이들 국정목표를 실천하기 위한 세부 전략과 이행과제를 정리했다. 그 내용을 보면 다음과 같다.

첫째, 국민이 주인인 정부란 적폐청산을 위해 부처별 TFT(TASK FORCE TEAM의 약어로 회사에서 중요한 일, 새로운 프로젝트를 추진할 때, 각 부서 및 해당 부서에서 선발된 TASK에 관련된 인재들이 임시 팀을 만들어 활동하는 것)를 구성하고, 국정농단 실태를 분석하여 진상규명 및 재발방지 대책을 수립하겠다는 것이다. 그 실천 방안으로 2018년 독립적인 반부패총괄기구를 설치해 반부패 개혁을 강력하게 추진하고, 반부패 협의회도 금년 안에 복원한다는 것이다. 그리고 대통령 및 정부 주요인사의 일정을 실시간 통합 공개하고, 인권위원회의 위상과 역할을 강화하며, 형사공공변호인 제도를 단계적으로 도입하겠다고 했다. 또한 국민이 쉽고 편리하게 소통하고 참여하는 개방형 정부혁신 플랫폼과 고위공무원 임용기준 강화 등 공정하고 투명한 인사시스템을 구축하며, 고위공직자비리수사처를 설치하기 위한 관련 법령을 올해 안으로 제정해

내년부터 시행할 계획이라고 했고, 경찰권 분산 및 인권친화적 경찰 확립 방안 등과 연계한 검경수사권 조정안을 올해 마련해서 상호 연동 조정안을 내년부터 시행한다고 했다.

둘째, 더불어 잘사는 경제를 실현하겠다는 것으로, 그러기 위해서는 일자리 창출을 최우선 정책으로 삼아서 미취업자들을 위해 공공부문에서 81만개의 일자리를 창출하여 민간부문에서도 이와 연계해서 더 많은 일자리를 창출할 수 있도록 유도하겠다는 것이다. 또한 취업성공패키지 참여 청년(30만원 3개월, 2017년), 미취업 청년층(50만원 6개월, 2019년)을 위한 청년구직촉진수당을 도입하고, 공공기관 청년고용의무제를 확대(3%→5%)하면서 청년을 정규직으로 채용할 경우에는 3번째 채용직원 임금을 3년간 지원하는 추가고용제도도 도입한다고 했다. 그리고 수주권 강화 및 이사회의 독립성 강화 등을 통해 재벌 총수 일가의 전횡을 방지하고, 생계형 적합 업종의 법제화 등을 통해 골목상권을 보호하며, 사회적 경제기본법 마련 등 경제 활성화를 통해 일자리 창출 및 사회서비스 혁신에도 박차를 가하겠다고 했다.

더불어서 영세 중소가맹점의 신용카드수수료를 인하하고, 신규 도입 복지수당과 공무원 복지포인트의 30%를 온누리 상품권 등으로 지급하며, 취약계층 요금 감면제도의 확대 및 요금 할인율 상향 등을 통해 통신비에 대한 경감도 추진하겠다고 했다.

국가 미래경제 발전을 위한 거시 경제정책으로는 대통령 직속 4차산업 혁명위원회를 설치하고, 사물인터넷(IoT, Internet of Things) 전용망구축, 5세대 이동통신(5G, fifth-Generation mobile communications)의 상용화 등 4차 산업혁명 핵심인프라를 확보하겠다고 했고, 인공지능 등 핵심기술 분야에 집중투자하고, 고부가가치 미래형 신산업을 집중 육성하며, 중소기업 연구개발(R&D, Research and Development) 규모를 임기 내 2배 확대하고, 벤처 펀드 규모를 대폭 확대(2016년 3.2조원 →2022년 5조원 규모)하겠다고 했다.

셋째, 내 삶을 책임지는 국가를 위해서는 아동수당 도입 및 기초연금의 단계적 인상, 치매에 대한 국가책임제를 실시하고, 기초생활보장 부양의무자 기준을 단계적으로 완화하는 등 촘촘한 복지를 강화하겠다고 했다. 또 공적 임대주택을 연평균 17만호 씩 공급하고, 전문성 독립성을 높이는 기금 운용 거버넌스(공적인 업무수행의 변화)의 혁신을 통해 국민연금에 대한 신뢰도를 높이고, 어린이집 누리과정에 대한 전액을 국고에서 지원하며, 국공립 어린이집 유치원 이용률을 40% 달성하고, 고교무상교육의 단계적 실시 등 교육의 공공성을 강화하는 하편, 고교학점제 도입, 대입전형 간소화 및 공정성 제고 등 교육 혁신을 추진하겠다 했다. 한편 재난현장 신속대응을 위한 인력을 확충하고, 통합적인 재난관리체계를 구축하며, 먹거리 안전 국가책임제의 실시, 미세먼지에 대한 종합대책 확정, 석탄발전 및 경유차 비중 축소, 4대강 정밀조사 및 재평가를 거쳐 다시 자연적인 강으로의 전환을 추진하겠다고 했다. 동시에 탈 원전의 로드맵에 따라 단계적으로 원전을 감축하고, 에너지 가격체계 개편을 통한 안전하고 깨끗한 에너지 공급에도 박차를 가한다고 했다. 나아가 비정규직 감축을 위한 로드맵을 마련하여 비정규직 문제의 종합적 해소를 추진하고, 특수고용근로자 및 감정노동자에 대한 보호대책을 강화한다고 했다. 이뿐만이 아니라 젠더폭력방지를 위한 국가행동계획을 수립하여 실질적인 성 평등사회를 실현하고, 예술가의 권익보장을 위한 법률 제정 및 예술인 고용보험제도와 복지금고를 도입하고, 법정근로시간의 정상화를 통한 1800시간대 노동시간의 실현, 노동자 휴가지원제와 대체 공휴일제 확대 등을 통해 국민 휴식권을 보장하겠다고 했다.

넷째, 고르게 발전하는 지역을 만들기 위해서는 제2국무회의를 도입하고, 국가기능의 지방이양 등을 통해 실질적으로 지방자치를 구현하며, 국세와 지방세의 비율을 조정하는 등 강력한 재정의 분권을 추진하겠다고 했다. 나아가 국가균형발전위원회의 복원을 통해 균형발전을 위한 지원체계를 재정립하고, 혁신도시 산업단지 새만금 등 지역성장의 거점지역을 중심으로 클러스터(cluster, 산업 집적지라는 말로, 유사업종에서 다른 기능을 수행하는 기업 및 기관들이 한 곳에 모여 있는 것)의 활성화에 나선다고도 했다.

노후 주거지와 쇠퇴한 도심 등에서도 재생 뉴딜사업과 공공임대주택의 공급 확대를 추진하고, 쌀 생산 조정제를 통한 쌀값 안정과 공익형 직불제의 확대 추진, 청년 농어업인 정착지원과 농림어업인 재해보험을 확대하겠다고 했다.

다섯째, 평화와 번영의 한반도를 조성하기 위해 북핵 미사일 사이버 등 비대칭 위협에 대한 대응능력을 조기에 구축하고, 굳건한 한미동맹의 기반 위에서 전시작전통제권을 임기 내 전환하며, 군 전반에 걸친 국방개혁의 추진과 병사 월급을 최저임금 기준의 50%까지 인상하겠다고 했다. 동시에 대화와 제재 등 모든 수단을 통해 북핵문제를 해결하는데 노력하고, 평화체제 구축을 위해 남북기본협정을 체결하는 등 남북관계를 새롭게 정립하겠다고 했다.

나아가 '한반도 신경제 지도 구상'을 본격적으로 추진해 우리경제의 신성장 동력을 창출하는데 앞장서고, 한미동맹과 한중 한일 한러 관계를 미래지향적 국익지향적으로 추진하여 동북아의 우호적 평화를 유지하고 협력하는 환경을 조성할 수 있도록 하기 위해 동북아플러스 책임공동체를 형성하겠다고 했다.

이상과 같은 5대 국정목표를 실현하기 위해 국정기획위는 재원 178조원을 세입 확충 세출절감 등을 통해 마련할 계획이라면서, 이를 위해 제정하거나 개정이 필요한 법령 647건 중 법률의 92%(427/465건)를 2018년까지 국회에 제출하고, 하위 법령 59%(108/182건)는 연내에 정비완료될 수 있도록 추진하겠다고 했다. 더불어서 이 모든 국정과제의 추진상황에 대한 종합적인 점검과 관리는 청와대, 정책기획위원회, 국무조정실 3부처가 유기적인 협조 아래 실시해 나갈 계획이라고 했다.

문제는 역대정부에서 모두 무지개 같은 금빛 공약을 내놓았지만, 대부분 실패로 끝났다고 하는 것이 일반적인 국민들의 시각이다. 따라서 이제 막 출범한 문재인정부가 거창하게 내세운 국정과제도 얼마만큼이나 실현할 수 있을지는 두고 봐야 할 일이겠지만, 진정으로 이러한 과제들이 제대로 실현되어 경제적 발전만이 아닌 참답고 인간다운 생활이 국민 모두에게 일어날 수 있는 "국민의 나라"가 출현될 수 있기를 바라마지 않는다.

제3절
문화와 성장의 교향악

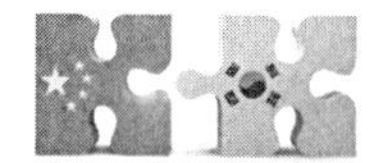

1) 한중 양국 경제발전의 문화적 기초

일반적으로 문화란 인간생활의 필요에 따라 「정보가 편집」 되어 역사 속에 누적된 것을 말하고, 문명이란 편집된 정보에 의해 집적된 지식에서 인류에 필요한 것이 창출된 것을 말한다. 따라서 편집된 정보 중에 좋은 정보와 나쁜 정보가 어느 정도 들어 있느냐에 따라서 문화국으로서의 대국과 소국으로 나뉘는 것이다.

이처럼 문화의 발전 · 쇠퇴와 역사발전은 함수관계에 있기 때문에, 문화가 발전하면 국민총생산을 충족시킬 수가 있어 전성기를 구가토록 하게하고, 문화가 쇠퇴하면 국민총생산을 충족시킬 능력이 없으므로 전복되거나 멸망으로 귀결되고 마는 것이다. 이러한 관계는 그리스, 로마, 이집트, 인도, 중국 등의 역사 속에서 잘 볼 수가 있다.

그러나 한편으로 문화적 정도의 발전에 의해 전성기를 구가한다고 해도, 그러한 문화의 발전이 상대의 희생이나 정복을 통해 이루어졌거나 왜곡 발전하게 될 경우에는 화해나 공생을 통해 안정을 추구하는 것이 아니라 자기들만의 축배를 들기 위해 선 후진국, 근대 이후 제국주의자들의 식민지 반식민지인들에 대한 우월의식, 백호주의(白濠主義) 등 인종차별주의 등 차별의식이 나타나게 되어 전쟁과 테러, 억압과 학대 등의 공포주의 세계를 만들어 내게 된 것이다.

이런 점을 고려하여 동아시아세계의 문화적 특징을 보면, 북경원인과 자바원인에 대한 연구결과를 통해서 알 수 있듯이 과학기술의 발달, 두뇌와 신체적 조건의 합리적 구조 등에서 나타나듯 동아시아세계에서 잉태된 문화의 가치는 타 지역보다 우수성을 갖춘 채 보편화 되어 왔다는 점에서, 이러한 우수성을 현실에 맞게 재 창달하여 미래 인류세계의 구심점으로 환원시켜야 할 당연성이 있는 것이다. 이러한 우수한 문화의 재 창달에 의해 근대화 과정에서의 굴욕을 딛고 한중 양국이 새롭게 우뚝 일어서고 있는 것이다.

그러한 상황은 한중 양국이 경제개발 계획을 추진하는 과정에서 잘 나타났다. 먼저 한국의 경제개발 정책 수립 밀 추진상황을 보면, 한국인이 가지고 있는 문화적 역량이 뒷받침 되면서 시대의 변화에 맞게 수정 보완해 가는데서 경제 개발을 성공적으로 추진해 왔음을 알 수가 있다.

한국은 정부수립 후 개발계획을 세우고는 있었지만 본격적으로 개발 계획을 추진해 갔던 것은 1962년 제1차 경제개발 5개년 계획부터였다. 이 계획은 1996년에 완료된 제7차 5개년 계획을 마지막으로 끝이 났는데, 오늘날 한국 경제의 시금석이 되었던 계획이었다. 이 계획을 추진해 가는 과정에서 발휘된 한국인 정서 및 문화적 역량은 세계의 모범이 되기에 충분했던 것이다.

이러한 상황을 엿볼 수 있는 것은 개발계획을 추진해 가는 과정에서 많은 다양성과 적응성이 훌륭하게 나타났던 것을 통해서도 알 수 있다. 즉 계획 작성 과정에서 관계부처의 참여범위는 계속 확대되어 갔고, 계획 작성에도 점차 상당한 분권화가 이루어지고 전문화 되어 갔다. 특히 초기 외국인 전문가의 참여 또는 자문이 제2차 5개년 계획(1967~71) 때까지 최대로 확대된 이후부터는 계속 감소하여 국내 경제학자들의 자문이 증대됨으로써 순수 한국인의 힘만으로 경제발전을 이끌어 갔다는 점은 대단한 평가를 받기에 충분하다고 하겠다.

경제개발계획의 성격도 1 2차 계획 때는 기초자료의 부족에도 불구하고 경제 전체의 자원을 배분하려는 자원계획 또는 포괄적 계획의 성격을 갖고 있었다. 그러나 제3차 5개년 계획(1972~76) 때부터는 경제규모의 확대와 복잡성의 증대에 적응할 수 있도록 계획의 성격을 정책계획으로, 제5차 5개년계획(1982~86) 때부터는 정책계획의 실효를 높이기 위해 유도계획(誘導計劃)으로 전환시켰는데, 이러한 계획 성격의 변화에 따라 연차별 집행계획의 내용도 달라져 갔던 것이다.

이러한 연차별 집행계획을 통해서 경제여건의 변화에 따르는 원래 계획의 수정 보완 등이 이루어졌고, 정치 경제적 여건이 크게 변동한 경우에는 원래 계획 자체를 포기하고 수정계획을 채택하는 등 경우에 따른 능동적 대처정책의 실시가 가능토록 했던 것이다.

예를 들면 1960년대 초반 이후 경제 사회 여건이 변화하여 원래 계획의 달성 목표가 어려워지자 가장 시급했던 자립경제구조(또는 자력성장구조)를 실현코자 하는데만 매진하였다. 이 목표가 이루어지자 제3차 계획의 목표는 지역개발의 균형을 이루는데 두었고, 제4차 계획 때는 사회개발을 촉진하고 소득분배의 개선을 달성하는데 두었으며, 제5차 계획 때는 경제안정기반의 정착을 그 기본목표로 했던 것이다. 제6차 계획(1987~91) 때는 "능률과 형평을 토대로 한 경제선진화와 국민복지의 증진"을 기본목표로 제시하여 형평의 문제를 새롭게 부각시켜 "소외계층과 낙후부문에 대한 중점지원"을 중요과제로 제시하였던 것이다.

이러한 목표들을 달성하기 위한 개발전략으로, 첫째는 모든 계획을 불균형성장 전략에 기초를 두었고, 둘째는 대외 지향적 공업화 전략의 개념을 확실하게 정립하였다. 셋째는 자립경제와 일관성을 갖도록 해외저축 도입을 적어도 국제수지 면에서 감당할 수 있으면 최소한도로 줄여야 한다는 전략을 제시했던 것이다.

이들 계획과 개발 전략의 목표는 경제성장률 국내투자율 상품수출 입증가율 등 총량적 성장 면에서 모두 초과달성 되었다. 산업별 투자배분과 산업구조변화 실적도 당초의 계획수치와는 꼭 일치하지는 않았으나, 산업구조의 고도화 목표와 일관성을 유지할 수 있었고, 국제수지 국내저축률 인플레이션 등에 관한 계획목표도 모두 이루어 냈던 것이다.

다만 비록 주택보급률 등 사회개발지표면에서의 계획은 제대로 실현되지 못했지만 장기적인 건전한 경제성장발전을 설정 추구하는 데는 충분한 역할을 하여 오늘날 한국의 경제성장을 가져오는 초석이 되었던 것이다.

종합하면 이러한 개발계획은 첫째로 계획 작성과정을 통해 관계자들의 경제문제에 대한 지식수준을 높여줌으로써 그들의 정책결정 능력을 향상시켰던 것이고, 둘째는 계획의 발표효과로 인해 민간기업의 활동이 경제발전을 촉진시키는 방향으로 유도케 하는 데 크게 도움이 되었으며, 셋째로 전 국민이 일치단결할 수 있는 동기부여를 줌으로써 한강의 기적을 가져올 수 있게 하였던 것이다. 그러한 대표적 운동이 새마을운동이었는데,

이 운동은 1970년 4월 22일 전국 지방장관 회의에서 박정희 대통령이 처음 제창함으로써 시작되었는데,[139] 이러한 성과를 거두는데 기여한 궁극적인 것은 바로 국민이 스스로 자신들의 역량을 집중시키고, 항상 연구 증진시킬 수 있게 하는 문화적 요소가 큰 작용을 하였음을 알 수 있는 것이다.

중국의 경우도 한국과 같은 맥락이었다. 그러나 한국문화의 원천이었던 중국이 스스로 자신들의 문화를 자각하여 국민의식을 끌어올리고 정부의 정책에 신뢰를 가지며 적극 참여한다면 그것은 한국보다 더 큰 성과를 이룰 수 있음은 당연한 논리였다. 그러한 시작이 1978년 중국공산당 제11기 3중전회(三重全會) 직후 개최된 경제학회의에서 시장경제에 대한 문제가 제기되면서 부터였는데, 즉 개혁 개방이론의 탐색과 실천을 통해 중국식 사회주의시장경제 체제의 골격을 이루어 내고자 했던 것이다. 이어 1984년 중국공산당 제 12기 3중전회에서 "경제개혁에 관한 결정"을 통과시키면서 사회주의경제를 "생산요소의 사회주의 공유제에 기초한 계획적인 상품경제" 라고 정의했으며, 이 용어는 1993년 3월 29일 제8기 전국인민대표자대회 제1차회의에서 개정된 헌법에 명시됨으로서 중국이 지향하는 경제체제가 확립되게 되었던 것이다.

중국식 사회주의시장경제란 국가의 거시적 경제조절 하에서 시장이 자원분배에 그 기초적 작용을 하는 것이라고 할 수 있고, 동시에 국가가

---

139) 그 요지는 "우리 스스로가 우리 마을은 우리 손으로 가꾸어 나간다는 자조 자립정신을 불러일으켜 땀 흘려 일한다면, 모든 마을이 멀지 않아 잘 살고 아늑한 마을로 그 모습이 바꾸어지리라고 확신한다"는 것이었다. 그러다가 1980년대에 들어서부터는 범국민적인 정신혁명으로 승화시켜 의식구조개혁 운동의 일환은 물론 문화국민으로서의 질적 향상에 역점을 두고 전개되어 갔다.

경제에 대한 거시조절기능을 개선 강화함으로써 보다 나은 경제정책, 경제법규 및 계획지도와 필요한 행정관리를 통해 시장을 보다 건전하게 발전할 수 있도록 인도하겠다는 것이다.[140]

결국 이러한 결정은 근대화 실패 이후 엄청난 시련을 경험한 중국이 기존의 서방제도와 정책을 따르지 않고 자신들의 옷에 걸 맞는 새로운 발전의 틀을 만들어 낸 것이고, 오늘날의 발전을 통해서 완벽한 정책임을 증명해 보여주고 있는 것이다. 이처럼 자신에 맞는 정책을 만들어 내고 특히 이를 잘 추진해 갈 수 있도록 13억이나 되는 인민의 역량을 집중시킬 수 있도록 한 것은 뿌리 깊은 중국문화가 있었기 때문임을 간과해서는 안 될 것이다.

2) 한중관계의 조화로운 발전을 위한 제언

박 대통령의 강대국 외교는 여러 면에서 과거 어느 때보다 전향적이라고 평가 할 수 있다. 그러나 한계가 없는 것은 아니다.

그 첫 번째 문제는 북한 문제를 다루는데 있어서의 미국 및 중국과의 차이점들을 어떻게 수렴해 나가느냐 하는 점이다. 박 대통령의 신뢰외교를

140) 2012년 다보스 포럼에서 자본주의의 위기를 구원할 수 있는 대안으로 중국식 사회주의 시장경제가 논의 되었고, 신흥대국으로 부상하고 있는 BRICs 등이 이러한 모델에 관심을 가져야 한다는 주장이 제시되기도 했다.

긍정적으로 평가하는 이유는 한국이 대화와 협상을 통해 북핵 문제를 해결하려는 원칙을 견지하고 있기 때문이다. 하지만 북한의 군사적 도발을 중단시키기 위해 "잘못된 행동에 보상은 없다"며 "북한의 올바른 선택"을 요구하는 압박은 남북 간 신뢰구축이 그리 쉽지만은 않을 것이라는 느낌을 준다. 이러한 압박 정책에 대해 중국이 쉽게 동조할 것으로 보이지도 않는다. 지난 박근혜 정부는 북한을 압박하기 위해 한 미 중 3자 간 전략적인 대화를 천명하기도 했지만, 중국은 기본적으로 6자회담, 북미 양자회담, 남북회담 등 먼저 대화부터 하고 난 후 궁극적으로 4자회담의 재개를 원하고 있는 상황이기 때문이다. 또 한중 정상회담 공동 성명에서 북한만의 비핵화가 아니라 한반도의 비핵화를 강조했다는 사실과 북한에 대한 언급이 전혀 없다는 점에서도 한중 양국 간 대북 정책에 간극이 있음을 시사해 준다.

두 번째 문제는 "동맹과 다자안보협력의 조화"가 그리 쉬워 보이지 않는다는 점이다. 본질적으로 이 둘은 상충적이기 때문이다. 중국정부는 동북아의 평화와 협력을 유지하기 위해 추진하는 한국의 외교에 깊은 관심을 표하고 있다. 비전통적인 안보위협 분야에서 신뢰를 구축하고 점진적으로 전통적인 안보 분야까지 파급시켜나가겠다는 기능주의적 이론에 대해 논쟁의 여지는 없다. 그러나 시진핑 주석은 동맹보다는 다자안보협력을 통한 집단안전보장체제의 구축에 관심을 보이고 있다. 이는 시진핑 국가주석이 "국제사회가 포괄안보 · 공동안보 · 협력안보를 지향해야 한다"고 강조한 데에서도 알 수 있다. 하지만 한국은 기본적으로 동맹에 초점을 맞추면서, 미국과의 양자관계를 아태 지역에서 미국의 재균형(Pivot to Asia) 정책의 린치핀(lynchpin) 역할 수행과 미사일 방어 협력 강화를 위해 포괄적 전략동맹으로 심화시켜야 한다고 했다.

세 번째 문제는 한국정부가 역내에서의 다자안보협력보다 동맹에 방점을 두고 있다는 점이다. 전작권 전환 연기문제도 이러한 맥락에서 크게 벗어나지 못한다. 이는 중국인들의 일반 정서에 비추어 보아 문제가 될 수 있다. 왜냐하면 미국의 '동아시아 회귀 정책'에 대한 중국의 부정적인 인식이 더욱 확산되고 있기 때문이다.[141] 미중관계 전문가이자 베이징대 국제관계학원 왕지스(Wan Jisi) 원장이 "세계문제에 대한 미국의 궁극적인 목표가 패권과 지배를 유지하고, 미국의 위상을 증진시키는데 있으며, 중국이 강대국으로 부상하는 것을 억제할 것이라고 인식하는 중국의 견해가 더욱 심화되었다"고 지적한 것처럼, 이런 상황 하에서 동맹에 대한 과도한 강조는 한중간에 외교적 마찰을 가져 올 가능성이 있기 때문이다.

네 번 째 문제는 시진핑 주석이 미국과 새로운 강대국 관계를 구상하는 상황에서 한국과 중국의 관계설정도 문제다. 지난 2013년 미중 정상회담에서 시 주석은 "신형대국관계"를 언급하며 세 가지 사항을 강조했다. 첫째, "갈등과 대립의 청산"을 위해 양국은 상대국의 전략적 의도를 객관적이고 합리적으로 봐야 한다는 것이고, 둘째, 양국은 각국의 핵심이익과 주된 관심사를 존중해야 한다는 것이며, 셋째, 제로섬 게임에서

141) 2012년 중국인들을 대상으로 실시한 여론조사에 따르면, 미중 관계를 적대적으로 인식한다는 의견이 2010년 8%에서 2012년에는 26%로 증가했다. 이러한 인식은 일반 대중은 물론, 정부 관료, 학계, 싱크탱크 전략가들 사이에서도 광범위하게 공유되고 있는 정서이다.

벗어나 협력을 추구해야 한다는 것이었다.

여기서 신형 대국관계로부터 두 가지의 함의를 도출해 낼 수 있다. 만약 중국과 미국이 G-2 틀에서 협력적 관계를 성공적으로 구축해 나간다면 한국은 어려운 입장에 놓이게 될 것이라는 점이다. 다시 말해 새로운 양두(Bigemony) 지배체제가 형성되면 한반도의 미래도 영향을 받을 수밖에 없다. 반면, 양국 간에 잠재적인 갈등이 발생하게 된다면, 한국은 미국과 더불어 중국을 견제(balancing)하거나 동맹국인 미국을 포기하고 중국에 편승(bandwagoning)해야 하는 외교적 딜레마에 빠지게 될 수 있다. 한국 정부의 전략적 선택이 본질적으로 어려운 이유가 여기에 있는 것이다.

이러한 문제들이 산적해 있지만 그럼에도 불구하고 앞으로의 외교노선 방향은 한미동맹과 한중관계의 조화로운 발전을 추구하는데 진력하게 될 것이다. 그것은 북한이 도발 행위와 핵개발 야욕을 멈추지 않는 한 한미동맹을 통해 군사력을 억지시킬 수밖에 없는 상황이기에 강화될 수밖에 없는 것이고, 한중관계의 조화로운 발전은 북한문제만이 아니라 경제문제, 동북아 안보의 균형문제, 일본 우익정부의 영토문제 도발 등에 대처하기 위해서는 피할 수 없는 선택이기 때문이다. 그러나 이러한 상황은 역으로 한국정부가 외교정책의 핵심과제로 제시한 한미동맹과 한중관계의 조화로운 발전을 추구하는데 있어서 본질적인 제약이 될 수도 있다. 한편에서는 동맹이 보다 강화되어야 한다고 역설하면서, 다른 한편에서는 전통적인 안보문제까지 협의할 수 있는 "동북아평화협력 구상"을 추진하겠다는 것이 상충의 여지가 많기 때문이다.

이러한 정치적 시각에서의 문제점은 해결하는 방법은 민간교류의 확대 외에는 달리 뾰족한 방법이 없을 것이다. 민간교류를 더욱 활성화시켜 양국 국민이 서로의 입장을 이해하는 폭을 넓혀가야 한다는 것이다. 결국 정치는 국민의 힘으로부터 이루어지는 것이기 때문이다. 그런 점에서 역사교육을 통해 과거 선조들이 해왔던 교류협력의 지혜를 인식시킬 필요가 있는 것이다.

맺은말

맺음 말

"석 자 얼음이 하루 추위에 언 게 아니다"라는 속담이 있다. 한반도 정세가 오늘과 같은 결과에 이르게 된 것은 어느 한쪽의 단독적인 책임만은 아니다. 한반도의 냉전구조가 종식되지 않고, 북한과 미국 양국의 착오적인 정책이 오늘날의 한반도 긴장국면을 조성시킨 근본적인 요인이다. 따라서 당사국인 북한, 남한, 미국은 모두 응분의 책임을 져야 한다. 국제관계의 이론과 역사적 경험으로 볼 때, 한반도 문제는 이미 여러 개의 행위집단이 관련된 국제적인 뜨거운 감자이다.

이러한 문제를 해결하기 위한 최종적인 해결방법으로는 다음과 같은 두 가지 가능성 외에는 없다고 본다. 즉 다변적으로 대화할 수 있는 시스템을 통하여 점차적으로 위기를 해결하거나, 아니면 위기가 점차적으로 만연되다가 통제할 수 없는 지경에 이르러 충돌이 발생하는 것이다. 현재까지는 이 두 가지 가능성 외에 세 번째 가능성이 나타날 가능성은 전혀 없어 보인다. 이러한 문제를 해결하기 위하여 중국은 먼저 6자회담이라는 해결방식을 내놓았고, 최근에는 또 '핵 포기'와 '평화시스템 구축'을 제기하였으며, '이원화시스템' 방침도 펼쳐보였다. 우리는 이러한 조치들이 모두 전략적인 시각을 가지고 있다고 보고 있으므로 한반도 문제를 정확한 방향으로 이끌 것이라고 믿어야 한다. 여러 나라에서 진정으로 이들 문제를 해결하려고 한다면 반드시 중국이 제기한 이 방향을 따라 나가야지, 현재의 형세처럼 서로 타협 하려 하지 않고 자신의 능력만 과시한다면, 어느 정도에 이르러서는 양적인 변질이 질적인 변질을 불러오는 결과로 나타날 것이다. 그렇게 되면 한반도 정세의 악성순환은 결국 충돌하는 방식으로 막을 내리고 말 것이다. 당연히 이러한 충돌은 여러 나라의 이익에 손실을 가져다 줄 것이고, 이 지역에 더욱 커다란 불확실성을 조성하게 될 것이다. 그렇기 때문에 한반도 정세의 이해관계에 직접 연관되어 있는 중국과 한국은 그 어떤 나라보다도 협력을 강화하면서 이 문제 해결을 위해 노력해야 할 것이다.